中国矿业大学国家一流会计学专业系列核心教材
中国矿业大学国家一流财务管理课程配套教材
中国矿业大学教材建设工程资助教材

经济法

主　　编　陈韶君　李　强
副主编　李文美　郭振宇

中国矿业大学出版社
·徐州·

图书在版编目(CIP)数据

经济法 / 陈韶君，李强主编. —徐州 ：中国矿业大学出版社，2021.12

ISBN 978-7-5646-5218-0

Ⅰ. ①经… Ⅱ. ①陈… ②李… Ⅲ. ①经济法—中国—高等学校—教材 Ⅳ. ①D922.290.4

中国版本图书馆 CIP 数据核字(2021)第 230512 号

书　　名　经济法
主　　编　陈韶君　李　强
责任编辑　史凤萍
出版发行　中国矿业大学出版社有限责任公司
（江苏省徐州市解放南路　邮编 221008）
营销热线　(0516)83884103　83885105
出版服务　(0516)83995789　83884920
网　　址　http://www.cumtp.com　**E-mail**:cumtpvip@cumtp.com
印　　刷　徐州中矿大印发科技有限公司
开　　本　787 mm×1092 mm　1/16　**印张** 17.5　**字数** 448 千字
版次印次　2021 年 12 月第 1 版　2021 年 12 月第 1 次印刷
定　　价　52.00 元

中国矿业大学国家一流会计学专业系列核心教材

总 序

中国矿业大学会计学专业1983年开始招收本科生,2003年被确定为江苏省首批“高等学校品牌专业建设点”,2006年被正式授予省级“品牌专业”称号,2010年被教育部、财政部遴选为“高等学校特色专业建设点”,2012年列入江苏省高等学校本科“工商管理类重点专业”的核心专业,2019年被教育部遴选为中央赛首批“国家级一流本科专业建设点”。中国矿业大学会计学学科1993年获会计学硕士学位授予权,2011年获会计硕士专业学位授予权,2013年在管理科学与工程一级学科下自主增设“财务管理系统工程”二级学科博士点,已经形成了本科生、硕士研究生和博士研究生多层次人才培养格局。为进一步提升中国矿业大学会计学专业本科人才培养质量,彰显中国矿业大学会计学专业“立信创行”人才培养特色,扩大中国矿业大学会计学专业办学示范效应和社会声誉,建设国家一流会计学本科专业,我们组织编著和修订了中国矿业大学国家一流会计学专业系列核心教材。

本系列教材包括《基础会计学》《中级财务会计》《成本会计学》《高级会计学》《财务管理学》《管理会计》《审计学》《经济法》等8本教材及其配套学习指导,编著和修订的指导思想是紧密结合中国会计改革与发展实践,适应经济全球化与人工智能时代对会计教育提出的挑战,遵循会计学专业本科教育规律,满足中国特色社会主义市场经济对会计人才的需求。各教材的编著和修订力求做到“全、准、新、中、顺”,服务中国矿业大学会计学国家一流本科专业培养目标。编著和修订的具体思路是:

1. 基础性与前瞻性并重

本系列教材的编著和修订既注重对各学科基础知识、基本理论和基本技能的全面介绍与准确表述,又科学预测与概括经济全球化、知识经济与人工智能时代各学科最新的发展动态,确保系列教材的知识含量与理论高度,以内容的全面性、准确性和前瞻性保证教材的稳定性。

2. 本土性与时代性并重

本系列教材的编著和修订既立足中国会计改革实践,遵循会计实际工作经验与规律,又兼顾国际会计趋同需要,实现会计国家特色与国际化的协调。同时,依据中国特色社会主义市场经济建设对高质量会计专业人才的培养需求,结合各教材特点,尽可能增加各教材的思政元素,确保系列教材的本土性与时代性特色。

3. 系统性、综合性和研究性并重

本系列教材的编著和修订既突出各学科理论体系的完整性和系统性，又考虑会计学专业各主干课程之间的内在逻辑联系，强调各教材内容的衔接性、互补性和综合性。各教材章节力求按问题提出、理论介绍、模型推演、案例分析的研究型教学范式进行编排与修订，实现系统性、综合性和研究性"三性"统一，提升系列教材的高阶性、创新性和挑战度。

由于作者水平和经验有限，在系列教材的编写过程中对一些问题的认识还不够深刻，各教材中均可能存在不成熟或谬误之处，恳请读者批评指正。

中国矿业大学国家一流会计学专业系列核心教材编审委员会

前　言

为了适应经管类专业学生的培养目标，强化经管类学生对经济法律知识的掌握与应用，培养懂经济、懂管理、懂法律的应用型人才，满足经管类专业学生的学习要求，我们编写了《经济法》教材。本教材以普通高校经济管理类专业学生为主要对象，对经济法的体系作了较为系统的安排。

本教材是主编及副主编多年来教学实践的成果和结晶，符合教育部培养人才目标的要求。本教材主要特点如下：

1. 专业性

本教材采取广义的经济法范畴，针对经管类专业的特点、职业需求和学生职业持续性发展的需求对课程内容进行整合，主要内容包括法律基本原理、基本民事法律制度等，涵盖了经管类专业所涉及职业最基本、最常见的市场规则。通过本教材的学习，学生能够加强对现行经济法律法规的认识和理解，增强法治观念并初步具有运用所掌握的法律知识观察、分析和处理经济法问题的能力。本教材不仅突出了经管类专业特点，也满足了学生参加会计初级资格、注册会计师资格、金融从业资格等考试的知识储备需求，为学生学习法律知识、提高职业能力、促进职业生涯可持续发展奠定了良好基础。

2. 思政性

本教材将习近平全面依法治国的新理念新思想新战略、民法典的核心要义和内在精神融入教材，并通过证券市场、新闻热点等改编案例挖掘思政元素，发掘民法典的价值内核和道德内蕴，多层次多角度传播民法典的精神实质和基本原则，坚定大学生的法治信仰，培养法治精神，践行社会主义核心价值观。

3. 灵活性

为了激发学生学习兴趣，本教材设置了灵活的章节结构。首先，设置章节知识要点，方便学生理解章节知识的逻辑关系，明确学习目标；其次，以生活参与性较强的案例入手，激发学生学习的兴趣；第三，每章设置课后案例分析题，以使学生能够及时回顾和复习该章节的重难点知识，更深入地掌握该章知识。

4. 应用性

本教材采用导入案例和应用案例相结合的方式，注重学生对相关理论知识的掌握与应用，力求实现理论与实践相统一。本教材包括 9 个理论单元和多个综合应用案例，理论知识与实践内容结合的方式，更有助于实现培养懂经济、懂管理、懂法律的高素质工商管理人才的教学目标。

5. 系统性

编写教材时作者考虑了现行法律法规的稳定程度，以新颁布或修订的法律规范为蓝本，体现了最新立法成果，反映了本学科的可行性、体系性和稳定性。

6. 适用对象广泛

本教材既适用于会计学、经济学、工商管理、市场营销、金融学等经管类专业的大学专科、本科与研究生学习，也可为已对经济法有初步了解的商务人员提供参考。

本教材由陈韶君副教授、李强教授担任主编，编写团队成员还有李文美副教授、郭振宇副教授，其中，李强编写第一章和第二章，李文美编写第三章，郭振宇编写第四章，陈韶君编写第五章、第六章、第七章、第八章、第九章，陈韶君和李强对全书进行统稿。

在此，感谢中国矿业大学会计系戴新颖老师为本书的内容和结构提出的宝贵建议，感谢中国矿业大学出版社对该书编写和出版给予的大力支持和帮助。由于编者水平有限，本书仍存在很多不足之处，恳请各位学者、专家和读者对书中存在的问题提出宝贵意见。

编　者

2021 年 10 月

目　录

第一章　法律基本原理

知识要点：

1. 了解法的概念和特征，理解法律体系的构成，掌握法律渊源。

2. 了解法律关系的概念和特征，掌握法律关系的种类、构成和变动原因。

3. 了解习近平法治思想，理解全面依法治国的基本方略，理解建设社会主义法治国家的历史任务。

案例导入：

在我们的一生中会发生很多社会关系，比如：父母子女关系、朋友关系、同学关系、恋人关系、夫妻关系、债权人与债务人关系、买卖关系、赠与关系、继承关系等。在这些关系中，哪些是普通的社会关系？哪些是法律关系？法律关系有哪些特征？

请思考：下列哪种情形具有法律关系？

(1) 甲与乙约定某日商谈合作开发房地产事宜。

(2) 甲对乙说："如果你考上研究生，我就嫁给你。"

(3) 甲不知乙不胜酒力而极力劝酒，致乙酒精中毒住院治疗。

(4) 甲应同事乙之邀前往某水库游泳，因抽筋溺水身亡。

第一节　法律基本概念

一、法的概念与特征

法的本意并不指法律，比如"方法""办法"词汇中的"法"。国家法律只是社会语言发展到一定阶段后产生的引申意义。法作为一种特殊的社会规范，是人类社会发展的产物。但人们对于法的概念的理解，古今中外并不一致。法的概念因为学派的不同而有所不同，例如：自然法学派认为，在国家制定的实在法之上存在着一种"与公平正义有着必然联系"的自然法；社会法学派则认为，法是以最小代价实现满足社会全体最大欲望的社会制度。

马克思主义关于法的本质的基本观点是：首先，法的本质表现为法的正式性；其次，法的本质反映法的阶级性。法的本质最终体现为法的物质制约性。法的物质制约性是指法的内容受社会存在这个因素的制约，其最终也是由一定的社会物质生活条件确定的。马克思主义法律理论分析社会的特点在于：认为法律是社会的组成部分，也是社会关系的反映；社会关系的核心是经济关系，经济关系的中心是生产关系；生产关系是由生产力决定的，而生产力则是不断发展变化的；生产力的不断发展最终导致包括法律在内的整个社会的发展变化。这就提供了一个将法律置于物质能动的社会发展过程加以考察的唯物史观的分析框架。按照这种观点，立法者不是在创造法律，而只是在表述法律，是将社会生活中客观存在的包括生产关系、阶级关系、亲属关系等在内的各种社会关系以及相应的社会规范、社会需要上升为国家的法律，并运用国家权威予以保护。所以，法的本质存在于国家意志、阶级意志与社会存在、社会物质条件之间的对立统一关系中。

马克思主义批判继承了关于法概念的学说思想，从国家、阶级和物质条件等角度给出了法的科学定义：法是反映由一定物质生活条件所决定的统治阶级意志的，由国家制定或认可并得到国家强制力保证的，赋予社会关系参加者权利与义务的社会规范的总称。

与其他类型的社会规范相比，法具有以下特征：

(一) 法是由一定物质生活条件所决定的统治阶级意志的体现

马克思主义认为，统治阶级的意志通过法律的形式上升为国家意志。法作为统治阶级意志的体现，同时又具有代表全社会的属性。因此，一方面，法代表的是统治阶级的整体意志，而不是统治阶级中个别人或个别集团的意志；另一方面，法也根据不同阶级、阶层和利益群体相互斗争和妥协的具体情况，尽可能关注被统治阶级和社会弱势群体等的权利和利益。但是，在本质上，法仍集中体现统治阶级的利益。按照马克思主义“经济基础决定上层建筑”的基本原理，作为上层建筑重要组成部分的法，是由具体的经济基础即特定物质生活条件所决定的，因此，统治阶级不可能任意立法。马克思所说的“君主们在任何时候都不得不服从经济条件，并且从来不能向经济条件发号施令”①，即表明统治阶级的意志必须服从于社会的物质生活条件。从现象层面认识法，法是被奉为法律的国家意志。从本质层面认识法，法是统治阶级意志的体现，这是对法本质认识的第一层次；法所反映的统治阶级意志受到物质生活条件的制约，这是对法本质的更深层次的认识。

(二) 法是由国家制定或认可的行为规范

法由国家制定或认可，突出体现了法的国家意志性。“制定”即有权的国家机关根据调整社会关系和规范人的行为的需要，依照一定程序创制新的法律规范。通常，国家通过立法机关、行政机关立法的形式制定法律，也有一些国家通过司法机关判决的形式形成判例法，这些都是国家制定法律的方式。“认可”即由国家权力机关确认某种社会上已经通行的规则具有法律效力，这些规则可能来源于习惯、教义或礼仪等。国家制定或认可的特征使法具有权威性和统一性。法的权威性是指法的不可违抗性，任何人均应遵守和执行；法的统一性是指不同法律规范之间在根本原则上是一致的，除极特殊情况外，一个国家只能有一个总的法律体系，且该法律体系内部各规范之间不能相互矛盾，在本国主权范围内具有普遍拘束力。

(三) 法是由国家强制力保证实施的行为规范

任何一种社会规范都有一定的实施保证，如违反道德规范会受到舆论的谴责。法与其他类型的社会规范的不同在于，法是由国家强制力保证实施的。国家强制力由军队、警察、监狱等国家机构作为支持。当然，法具有国家强制性并不意味着法律规范的实施都是依靠国家强制而实现的，也不等于国家强制力是保证法律实施的唯一力量。事实上，法律的实施主要依赖于社会主体的自觉遵守和执行。只有相关社会主体不遵守法律规定，并依照法律规范应当就不遵守法律规范的行为承担相应的法律责任时，才会由国家机器保证其实施。

(四) 法是调整人的行为和社会关系的行为规范

行为规范大致可以分为两大类：一类是社会规范，调整人与人之间的关系，约束人的行为；另一类是技术规范，调整人与自然、人与劳动工具之间的关系，如度量衡等，这些规范一般不属于法的范畴。随着管理科学的出现和发展，人类管理社会的规则也不断技术化，进而

---

① 马克思：《哲学的贫困》，人民出版社 1962 年版，第 64 页。

产生了所谓的社会技术规范，如环境保护、食品安全、建筑质量标准等。这些规范经国家制定或认可后，也纳入法律规范的范畴。

（五）法是确定社会关系参加者的权利和义务的规范

权利和义务是法调整社会关系参加者行为的基本表达形式。法通过确定各方的权利和义务，发挥影响人们的动机、指引人们的行为和调节社会关系的功能。法律所规定的权利义务不仅指个人、组织（法人和非法人组织）及国家（作为普通法律主体）的权利和义务，还包括国家机关及其公职人员在依法执行公务时所行使的职权和职责。

还应指出的是，法律虽是调整人类社会关系的重要社会规范，但并不是唯一的社会规范。在规范人的行为、调整社会关系方面，道德、宗教规范以及风俗习惯等也在不同范围内和不同程度上发挥着十分重要的作用。另外，党纪规范在保证党的路线、方针、政策的贯彻执行，端正党风并促进社会风气好转等方面都发挥着十分重要的作用。在诸种社会规范中，道德规范虽不同于法律规范，但又与法律规范联系最为密切。道德规范是维系一个社会的最基本的规范体系，如果一个社会的道德规范整体缺失，仅凭法律是不可能维系整个社会的基本生活秩序的。从法律与道德之间的关系看，一方面，法律意识与道德观念紧密联系、相互重叠，法律规范与道德规范的调整范围相互交叉、相互包容。通常，法律所禁止和制裁的行为，也是道德所禁止和谴责的行为；法律所要求和鼓励的行为，也是道德所培养和倡导的行为。另一方面，法律与道德也存在区别。法律属于社会制度的范畴，道德属于社会意识形态的范畴；法律规范的主要内容是权利与义务，并且强调两者之间的平衡，道德则强调对他人、对社会集体履行义务、承担责任；法律规范是由国家强制力保证实施的，而道德规范则主要依靠社会舆论、人的内心信念以及宣传教育等手段来实现。

二、法律体系

法律体系是指一个国家的全部法律规范，按照一定的原则和要求，根据法律规范的调整对象和调整方法的不同，划分为若干法律部门，进而形成的有机联系、内在统一的整体。

我国社会主义法律体系包含以下 7 个法律部门：

（一）宪法及宪法相关法

宪法是国家的根本大法，规定国家的根本制度和根本任务、公民的基本权利和义务等内容。宪法相关法是与宪法相配套、直接保障宪法实施和国家政权运作等方面的法律规范的总和，主要包括 4 个方面：有关国家机构的产生、组织、职权和基本工作制度的法律；有关民族区域自治制度、特别行政区制度、基层群众自治组织的法律；有关维护国家主权、领土完整和国家安全的法律；有关保障公民基本权利的法律。

（二）刑法

刑法是规定犯罪、刑事责任和刑罚的法律规范的总称。与其他法律部门相比，刑法具有两个显著特点：第一，刑法所调整的社会关系极其广泛。无论哪一方面的社会关系，只要发生了构成犯罪的行为，都受刑法的调整。第二，强制性最突出。所有法律都具有强制性，但刑法的强制性最为突出。刑法是保证其他法律有效实施的后盾。

（三）行政法

行政法是规定行政主体的组织、职权、行使职权的方式和程序以及行使行政职权的法治监督，调整行政关系的法律规范的总称，包括有关行政主体、行政行为、行政程序、行政监督以及国家公务员制度等方面的法律规范。行政法调整的是行政机关与行政相对人（自然人、法人和非法人组织)之间因行政管理活动而发生的法律关系,该种关系是一种纵向法律关系。行政机关与行政相对人之间的关系具有从属性、服从性的特点。行政行为由行政机关单方面依法作出,不需要与行政相对人平等协商。

(四) 民商法

民商法是规范民事、商事活动的法律规范的总称。民法调整平等主体的自然人、法人和其他组织之间的人身关系和财产关系,主要包括物权、债权、婚姻、家庭、收养、继承等方面的法律规范。商法是在适应现代商事活动需要的基础上,从民法中分离而逐渐发展起来的法律部门,主要包括公司、证券、破产、保险、票据、海商等领域的法律规范。根据全国人民代表大会对社会主义法律体系的划分,知识产权法律制度也被划入民商法部门。

(五) 经济法

经济法是调整因国家从社会整体利益出发对经济活动实行干预、管理或调控所产生的社会经济关系的法律规范的总称。经济法在承认市场对资源配置起决定性作用的前提下,通过必要的国家干预手段以克服市场的自发性、滞后性、盲目性等缺陷。按照全国人民代表大会对社会主义法律体系划分的说明,税收法律制度、宏观调控和经济管理法律制度、维护市场秩序的法律制度、行业管理和产业促进法律制度、农业法律制度、自然资源法律制度、能源法律制度、产品质量法律制度、企业国有资产法律制度、金融监管法律制度、对外贸易和经济合作法律制度等内容都属于经济法部门。

谈到经济法,人们一般会想到"有关经济的法"。这种望文生义恰好解释了经济法的最初含义。无论是西欧国家还是中国,"经济法"一词最初都是这种含义。后来,"经济法"被理解为一类同质的法律规范,逐渐被界定为与民法、宪法、行政法等部门法并列的各法律部门,使得"经济法"一词增加了新含义。因此,今天的"经济法"就有两种含义,即"有关经济的法"和"部门经济法"。为了区分,学者们通常称前者为广义经济法,称后者为狭义经济法。在我国,广义经济法一直有着深厚的生活实践基础。第一,大众甚至一些法律专业人士历来倾向于将"经济法"理解为广义经济法,在某种程度上广义经济法更贴近人们的生活;第二,更重要的是,广义经济法对于现实经济实践颇有价值,因为一个有关经济的法律问题往往不局限于严格的部门经济法领域,而需要综合的广义经济法知识才能很好地解决;第三,在教学上突破部门经济法限制,将民商法作为必备知识基础,实践证明这种安排易于为非法律专业的学生理解和接受,教学效果良好。

随着部门法划分界限的逐渐明确以及法学学科的不断发展,"经济法"这一概念的法学意义已经被特定化为与民商法相并列的经济法法律部门以及与其相对应的经济法学科,而不再是"调整经济关系的法"或"与经济相关的法"这样的表面含义。大学法学专业课程中有一门课也叫"经济法",也就是所谓部门经济法或狭义经济法,它已被教育部列为大学本科法学专业主干课程之一。本教材名称为"经济法",所指的是广义经济法,即"有关经济的法",并非法律部门意义上的"经济法"概念,而是"与市场经济活动相关的经济法律制度"的意思,内容涉及民商法和经济法两个法律部门中诸多与注册会计师执业活动密切相关的法律制度,包括民法、商法和部门经济法中的重要内容,也包括规范社会经济关系的重要基本法律。

(六) 社会法

社会法是调整劳动关系、社会保障关系、社会福利和特殊群体权益保障方面关系的法律规范的总称。社会法是在国家干预社会生活过程中发展起来的一个法律门类,包括两个方面:第一,有关劳动关系、劳动保障和社会保障方面的法律,如劳动法、社会保险法、工会法等;第二,有关特殊社会群体权益保障方面的法律,如未成年人保护法、妇女权益保障法、残疾人保障法等。

（七）诉讼与非诉讼程序法

诉讼与非诉讼程序法是规范解决社会纠纷的诉讼活动与非诉讼活动的法律规范的总称。我国的诉讼制度分为刑事诉讼、民事诉讼和行政诉讼 3 种,分别针对 3 类诉讼活动进行规范。此外,我国还针对海事诉讼活动的特殊性,制定了海事诉讼特别程序法,作为民事诉讼法的补充。为处理国与国之间的犯罪引渡问题,我国制定了引渡法,作为刑事诉讼法的补充。

非诉讼程序在纠纷解决中也占有重要地位。我国制定了仲裁法,作为有效解决民事经济纠纷,保护当事人的合法权益的重要方式。人民调解法则将人民调解工作长期积累的经验做法上升为法律,从法律上完善人民调解制度,明确人民调解与其他纠纷解决机制的关系,加强对人民调解工作的支持和保障。劳动争议调解仲裁法和农村土地承包经营纠纷调解仲裁法,充分发挥调解和仲裁两个纠纷解决渠道的作用,明确规定了相关调解和仲裁的方式、程序,为及时化解纠纷、维护当事人合法权益提供了法律依据。

三、法律渊源

法律渊源是指法律的存在或表现形式。法律渊源表明法的效力来源,包括法的创制方式和法律规范的外部表现形式。存在于社会中的诸种规范,何者可以被视为具有法律效力的法律规范,是法律渊源要解决的问题。不同于英美法系国家,我国主要承继成文法传统,法律渊源主要表现为制定法,不包括判例法。

具体而言,我国的法律渊源主要有以下几个方面:

（一）宪法

宪法是由全国人民代表大会依特别程序制定的具有最高效力的根本大法。宪法规定的是国家政治、经济和社会制度的基本原则,公民的基本权利和基本义务,国家机关的组织和活动原则等国家和社会中最基本、最重要的问题。宪法具有最高效力,一切法律、行政法规、地方性法规、自治条例和单行条例、规章都不得同宪法相抵触。广义的宪法不仅包括《中华人民共和国宪法》(简称《宪法》),还包括其他附属性宪法性文件,如《中华人民共和国选举法》《香港特别行政区基本法》等。

（二）法律

法律是由全国人民代表大会及其常务委员会制定和修改的规范性法律文件的总称,在地位和效力上仅次于宪法,高于行政法规、地方性法规、规章。其中,全国人民代表大会(简称全国人大)制定和修改的,调整国家和社会生活中带有普遍性的社会关系的规范性法律文件,属于基本法律,如《中华人民共和国刑法》(简称《刑法》)、《中华人民共和国民法典》(简称《民法典》)等。全国人民代表大会常务委员会(简称全国人大常委会)制定和修改的,调整国家和社会生活中某一方面社会关系的规范性法律文件,属于一般法律,如《中华人民共和国公司法》(简称《公司法》)、《中华人民共和国证券法》(简称《证券法》)等。在全国人大闭会期间,全国人大常委会可以对基本法律进行部分补充和修改,但是不得同该法律的基本原则相抵触。全国人大常委会负责解释法律,其作出的法律解释与法律具有同等效力。

（三）法规

法规包括行政法规和地方性法规。行政法规是作为国家最高行政机关的国务院在法定职权范围内为实施宪法和法律而制定的规范性法律文件。行政法规应当依据宪法和法律制定，其地位和效力仅次于宪法和法律。行政法规可以就下列事项作出规定：① 为执行法律的规定需要制定行政法规的事项；②《宪法》第八十九条规定的国务院行政管理职权的事项。《中华人民共和国公司登记管理条例》《证券公司监督管理条例》等属于行政法规。地方性法规是有地方立法权的地方人民代表大会及其常务委员会就地方性事务以及根据本地区实际情况执行法律、行政法规的需要所制定的规范性法律文件的总称。地方性法规不得与宪法、法律和行政法规相抵触。地方性法规只在本辖区内适用。省、自治区、直辖市的人民代表大会及其常务委员会，有权制定地方性法规；设区的市的人民代表大会及其常务委员会有权对“城乡建设与管理、环境保护、历史文化保护等方面的事项”制定地方性法规；自治州的人民代表大会及其常务委员会也可依照关于设区的市的人民代表大会及其常务委员会的地方性法规制定权的规定行使地方性法规制定权。

（四）规章

规章包括部门规章和地方政府规章。

部门规章是国务院各部、委员会、中国人民银行、审计署和具有行政管理职能的直属机构，就执行法律、国务院行政法规、决定、命令的事项在其职权范围内制定的规范性法律文件的总称。如财政部发布的《企业会计准则——基本准则》、中国人民银行发布的《支付结算办法》、中国证监会发布的《上市公司信息披露管理办法》等。没有法律或者国务院的行政法规、决定、命令的依据，部门规章不得设定减损公民、法人和其他组织权利或者增加其义务的规范，不得增加本部门的权力或者减少本部门的法定职责。

地方政府规章是指有权制定规章的地方人民政府，依据法律、行政法规和本省、自治区、直辖市的地方性法规制定的规范性法律文件。其中省、自治区、直辖市和设区的市、自治州的人民政府，可以就执行法律、行政法规、地方性法规的规定而需要制定规章的事项以及属于本行政区域的具体行政管理事项，制定地方政府规章。其中，设区的市、自治州的人民政府限于“城乡建设与管理、环境保护、历史文化保护等方面的事项”制定地方政府规章。没有法律、行政法规、地方性法规的依据，地方政府规章不得设定减损公民、法人和其他组织权利或者增加其义务的规范。

（五）司法解释

司法解释是最高人民法院、最高人民检察院在总结司法审判经验的基础上发布的指导性文件和法律解释的总称，如最高人民法院发布的《关于适用〈中华人民共和国民法典〉时间效力的若干规定》《关于适用〈中华人民共和国民法典〉物权编的解释（一）》等。凡属于法院审判工作中具体应用法律、法令的问题，由最高人民法院进行解释。凡属于检察院检察工作中具体应用法律、法令的问题，由最高人民检察院进行解释。最高人民法院和最高人民检察院的解释如果有原则性的分歧，报请全国人民代表大会常务委员会解释或决定。

（六）国际条约和协定

国际条约和协定是指我国作为国际法主体同其他国家或地区缔结的双边、多边协议和其他具有条约、协定性质的文件，如我国为加入世界贸易组织与相关国家签订的协议、我国与有关国家签订的双边投资保护协定等。上述文件一旦生效，对缔约国的国家机关、组织和公民就具有法律上的约束力,形成法律渊源。

四、法律规范

(一) 法律规范的概念与特征

1. 法律规范的概念

法律规范是由国家制定或认可的,具体规定主体权利、义务及法律后果的行为准则。法律规范是法律构成的基本单位,具体体现法律的属性,实现法律的功能。

2. 法律规范的特征

法律规范具有如下特征:① 法律规范具体规定权利、义务及法律后果;② 法律规范规定主体的行为模式,具有可重复适用性和适用的普遍性;③ 法律规范的可操作性强,确定性程度高。

(1) 法律规范不同于规范性法律文件。规范性法律文件是以规范化的成文形式表现出来的各种法的形式的总称,是有权制定法律规范的国家机构制定或发布的,具有普遍约束力的法律文件,如《公司法》《上市公司信息披露管理办法》等。规范性法律文件是表现法律内容的具体形式,是法律规范的载体。法律规范不同于国家的个别命令,后者也有法律效力,但其效力仅针对特定的主体或场合,不具有可重复适用性和普遍适用性。如立法机关的个别性决定、行政措施、司法机关的判决等,其直接功能在于赋予特定法律主体法律地位或资格,或者是确认特定主体之间的权利义务关系或法律责任。

(2) 法律规范不同于法律条文。法律条文是法律规范的文字表述形式,是规范性法律文件的基本构成要素;法律规范是法律条文的内容,法律条文是法律规范的表现形式。法律规范是法律条文的内容,但法律条文的内容还可能包含其他法律要素,如法律原则等。同时,法律规范与法律条文也不是一一对应的,一项法律规范的内容可以表现在不同法律条文甚至不同的规范性法律文件中;同样,一个法律条文中也可以反映若干法律规范的内容。

(二) 法律规范的种类

按照不同标准可以将法律规范进行不同的分类,例如,按照法律调整的是国内关系还是国际关系,可以将法律规范分为国内法规范和国际法规范;按照法的渊源形式,可以将法律规范分为成文法规范和不成文法规范;按照法律调整的对象和领域,可以将法律规范分为不同部门法律规范等。而在法的应用意义上,下面几种分类更为重要。

1. 授权性规范和义务性规范

这是根据法律规范为主体提供行为模式的方式进行的区分。授权性规范是规定人们可以作出一定行为或者可以要求别人作出一定行为的法律规范。该类规范肯定了主体为实现其利益所必需的行为自由,立法语言通常表现为“可以……”“有权……”“享有……权利”等。义务性规范是规定人们必须作出某种行为或者不作出某种行为的法律规范。义务性规范又可分为命令性规范和禁止性规范。命令性规范是指规定人们的积极义务,即规定主体应当或必须作出一定积极行为的规范,其立法语言表达通常为“应(当)……(必)须……”“有……义务”等。禁止性规范是指规定人们的消极义务(不作为义务),即禁止人们作出一定行为的规范。禁止性规范通过禁止主体作出某些行为以实现权利人的利益,立法语言通常表现为“不得……”“禁止……”等。

2. 强行性规范和任意性规范

这是根据法律规范是否允许当事人进行自主调整,以及按照自己的意愿设定权利和义务的标准进行的区分。强行性规范是指所规定的义务具有确定的性质，不允许任意变动和伸缩的法律规范。如《证券法》第一百二十八条第二款规定，证券公司必须将其证券经纪业务、证券承销业务、证券自营业务、证券做市业务和证券资产管理业务分开办理，不得混合操作。任意性规范是指在法定范围内允许行为人自行确定其权利义务的具体内容的法律规范。它允许人们自行选择或协商确定作为与不作为、作为的方式以及法律关系中权利义务的具体内容。根据任意性规范协商确定的规则，在当事人之间具有法律约束力，只有在当事人没有约定的情况下，才适用法律的一般规定。

3. 确定性规范和非确定性规范

这是根据法律规范内容的确定性程度进行的区分。确定性规范是指内容已经完备明确，无须再援引或参照其他规范来确定其内容的法律规范。绝大多数法律规范属于此种规范。非确定性规范是指没有明确具体的行为模式或者法律后果，需要引用其他法律规范来说明或补充的规范，具体包括委任性规范和准用性规范。委任性规范是指只规定某种概括性指示，具体内容则由有关国家机关通过相应途径或程序加以确定的法律规范。如《中华人民共和国反垄断法》第九条第二款规定："国务院反垄断委员会的组成和工作规则由国务院规定。"准用性规范是指本身没有具体的规则内容，而是规定可以援引或参照其他有关规定内容的法律规范。如《民法典》第六百五十六条规定："供用水、供用气、供用热力合同，参照适用供用电合同的有关规定。"

（三）法律规范的逻辑结构

法律规范的逻辑结构是指法律规范的构成要素及要素间在逻辑上的相互关系。通常认为，一个完整的法律规范由假定（或称条件）、模式和后果 3 部分构成。假定是指法律规范所规定适用该规范的条件和情况，它将法律规范的作用与一定的事实状态相联系，指出在发生何种情况或具备何种条件时，法律规范中的行为模式开始发挥作用。模式是指法律规范所规定的行为规则，包括可以做什么、应当做什么或禁止做什么，分别对应可为模式、应为模式和勿为模式。后果是指法律规范所规定的行为应当承担的法律后果，以表达法律规范对主体具有法律意义的行为的态度。后果分为肯定式的法律后果（合法后果）和否定式的法律后果（违法后果）。在法律规范的逻辑结构上，假定、模式是后果的前提，后果是对主体遵守或违反假定和模式的评价。

第二节 法律关系

人们在社会中结成的种种联系就是社会关系。在诸种社会关系中，根据法律规范进行调整而产生的社会关系，就是法律关系。法律关系是一个重要的法律概念，也是法律实务中最基本的分析工具。它解决的是何人对何种对象，享有何种权利、承担何种义务的问题。

一、法律关系的概念和特征

法律关系是根据法律规范产生、以主体间的权利与义务关系为内容表现的特殊的社会关系。与其他社会关系相比，法律关系具有以下特征：

（一）法律关系是以法律规范为前提的社会关系

法律关系是社会关系的一种，但并非所有的社会关系都属于法律关系。法律关系是以相应法律规范的存在为前提的，没有法律规范就不可能产生相应的法律关系。例如，某些社会关系领域，如友谊关系、爱情关系、政党或社会团体的内部关系等，通常不涉及法律调整，不存在相应的法律规范，所以也就不存在相应的法律关系。再如，有些社会关系领域虽然应该得到法律的调整，但由于种种原因尚未形成有效的法律规范，法律调整缺乏法律依据，因此也不可能产生法律关系。法律规范是抽象的、在一定范围内普遍适用的，而法律关系是对特定法律规范的具体化。法律规范规定的主体的权利义务只是一种可能性，是主体能做和应做的行为，并不是现实的行为；凡是出现法律规范所假定的事实，具有法律规范所规定的主体资格的人都依法享有具体权利并承担具体义务。

（二）法律关系是以权利义务为内容的社会关系

法律关系是特定主体之间的具体的权利义务关系。法律关系与其他社会关系的重要区别，就在于它是法律化的权利义务，是一种明确的、特定的权利义务关系。这种权利和义务可以是由法律明确规定的，也可以是由法律授权当事人在法律规定的范围内自行约定的。

（三）法律关系是以国家强制力为保障的社会关系

与道德关系等其他社会关系不同，法律关系是由国家强制力作为保障的。法律关系形成所依据的法律规范，是国家意志的体现，因此，当法律关系的义务主体不履行相应义务、侵犯其他主体的合法权利时，权利受侵害的一方就有权请求国家机关运用国家强制力，责令侵害方履行义务、承担不履行义务的法律责任。

二、法律关系的种类

按照不同的标准可以将法律关系分为不同种类。最常见的法律关系分类，是按照法律规范的性质将所形成的法律关系分为民事法律关系、刑事法律关系和行政法律关系等。

此外，法律关系的常见分类还有：

（一）绝对法律关系和相对法律关系

根据法律关系的主体是单方确定还是双方确定，可以将法律关系分为绝对法律关系和相对法律关系。

绝对法律关系中主体的一方（权利人）是确定的、具体的；另一方（义务人）则是除了权利人以外的所有的人。绝对法律关系以“一个主体对其他一切主体”的形式表现出来，典型的如所有权等物权法律关系、人身权法律关系等。

相对法律关系的主体，无论是权利人还是义务人，都是确定的。它以“某个主体对某个主体”的形式表现出来，典型的如债权法律关系。此外，劳动法、行政法等领域的法律关系中大都也体现出相对法律关系的特点。

（二）调整性法律关系和保护性法律关系

按照法律关系产生的依据是合法行为还是违法行为、是否适用法律制裁，可以将法律关系分为调整性法律关系和保护性法律关系。

调整性法律关系是不需要使用法律制裁主体权利就能够正常实现的法律关系。它建立在主体的合法行为基础上，是法的实现的正常形式。保护性法律关系是在主体的权利和义务不能正常实现的情况下，通过法律制裁而形成的法律关系。保护性法律关系是在违法行为的基础上产生的，是法的实现的非正常形式。刑事法律关系是最典型的保护性法律关系。保护性法律关系的主体一方是国家，另一方是违法者。国家拥有实施法律制裁的权力，违法者应当承担相应的法律责任。

三、法律关系的基本构成

一般认为，法律关系由主体、客体和内容3部分构成，三者也被称为法律关系的三要素。

（一）法律关系的主体

法律关系的主体，即法律关系的参加者，是指参加法律关系，依法享有权利和承担义务的当事人。享有权利的一方称为权利人，承担义务的一方称为义务人。

1. 法律关系主体的种类

（1）自然人。自然人既包括本国公民，也包括居住在一国境内或在境内活动的外国公民和无国籍人。

（2）法人和非法人组织。法人是具有民事权利能力和民事行为能力，依法独立享有民事权利和承担民事义务的组织。《民法典》将法人分为营利法人、非营利法人和特别法人，其中营利法人是以取得利润并分配给股东等出资人为目的，包括有限责任公司、股份有限公司和其他企业法人等；非营利法人是为公益目的或者其他非营利目的成立，不向出资人、设立人或者会员分配所取得利润的法人，包括事业单位、社会团体、基金会、社会服务机构等；特别法人包括特定的机关法人、农村集体经济组织法人、城镇农村的合作经济组织法人、基层群众性自治组织法人。非法人组织是不具有法人资格，但是能够依法以自己的名义从事民事活动的组织，包括个人独资企业、合伙企业、不具有法人资格的专业服务机构等。

（3）国家。在特定情况下，国家可以作为一个整体成为法律关系的主体。例如，国家作为主权者是国际公法关系的主体，可以成为对外经济贸易关系中的债权人和债务人；在国内法上，国家可以直接以自己的名义参与国内法律关系（如发行国库券，或成为国家所有权关系主体）。当然，大多数情况下，国家是以其机关或者授权的组织作为代表参加法律关系的。

2. 法律关系主体的权利能力和行为能力

权利能力是指权利主体享有权利和承担义务的能力，它反映了权利主体取得权利和承担义务的资格。各种具体权利的产生必须以主体的权利能力为前提；同时，权利能力通常与国籍相联系，一个国家的所有公民都应具有权利能力。《民法典》第十四条宣告："自然人的民事权利能力一律平等。"法律关系主体要自己参与法律活动，必须具备相应的行为能力。行为能力是指权利主体能够通过自己的行为取得权利和承担义务的能力。行为能力必须以权利能力为前提，无权利能力就谈不上行为能力。根据《民法典》的规定，自然人从出生时起到死亡时止，具有民事权利能力，依法享有民事权利，承担民事义务。按照民事行为能力，自然人分3种：

（1）完全民事行为能力人。完全民事行为能力人，是指通过自己独立的意思表示进行民事法律行为的能力的自然人。我国法律规定，18周岁以上的自然人为成年人。成年人为完全民事行为能力人，可以独立实施民事法律行为。16周岁以上的未成年人，以自己的劳动收入为主要生活来源的，视为完全民事行为能力人。

（2）限制民事行为能力人。8周岁以上的未成年人和不能完全辨认自己行为的成年人为限制民事行为能力人，实施民事法律行为由其法定代理人代理或者经其法定代理人同意、追认。但是前者可以独立实施纯获利益的民事法律行为或者与其年龄、智力相适应的民事法律行为，后者可以独立实施纯获利益的民事法律行为或者与其智力、精神健康状况相适应的民事法律行为。

（3）无民事行为能力人。不满8周岁的未成年人、不能辨认自己行为的成年人，以及8

周岁以上的不能辨认自己行为的未成年人，为无民事行为能力人，由其法定代理人代理实施民事法律行为。

社会组织作为法律关系的主体也应当具有权利能力和行为能力，但其权利能力和行为能力不同于自然人。例如，作为民事法律关系主体的法人，其权利能力从法人成立时产生，其行为能力伴随着权利能力的产生而同时产生；法人终止时，其权利能力和行为能力同时消灭。自然人的行为能力一般通过自身实现，而法人的行为能力则通过法定代理人或其他代理人来实现。

（二）法律关系的客体

法律关系的客体，是指法律关系主体间权利义务所指向的对象。法律关系的客体通常包括以下几类：

（1）物。法律意义上的物是指法律关系主体支配的、在生产上和生活上所需要的客观实体。物既可以是自然物，如森林、土地，也可以是人的劳动创造物，如建筑物、机器、各类产品。广义上物的概念还包括财产的一般表现形式——货币及其他各种有价证券，如汇票、支票、股票、债券等。

（2）行为。一定的行为结果可以满足权利人的利益和需要，可以成为法律关系的客体。行为包括作为和不作为，前者如旅客运输合同的客体是运送旅客的行为，后者如竞业禁止合同的客体是不从事相同或相似的经营或执业活动。

（3）人格利益。人格利益是人身权法律关系的客体，也是诸多行政、刑事法律关系的客体。人格利益具体包括公民或组织的姓名或者名称，公民的肖像、名誉、尊严，公民的人身、人格和身份等。

（4）智力成果。人类智力活动创造的成果，包括科学著作、文学艺术作品、专利、商标等，这些成果是人们脑力活动的产物，称为智力成果。智力成果常成为知识产权法律关系的客体。

（三）法律关系的内容

法律关系的内容即法律关系主体享有的权利和承担的义务。权利是法律允许权利人为了满足自己的利益可以作为或不作为，或者要求他人为一定行为或不为一定行为，并由他人的法律义务作为保证的资格。义务是法律规定的义务人应当按照权利人的要求为一定行为或不为一定行为，以满足权利人的利益的约束。权利和义务之间关系密切，没有无义务的权利，也没有无权利的义务，不能一方只享受权利不承担义务，另一方只承担义务不享受权利；权利是权利人的行为自由，因此权利可以行使也可以放弃，但权利的行使有一定的界限，不得滥用。

四、法律关系的变动原因——法律事实

与任何事物一样，法律关系也有产生、发展和消灭的过程。引起法律关系变化的原因，是法律事实。所谓法律事实，是指法律规范所规定的，能够引起法律后果即法律关系产生、变更或消灭的客观现象。法律事实根据其是否以权利主体的意志为转移可以分为行为和事件两类。

（一）行为

行为是指以权利主体的意志为转移、能够引起法律后果的法律事实。根据人的行为是否属于表意行为，可以将行为分为两类：

(1) 法律行为,即以行为人的意思表示为要素的行为。行为人作出意思表示应当具有相应的行为能力。

(2) 事实行为,即与表达法律效果、特定精神内容无关的行为,如创作行为、侵权行为等。由于事实行为通常与表意无关,因此事实行为构成通常不受行为人行为能力的影响。

(二) 事件

事件是指与当事人意志无关,但能够引起法律关系发生、变更和消灭的客观情况,常见的有:

(1) 人的出生与死亡。人的出生与死亡能够引起民事主体资格的产生和消灭,也可能导致人格权的产生和继承的开始等。

(2) 自然灾害与意外事件。通常自然灾害等可构成法律上的不可抗力,常成为免除法律责任或消灭法律关系的原因。意外事件可能导致风险或不利后果的法律分配,也可能成为某些法律关系的免责事由。

(3) 时间的经过。时间经过可引起一些请求权的发生或消灭,例如,时效的经过,将导致债权的效力受到减损。

第三节 习近平法治思想引领全面依法治国基本方略

一、全面依法治国新理念新思想新战略

全面推进依法治国是习近平新时代中国特色社会主义思想的重要组成部分。依法治国,是指依照法律治理国家的原则和方法。法是治国重器,法治是国家治理体系和治理能力的重要依托。全面推进依法治国,是深刻总结我国社会主义法治建设成功经验和深刻教训作出的重大抉择。新中国成立之后,我国法治建设有过曲折探索的经历。改革开放后,1982年《中华人民共和国宪法》强化人民民主,强调法制原则。1997年,党的十五大报告明确提出“依法治国,建设社会主义法治国家”的治国基本方略。1999年,“依法治国”写入宪法,获得了宪法确认。党的十八大以来,党中央将依法治国提升至“全面推进依法治国”的新高度,并作出一系列重大决策,提出一系列全面依法治国新理念新思想新战略。

党的十九大报告提出“成立中央全面依法治国领导小组,加强对法治中国建设的统一领导”。2018年3月,中共中央印发《深化党和国家机构改革方案》,组建中央全面依法治国委员会,负责全面依法治国的顶层设计、总体布局、统筹协调、整体推进、督促落实,作为党中央决策议事协调机构。中央全面依法治国委员会的主要职责是,统筹协调全面依法治国工作,坚持依法治国、依法执政、依法行政共同推进,坚持法治国家、法治政府、法治社会一体建设,研究全面依法治国重大事项、重大问题,统筹推进科学立法、严格执法、公正司法、全民守法,协调推进中国特色社会主义法治体系和社会主义法治国家建设等。中央全面依法治国委员会办公室设在司法部。

贯彻落实全面依法治国各项工作必须以科学理论为指导。2020年11月召开的中央全面依法治国工作会议,首次明确习近平法治思想为全面依法治国的指导思想。

法治的价值在于固根本、稳预期、利长远。全面依法治国是坚持和发展中国特色社会主义的本质要求和重要保障,是实现国家治理体系和治理能力现代化的必然要求,是全面建设社会主义现代化国家、实现中华民族伟大复兴中国梦的重要保证,是事关我们党执政兴国、

人民幸福安康，实现党和国家长治久安的长远考虑，具有基础性、保障性作用。改革开放越深入越要强调法治。法治是最好的营商环境。坚持和完善法治，可以使各类市场主体的产权和合法权益受到平等保护；可以规范政府和市场的边界，尊重市场经济规律，通过市场化手段，在法治框架内调整各类市场主体的利益关系；可以强化企业合规意识，保障和服务高水平对外开放。

全面推进依法治国的总目标是建设中国特色社会主义法治体系、建设社会主义法治国家。这个总目标既明确了全面推进依法治国的性质和方向，又突出了全面推进依法治国的工作重点和总抓手，对全面推进依法治国具有纲举目张的意义。

二、习近平法治思想

习近平法治思想是顺应实现中华民族伟大复兴时代要求应运而生的重大理论创新成果，是马克思主义法治理论中国化的最新成果，是习近平新时代中国特色社会主义思想的重要组成部分，是全面依法治国的根本遵循和行动指南。习近平法治思想高屋建瓴、视野宏阔、内涵丰富、论述深刻。其核心要义如下：

第一，坚持党对全面依法治国的领导。党的领导是推进全面依法治国的根本保证。

第二，坚持以人民为中心。全面依法治国最广泛、最深厚的基础是人民，必须坚持为了人民，依靠人民。推进全面依法治国，根本目的是依法保障人民权益。

第三，坚持中国特色社会主义法治道路。中国特色社会主义法治道路，本质上是中国特色社会主义道路在法治领域的具体体现。

第四，坚持依宪治国、依宪执政。党领导人民制定宪法法律，领导人民实施宪法法律，党自身要在宪法法律范围内活动。

第五，坚持在法治轨道上推进国家治理体系和治理能力现代化。法治是国家治理体系和治理能力的重要依托。

第六，坚持建设中国特色社会主义法治体系。中国特色社会主义法治体系是推进全面依法治国的总抓手。

第七，坚持依法治国、依法执政、依法行政共同推进，法治国家、法治政府、法治社会一体建设。

第八，坚持全面推进科学立法、严格执法、公正司法、全民守法。

第九，坚持统筹推进国内法治和涉外法治。

第十，坚持建设德才兼备的高素质法治工作队伍。

第十一，坚持抓住领导干部这个"关键少数"。各级领导干部要坚决贯彻落实党中央关于全面依法治国的重大决策部署，带头尊崇法治、敬畏法律、了解法律、掌握法律，不断提高运用法治思维和法治方式深化改革、推动发展、化解矛盾、维护稳定、应对风险的能力，做尊法、学法、守法、用法的模范。

三、全面推进依法治国的基本原则

为实现全面推进依法治国的总目标，应坚持以下基本原则：

第一，坚持中国共产党的领导。党的领导是中国特色社会主义最本质的特征，是社会主义法治最根本的保障。全面依法治国，要有利于加强和改善党的领导，有利于巩固党的执政地位、完成党的执政使命。必须坚持党领导立法、保证执法、支持司法、带头守法，把依法治国基本方略同依法执政基本方式统一起来。

第二，坚持人民主体地位。必须坚持法治建设为了人民、依靠人民、造福人民、保护人民，以保障人民根本权益为出发点和落脚点，保证人民依法享有广泛的权利和自由、承担应尽的义务，维护社会公平正义，促进共同富裕。

第三，坚持法律面前人人平等。平等是社会主义法律的基本属性。任何组织和个人都必须尊重宪法法律权威，都必须在宪法法律范围内活动，都必须依照宪法法律行使权力或权利、履行职责或义务，都不得有超越宪法法律的特权。必须维护国家法制统一、尊严、权威，切实保证宪法法律有效实施，绝不允许任何人以任何借口、任何形式以言代法、以权压法、徇私枉法。必须以规范和约束公权力为重点，加大监督力度，做到有权必有责、用权受监督、违法必追究，坚决纠正有法不依、执法不严、违法不究行为。

第四，坚持依法治国和以德治国相结合。国家和社会治理需要法律和道德共同发挥作用。必须坚持一手抓法治、一手抓德治，大力弘扬社会主义核心价值观，弘扬中华传统美德，培育社会公德、职业道德、家庭美德、个人品德，既重视发挥法律的规范作用，又重视发挥道德的教化作用，以法治体现道德理念、强化法律对道德建设的促进作用，以道德滋养法治精神、强化道德对法治文化的支撑作用，实现法律和道德相辅相成、法治和德治相得益彰。

第五，坚持从中国实际出发。必须从我国基本国情出发，同改革开放不断深化相适应，总结和运用党领导人民实行法治的成功经验，围绕社会主义法治建设重大理论和实践问题，推进法治理论创新，发展符合中国实际、具有中国特色、体现社会发展规律的社会主义法治理论，为依法治国提供理论指导和学理支撑。汲取中华法律文化精华，借鉴国外法治有益经验，但绝不照搬外国法治理念和模式。

四、建设中国特色社会主义法治体系

建设中国特色社会主义法治体系，是全面推进依法治国的总抓手，是国家治理体系的骨干工程。加快建设中国特色社会主义法治体系，就要加快形成完备的法律法规体系、高效的法治实施体系、严密的法治监督体系、有力的法治保障体系，形成完善的党内法规体系。建设中国特色社会主义法治体系，首要的是完善以宪法为核心的中国特色社会主义法律体系，主要标准包括：第一，法的部门要齐全；第二，不同法律部门内部基本的、主要的法律规范要齐备；第三，不同法律部门之间、不同的法律规范之间、不同层级的法律规范之间，要做到逻辑严谨、结构合理、和谐统一。当前，中国特色社会主义法律体系已经形成，但仍需要紧紧围绕提高立法质量和立法效率，继续加强和改进立法工作，坚持科学立法、民主立法、依法立法，坚持立改废释并举，增强法律法规的及时性、系统性、针对性、有效性，提高法律法规的可执行性、可操作性。

法的生命力和权威在于实施。建设中国特色社会主义法治体系，还需要建立高效的法治实施体系。坚持依法治国、依法执政，首先是要坚持依宪治国、依宪执政，加强宪法实施。同时，需要坚持严格执法、公正司法、全民守法，切实维护法律尊严和权威，确保法律全面有效实施。

建设中国特色社会主义法治体系，要建立严密的法治监督体系。要以规范和约束公权力为重点，构建党统一指挥、全面覆盖、权威高效的监督体系，加大监督力度，把党内监督同国家机关监督、民主监督、司法监督、群众监督、舆论监督贯通，努力形成科学有效的权力运行制约和监督体系，增强监督合力和实效，做到有权必有责、用权受监督、有责要担当、失责必追究。

建设中国特色社会主义法治体系，必须健全法治保障体系，为全面依法治国提供有力的政治和组织保障。加强法治专门队伍和法律服务队伍建设，加强机构建设和经费保障；改革和完善不符合法治规律、不利于依法治国的体制机制；弘扬社会主义法治精神，增强全民法治观念，完善守法诚信褒奖机制和违法失信行为的惩戒机制。

建设中国特色社会主义法治体系，必须加强党内法规制度建设。要坚持依法治国和制度治党、依规治党的统筹推进、一体建设，完善党内法规制定机制体制，注重党内法规同国家法律的衔接和协调，构建以党章为根本、若干配套党内法规为支撑的党内法规制度体系，提高党内法规的执行能力和水平。

课后案例分析题

1. 2020 年 6 月 6 日，甲、乙、丙各出资 1 万元购得名画一幅，并约定由甲保管。同年 8 月，甲遇到丁，丁提出购买此画，于是甲将此画作价 4.5 万元卖给丁。事后，甲告知了乙和丙。乙、丙要求分得卖画款项，甲即分别给乙、丙各 1.5 万元。丁购该画后，于同年 12 月又将画以 5 万元卖给戊。戊只付给丁 4 万元，剩 1 万元未付。双方约定：只有支付剩下的 1 万元后，该画的所有权才转移至戊。戊的朋友己也非常爱此画。戊就将此画出给己。己嫌该画装裱不够精美，遂将该画送庚装裱店装裱。因己未按期支付庚装裱费用，该画被庚装裱店留置。装裱店通知己应在 30 日内向其支付费用，但己仍未能按期支付。庚装裱店遂将画折价受偿，扣除费用，将差额赔偿给己。己不同意庚装裱店这一做法。丁于 2020 年 10 月与戊签订合同后，因经营借款需要又于 2021 年 2 月将该画抵押给辛，辛以前即知丁有该画，后辛在庚的装裱店见此画，方知丁在抵押该画之前已将其卖给戊。戊于 2021 年 4 月死亡，其财产由其妻壬与其子继承。辛找丁评理，丁找己，要求己返还该画或支付戊尚未支付的 1 万元购画款。

请思考：

(1) 民事法律关系有何特征？其构成要素有哪些？

(2) 本案涉及哪些民事法律关系？

2. 6 岁的小学生赵勇在某市教委组织的儿童绘画比赛中获得了一等奖。某市教委下属的一家美术杂志社闻讯后即来信表示，他们将出一期儿童作品专刊，希望赵勇能寄几幅作品供他们挑选。赵勇的父亲赵鹏收信后给杂志社寄去了 3 幅作品，但之后一直没有回音。次年 6 月，赵鹏在该杂志社的期刊上发现有赵勇的两幅作品但没有给赵勇署名，便立即找到杂志社，质问为何不通知他作品已被选用，而且既不支付稿酬也不署名。然而该杂志社称：赵勇年仅 7 岁，是未成年人，还不能享有著作权，因此没必要署名；杂志社发表赵勇的作品是教委对其成绩的肯定，没有必要支付稿酬。

请思考：

(1) 什么是民事权利能力？

(2) 根据本章相关知识，分析赵勇是否有署名的权利和获得报酬的权利？

第二章 基本民事法律制度

知识要点：

1. 了解民事法律行为理论，理解并掌握民事法律行为的效力和类型。

2. 理解代理的基本理论，掌握委托代理制度。

3. 了解诉讼时效基本理论，理解诉讼时效的种类，理解并掌握诉讼时效的中止、中断和诉讼时效期间。

案例导入：

2021 年 9 月 5 日，黄某与浙江某饭店签订了关于承包该饭店下属的安心酒家的意向书。根据双方约定，黄某须向饭店付定金 1 万元。若黄某逾期不交承包金，饭店不返还黄某定金。若饭店违约，则饭店赔偿黄某损失 5 000 元，并退还黄某预交的承包金和定金。意向书签订后的第二天，黄某向饭店支付定金 1 万元。此后，黄某未按约定向饭店支付首笔承包金。当年 9 月 27 日，饭店通知黄某到安心酒家协商签订正式承包合同。黄某因故外出不能亲自参加签约，就以电话形式告知饭店，他委托李某前来谈此事。谈判休息中间，饭店负责人向李某出具了一份催款通知，通知上还写明：逾期未支付，饭店将按意向书条款执行。李某认为，自己只全权负责谈判，接受催款通知不是自己分内之事，所以未将催款通知之事告诉黄某。当年 10 月 5 日，饭店见黄某仍未交款，便与另外一家饭店商谈承包事宜。黄某得知后，便与饭店交涉，要求饭店停止该承包谈判；否则，饭店应立即退还定金，并赔偿 5 000 元。饭店认为，饭店已经照意向书的规定通知黄某，符合“催款一次”的要求，黄某在饭店发出催款通知后仍不按时交款，已构成违约，故拒绝退还定金 1 万元。黄某见协商无果，便向法院提起诉讼。

问题：

(1) 李某是否拥有代理权？

(2) 李某以自己的名义签订的合同对黄某是否具有约束力？

(3) 饭店有无权利拒绝退还黄某的定金？

第一节 民事法律行为制度

民法是调整平等主体的自然人、法人和非法人组织之间的人身关系和财产关系的法律制度。民事主体的人身权利、财产权利以及其他合法权益受法律保护，任何组织或者个人不得侵犯，民事主体在民事活动中的法律地位一律平等。

一、民事法律行为理论

(一) 民事法律行为的概念与特征

民事法律行为是民事主体通过意思表示设立、变更或终止民事法律关系的行为。民事法律行为是法律关系变动的原因之一，是民法最重要的法律事实。当事人可以通过民事法律行为自主设立、变更或终止某种法律关系，实现自己追求的法律效果，因此，民事法律行为真正体现了意思自治精神。民事法律行为具有以下特征：

1. 以意思表示为要素

意思表示是指行为人将意欲达到某种预期法律后果的内在意思表现于外部的行为。如果行为人仅有内在意思而不表现于外，则不构成意思表示，民事法律行为不能成立；行为人表现于外的意思不是其内在意思的真实反映，则表明该意思表示有瑕疵，民事法律行为的效力同样受到影响。意思表示是民事法律行为的核心，也是民事法律行为与非表意行为(如事实行为等)相区别的重要标志。

2. 以设立、变更或终止权利义务为目的

民事法律行为是有目的的行为，是当事人欲达到一定法律效果的行为。此处的“目的”仅指当事人实施民事法律行为所追求的法律后果，不包括行为人实施行为的动机。这一特征使得民事法律行为区别于其他法律事实，如侵权行为。侵权行为虽然也产生一定的法律后果，但这个法律后果并非由当事人自己主张，而是由法律规定的。

(二) 民事法律行为的分类

民事法律行为可以从不同角度作不同的分类。

1. 单方民事法律行为、双方民事法律行为和多方民事法律行为

民事法律行为可以基于双方或者多方的意思表示一致成立，也可以基于单方的意思表示成立。单方民事法律行为是根据一方当事人的意思表示而成立的民事法律行为。该民事法律行为仅有一方当事人的意思表示而无须他方的同意即可发生法律效力，如撤销权的行使、解除权的行使、效力待定行为的追认、债务的免除等。双方民事法律行为是指因两个当事人之间意思表示一致而成立的民事法律行为。多方民事法律行为是3个以上的当事人意思表示一致而成立的民事法律行为。双方民事法律行为或者多方民事法律行为要求当事人有两个以上，不仅各自需要进行意思表示，而且意思表示还需一致，如合同、决议等。合同是常见的双方民事法律行为，决议则是典型的多方民事法律行为。决议是指多个主体依据表决规则作出的决定。作为一种重要的多方民事法律行为，决议在性质上与合同行为存在区别：决议当事人的意思表示可以多数决的方式作出，而且对没有表示同意的成员也具有拘束力；决议中的意思表示不仅针对发出表示的成员，而且主要针对表示者共同代表的法人。

2. 有偿民事法律行为和无偿民事法律行为

有偿民事法律行为是指当事人互为给付一定代价(包括金钱、财产、劳务)的民事法律行为，如买卖合同的买方为获得对方的货物而支付价款、承揽合同的承揽人为获得对方的报酬而提供劳务等。无偿民事法律行为是指一方当事人承担给付一定代价的义务，而他方当事人不承担相应给付义务的民事法律行为，如赠与行为、无偿委托、无偿消费借贷等。

区分有偿民事法律行为与无偿民事法律行为的意义在于：

(1) 确定行为性质。法律规定某些民事法律行为必须是有偿的或者无偿的。如买卖必须是有偿的，而赠与则必须是无偿的，对此当事人不能自己约定。

(2) 认定行为效力。有偿民事法律行为显失公平时，受损害方有权请求撤销该行为；而无偿民事法律行为则不存在显失公平的问题。

(3) 确定行为人的责任。一般来说，有偿民事法律行为的民事责任要重于无偿民事法律行为。如买卖合同中的出卖人应当对买卖标的物的瑕疵承担违约责任；而赠与合同中的

赠与人原则上不对赠与物的瑕疵承担责任。

(4) 主张撤销权。如果是有偿民事法律行为，只有在债务人的相对人知道或应当知道的情况下，债权人才可以主张《民法典》第五百三十九条[①]的撤销权；如果是无偿民事法律行为，则不用考虑当事人的主观意图就可以主张《民法典》第五百三十八条[②]的撤销权。

3. 负担行为与处分行为

根据法律行为效果的不同，可以将法律行为分为负担行为与处分行为。负担行为是使一方相对于他方承担一定给付义务的法律行为。这种给付义务既可以是作为，也可以是不作为。因此，负担行为产生的是债法上的法律效果，其中负有给付义务的主体是债务人。处分行为是直接导致权利发生变动的法律行为。物权变动就是典型的处分行为。区分两者的意义在于：负担行为中的权利人可以享有要求履行的请求权，义务人的履行行为是请求权实现的重要前提；处分行为则直接使权利发生变动，并不需要义务人积极履行给付义务。

4. 要式民事法律行为和不要式民事法律行为

要式民事法律行为是指法律规定必须采取一定的形式或者履行一定的程序才能成立的民事法律行为，如票据行为就是法定要式民事法律行为。不要式民事法律行为是指法律不要求采取特定形式，当事人自由选择形式即可成立的民事法律行为。该类民事法律行为的形式可由当事人协商确定。区分要式民事法律行为和不要式民事法律行为的意义在于：不要式民事法律行为可以由当事人自由选择民事法律行为的形式；要式民事法律行为要求当事人必须采取法定形式，否则民事法律行为不能成立。

5. 主民事法律行为和从民事法律行为

主民事法律行为是指不需要有其他民事法律行为的存在就可以独立成立的民事法律行为。从民事法律行为是指从属于其他民事法律行为而存在的民事法律行为。如当事人之间订立一项借贷合同，为保证该合同的履行，又订立一项担保合同，其中，借贷合同是主合同，担保合同为从合同。从民事法律行为的效力依附于主民事法律行为：主民事法律行为不成立，则从民事法律行为也不能成立；主民事法律行为无效，则从民事法律行为亦当然不能生效。但是，主民事法律行为履行完毕，并不必然导致从民事法律行为效力的丧失。

区分主民事法律行为和从民事法律行为的意义在于：从民事法律行为的存废由主民事法律行为决定，主民事法律行为不存在，从民事法律行为也就不能存在。

二、意思表示

民事法律行为以意思表示为核心，因此，认识民事法律行为必须以意思表示为切入点。意思表示包括意思和表示两个方面。意思主要是指当事人欲使其内心意思发生法律上效力的效果意思。表示是指行为人将其内在的效果意思以一定方式表现于外部，为行为相对人所了解。

意思表示可以分为无相对人的意思表示和有相对人的意思表示。无相对人的意思表示不存在意思表示所针对的相对人，如遗嘱行为、抛弃动产等单方民事法律行为。值得注意的

---

① 《民法典》第五百三十九条规定：债务人以明显不合理的低价转让财产、以明显不合理的高价受让他人财产或者为他人的债务提供担保，影响债权人的债权实现，债务人的相对人知道或者应当知道该情形的，债权人可以请求人民法院撤销债务人的行为。

② 《民法典》第五百三十八条规定：债务人以放弃其债权、放弃债权担保、无偿转让财产等方式无偿处分财产权益，或者恶意延长其到期债权的履行期限，影响债权人的债权实现的，债权人可以请求人民法院撤销债务人的行为。

是，并非所有单方行为都是无相对人的意思表示，如撤销权的行使、法定代理人的追认等为单方行为，同时也是有相对人的意思表示。有相对人的意思表示又分为对话的意思表示和非对话的意思表示。以对话方式作出的意思表示，相对人知道其内容时生效。以非对话方式作出的意思表示，到达相对人时生效。如订立合同过程中的要约和承诺、债务免除、授予代理权、合同解除等意思表示，均采取到达主义。《民法典》第四百八十四条第二款规定的“承诺不需要通知的，根据交易习惯或者要约的要求作出承诺的行为时生效”则属于例外情况，即双方根据交易习惯或要约要求以行为方式作出承诺的，虽为有相对人的意思表示，却是在行为作出时生效。以非对话方式作出的采用数据电文形式的意思表示，相对人指定特定系统接收数据电文的，该数据电文进入该特定系统时生效；未指定特定系统的，相对人知道或者应当知道该数据电文进入其系统时生效。当事人对采用数据电文形式的意思表示的生效时间另有约定的，按照其约定。以公告方式作出的意思表示，公告发布时生效。

意思表示可以明示或者默示。默示只有在有法律规定、当事人约定或者符合当事人之间的交易习惯时，才可以视为意思表示。如《民法典》第一千一百二十四条规定，继承开始后，继承人放弃继承的，应当在遗产处理前，以书面形式作出放弃继承的表示；没有表示的，视为接受继承。此处“没有表示的”就属于法定默示，亦能产生意思表示的效果，即“接受继承”。

意思表示可以撤回。撤回意思表示的通知应当在意思表示到达相对人前或者与意思表示同时到达相对人。

意思表示存在解释问题。有相对人的意思表示的解释，应当按照所使用的词句，结合相关条款、行为的性质和目的、习惯以及诚信原则，确定意思表示的含义。无相对人的意思表示的解释，不能完全拘泥于所使用的词句，而应当结合相关条款、行为的性质和目的、习惯以及诚信原则，确定行为人的真实意思。

三、民事法律行为的效力

（一）民事法律行为的成立

民事法律行为要产生法律效力，首先应当符合民事法律行为的构成要素，即必须具有当事人、意思表示、标的 3 个要素。一些特别的民事法律行为，除具备上述 3 个要素以外，还必须具备其他特殊事实要素，如实践性民事法律行为的成立还必须有标的物的交付。

（二）民事法律行为的生效

民事法律行为的生效，是指已经成立的民事法律行为因为符合法律规定的有效要件而取得法律认可的效力。民事法律行为的成立和生效是两个不同的概念。民事法律行为的成立是民事法律行为生效的前提；民事法律行为未成立，当然也谈不上生效。在大多数情况下，民事法律行为成立和生效是一致的，即在民事法律行为成立时即具有法律效力。

民事法律行为生效，应当具备一定的条件，即民事法律行为的有效要件。民事法律行为的有效要件包括实质要件和形式要件。

1. 民事法律行为有效的实质要件

（1）行为人具有相应的民事行为能力。行为人实施的民事法律行为是合法行为，必然产生权利义务关系，进而产生相应的法律后果，因此，民事法律行为的行为人必须具有预见其行为性质和后果的相应的民事行为能力。就自然人而言，完全民事行为能力人可以以自己的行为取得民事权利，履行民事义务；限制民事行为能力人只能从事与其年龄和智力程度相当的民事法律行为，其他民事法律行为由其法定代理人代理，或者征得法定代理人同意后独立实施；无民事行为能力人不能独立实施民事法律行为，必须由其法定代理人代理。

法人的民事行为能力是由法人核准登记的经营范围所决定的。但从维护相对人的利益和促进交易的角度出发，原则上认定法人超越经营范围从事的民事法律行为有效。《民法典》第五百零五条规定，当事人超越经营范围订立的合同的效力，不得仅以超越经营范围为由确认合同无效。

(2) 行为人的意思表示真实。意思表示真实是指表意人的表示行为真实地反映其内心的效果意思。意思表示不真实的民事法律行为，可以撤销或宣告无效。意思表示真实包括两个方面：① 意思表示自愿，任何人不得强迫；② 意思表示真实，即行为人的主观意愿和外在意思表示一致。

(3) 不违反法律、行政法规的强制性规定，不违背公序良俗。这是指意思表示的内容不得与法律的强制性或禁止性规范相抵触，也不得滥用法律的授权性或任意性规定规避强制性或禁止性规范。

2. 民事法律行为有效的形式要件

意思表示的形式必须符合法律的规定，民事法律行为可以采用书面形式、口头形式或者其他形式；法律、行政法规规定或者当事人约定采用特定形式的，应当采用特定形式。如果行为人进行某项特定的民事法律行为时，未采用法律规定的特定形式，则不能产生法律效力。民事法律行为的形式主要有以下几种：① 口头形式，指用谈话的方式进行意思表示，如当面交谈、电话交谈等。② 书面形式，指用书面文字进行的意思表示，数据电文(包括电报、电传、传真、电子数据交换和电子邮件等)属于书面形式的一种。③ 推定形式，指当事人并不直接用口头形式或书面形式进行意思表示，而是通过实施某种积极的行为，使得他人可以推定其意思表示的形式。如在超市购物，向售货员交付货币的行为就可推定为行为人具有购买物品的意思。④ 沉默形式，即指行为人没有以积极的作为进行表示，而是以消极的不作为代替意思表示的形式。沉默只有在有法律规定、当事人约定或者符合当事人之间的交易习惯时，才可以视为意思表示。如《民法典》第一百四十五条第二款第二句、第一百七十一条第二款第二句“未作表示的，视为拒绝追认”之规定，即属具有意思表示效力的法定沉默。由于纯粹的沉默产生的意思是模糊的，容易产生歧义，因此只有法律有明文规定、当事人约定或者符合当事人之间的交易习惯时，才可以将行为人的沉默作为意思表示的一种形式，产生相应的法律后果。

(三) 无效民事法律行为

1. 无效民事法律行为概述

无效民事法律行为是指因欠缺民事法律行为的有效条件，不发生当事人预期法律后果的民事法律行为。无效民事法律行为的特征是：① 自始无效。从行为开始时起就没有法律约束力。② 当然无效。不论当事人是否主张、是否知道，也不论是否经过人民法院或者仲裁机构确认，该民事法律行为当然无效。③ 绝对无效。绝对不发生法律效力，不能通过当事人的行为进行补正。当事人通过一定行为消除无效原因，使之有效，这不是无效民事法律行为的补正，而是消灭旧的民事法律行为，成立新的民事法律行为。无效民事法律行为有全部无效和部分无效的区别。

2. 无效民事法律行为的种类

无效民事法律行为包括以下种类：

(1) 无民事行为能力人独立实施的民事法律行为无效。无民事行为能力人不能正确认识其行为的法律意义，依法不能进行民事活动，只能由其法定代理人代理。

(2) 以虚假意思表示实施的民事法律行为无效。行为人与相对人以虚假的意思表示实施的民事法律行为无效。行为人如果以虚假的意思表示隐藏另外一个民事法律行为，被隐藏的民事法律行为的效力依照有关法律规定处理。

(3) 恶意串通损害他人利益的民事法律行为无效。恶意串通损害他人利益的民事法律行为，指行为人故意合谋实施的损害第三人利益的行为。这类民事法律行为的主要特征是当事人之间互相串通、互相配合，共同实施了违法行为。在恶意串通损害他人利益的民事法律行为中，当事人所表达虽然是真实的，但这种意思表示是非法的，因此是无效的。

(4) 违反强制性规定或者公序良俗的民事法律行为无效。根据《民法典》第一百五十三条的规定，违反法律、行政法规的强制性规定的民事法律行为无效，但是该强制性规定不导致该民事法律行为无效的除外。因此，并非违反法律的行为一律都是无效的。另外，违反公序良俗的民事法律行为亦无效。

(四) 可撤销的民事法律行为

1. 可撤销的民事法律行为概述

可撤销的民事法律行为，是指依照法律规定，由于行为的意思与表示不一致或者意思表示不自由，导致非真实的意思表示，可由当事人请求人民法院或者仲裁机构予以撤销的民事法律行为。

与无效民事法律行为相比较，可撤销的民事法律行为体现出以下特点：

(1) 行为成立后的效力不同。可撤销的民事法律行为在撤销前已经生效，在被撤销以前，其法律效果可以对抗除撤销权人以外的任何人。而无效的民事法律行为在法律上当然无效，从一开始即不发生法律效力。

(2) 主张权利的主体不同。可撤销的民事法律行为的撤销，应由撤销权人以撤销行为为之，人民法院不主动干预。无效民事法律行为在内容上具有明显的违法性，故对无效民事法律行为的确认，不以当事人的意志为转移，司法机关和仲裁机构可以在诉讼或仲裁过程中主动宣告其无效。

(3) 行为效果不同。可撤销的民事法律行为的撤销权人对权利行使拥有选择权，如果撤销权人未在规定的期限内行使撤销权，可撤销的民事法律行为将终局有效，不得再被撤销。可撤销的民事法律行为一经撤销，其效力溯及至行为开始，即自行为开始时无效。而无效民事法律行为的后果则为自始无效、绝对无效。

(4) 行使时间不同。可撤销的民事法律行为，其撤销权的行使有时间限制。而在无效民事法律行为中，则不存在此种限制。

2. 可撤销民事法律行为的种类

(1) 因重大误解而为的民事法律行为。所谓重大误解是指行为人对行为的性质，对方当事人，标的物的品种、质量、规格和数量等的错误认识，使行为的后果与自己的意思相悖，造成较大损失的意思表示。基于重大误解而为的行为当事人，对于因撤销民事法律行为而导致的相对人的损失，应当承担赔偿责任。

(2) 受欺诈而为的民事法律行为。欺诈,是指当事人一方故意编造虚假情况或者隐瞒真实情况,使对方陷入错误而为违背自己真实意思表示的行为。被欺诈的一方可以请求人民法院或者仲裁机构予以撤销该民事法律行为。如果第三人实施欺诈行为,使一方在违背真实意思的情况下实施民事法律行为,对方知道或者应当知道该欺诈行为的,受欺诈方有权请求人民法院或者仲裁机构予以撤销。

(3) 受胁迫而为的民事法律行为。受胁迫而为的民事法律行为,是指以给公民或其亲友的生命健康、荣誉、名誉、财产等造成损害或者以给法人的荣誉、名誉、财产等造成损害相要挟,迫使对方作出违背真实意愿的意思表示。被胁迫的一方可以请求人民法院或者仲裁机构予以撤销该民事法律行为。胁迫既可以来自民事法律行为的相对人,也可以来自第三人,其法律效果一样,均导致民事法律行为的可撤销。

(4) 显失公平的民事法律行为。显失公平的民事法律行为,是指一方利用对方处于危困状态、缺乏判断能力等情形,致使民事法律行为成立时当事人间的权利义务明显违反公平原则的民事法律行为。对民事法律行为是否显失公平进行判断的时间点,应当以民事法律行为成立的时间点为标准。在民事法律行为成立以后发生的情势变化,导致双方利益显失公平的,不属于显失公平的民事法律行为,而应当按照诚实信用原则处理。

3. 撤销权

撤销权是权利人以其单方的意思表示撤销已经成立的民事法律行为的权利。撤销权在性质上属于形成权,故依撤销权人的意思表示即可产生相应的法律效力,无须相对人同意。在可撤销的民事法律行为中,并非所有当事人均享有撤销权。在以欺诈、胁迫的手段,使对方在违背真实意思的情况下订立的合同,只有受损害方才有权撤销。撤销权应依诉行使,由人民法院或仲裁机构作出。

撤销权有存续时间,该存续时间为除斥期间。有下列情形之一的,撤销权消灭:当事人自知道或者应当知道撤销事由之日起 1 年内、重大误解的当事人自知道或者应当知道撤销事由之日起 90 日内没有行使撤销权;当事人受胁迫,自胁迫行为终止之日起 1 年内没有行使撤销权;当事人知道撤销事由后明确表示或者以自己的行为表明放弃撤销权。当事人自民事法律行为发生之日起 5 年内没有行使撤销权的,撤销权消灭。

(五) 效力待定的民事法律行为

效力待定的民事法律行为,是指民事法律行为成立时尚未生效,须经权利人追认才能生效的民事法律行为。追认的意思表示自到达相对人时生效。一旦追认,则民事法律行为自成立时起生效;如果权利人拒绝追认,则民事法律行为自成立时起无效。效力待定的民事法律行为主要有以下几种类型:

1. 限制民事行为能力人依法不能独立实施的民事法律行为

限制民事行为能力人实施的纯获利益的民事法律行为或者与其年龄、智力、精神健康状况相适应的民事法律行为有效;实施的其他民事法律行为经法定代理人同意或者追认后有效。故限制民事行为能力人依法不能独立实施的民事法律行为属于效力待定的民事法律行为。法定代理人的追认权性质上属于形成权。仅凭其单方面意思表示就可以使得效力待定的合同转化为有效合同。法律在保护限制民事行为能力人合法权益的同时,为避免合同相对人的利益因为合同效力待定而受损,特别规定了相对人的催告权和善意相对人的撤销权。相对人可以催告法定代理人在 1 个月内予以追认。法定代理人未作表示的,视为拒绝追认。

合同被追认之前，善意相对人有撤销的权利。撤销应当以通知的方式作出。其中的“善意”是指相对人在订立合同时不知道与其订立合同的人欠缺相应的行为能力。

2. 无权代理人实施的民事法律行为

行为人没有代理权、超越代理权或者代理权终止后，仍然实施代理行为，未经被代理人追认的，对被代理人不发生效力。相对人可以催告被代理人在1个月内予以追认。被代理人未作表示的，视为拒绝追认。被代理人已经开始履行民事法律行为中设定的义务的，视为对民事法律行为的追认。民事法律行为被追认之前，善意相对人有撤销的权利。撤销应当以通知的方式作出。行为人实施的行为未被追认的，善意相对人有权请求行为人履行债务或者就其受到的损害请求行为人赔偿，但是赔偿的范围不得超过被代理人追认时相对人所能获得的利益。相对人知道或者应当知道行为人无权代理的，相对人和行为人按照各自的过错承担责任。

（六）民事法律行为被确认无效或被撤销的法律后果

可撤销民事法律行为在成立之时具有法律效力，对当事人有约束力。如果当事人行使撤销权，该民事法律行为因撤销而归于无效。一旦被撤销，其行为效果与无效民事法律行为的效果一样。民事法律行为存在部分无效情形，如果民事法律行为部分无效，不影响其他部分效力的，其他部分仍然有效。

根据法律规定，民事法律行为被确认为无效后和被撤销后，从行为开始时就没有法律效力。但是没有法律效力不等于没有法律后果产生。根据《民法典》第一百五十七条的规定，民事法律行为无效、被撤销或者确定不发生效力后，行为人因该行为取得的财产，应当予以返还；不能返还或者没有必要返还的，应当折价补偿。有过错的一方应当赔偿对方由此所受到的损失；各方都有过错的，应当各自承担相应的责任。法律另有规定的，依照其规定。可见，民事法律行为被确认为无效和被撤销后，将产生返还财产、赔偿损失等法律后果。另外，根据《民法典》第五百零七条的规定，合同不生效、无效、被撤销或者终止的，不影响其中独立存在的有关解决争议方法的条款的效力。例如双方当事人约定用仲裁方式解决双方争议的条款继续有效。

四、民事法律行为的附条件和附期限

（一）附条件的民事法律行为

附条件的民事法律行为是指在民事法律行为中规定一定条件，并且把该条件的成就与否作为民事法律行为效力发生或者消灭根据的民事法律行为。并非所有的民事法律行为都可以附条件，根据相关法律规定，下列民事法律行为不得附条件：① 条件与行为性质相违背的，如《民法典》第五百六十八条第二款规定，法定抵销不得附条件；② 条件违背社会公共利益或社会公德的，如结婚、离婚等身份性民事法律行为，原则上不得附条件。

1. 条件的特征

民事法律行为所附条件，既可以是自然现象、事件，也可以是人的行为。但它应当具备下列特征：

（1）必须是将来发生的事实。作为条件的事实，必须是在进行民事法律行为时尚未发生的。过去的事实，不得作为条件。

（2）必须是将来不确定的事实。该事实是否发生应当是不确定的，如果在民事法律行为成立时，该事实是将来必然发生的，则该事实应当作为民事法律行为的期限而非条件。

(3) 条件应当是双方当事人约定的。民事法律行为中所附条件,必须是双方当事人约定的,并以意思表示的形式表现出来。条件如果是法律规定的,如民事法律行为的成立条件、生效条件,不属于此处所谓的“条件”。

(4) 条件必须合法。条件不得违反现行法律的规定。

2. 条件的分类

按照所附条件对民事法律行为产生的效力的不同,可以分为附延缓条件的民事法律行为和附解除条件的民事法律行为。

(1) 附延缓条件的民事法律行为。延缓条件亦称“停止条件”或“生效条件”,是指民事法律行为中所确定的权利和义务要在所附条件成就时才生效的条件。也就是说,在延缓条件成就之前,民事法律行为已经成立,但是效力却处于停止状态。条件成就之后,民事法律行为发生法律效力。

(2) 附解除条件的民事法律行为。解除条件又称“消灭条件”,是指民事法律行为中所确定的权利和义务在所附条件成就时失去法律效力。附解除条件的民事法律行为,在所附条件成就以前,已经发生法律效力,行为人已经开始行使权利和承担义务。当条件成就时,权利和义务则失去法律效力。

3. 附条件民事法律行为的效力

附条件的民事法律行为一旦成立,则已经在当事人之间产生了法律关系,当事人各方均应受该法律关系的约束。因此,在条件成就与否未得到确定之前,行为人一方不得损害另一方将来条件成就时可能得到的利益。条件成就与否未定之前,行为人也不得为了自己的利益,以不正当行为促成或阻止条件成就。当事人为自己的利益不正当地阻止条件成就的,视为条件已成就;不正当地促成条件成就的,视为条件不成就。

(二) 附期限的民事法律行为

附期限的民事法律行为,指当事人设定一定的期限,并将期限的到来作为效力发生或消灭前提的民事法律行为。根据期限对民事法律行为效力所起作用的不同,可以将其分为延缓期限和解除期限。附延缓期限的民事法律行为,指民事法律行为虽然已经成立,但是在所附期限到来之前不发生效力,待到期限届至时,才产生法律效力。因此延缓期限也称“始期”。附解除期限的民事法律行为,指民事法律行为在约定的期限到来时,该行为所确定的法律效力消灭。因此解除期限也称“终期”。附条件的民事法律行为与附期限的民事法律行为的区别在于:附条件的民事法律行为是以未来不确定的事实作为民事法律行为效力产生或消灭的依据,所以该民事法律行为效力的产生或消灭具有不确定性;而附期限的民事法律行为是以一定期限的到来作为民事法律行为效力产生或消灭的依据,由于期限的到来是一个必然发生的事件,所以附期限的民事法律行为的效力的产生或消灭是确定的、可预知的。

第二节 代理制度

一、代理的基本理论

(一) 代理的概念及特征

代理是指代理人在代理权限内,以被代理人的名义与第三人实施民事法律行为,由此产生的法律后果直接由被代理人承担的一种法律制度。代理关系的主体包括代理人、被代理人(亦称本人)和第三人(亦称相对人)。代理关系包括3种关系:一是被代理人与代理人之间的代理权关系;二是代理人与第三人之间实施民事法律行为的关系;三是被代理人与第三人之间承受代理行为法律后果的关系。

代理制度使得自然人及组织可以在有限的时间、条件下,通过别人从事民事活动而获得法律效果,扩大了从事民事法律活动的范围和可能性;代理制度还弥补了无民事行为能力人、限制民事行为能力人无法独立从事民事活动的不足,使得他们可以通过代理制度参加民事活动,充分实现自己的经济利益。代理具有以下几个法律特征:

1. 代理行为是民事法律行为

代理行为以意思表示为核心,能够在被代理人与第三人之间设立、变更和终止民事权利和民事义务,因此代理行为表现为民事法律行为,如订立合同、履行债务等。代理人从事的行为主要包括3类:① 民事法律行为;② 民事诉讼行为;③ 某些财政、行政行为,如代理专利申请、商标注册。后面两种行为均包含意思表示的要素,可适用民事法律行为的代理规定。

并非所有的民事法律行为都可以代理。依照法律规定、当事人约定或者民事法律行为的性质,应当由本人亲自实施的民事法律行为,不得代理。如立遗嘱、结婚等民事法律行为不得代理。

2. 代理人以被代理人的名义为民事法律行为

代理的法律效果并非归属于行为人自身,而是由被代理人承受。故法律要求行为必须以被代理人名义实施。《民法典》第九百二十五条、第九百二十六条属于例外,有关具体内容请参见第四章《合同法律制度》。

3. 代理人是在代理权限内独立向第三人为意思表示

代理人从事代理时必须拥有代理权。代理权是代理人能够以被代理人名义实施民事法律行为,并使该行为的效果直接归属于被代理人的法律资格。代理人在实施代理行为时应独立思考、自主作出意思表示。这种意思表示包括代理人向第三人作出意思表示,也包括受领第三人的意思表示。

4. 代理人所为的民事法律行为的法律效果归属于被代理人

在代理活动中,代理人不因其所实施的民事法律行为直接取得任何个人利益,由代理行为产生的权利和义务应由被代理人本人承受。

(二) 代理与相关概念的区别

1. 代理与委托

委托又称委任,指依双方当事人的约定,由一方为他方处理事务的民事法律行为。委托与代理有如下区别:

(1) 行使权利的名义不同。代理是代理人在代理权限内以被代理人名义进行民事活动,其法律效果直接对被代理人发生效力。在委托中,受托人既可以以委托人名义活动,也可以以自己的名义活动。

(2) 从事的事务不同。代理涉及的行为以意思表示为要素,故代理的一定是民事法律行为;委托不要求以"意思表示"为要素,因此委托从事的行为可以是纯粹的事务性行为,如整理资料、打扫卫生等。

(3) 代理涉及三方当事人,即被代理人、代理人、第三人;委托则属于双方当事人之间的关系，即委托人和受托人。当然，委托和代理也存在一定的联系，如在委托代理中，委托人（被代理人）与受托人（代理人）之间的法律关系按照委托处理，性质上属于双方法律行为；委托人、受托人及相对人三方当事人之间的法律关系按照代理处理。

2. 代理与行纪

行纪，指行纪人受他人委托以自己的名义从事商业活动的行为。行纪与代理的区别体现在：

(1) 行纪是以行纪人自己的名义实施民事法律行为；代理是以被代理人的名义实施民事法律行为。

(2) 行纪的法律效果先由行纪人承受，然后通过其他法律关系（如委托合同）转给委托人；代理的法律效果直接归属被代理人享有。

(3) 行纪必为有偿民事法律行为；代理既可为有偿，亦可为无偿。

3. 代理与传达

传达是将当事人的意思表示忠实地转述给对方当事人的行为。代理与传达之间的区别在于：

(1) 传达的任务是忠实传递委托人的意思表示，传达人自己不进行意思表示。代理关系中代理人独立向第三人进行意思表示，以代理人自己的意志决定意思表示的内容。

(2) 代理人要与第三人为意思表示，故要求代理人具有相应的民事行为能力；传达人忠实传递委托人的意思表示，不以具有民事行为能力为条件。

(3) 身份行为必须由本人亲自实施，不可以代理；身份行为可以借助传达人传递意思表示。

(三) 代理的种类

代理可分委托代理和法定代理两种。基于被代理人授权的意思表示而发生的代理，为委托代理，又称意定代理。法定代理是依据法律规定而当然发生的代理，它是为无民事行为能力人和限制民事行为能力人设立的代理方式。在市场经济活动中，委托代理是适用最广泛的代理形式。

二、委托代理

(一) 委托代理概述

委托代理是指基于被代理人授权的意思表示而发生的代理，又称意定代理。由于委托代理基于被代理人授权的意思表示而发生，因此委托代理的被代理人在授权时必须具有相应的民事行为能力。

委托授权为不要式行为，既可以采用书面形式，也可以采用口头或者其他方式授权。书面的委托形式是授权委托书，最典型的就是职务授权。根据《民法典》第一百七十条的规定，执行法人或者非法人组织工作任务的人员，就其职权范围内的事项，以法人或者非法人组织的名义实施民事法律行为，对法人或者非法人组织发生效力。法人或者非法人组织对执行其工作任务的人员职权范围的限制，不得对抗善意相对人。

(二) 委托代理中的代理权

1. 代理权概述

代理制度的核心内容是代理权。代理权是代理人以他人名义独立为意思表示，并使其效果归属于他人的一种法律资格。代理权产生的根据，或基于法律规定，如法定代理；或基于被代理人的授权行为，如委托代理。

委托代理中的授权行为是一种单方民事法律行为，仅凭被代理人一方的意思表示，即可发生授权的效果。因此这种授权行为区别于被代理人与代理人之间的基础法律关系，基础法律关系可以是委托合同、合伙合同等双方民事法律行为，但授权行为一定是单方民事法律行为。被代理人的授权行为，既可以向代理人进行，也可以向相对人为之，两者效力相同。

2. 代理权的滥用

代理权是整个代理关系的基础，代理人之所以能代替被代理人实施民事法律行为，就在于代理人拥有代理权。违背代理权的设定宗旨和代理行为的基本准则，损害被代理人利益，行使代理权的行为构成滥用代理权。滥用代理权的行为包括自己代理、双方代理以及代理人和第三人恶意串通。自己代理和双方代理使得代理人不能最大限度维护被代理人的利益，违背代理制度“受人之托，忠人之事”的初衷。根据《民法典》第一百六十八条的规定，代理人不得以被代理人的名义与自己实施民事法律行为，但是被代理人同意或者追认的除外。代理人不得以被代理人的名义与自己同时代理的其他人实施民事法律行为，但是被代理的双方同意或者追认的除外。可见，自己代理与双方代理在民事法律行为类型上应当定性为效力待定行为，其行为效力取决于被代理人对意思表示的追认与否。代理人和相对人恶意串通，损害被代理人合法权益的，代理人和相对人应当承担连带责任。

3. 无权代理

所谓无权代理，就是没有代理权的代理。无权代理不是代理的一种形式，而是具备代理行为的表象但是欠缺代理权的行为。无权代理在法律上并非当然无效，应当根据具体情形具体分析。无权代理的发生原因在于代理人无代理权。无权代理的情形一般包括：① 没有代理权的代理行为；② 超越代理权的代理行为；③ 代理权终止后的代理行为。代理权的存在是代理关系成立并有效的必要条件。行为人实施的行为未被追认的，善意相对人有权请求行为人履行债务或者就其受到的损害请求行为人赔偿，但是赔偿的范围不得超过被代理人追认时相对人所能获得的利益。相对人知道或者应当知道行为人无权代理的，相对人和行为人按照各自的过错承担责任。

但无权代理并非当然无效，根据《民法典》第一百七十一条的规定，在无权代理情况下实施的民事法律行为效力待定。无权代理中当事人的权利义务主要体现为以下情况：

(1) 无权代理经被代理人追认，即直接对被代理人发生法律效力，产生与有权代理相同的法律后果。被代理人的此项权利称为追认权，是法律为保护被代理人利益设定的。追认权在性质上属于形成权，故仅凭权利人单方的意思表示即可决定权利人与相对人之间法律关系的变动。法律对当事人权利行使有期限的要求。相对人可以催告被代理人自收到通知之日起 30 日内予以追认。被代理人未作表示的，视为拒绝追认。行为人实施的行为被追认前，善意相对人有撤销的权利。撤销应当以通知的方式作出。一旦本人拒绝追认，无权代理行为就确定地转化为无效民事法律行为，由各方当事人按照各自的过错程度承担法律责任。无权代理成立后，被代理人已经开始履行法律行为项下义务的，视为对无权代理行为的追认。

(2) 相对人的保护。在被代理人追认前，相对人可以催告，请求被代理人对是否追认代理权作出明确的意思表示。催告在性质上属于意思通知行为，不属于形成权。善意相对人在被代理人行使追认权之前，有权撤销其对无权代理人已经作出的意思表示，此为撤销权。

撤销权在性质上也属于形成权。善意相对人享有撤销权，是相对人（第三人）与被代理人权利对等的表现。撤销应当以通知方式作出，一旦撤销则代理人与相对人所为的民事法律行为即不生效。撤销权的行使有两个条件：第一，只有善意相对人才可以行使撤销权。如果相对人知道或者应当知道无权代理人无代理权，则不能行使撤销权。第二，撤销权的行使必须在本人行使追认权之前。如果被代理人已经行使了追认权，则代理行为确定有效，此时，善意相对人无撤销权。

4. 表见代理

表见代理，指无权代理人的代理行为客观上存在使相对人相信其有代理权的情况，且相对人主观上为善意，因而可以向被代理人主张代理的效力。表见代理属于广义的无权代理的一种。行为人没有代理权、超越代理权或者代理权终止后，仍然实施代理行为，相对人有理由相信行为人有代理权的，代理行为有效。法律确立表见代理规则的主要意义在于维护人们对代理制度的信赖，保护善意相对人，保障交易安全。

表见代理的成立应当具备如下构成要件：

(1) 代理人无代理权。如果代理人实际拥有代理权，则为有权代理，不发生表见代理。

(2) 相对人主观上为善意且无过失。这是表见代理成立的主观要件，即相对人不知道行为人所为的行为属于无权代理行为，且相对人的不知在主观上并无过错。

(3) 客观上有使相对人相信无权代理人具有代理权的情形。存在客观事由，并使相对人相信无权代理人有代理权，是成立表见代理的根据。在实践中，通常表现为：合同签订人持有被代理人的介绍信或盖有印章的空白合同书，使得相对人相信其有代理权；无权代理人此前曾被授予代理权，且代理期限尚未结束，但实施代理行为时代理权已经终止。

(4) 相对人基于这种客观情形而与无权代理人成立民事法律行为。相对人虽有理由相信其有代理权，但最后并未成立民事法律行为，不发生表见代理。只有在相对人相信其有代理权，并发生了民事法律行为时才成立表见代理。表见代理对于本人来说，产生与有权代理一样的效果，即在相对人与被代理人之间发生法律关系。被代理人应受无权代理人与相对人实施的民事法律行为的拘束。被代理人不得以无权代理作为抗辩事由，主张代理行为无效。

第三节 诉讼时效制度

一、诉讼时效基本理论

(一) 诉讼时效的概念

诉讼时效是指权利人在法定期间内不行使权利即丧失请求人民法院依法保护其民事权利的法律制度。诉讼时效属于法律事实中的事件，是基于一定的事实状态在法律规定的一定期间内持续存在而当然发生不为当事人意志所决定的某种法律效果。民法上建立诉讼时效制度，目的在于维护社会经济秩序的稳定、避免时间过长导致举证困难，同时也有利于督促权利人及时行使权利。

诉讼时效具有以下特点：

(1) 有债权人不行使权利的事实状态存在，而且该状态持续了一段期间。

(2) 诉讼时效届满不消灭债权人实体权利，只是让债务人产生抗辩权。这意味着：

① 诉讼时效期间的经过，不影响债权人提起诉讼，即不丧失起诉权。② 债权人起诉后，如果债务人主张诉讼时效的抗辩，法院在确认诉讼时效届满的情况下，应驳回其诉讼请求；当事人未提出诉讼时效抗辩，人民法院不应对诉讼时效问题进行释明及主动适用诉讼时效的规定进行裁判。当事人在一审期间未提出诉讼时效抗辩，在二审期间提出的，人民法院不予支持，但其基于新的证据能够证明对方当事人的请求权已过诉讼时效期间的情形除外。③ 诉讼时效期间届满，当事人一方向对方当事人作出同意履行义务的意思表示或者自愿履行义务后，又以诉讼时效期间届满为由进行抗辩的，人民法院不予支持。

(3) 诉讼时效具有强制性。法律关于诉讼时效的规定属于强制性规范，当事人对诉讼时效利益的预先放弃无效。诉讼时效的具体内容，如诉讼时效的期间、计算方法以及中止、中断的事由均由法律规定，当事人约定无效。

(二) 诉讼时效的适用对象

诉讼时效并非适用于所有的请求权，根据《民法典》第一百九十六条规定，下列请求权不适用诉讼时效的规定：请求停止侵害、排除妨碍、消除危险；不动产物权和登记的动产物权的权利人请求返还财产；请求支付抚养费、赡养费或者扶养费；依法不适用诉讼时效的其他请求权。另外，《最高人民法院关于审理民事案件适用诉讼时效制度若干问题的规定》第一条也规定了一些不适用诉讼时效的债权请求权：支付存款本金及利息请求权；兑付国债、金融债券以及向不特定对象发行的企业债券本息请求权；基于投资关系产生的缴付出资请求权。

与诉讼时效相近的一个概念是除斥期间。除斥期间是指法律规定某种权利预定存续的期间，债权人在此期间不行使权利，预定期间届满，便可发生该权利消灭的法律后果。如《民法典》规定，受遗赠人应在知道受遗赠后 60 日内作出接受遗赠的表示，否则视为放弃。60 日即为受遗赠权的除斥期间。

诉讼时效和除斥期间都是以一定的事实状态存在和一定期间的经过为条件而发生一定的法律后果，都属于法律事实中的事件。但两者有如下区别：

(1) 适用对象不同。诉讼时效适用于债权请求权；除斥期间一般适用于形成权，如追认权、解除权、撤销权等，也可能适用于请求权，如《民法典》规定的受遗赠权。

(2) 可以援用的主体不同。人民法院不能主动援用诉讼时效，诉讼时效须由当事人主张后，人民法院才能审查；除斥期间无论当事人是否主张，人民法院均可主动审查。

(3) 法律效力不同。诉讼时效届满只是让债务人取得抗辩权，债权人实体权利不消灭；除斥期间届满，实体权利消灭。

二、诉讼时效的种类与起算

(一) 诉讼时效的种类

诉讼时效的种类、期间都是法定的，不同的诉讼时效有不同的期间，不同的诉讼时效有不同的起算时间。诉讼时效有以下几种：

1. 普通诉讼时效

除了法律有特别规定，民事权利适用普通诉讼时效期间。根据《民法典》第一百八十八条规定，向人民法院请求保护民事权利的诉讼时效期间为 3 年。法律另有规定的，依照其规定。

2. 长期诉讼时效

长期诉讼时效，指时效期间比普通诉讼时效的 3 年要长，但不超过 20 年的诉讼时效。

如《民法典》第五百九十四条规定，因国际货物买卖合同和技术进出口合同争议提起诉讼或者申请仲裁的时效期间为4年。

3. 最长诉讼时效

最长诉讼时效是指期间为20年的诉讼时效期间。自权利受到损害之日起超过20年的，人民法院不予保护，有特殊情况的，人民法院可以依据权利人的申请决定延长。与其他诉讼时效相比，最长诉讼时效期间从权利被侵害时计算，而非从权利人知道或者应当知道之时起算。最长诉讼时效期间可以适用诉讼时效的延长，但不适用诉讼时效期间的中断、中止等规定。

（二）诉讼时效期间的起算

诉讼时效期间自权利人知道或者应当知道权利受到损害以及义务人之日起计算。法律另有规定的，依照其规定。权利人要能够行使请求权，原则上应当符合几个条件：有请求权受侵害的事实；权利人知道或者应当知道请求权受到损害；权利人知道或者应当知道义务人。

根据我国的法律规定和司法实践，结合各类民事法律关系的不同特点，诉讼时效起算有不同的情况：

(1) 附条件的或附期限的债的请求权，从条件成就或期限届满之日起算。

(2) 定有履行期限的债的请求权，从清偿期届满之日起算。当事人约定同一债务分期履行的，诉讼时效期间自最后一期履行期限届满之日起计算。

(3) 未约定履行期限的合同，依照《民法典》规定，可以确定履行期限的，诉讼时效期间从履行期限届满之日起计算；不能确定履行期限的，诉讼时效期间从债权人要求债务人履行义务的宽限期届满之日起计算，但债务人在债权人第一次向其主张权利之时明确表示不履行义务的，诉讼时效期间从债务人明确表示不履行义务之日起计算。

(4) 无民事行为能力人或者限制民事行为能力人对其法定代理人的请求权的诉讼时效期间，自该法定代理终止之日起计算。

(5) 未成年人遭受性侵害的损害赔偿请求权的诉讼时效期间，自受害人年满18周岁之日起计算。

(6) 请求他人不作为的债权请求权，应当自权利人知道义务人违反不作为义务时起算。

(7) 国家赔偿的诉讼时效的起算，自赔偿请求人知道或者应当知道国家机关及其工作人员行使职权时的行为侵犯其人身权、财产权之日起计算，但被羁押等限制人身自由期间不计算在内。

三、诉讼时效的中止

（一）诉讼时效中止的概念

诉讼时效中止，指在诉讼时效进行中，因一定的法定事由的发生而使权利人无法行使请求权，暂时停止计算诉讼时效期间。在诉讼时效期间的最后6个月内，因不可抗力或者其他障碍不能行使请求权的，诉讼时效中止。

（二）诉讼时效中止的事由

中止诉讼时效必须有法定事由的存在。中止诉讼时效的事由包括：① 不可抗力；② 无民事行为能力人或者限制民事行为能力人没有法定代理人，或者法定代理人死亡、丧失民事行为能力、丧失代理权；③ 继承开始后未确定继承人或者遗产管理人；④ 权利人被义务人或者其他人控制；⑤ 其他导致权利人不能行使请求权的障碍。

（三）诉讼时效中止的时间

只有在诉讼时效的最后6个月内发生中止事由，才能中止诉讼时效的进行。如果在诉讼时效期间的最后6个月以前发生权利行使障碍，而到最后6个月时该障碍已经消除，则不能发生诉讼时效的中止；如果该障碍在最后6个月时尚未消除，则应从最后6个月开始时起中止时效期间，直至该障碍消除。

（四）诉讼时效中止的法律效力

在诉讼时效中止的情况下，在时效中止的原因消除后，诉讼时效始终剩下6个月，即自中止时效的原因消除之日起满6个月，诉讼时效期间届满。在民法规定的最长诉讼时效期间内，诉讼时效中止的持续时间没有限制。

四、诉讼时效的中断

（一）诉讼时效中断的概念

诉讼时效中断，指在诉讼时效进行中，因法定事由的发生致使已经进行的诉讼时效期间全部归于无效，诉讼时效期间重新计算。有下列情形之一的，诉讼时效中断，从中断、有关程序终结时起，诉讼时效期间重新计算：① 权利人向义务人提出履行请求；② 义务人同意履行义务；③ 权利人提起诉讼或者申请仲裁；④ 与提起诉讼或者申请仲裁具有同等效力的其他情形。

（二）诉讼时效中断的法定事由

1. 权利人向义务人提出履行请求

这是指权利人在诉讼程序以外作出请求履行的主张。这种主张在客观上改变了权利不行使的事实状态，导致诉讼时效中断。具有下列情形之一的，应当认定为“当事人一方提出要求”：① 当事人一方直接向对方当事人送交主张权利文书，对方当事人在文书上签字、盖章或者虽未签字、盖章但能够以其他方式证明该文书到达对方当事人的；② 当事人一方以发送信件或者数据电文方式主张权利，信件或者数据电文到达或者应当到达对方当事人的；③ 当事人一方为金融机构，依照法律规定或者当事人约定从对方当事人账户中扣收欠款本息的；④ 当事人一方下落不明，对方当事人在国家级或者下落不明的当事人一方住所地的省级有影响的媒体上刊登具有主张权利内容的公告的，但法律和司法解释另有特别规定的适用其规定；⑤ 权利人对同一债权中的部分债权主张权利，诉讼时效中断的效力及于剩余债权，但权利人明确表示放弃剩余债权的情形除外。其中，第①项情形中，对方当事人为法人或者其他组织的，签收人可以是其法定代表人、主要负责人、负责收发信件的部门或者被授权主体；对方当事人为自然人的，签收人可以是自然人本人、同住的具有完全行为能力的亲属或者被授权主体。

2. 义务人同意履行义务

义务人通过一定的方式向权利人作出愿意履行义务的意思表示，作为权利人信赖这种表示而不行使请求权，不能说是怠于行使权利，因此也构成诉讼时效的中断。义务人作出分期履行、部分履行、提供担保、请求延期履行、制订清偿债务计划等承诺或者行为，均属于义务人同意履行义务的行为。

3. 提起诉讼或者申请仲裁

提起诉讼是指通过司法程序行使请求权。当事人一方向人民法院提交起诉状或者口头起诉的，诉讼时效从提交起诉状或者口头起诉之日起中断。权利人向人民调解委员会以及其他依法有权解决相关民事纠纷的国家机关、事业单位、社会团体等社会组织提出保护相应民事权利的请求，诉讼时效从提出请求之日起中断。权利人向公安机关、人民检察院、人民法院报案或者控告，请求保护其民事权利的，诉讼时效从其报案或者控告之日起中断。上述机关决定不立案、撤销案件、不起诉的，诉讼时效期间从权利人知道或者应当知道不立案、撤销案件或者不起诉之日起重新计算；刑事案件进入审理阶段，诉讼时效期间从刑事裁判文书生效之日起重新计算。另外，下列事项均与提起诉讼或者申请仲裁具有同等效力：① 申请支付令；② 申请破产、申报破产债权；③ 为主张权利而申请宣告义务人失踪或死亡；④ 申请诉前财产保全、诉前临时禁令等诉前措施；⑤ 申请强制执行；⑥ 申请追加当事人或者被通知参加诉讼；⑦ 在诉讼中主张抵销。

除了上述 3 项诉讼时效中断的事由以外，下列情形也会发生诉讼时效中断的效果：

（1）对于连带债权人、连带债务人中的一人发生诉讼时效中断效力的事由，应当认定对其他连带债权人、连带债务人也发生诉讼时效中断的效力。

（2）债权人提起代位权诉讼的，应当认定对债权人的债权和债务人的债权均发生诉讼时效中断的效力。

（3）债权转让的，应当认定诉讼时效从债权转让通知到达债务人之日起中断。债务承担情形下，构成原债务人对债务承认的，应当认定诉讼时效从债务承担意思表示到达债权人之日起中断。此外，还应注意债权转让与债务承担中诉讼时效中断要件的不同。债权转让只要转让通知到达债务人处即发生中断效力，债务承担则需要原债务人认可债务的存在方可发生中断效力。

（三）诉讼时效中断的法律效力

诉讼时效中断的法律效力为诉讼时效的重新起算，即已经经过的诉讼时效期间失去意义。诉讼时效的中断如果是一个时间点，则从该时间点重新起算诉讼时效。如果诉讼时效的中断是一个程序，则在相关程序终结时，诉讼时效重新起算。

课后案例分析题

福州市一食品公司的股东会组成人员发生变更后，原股东许某以公司名义与他人进行交易并欠下债务，债权人将公司告上法庭要求承担债务。福州市中级人民法院对这起案件作出终审判决：许某的行为属于个人行为，公司不承担责任。据查，许某曾是福州一食品公司参与经营的股东之一。2015 年 11 月，食品公司股东会成员发生变更，许某不再任公司股东并退出经营活动，公司修改了股东名册，并向登记机关作了股东变更登记。2019 年 2 月至 10 月，许某以食品公司的名义先后 13 次向林某购买制作饮料的香精材料，交货地点均在食品公司，并由许某验收后在发货单上签字，货款总额为 6.8 万元。经多次催讨，许某拒不偿还债务。2021 年 7 月，林某将许某和食品公司告上法庭，要求公司承担连带赔偿责任。

请思考：

（1）许某的行为是否符合代理的条件？

（2）许某的行为是否属于表见代理？

（3）无权代理的追认与法律效果是什么？

第三章　物权法律制度

知识要点：

1. 了解物的含义，物的分类，物权的含义和分类。

2. 掌握动产物权以及不动产物权的变动及其公示。

3. 掌握所有权的含义，所有权的法定分类，共同共有和按份共有的含义和法律效力，所有权取得的各种方式，善意取得的要件。

4. 掌握用益物权的含义，用益物权的法定分类，建设用地使用权等用益物权。

5. 掌握担保物权的含义和分类，担保物权的从属性、优先受偿性、权利行使附条件性等特性，掌握抵押权的特征、抵押物的范围、抵押权的设定、抵押权的实现等，质押权的含义和特征，质权的设立条件及法律效力，留置权的含义和特征、构成条件及法律效力。

案例导入①：

王迪是王家和与李芳的女儿。王家和与李芳早年因感情不和办理了离婚手续，离婚时约定王迪归父亲王家和抚养，基于此，前妻李芳同意涉案的房屋归王家和所有，王家和保证王迪可以在海淀上学，可以在涉案房屋中居住。后王家和与张杨再婚，并对涉案房屋产权进行了变更，增加了张杨为房屋共有权人，王家和与张杨各占房屋50%的份额。王家和认为王迪对涉案房屋有居住权，而张杨将王迪赶出家门，不让她居住在涉案房屋内。为维护合法权益，王迪2020年将父亲王家和与继母张扬诉至法院，要求确认自己对涉案房屋享有居住权。

被告张杨不同意王迪的全部请求。张扬认为，王迪对涉案房屋不享有任何权利，涉案房屋是王家和与自己按份共有，各占50%的份额；涉案房屋未设置任何用益物权，根据物权法定的原则，王迪主张居住权无任何法律依据。

问题：

(1) 什么是居住权？如何设立居住权？

(2) 什么是按份共有？按份共有和共同共有的区别是什么？

(3) 王迪对涉案房屋是否拥有居住权？为什么？

第一节　物权法律概述

物权法律制度是调整因物的归属和利用而产生的民事关系的法律制度。财产制度的两根支柱分别是物权制度和债权制度，其中，物权制度属于财产的归属法范畴，也是财产制度的基础。债权制度则属于财产的流转法范畴。《中华人民共和国物权法》(简称《物权法》)是民法的重要组成部分。民法是调整平等主体之间的财产关系和人身关系的法律，其内容包

① 参见史敬阳：《〈民法典〉实施，海淀法院宣判首例居住权案件》，海淀法院网，2021年1月4日。

括物权法、债权法(以合同法为主)、婚姻家庭法、继承法、知识产权法等。物权法是专门规范民事主体(法人、自然人)对财产的占有、收益、使用、处分权利的法律。

新中国物权法律制度最早系统规定于 1986 年的《中华人民共和国民法通则》,初步确立了包括所有权、用益物权与担保物权在内的基本物权法律体系框架。2007 年颁布施行的《物权法》,完整系统规定了各项基本物权法律制度。

2020 年 5 月 28 日,我国《民法典》颁布,2021 年 1 月 1 日起施行。《民法典》整合了原《中华人民共和国民法通则》《中华人民共和国担保法》《物权法》中关于物权的规定,随后颁布了新的《最高人民法院关于适用〈中华人民共和国民法典〉物权编的解释(一)》(以下简称《民法典物权编解释一》)及《最高人民法院关于适用〈中华人民共和国民法典〉有关担保制度的解释》(以下简称《民法典担保制度解释》),除此以外,《农村土地承包法司法解释》与《国有土地使用权司法解释》等司法解释也进行了修订重新颁布,亦于 2021 年 1 月 1 日起实施。

一、物的概念与种类

这里的物是指物权的客体,在物权法中所涉及的物有特定含义。

(一) 物的概念

物包括不动产和动产。法律规定权利作为物权客体的,依照其规定。因此,我们认为,物权法上的物指的是有体物,即除人的身体之外,凡能为人力所支配,能独立满足人类社会生活需要的有体物。因此,物权法上的物应该具有以下 3 个特点:

1. 有体性

我国物权法上的物仅指有体物或有形物,有体物或有形物是物理上的物,包括固体、液体、气体,也包括电等没有形状的物。也就是说,物必须是客观存在的物质实体或者是自然力。物质实体,比如房屋、设备等;自然力,比如电力、煤气等。

有体物或者有形物主要是与精神产品相对而言的,著作、商标、专利等是精神产品,是无体物或无形物,精神产品通常不是物权制度规范的对象。因此,我国物权法认为,行为、智力成果以及各项权利等均不是物权法上的物,它们不属于物权客体。我国物权法认为,行为、智力成果分别是债权法、知识产权法的客体;至于权利,若经法律特别规定,是可以成为物权客体的,如以股权、专利权等出质所构成的权利质权,就属于物权的范畴了。

2. 可支配性

物权法中的物首先要具有有体性,但并非所有的有体物或有形物都是物权制度规范的对象,能够作为物权制度规范对象的还必须是人力能够控制及有利用价值的物。

可支配性指的是物要能为人力所支配并满足人的需要。不能为人力所支配或不为人所需之物,不属于物权法上的物。不能为人力所支配的物,如太阳、月亮、星星等;不为人所需要的物,如汽车尾气等。

3. 非人格性

人是权利主体,是不能成为物权客体的,现代立法也不允许将人作为客体,因此人不属于物权法中的物。但若人体器官脱离人的身体,失去了人格性,则可成为物权法中的物,比如可以与人体分离的义齿、义肢等。

(二) 物的种类

物权法中的物有很多种分类方式,这些分类方式在物权法律制度方面都有着一定的意义。

1. 按照物是否可以移动分类

按照物是否可以移动分类,物包括不动产和动产。不动产是不可移动,或如移动将损害其价值的物,比如房屋、海域以及土地、林木等地上的定着物。动产则是指可以移动的物,也就是不动产以外的物,比如机动车、电视机、机器设备等。

不动产和动产是物权法上对物的分类,进行这样的分类主要是便于根据不动产和动产各自的特点分别予以规范。动产和不动产的区别主要在于两点:一是物权变动的要求有别。动产以交付为原则,不动产则须登记。二是确定诉讼管辖。不动产纠纷由不动产所在地法院管辖。

2. 按照物是否可以流通分类

按照物是否可以流通,物可以分为流通物、限制流通物与禁止流通物。流通物是指可自由进入市场流通之物,绝大多数动产以及不动产中的房屋均属流通物;限制流通物是被法律限制的市场流通之物,如文物、黄金、药品等;禁止流通物则是法律禁止流通之物,如毒品等。

3. 按照物是否可以替代分类

按照物是否可以替代,物可以分为可替代物与不可替代物,需要注意该分类仅限于动产。可替代物是在交易上依数量、容量或重量而确定的物,如书、面粉等。不可替代物具有唯一性、不可被他物替代,如齐白石的画等。两者在物权法律制度中进行区分的主要意义在于:交易动产为可替代物时,可以同类物替代履行;但当交易动产为不可替代物时,一旦发生损害就只能转化为金钱赔偿。

4. 按照物是否属于消费(耗)品分类

按照物是否属于消费(耗)品,可以将物分为消费(耗)物与非消费(耗)物,同样,这种分类方式也仅限于动产。消费(耗)物是指依其性质只能一次性使用或让与,比如粮食、金钱等。非消费物则可以多次使用或让与,比如汽车、设备等。对于动产进行这样的区分主要意义在于:消费物不可能在使用了以后,又原封不动地归还原来的所有者;消费物的使用权人一般是所有权人。

5. 按照物是否可以分割分类

按照物是否可以分割,可以将物分为可分物与不可分物。可分物是不因分割而变更其性质或减损其价值的物,如米、酒等。不可分物指的是不可以分割,或者是分割会减损其价值的物,比如牛、汽车等属于不可分物,但牛肉属于可分物。将物分为可分和不可分的意义在于:在我们分割共有物时,可分物可进行实物分割,而不可分物则无法进行实物分割。

6. 按照物与物之间的从属关系分类

按照物与物之间的从属关系,物可以分为主物与从物。主物是独立存在并起到主要效用的物,从物只是作为他物发挥作用的辅助工具,比如主物是汽车,汽车后备厢中的备用胎是从物;机器是主物,机器的维修工具是从物。在无法律特别规定或当事人特别约定时,从物的权利归属与主物一致。

7. 按照两物之间存在的原有物产生新物的关系分类

按照两物之间存在的原有物产生新物的关系,物可分为原物与孳息物。原物是指依其自然属性或法律规定产生新物的物,如生产幼畜的母畜、带来利息的存款等。孳息物是指原物产生的收益,包括天然孳息和法定孳息。

天然孳息,是由所有权人取得;既有所有权人又有用益物权人的,由用益物权人取得。

当事人另有约定的，按照其约定。法定孳息，当事人有约定的，按照约定取得；没有约定或者约定不明确的，按照交易习惯取得。

二、物权的概念与种类

（一）物权的概念

民事主体依法享有物权，物权是权利人依法对特定的物享有直接支配和排他的权利，包括所有权、用益物权和担保物权。与债权相比，物权具有以下特点：

1. 支配性

物权的权利人对物享有直接支配的权利，是物权的主要特征之一。各种物权均以直接支配权作为其基本内容。“直接”是指权利人实现其权利不必借助他人，在法律规定的范围内，完全可以按照自己的意愿行使权利。支配有安排和利用的意思，包括占有、使用、收益和处分的权能综合。“直接支配”指的是对物不需要他人的协助和配合，权利人就能对物自主利用。而债权则属于请求权，债权实现有赖于债务人的履行行为。如买卖合同中规定，出卖人应于某年某月交货，即在交货期到来之前，买受人只享有债权而不享有物权。

2. 排他性

排他性指的是物权人对于标的物具有意志支配力，能够排除他人意志以同样方式支配，也就是说一物之上只能成立一项所有权。而债权则具有兼容性，同一标的物上成立双重买卖，两项买卖合同均可有效，并不相互排斥。

3. 绝对性

绝对性指的是物权的权利人享有物权，任何其他人都不得非法干预，物权的权利人以外的任何人都是物权的义务人，物权可以对抗所有人的财产权，排除任何他人的干涉，其他人有义务予以尊重，故其属于“绝对权”或称“对世权”。而债权则仅对特定的债务人存在，属于“相对权”或称“对人权”。

（二）物权的种类

在我国物权法律制度中，物权主要有以下一些分类方式：

1. 自物权和他物权

所谓自物权，也称完全物权，是对于自己之物所享有的物权。他物权也称限制物权，是在他人所有之物上设定的物权。物权包括所有权、用益物权和担保物权，所有权属于自物权；用益物权和担保物权则属他物权。

2. 用益物权与担保物权

用益物权和担保物权都属于他物权，也就是限制物权。我国《民法典》的物权编规定了土地承包经营权、建设用地使用权、宅基地使用权、地役权、居住权这几种用益物权。用益物权是以对他人所有的不动产或者动产为使用、收益的目的而设立的，因而被称为“用益”物权，用益物权针对的是物的使用价值。担保物权指的是以担保债权实现为目的的物权，当债务人不履行债务时，债权人有权就担保财产依法优先受偿。我国的担保物权包括抵押权、质权和留置权，担保物权针对的是物的交换价值。

3. 动产物权与不动产物权

动产物权是设定在动产之上的物权，如动产所有权、动产质权、动产留置权等；而不动产物权则是设定于不动产之上的物权，如不动产所有权、土地使用权、不动产抵押权等。用益物权一般存在于不动产之上，担保物权中的抵押权原则上也是以不动产为客体，但法律另有规定的除外；质权与留置权则只能以动产为客体，不得设于不动产之上。

4. 独立物权与从物权

独立物权指的是能够独立存在的物权，如所有权、建设用地使用权、土地承包经营权、宅基地使用权和居住权。从物权指的是自身并无独立价值，只能从属于其他权利存在的物权，如担保物权必须从属于主债权而存在，而地役权从属于需役地的所有权或使用权而存在。

三、物权法律制度的基本原则

物权法律制度有4个方面的基本原则，包括平等保护原则、物权法定原则、一物一权原则、物权公示原则，这4个原则也体现了物权与债权的基本区别。

（一）平等保护原则

国家、集体、私人的物权和其他权利人的物权受法律平等保护，任何组织或者个人不得侵犯。物权平等保护原则指的是国家会平等保护国家、集体和私人的物权。民法调整平等主体的自然人、法人和非法人组织之间的人身关系和财产关系；民事主体的人身权利、财产权利以及其他合法权益受法律平等保护，任何组织或者个人不得侵犯；民事主体在民事活动中的法律地位一律平等；民事主体从事民事活动，应当遵循自愿、平等、公平、诚实信用原则。

（二）物权法定原则

物权法定是物权法律制度的基本原则之一。物权法定中的"法"指法律，即全国人大及其常委会制定的法律，除法律明确规定可以由行政法规、地方性法规规定的外，一般不包括行政法规和地方性法规。需要说明的是，物权法定中的法律，既包括物权法，又包括其他法律，如《中华人民共和国土地管理法》《中华人民共和国城市房地产管理法》《中华人民共和国矿产资源法》《中华人民共和国草原法》《中华人民共和国森林法》《中华人民共和国海域使用管理法》《中华人民共和国渔业法》《中华人民共和国海商法》《中华人民共和国民用航空法》等，这些法律中都有对物权的规定。

另外，物权法定指的是物权的种类和内容，应由法律规定。由此可以看出，物权法定有物权种类法定和物权内容法定两层含义。

物权种类法定指的是物权的种类由法律规定，当事人不能自由创设物权，也就是说当事人不能创设民法或其他法律所不承认的物权。

物权内容法定指的是物权的内容由法律规定。物权的内容指物权的权利义务，如土地承包经营权的承包期多长，承包经营权何时设立，承包经营权的流转权限，承包地的调整、收回、被征收中的权利义务等。物权法的许多规定都是强制性规范，当事人应当严格遵守，不能由当事人约定排除，除非法律规定了"有约定的按照约定""当事人另有约定的除外"这些例外情形。

（三）物权客体特定原则

物权客体特定原则也就是一物一权原则，它指的是物权只存在于确定的一物之上，若物没有确定，则谈不上物权。具体来说，物权客体特定原则包括以下基本含义：一是一个所有权的客体仅为一个独立物；二是一个独立物上只能存在一个所有权；三是在按份共有中，各共有人根据其份额对财产享有相应的权利，但份额本身并不是单独的所有权；四是一物之上可以存在数个物权，但各个物权之间不得相互矛盾；五是一物的某一部分不能成立单个的所有权，物只能在整体上成立一个所有权。

（四）物权公示原则

1. 公示的含义

所谓公示，是指物权在变动时，必须将物权变动的事实通过一定的公示方法向社会公开，从而使第三人知道物权变动的情况，以避免第三人遭受损害并保护交易安全。物权公示原则包括两个方面：一是物权变动，也就是说，物权人享有物权，物权的内容变更或者物权消灭以什么方式进行确定；二是物权公信，由于物权是排他的“绝对权”，必须让广大的义务人清楚地知道谁是权利人。债权属于相对权，效力不及于当事人之外的不特定第三人，故无公示的要求。

公示方式依动产不动产而有不同，除了有相反的证据外，确定物的归属就是不动产看登记、动产看占有，即不动产物权的设立、变更、转让和消灭，应当依照法律规定登记。动产物权的设立和转让，应当依照法律规定交付。

2. 公示的效力

公示的效力体现在物权转移效力、物权推定效力及公信效力3个方面。

（1）物权移转效力。物权移转效力又包括公示生效和公示对抗两个方面的内容。

公示生效指的是不动产物权的设立、变更、转让和消灭，原则上须经依法登记才能发生效力，未经登记不发生效力，但是法律另有规定的除外。依法属于国家所有的自然资源，所有权可以不登记。

不动产，即土地及房屋、林木等土地附着物。不动产的物权在各国和地区都是物权法律制度最重要的内容。不动产物权的重要意义和作用与不动产登记制度有着紧密的联系。原则上不动产物权登记是不动产物权的法定公示手段，是不动产物权设立、变更、转让和消灭的生效要件，也是不动产物权依法获得承认和保护的依据。例如建设用地使用权、不动产抵押权等权利的设立或转让，非经登记，是不发生法律效力的。动产物权的设立和转让，自交付时发生效力，但法律另有规定的除外。

物权转移效力的含义除了公示生效，还包括公示对抗。《民法典》第二百二十五条规定：“船舶、航空器和机动车等的物权的设立、变更、转让和消灭，未经登记，不得对抗善意第三人。”也就是说，船舶、航空器和汽车等动产规定，其物权的变动如果没有在登记部门进行登记，就不能产生公信力，不能对抗善意第三人。所谓善意第三人，指的是不知道也不应当知道物权发生了变动的物权关系相对人。

（2）物权推定效力。不动产权属证书是权利人享有该不动产物权的证明。不动产权属证书记载的事项，应当与不动产登记簿一致；记载不一致的，除有证据证明不动产登记簿确有错误外，以不动产登记簿为准。

有法定公示方式所保障的权利人，被推定为合法权利人。动产占有人被推定为动产所有权人，不动产登记簿上记载的权利人及其所享有的权利被推定为真实。登记簿也可能出现错误，当事人有证据证明不动产登记簿的记载与真实权利状态不符、其为该不动产物权的真实权利人，请求确认其享有物权的，应予支持。

（3）公信效力。法定公示方式为权利变动与享有的法律表征，第三人有理由对其表示信赖，因而，公示能够产生公信力。公信效力是善意取得的必要条件。

第二节　物权变动

一、物权变动的含义与形态

物权变动包括物权取得、变更与消灭3种基本形态。

1. 物权的取得

物权的取得分为原始取得与继受取得。物权的原始取得是指物权取得非自他人之手继受而来，比如通过建造取得房屋所有权，基于对无主物的先占而取得所有权，依自己对存款所有权而取得存款孳息等。

继受取得又称传来取得，是指权利自前手继受而来，如继承、买卖、赠与等。物权的继受取得可能是移转型，比如所有权人将其所有权让与他人，比如买卖；也可能是创设型，如所有权人为他人设立限制物权。判断物权的取得属于原始取得还是继受取得，关键在于所取得的权利是否源自权利前手。

2. 物权的变更

物权的变更包括主体、客体及内容3方面的变更。其中，物权主体变更实际上是物权转让。物权客体的变更则是指物权标的物所发生的变化，如所有权的客体因附合而有所增加，抵押权的客体因部分灭失而有所减少。物权内容的变更，是指物权的内容发生变化，如担保物权顺位的变动、用益物权存续期间的延长或缩短等。

3. 物权的消灭

物权的消灭可分为绝对消灭与相对消灭两类。绝对消灭是指物权本身不复存在，物权客体消灭将导致物权绝对消灭，比如，房屋被泥石流毁损，则房屋的相关物权也绝对消灭了。相对消灭表达的则是物权转让的含义，相对于物权出让方而言，物权消灭了。

二、物权变动的原因

物权变动的原因可分为两大类：一是基于法律行为的物权变动，二是非基于法律行为的物权变动。

(1) 基于法律行为的物权变动，指的是根据行为人意志发生的物权变动。有单方法律行为导致的物权变动，如抛弃物权、捐助等；有双方法律行为产生的物权变动，如买卖、赠与、抵押、质押等；也有多方法律行为发生的物权变动，如合伙协议、设立公司的协议等。

(2) 非基于法律行为的物权变动，比如生效的法律文书、继承、征收、没收、强制执行、合法建造和拆除房屋等。非基于法律行为的物权变动不必以公示为前提。即使尚未完成动产交付或不动产登记，也不妨碍物权取得，并且，取得物权之人要求得到物权保护的，应予以支持。但非基于法律行为取得不动产物权之人再处分物权时，依照法律规定需要办理登记的，未经登记，不发生物权效力。

非基于法律行为的物权变动主要包括3类：基于公法行为发生的物权变动、基于法律规定发生的物权变动和基于事实行为发生的物权变动。

① 基于公法行为发生的物权变动。因人民法院、仲裁机构的法律文书或者人民政府的征收决定等，导致物权设立、变更、转让或者消灭的，自法律文书或者征收决定等生效时发生效力。人民法院、仲裁机构的法律文书包括直接改变原有物权关系的判决书、裁决书、调解书，以及人民法院在执行程序中作出的拍卖成交裁定书、变卖成交裁定书、以物抵债裁定书。

需要注意的是，这里所称法律文书必须具有直接改变原有物权关系而不必由当事人履行的形成效力。

② 基于法律规定发生的物权变动。继承是导致物权变动的一个重要方式，继承从被继承人死亡时开始。因继承取得物权的，自继承开始时发生效力。因此这里所说的“继承开始”就是“被继承人死亡”之时。这里的“死亡”既包括自然死亡，如病死、老死等，也包括宣告死亡。在宣告死亡的情况下，自判决所确定的死亡之时继承开始。因继承而取得物权，如果涉及的遗产为不动产，依照法律规定需要办理登记，但继承人未办理登记的，对该不动产的处分行为不发生效力。

③ 基于事实行为发生的物权变动。所谓事实行为是指不以意思表示为要素的能够产生民事法律后果的法律事实。首先，事实行为是人的行为，是人的一种有意识的活动，与自然事实有别；其次，事实行为是一种法律事实，即能够在人与人之间产生、变更或终止民事法律关系；最后，事实行为不以意思表示为要素，也就是行为人是否表达了某种心理状态，法律不予考虑，只要有某种事实行为存在，法律便直接赋予其法律效果。因合法建造、拆除房屋等事实行为设立或者消灭物权的，自事实行为成就时发生效力。“自事实行为成就时发生效力”指的就是房屋建造完成之时，而当房屋拆除时，这些物的所有权就消灭了，不需要遵循一般的物权的公示方法，即登记或交付。

三、物权行为的特点

物权行为的特点可在与债权行为的比较中看出，二者主要有以下区别：

1. 法律效果

债权行为不会直接引起积极财产（物权）的减少，却会使得消极财产（义务）增加。而物权行为则直接导致行为人积极财产的减少。

例如，买卖合同生效后，出卖人负有向买受人转让所有权的义务，但义务得到履行之前，所出卖的标的物所有权仍属出卖人所有，此时只是债权行为的效果。待出卖人实际向买受人实施物权行为、转让所有权后，出卖人才失去所有权，买受人亦于此时取得所有权，此时才是物权行为的效果。

2. 处分权

物权行为使得物权发生变动，故出让人需要对标的物具有处分权。无处分权而转让他人物权，如所有权，称为无权处分。无权处分行为处于效力待定状态，在得到真正权利人追认或处分人取得处分权后变得有效；否则，该无权处分行为将归于无效。债权行为则因其只是负担行为而不转让物权，故无处分权之要求，出卖他人之物的买卖合同也是有效的。因出卖人未取得处分权而使得标的物所有权不能转移的，买受人可以解除合同并请求出卖人承担违约责任。

3. 兼容性

物权只能被转让一次，出让人在实施转让物权的物权行为后，就失去了所转让的物权，故对于同一物不能实施两次处分行为。但债权行为因其仅负担义务，而不涉及物权变动，故可反复作出，在同一标的物上成立的数重买卖合同均可有效。需要注意的是，出卖人将同一标的物出卖于数个买受人后，只能履行其中一项买卖合同，其他未能获得标的物所有权的买受人有权请求出卖人承担违约责任。

四、物权变动的公示方式

依物权公示原则，基于法律行为的物权变动是需要进行公示的。公示是物权发生变动的法律标志。公示方式依动产或不动产物权变动而有所不同。

（一）不动产物权变动的公示方式——登记

不动产物权的设立、变更、转让和消灭，经依法登记，发生效力；未经登记，不发生效力，但是法律另有规定的除外。“法律另有规定”，是指登记的不是生效条件而是对抗要件的情形，如土地承包经营权互换、转让的，当事人可以向登记机构申请登记，未经登记，不得对抗善意第三人。又如，地役权自地役权合同生效时设立，当事人要求登记的，可以向登记机构申请地役权登记；未经登记，不得对抗善意第三人。

根据2015年3月1日起施行的《不动产登记暂行条例》，我国实行不动产统一登记制度。需要登记的不动产物权包括：① 集体土地所有权；② 房屋等建筑物、构筑物所有权；③ 森林、林木所有权；④ 耕地、林地、草地等土地承包经营权；⑤ 建设用地使用权；⑥ 宅基地使用权；⑦ 海域使用权；⑧ 地役权；⑨ 抵押权；⑩ 法律规定需要登记的其他不动产权利。值得注意的是，上述不动产物权均在登记之列，只不过登记效力各有不同，有的非经登记不得生效，有的非经登记不得对抗善意第三人。

根据《不动产登记暂行条例》及《不动产登记暂行条例实施细则》的规定，登记类型主要包括：首次登记、变更登记、转移登记、注销登记、更正登记、异议登记、预告登记与查封登记。

首次登记，是指不动产权利第一次登记。未办理不动产首次登记的，除法律、行政法规另有规定的以外，不得办理不动产其他类型登记。

变更登记，是指不动产登记事项发生不涉及权利转移的变更所需登记。在下列情形下，不动产权利人可以向不动产登记机构申请变更登记：① 权利人的姓名、名称、身份证明类型或者身份证明号码发生变更的；② 不动产的坐落、界址、用途、面积等状况变更的；③ 不动产权利期限、来源等状况发生变化的；④ 同一权利人分割或者合并不动产的；⑤ 抵押担保的范围、主债权数额、债务履行期限、抵押权顺位发生变化的；⑥ 最高额抵押担保的债权范围、最高债权额、债权确定期间等发生变化的；⑦ 地役权的利用目的、方法等发生变化的；⑧ 共有性质发生变更的；⑨ 法律、行政法规规定的其他不涉及不动产权利转移的变更情形。

转移登记，是指不动产权利在不同主体之间发生转移所需登记。在下列情形下，当事人可以向不动产登记机构申请转移登记：① 买卖、互换、赠与不动产的；② 以不动产作价出资（入股）的；③ 法人或者其他组织因合并、分立等原因致使不动产权利发生转移的；④ 不动产分割、合并导致权利发生转移的；⑤ 继承、受遗赠导致权利发生转移的；⑥ 共有人增加或者减少以及共有不动产份额变化的；⑦ 因人民法院、仲裁委员会的生效法律文书导致不动产权利发生转移的；⑧ 因主债权转移引起不动产抵押权转移的；⑨ 因需役地不动产权利转移引起地役权转移的；⑩ 法律、行政法规规定的其他不动产权利转移情形。

不动产权利消灭时，需要办理注销登记。属于注销登记的情形包括：① 不动产灭失的；② 权利人放弃不动产权利的；③ 不动产被依法没收、征收或者收回的；④ 人民法院、仲裁委员会的生效法律文书导致不动产权利消灭的；⑤ 法律、行政法规规定的其他情形。

更正登记是当权利人、利害关系人认为不动产登记簿记载的事项错误的，可以申请的一种登记。不动产登记簿记载的权利人书面同意更正或者有证据证明登记确有错误的，登记机构应当予以更正。

异议登记是当不动产登记簿记载的权利人不同意更正，利害关系人可以申请的一种登记。需要注意的是登记机构予以异议登记的，申请人在异议登记之日起15日内不起诉，异议登记失效。异议登记不当，造成权利人损害的，权利人可以向异议登记的申请人请求损害赔偿。

预告登记是当事人签订买卖房屋或者其他不动产物权的协议，为保障将来实现物权，按照约定可以向登记机构申请的一种登记。具体而言，有下列情形之一的，当事人可以申请预告登记：① 预购商品房；② 以预购商品房设定抵押；③ 房屋所有权转让、抵押；④ 法律、法规规定的其他情形。

预告登记后，一方面，未经预告登记的权利人同意处分该不动产的，不发生物权效力；另一方面，债权消灭或者自能够进行不动产登记之日起3个月内未申请登记的，预告登记失效。

（二）动产物权变动的公示方式——交付

动产物权的设立和转让，自交付时发生效力，但是法律另有规定的除外。交付有现实交付与交付替代两种形态。有一些特殊的动产，如船舶、航空器和机动车等的物权的设立、变更、转让和消灭，未经登记，不得对抗善意第三人。法律对船舶、航空器和机动等动产规定有登记制度，它的物权变动如果没有在登记部门进行登记，就不会产生社会公信力，不能对抗善意第三人。

1. 现实交付

所谓现实交付，指的是将物直接交由对方占有。现实交付是最为典型的交付形态。

2. 交付替代

当现实交付不可能或没必要时，也可以以其他方式替代交付。交付替代方式有很多种，主要包括简易交付、指示交付及占有改定。

(1) 简易交付。若动产物权设立和转让前，权利人已经占有该动产的，物权自民事法律行为生效时发生效力。这里规定的民事法律行为，主要指的是动产所有权人与受让人订立动产转让的协议，以及与质权人订立动产出质协议。受让人已经取得对动产的占有，又依据民事法律行为取得其物权的情况下，可以采用简易交付。

(2) 指示交付。指示交付又称返还请求权的让与，是指让与动产物权的时候，如果让与人的动产由第三人占有，让与人可以将其享有的对第三人的返还请求权让与受让人，以代替现实交付，也就是指示占有标的物之人将物交付于受让人。

动产物权设立和转让前，第三人占有该动产的，负有交付义务的人可以通过转让请求第三人返还原物的权利代替交付。

(3) 占有改定。占有改定是指动产物权的让与人使受让人取得对标的物的间接占有，以代替该动产现实移转的交付。占有改定必须符合3个要件：第一，让与人与受让人达成移转动产物权的合意；第二，让与人与受让人之间还需要具有某种使得受让人取得动产间接占有的具体法律关系；第三，让与人已经对物进行了直接占有或者间接占有。动产物权转让时，当事人又约定由出让人继续占有该动产的，物权自该约定生效时发生效力。

第三节　所　有　权

一、所有权的概念

对于物最为完整的支配权是所有权，其他一切类型的物权皆派生于此，所以，物权体系必定以所有权为核心。所有权是指在法律限制范围内，对物全面支配的权利。

所有权人对自己的不动产或者动产，依法享有占有、使用、收益和处分的权利。因此，所有权具备占有、使用、收益和处分 4 项权能。其中，占有是对财产的实际控制，拥有一个物的前提就是占有，这是财产所有者直接行使所有权的表现，尤其体现于动产领域，动产占有人被推定为所有权人。使用，是权力主体不毁损其物或变更其性质对财产的运用，以发挥财产的价值，比如公民驾驶自己的车辆。收益，是通过财产的占有、使用等方式，取得的经济效益，收益包括孳息和利润。处分，是财产所有人对其财产在事实上和法律上的最终处置，也就是说，包括事实处分与法律处分。

二、我国所有权的类型

（一）我国所有权的法定分类

所有权可以分为国家所有权、集体所有权和私人所有权。

1. 国家所有权

法律规定属于国家所有的财产，属于国家所有即全民所有。所谓国家所有权就是国家以所有者身份对物享有的全面支配权力。但“国家”或“全民”均无法亲自行使所有权。为此，国有财产由国务院代表国家行使所有权。法律另有规定的，依照其规定。

国家所有权的客体极为广泛，包括一切矿藏、水流、海域、无线电频谱资源、国防资产，另外还有法律规定属于国家所有的农村和城市郊区的土地，森林、山岭、草原、荒地、滩涂等自然资源，但法律规定属于集体所有的除外；法律规定属于国家所有的野生动植物资源；法律规定属于国家所有的文物；依照法律规定为国家所有的铁路、公路、电力设施、电信设施和油气管道等基础设施。

2. 集体所有权

农民集体所有的不动产和动产，属于本集体成员集体所有。根据《中华人民共和国土地管理法》，集体所有权包括 3 种形式：村集体所有、农村集体经济组织所有与乡（镇）集体所有。如“国家”或“全民”无法行使所有权，抽象的“农民集体”亦是如此。

对于集体所有的土地和森林、山岭、草原、荒地、滩涂等，依照下列规定行使所有权：① 属于村农民集体所有的，由村集体经济组织或者村民委员会依法代表集体行使所有权；② 分别属于村内两个以上农民集体所有的，由村内各该集体经济组织或者村民小组依法代表集体行使所有权；③ 属于乡镇农民集体所有的，由乡镇集体经济组织代表集体行使所有权。

集体所有的不动产和动产包括：① 法律规定属于集体所有的土地和森林、山岭、草原、荒地、滩涂；② 集体所有的建筑物、生产设施、农田水利设施；③ 集体所有的教育、科学、文化、卫生、体育等设施；④ 集体所有的其他不动产和动产。

3. 私人所有权

私人对其合法的收入、房屋、生活用品、生产工具、原材料等不动产和动产享有所有权。

此处所称私人，并不局限于自然人，民法上的法人尤其是营利法人亦包括在内。营利法人对其不动产和动产依照法律、行政法规以及章程享有占有、使用、收益和处分的权利。营利法人以外的法人，对其不动产和动产的权利，适用有关法律、行政法规以及章程的规定。

（二）共有

共有的类型包括按份共有和共同共有。按份共有是共有所有权在量上分解为份额，并将份额分配于各共有人的共有形态。共同共有是共有人平等和不分份额地享有共有权的共有形态。

若共有人对共有的不动产或者动产，没有约定为按份共有或者共同共有，或者约定不明确的，除共有人具有家庭关系等外，视为"按份共有"。共同共有人之间的内部关系较之按份共有更为紧密，原因在于：第一，家庭成员之间共同生活，彼此权利义务关系难以作清晰的划分，而除此之外的其他关系如同学关系、朋友关系等均不具有这种法律上的密切关系，权利义务关系可以并且应当分割清楚。第二，按份共有人对外偿还债务后，可能存在向其他人追偿的问题，共同共有则无此问题。

在共有人内部关系上，除共有人另有约定外，按份共有人按照份额享有债权、承担债务，共同共有人共同享有债权、承担债务。偿还债务超过自己应当承担份额的按份共有人，有权向其他共有人追偿。一般情况下，按份共有的每个共有人都应就自己份额享有债权、承担债务，而共同共有则难以体现这一原则。

共有人按照约定管理共有的不动产或者动产；没有约定或者约定不明确的，各共有人都有管理的权利和义务。因共有的不动产或者动产产生的债权债务，在对外关系上，共有人享有连带债权、承担连带债务，但法律另有规定或者第三人知道共有人不具有连带债权债务关系的除外。

共有人可以用协商确定分割方式来分割共有财产。对共有财产的分割可以采取 3 种方式：协议分割、实物分割、变价分割或作价补偿。若共有人达不成协议，共有的不动产或者动产可以分割并且不会因分割减损价值的，应当对实物予以分割；实物难以分割或者因进行实物分割会减损价值的，应当对折价或者拍卖、变卖取得的价款予以分割。若共有人分割得到的不动产或者动产有瑕疵的，其他共有人应当分担损失。

1. 按份共有

按份共有是对同一个所有权进行量上分割的共有形态，按份共有人对共有的不动产或者动产按照其份额享有所有权。关于份额的确定，按份共有人对共有的不动产或者动产享有的份额，没有约定或者约定不明确的，按照出资额确定；不能确定出资额的，视为等额享有。按份共有的特点在于按份分享权利分担义务，这是与共同共有的最大不同。

(1) 按份共有的内部关系。按份共有的内部关系主要体现于对共有物的管理、共有物的分割以及对外债权债务的内部效力 3 个方面。

第一，关于共有物的管理。按份共有人对共有的不动产或者动产作重大修缮的、变更性质或者用途的，应当经占份额 2/3 以上的按份共有人同意，但是共有人之间另有约定的除外。同时，对共有物的管理费用以及其他负担，有约定的，按照约定，没有约定或者约定不明确的，按份共有人按照其份额负担。

第二，关于共有物的分割。共有人约定不得分割共有的不动产或者动产，以维持共有关系的，应当按照约定，但共有人有重大理由需要分割的，可以请求分割；没有约定或者约定不明确的，按份共有人可以随时请求分割，因分割造成其他共有人损害的，应当给予赔偿。

第三，对外债权债务的内部效力。对外关系上，任何一位按份共有人均有权主张全部债权或有义务承担全部债务；但内部关系上，各共有人应对其各自财产按照份额分摊，同样对于债权的享有与债务的承担方面也是按照份额分摊。因此，因共有的不动产或者动产产生的债权债务，在对外关系上，共有人享有连带债权，承担连带债务，但法律另有规定或者第三人知道共有人不具有连带债权债务关系的除外；在共有人内部关系上，除共有人另有约定外，按份共有人按照份额享有债权、承担债务。共同共有人共同享有债权、承担债务。相应地，当对外承担债务的共有人所承担的债务超出其应当承担的份额时，有权向其他共有人追偿。

(2) 按份共有的外部关系。按份共有的外部关系涉及两方面：一是共有物的处分；二是份额处分。

第一，关于共有物的处分，按份共有物的处分奉行多数决原则。处分共有的不动产或者动产以及对共有的不动产或者动产作重大修缮、变更性质或者用途的，应当经占份额 2/3 以上的按份共有人同意，但共有人之间另有约定的除外。未满 2/3 份额却转让共有物者，构成无权处分，其处理规则，与共同共有情形中的无权处分一致。

第二，关于份额之处分。按份共有人对其享有的份额有处分自由，故可自由转让其享有的共有的不动产或者动产份额。但按份共有人之间的关系毕竟较之其他人更为密切，当按份共有人转让其共有份额时，其他共有人在同等条件下享有优先购买的权利。

关于优先购买权，要注意 5 点。第一，优先购买权以交易为前提。因此，除非按份共有人另有约定，否则共有份额因继承、遗赠等非交易方式发生转让时，其他共有人不得主张优先购买。同时要注意，构成优先购买权行使前提的交易须发生在共有人与共有人之外的第三人之间。所以，若按份共有人之间相互转让共有份额，其他共有人是不得主张优先购买的，除非共有人另有约定。第二，优先购买权需在同等条件下行使。同等条件包括转让价格、价款履行方式及期限等重要因素应该相同的。第三，优先购买权需在期限内行使。优先购买权的行使期间，按份共有人之间有约定的，按照约定处理。没有约定或者约定不明的，按照下列情形确定：转让人向其他按份共有人发出的包含同等条件内容的通知中载明行使期间的，以该行使期间为准；通知中未载明行使期间，或者载明的期间短于通知送达之日起 15 日的，为 15 天；转让人未通知的，为其他按份共有人知道或者应当知道最终确定的同等条件之日起 15 日；转让人如果没有通知，且无法确定其他按份共有人知道或者应当知道最终确定的同等条件的，为共有份额权属转移之日起 6 个月。第四，两个以上按份共有人主张优先购买且协商不成时，可以按照转让时各自份额比例来行使优先购买权。第五，其他按份共有人以优先购买权受到侵害为由，仅请求撤销共有份额转让合同或者认定该合同无效的，不予支持。

2. 共同共有

共同共有人对共有的不动产或者动产共同享有所有权。所谓共同享有所有权，指的是共同共有人对共有财产享有共同的权利，承担共同的义务。其特点在于，共有人对于同一物所享有的所有权不分份额，共享权利及同担义务，所以也没有转让份额的问题。按照规定，家庭关系中的共有为共同共有，如夫妻共同财产、遗产、《中华人民共和国农村土地承包法》中的家庭承包财产等。

(1) 共同共有的内部关系。和按份共有一样,共同共有的内部关系也主要体现在共有物的管理、共有物的分割以及对外债权债务的内部效力 3 个方面。

第一,关于共有物的管理,主要涉及对共同共有物的重大修缮及管理费用的分担。除非共有人之间另有约定,否则对共同共有的不动产或者动产作重大修缮的、变更性质或者用途的,应当经全体共同共有人同意。同时,对共有物的管理费用以及其他负担,有约定的,按照约定;没有约定或者约定不明确的,共同共有人共同负担。

第二,关于共有物的分割。共同共有关系存续期间,原则上不能对共有物进行分割,因为分割共有物即意味着共同共有关系的破裂。共有人约定不得分割共有的不动产或者动产,以维持共有关系的,应当按照约定,但共有人有重大理由需要分割的,可以请求分割;没有约定或者约定不明确的,共同共有人在共有的基础丧失或者有重大理由需要分割时可以请求分割;因分割造成其他共有人损害的,应当给予赔偿。

第三,关于对外债权债务的内部效力。共同共有人之一对外受领的全部债权所得是所有共有人共享的,所以其他共有人不存在主张分享的问题;而用以承担债务的财产属于全体共有人共同共有的财产,因此共有人之间也不存在分担的问题。在共有人内部关系上,除共有人另有约定外,共同共有人共同享有债权、承担债务。

(2) 共同共有的外部关系。共同共有是不分份额的,故外部关系仅涉及处分共有物问题,而不涉及份额处分问题。共同共有物的处分必须征得全体共有人一致同意,共有人之间若另有约定,则从其约定;否则将构成无权处分,依无权处分的基本规则,其有效性取决于其他共有人追认与否。必须所有其他共有人均表示追认,无权处分才能转化为有权处分,转让行为才有效,受让人才能取得共有物所有权。在其他共有人未全部表示追认之前,无权处分行为既非有效,亦非无效,而是处于效力待定状态。

三、善意取得制度

(一) 善意取得的构成要件

无处分权人将不动产或者动产转让给受让人的,所有权人有权追回。除法律另有规定外,符合下列情形的,受让人取得该不动产或者动产的所有权:① 受让人受让该不动产或者动产时是善意的;② 以合理的价格转让;③ 转让的不动产或者动产依照法律规定应当登记的已经登记,不需要登记的已经交付给受让人。

所谓交付指的是发生了标的物的转移,也就是说,如果双方当事人仅仅达成合意,而没有发生标的物的移转,则当事人之间仍只有债的法律关系,而没有形成物权法律关系,不能发生善意取得的效果。所有权人有权否认无权处分行为之效力,也就是说,若符合善意取得的要件,则所有权人不得否认无权处分行为之效力。善意取得制度对于动产与不动产均可适用,但构成要件略有不同。

(二) 动产善意取得

1. 构成要件

动产善意取得必须具备如下要件:

(1) 依法律行为转让所有权。也就是说善意取得只能在交易中发生,其他非因法律行为而发生的物权变动,无论是基于事实行为、公法行为还是直接基于法律规定而变动,均不存在善意取得的问题。

(2) 转让人无处分权。如果转让人对于所转让的权利具有处分权,则适用正常的物权变动规则。善意取得制度旨在解决无权处分行为的有效性问题，因此必以转让人无处分权为前提。

（3）受让人为善意。所谓受让人为善意，指的受让人是不知道转让人无处分权并且非是应当知道。是否善意的判断时点则以受让该动产时为准，也就是说如果是受让之后，第三人才得知转让人无处分权，并不影响对受让人的善意的判断。

（4）以合理的价格转让。受让人不仅需要支付对价，而且所支付的对价在市场交易中必须属于合理的价格。若交易价格明显低于正常的市场价，作为谨慎的市场主体，理应对标的物来源的合法性表示怀疑，从而产生进一步了解之义务，若受让人未履行此义务，则因其应当知道而不构成善意。判断是否构成"合理的价格"，应当根据转让标的物的性质、数量以及付款方式等具体情况，参考转让时交易地市场价格以及交易习惯等因素综合认定。

（5）物已交付。对动产来说，是以交付为所有权转移的标志的，若动产尚未交付，则交易尚未完成，对于真正的权利人，交易安全的损害尚可控制。根据《民法典物权编解释一》，有两点需要特别指出：第一，占有改定不能满足善意取得制度意义上的"交付"要求；第二，转让人将船舶、航空器和机动车等特殊动产交付给受让人的，符合善意取得的交付要件。

（6）转让人基于真权利人意思合法占有标的物。也就是说转让人应基于真权利人意思而合法占有之物，即委托物，如转让人基于与真权利人的保管合同为之保管标的物、转让人作为承租人承租真权利人之物等，都属于这种情况。非基于真权利人意思而占有之物则称脱手物，如遗失物、盗窃物等。善意取得制度适用于委托物，而不适用于脱手物。原因在于，转让人之取得委托物占有毕竟是基于真权利人自身的意志，正是真权利人这一行为，为之后的无权处分提供了机会，在此意义上说，真权利人参与了无权处分局面之形成，与完全无辜的善意相对人相比较，自然是后者更值得保护。

（7）转让合同有效。转让合同是指为转让标的物所有权而订立的买卖合同。如果转让合同是无效的合同，或者是被撤销的合同，标的物受让人均不得主张善意取得。

2. 法律效果

（1）直接法律效果：所有权发生转移。善意受让人取得标的物所有权。善意受让人取得动产后，该动产上的原有权利消灭，但善意受让人在受让时知道或者应当知道该权利的除外。

（2）间接法律效果：赔偿请求权。真权利人的利益虽让位于善意受让人而失去所有权，但真权利人是有权向无权处分之转让人请求损害赔偿的。

（三）不动产善意取得

不动产善意取得的构成要件及法律效果与动产相似。不动产善意取得的特别构成要件包括以下内容：

1. 特别构成要件

（1）登记。动产善意取得以交付为要件，而不动产善意取得是以登记为要件。

（2）善意。出现下列情形之一，受让人不可主张善意取得：第一，登记簿中存在异议登记；第二，预告登记有效期内，未经预告登记的权利人同意；第三，登记簿上已经记载司法机关或者行政机关依法裁定或决定查封或以其他形式限制不动产权力相关事项；第四，受让人明知存在权力主体登记错误；第五，受让人知道他人已经依法享有不动产物权。

2. 特别法律效果

善意取得不动产，并不消除不动产上其他已登记的物权，这一点和动产的善意取得不同。原因在于，善意取得所有权只是导致登记簿上的所有权人发生变更，其他已登记的限制物权则不受影响，因此继续存在于登记簿中。

(四) 限制物权的善意取得

限制物权的善意取得，参照所有权善意取得的规定适用。

四、动产所有权的特殊取得方式

动产所有权有若干特殊的取得方式，包括先占、拾得遗失物、发现埋藏物及添附等。

(一) 先占

所谓先占，就是以所有权人的意思占有无主动产。先占人基于先占行为取得无主动产的所有权。

(二) 拾得遗失物

所谓拾得遗失物，是指发现他人遗失之物而实施占有。拾得遗失物后，拾得人应当及时通知权利人领取，或者送交公安等有关部门。有关部门收到遗失物，知道权利人的，应当及时通知其领取；不知道的，应当及时发布招领公告。遗失物自发布招领公告之日起一年内无人认领的，归国家所有。拾得人享有费用偿还请求权，在遗失人发出悬赏广告时，归还遗失物的拾得人享有悬赏广告所允诺的报酬请求权。

对于拾得漂流物、发现埋藏物或者隐藏物并实施占有者，除法律另有规定外，参照拾得遗失物的有关规定适用。

(三) 添附

添附是附合、混合与加工的总称。原物经过添附而成新物，所有权仍为一个，因而需要确定添附之后物的所有权归属。因加工、附合、混合而产生的物的归属，有约定的，按照约定；没有约定或者约定不明确的，依照法律规定；法律没有规定的，按照充分发挥物的效用以及保护无过错当事人的原则确定；因一方当事人的过错或者确定物的归属造成另一方当事人损害的，应当给予赔偿或者补偿。

(1) 附合。不同所有人的物密切结合，构成不可分割的一物，称附合。附合包括动产附合于不动产与动产附合于动产两种情形。第一，动产与动产附合的情况下，若能区分主物与从物，则新物归原主物所有人所有，原主物所有人给原从物所有人以相应补偿；若不能区分主从物，则归价值较高的物的原所有人所有，价值较高的物的原所有人给对方以相应补偿。比如宝石镶嵌在戒指上，因宝石价值比较高，宝石戒指应归宝石所有人所有，并给予戒指所有人一定补偿。第二，动产与不动产附合的情况下，由不动产所有人取得新物所有权，并给对方以相应补偿。比如对承租房进行装修，装修好的房屋的所有权人一般仍是原房屋的所有人。

(2) 混合。所有权不属同一人的动产，相互混杂，难以识别或分离，称混合。混合一般有以下特点：一是混合一般为动产与动产的混合，例如石灰与泥土的混合、咖啡与糖的混合、雪碧与白酒的混合；二是混合后不能识别原物或者识别所需费用过高；三是被混合的动产属于不同的所有人。

确定混合所产生的新物的所有权时，可以适用动产附合之规则，即各动产所有人原则上按照混合时各自原物的价值共有混合物的所有权；若被混合的动产有可被视为主物的，由该主物的所有人取得混合物的所有权。例如咖啡和糖混合的，咖啡可被视为主物。

(3) 加工。在他人之动产上进行改造或劳作，并生成新物的法律事实，称加工，即在他人之物上附加自己有价值的劳动，使之成为一个新财产。加工有以下特点：一是加工的标的物须为动产，若加工不动产则不属于加工；二是加工的标的物须为他人所有；三是必须是因为加工而制成了新物或使原物的价值发生了较大的增加。

加工所产生的新物的所有权，原则上加工物的所有权归原材料的所有人，但如果所增加的价值已经远远超过了原材料的价值，则加工物的所有权应该归加工人，除非加工人具有恶意。

第四节　用益物权

以使用他人之物为目的的物权，称用益物权。用益物权人对他人所有的不动产或者动产，依法享有占有、使用和收益的权利。用益物权只涉及物的使用价值，且其不包含处分权能。我国用益物权包括土地承包经营权、建设用地使用权、宅基地使用权、居住权与地役权。其中，土地承包经营权是依法对所承包经营的耕地、林地、草地等享有占有、使用和收益，并从事种植业、林业、畜牧业等农业生产的权利；建设用地使用权是依法对国家所有的土地享有占有、使用和收益，并利用该土地建造建筑物、构筑物及其附属设施的权利；宅基地使用权是依法对集体所有的土地享有占有和使用，并利用该土地建造住宅及其附属设施的权利；居住权是按照合同约定，对他人的住宅享有占有、使用以满足生活居住需要的权利；地役权是按照合同约定，利用他人的不动产，以提高自己不动产的效益的权利。

一、建设用地使用权

(一) 建设用地使用权的取得

建设用地使用权有创设取得与移转取得两种方式。创设取得对应的是国有土地的一级市场，移转取得对应的是国有土地的二级市场。创设取得可采取有偿出让或无偿划拨等方式，移转取得则有转让、互换、出资、赠与或抵押等方式。

1. 创设取得

(1) 无偿划拨。土地使用权划拨，是指县级以上人民政府依法批准，在土地使用者缴纳补偿、安置等费用后将该幅土地交付其使用，或者将土地使用权无偿交付给土地使用者使用的行为。

依据相关规定，严格限制以划拨方式设立建设用地使用权。用于商业开发的建设用地不得以划拨方式取得建设用地使用权。

(2) 有偿出让。除上述可经划拨取得的情形外，建设单位使用国有土地，应当以出让等有偿使用方式取得。建设用地使用权出让，可以采取拍卖、招标或者双方协议的方式，其中，工业、商业、旅游、娱乐和商品住宅等经营性用地以及同一土地有两个以上意向用地者的，应采取招标、拍卖等公开竞价的方式出让；没有条件，不能采取拍卖、招标方式的，可以采取双方协议的方式。

采取双方协议方式出让土地使用权的出让金不得低于按国家规定所确定的最低价。住宅建设用地使用权期限届满的，自动续期。续期费用的缴纳或者减免，依照法律、行政法规的规定办理。非住宅建设用地使用权期限届满后的续期，依照法律规定办理。该土地上的房屋以及其他不动产的归属，有约定的，按照约定；没有约定或者约定不明确的，依照法律、行政法规的规定办理关于非住宅建设用地使用权。土地使用权出让合同约定的使用年限届满，土地使用者需要继续使用土地的，应当至迟于届满前一年申请续期，除根据社会公共利益需要收回该幅土地的，应当予以批准。经批准准予续期的，应当重新签订土地使用权出让合同，依照规定支付土地使用权出让金。土地使用权出让合同约定的使用年限届满，土地使用者未申请续期或者虽申请续期但依照前款规定未获批准的，土地使用权由国家无偿收回，该土地上的房屋及其他不动产的归属，有约定的，按照约定；没有约定或者约定不明确的，依照法律、行政法规的规定办理。

2. 移转取得

(1) 移转取得的方式。建设用地使用权转让、互换、出资、赠与或者抵押的，当事人应当采取书面形式订立相应的合同。使用期限由当事人约定，但不得超过建设用地使用权的剩余期限。

依《中华人民共和国城市房地产管理法》(简称《城市房地产管理法》)第三十九条规定，以出让方式取得土地使用权的，转让房地产时，应当符合下列条件：① 按照出让合同约定已经支付全部土地使用权出让金，并取得土地使用权证书；② 按照出让合同约定进行投资开发，属于房屋建设工程的，完成开发投资总额的25%以上，属于成片开发土地的，形成工业用地或者其他建设用地条件；③ 转让房地产时房屋已经建成的，还应当持有房屋所有权证书。

以划拨方式取得土地使用权的，转让房地产时，应当按照国务院规定，报有批准权的人民政府审批。有批准权的人民政府准予转让的，应当由受让方办理土地使用权出让手续，并依照国家有关规定缴纳土地使用权出让金。

(2) 让与禁止。下列房地产不得转让：① 以出让方式取得土地使用权，但未符合《城市房地产管理法》第三十九条规定的条件的；② 司法机关和行政机关依法裁定、决定查封或者以其他形式限制房地产权利的；③ 依法收回土地使用权的；④ 共有房地产，未经其他共有人书面同意的；⑤ 权属有争议的；⑥ 未依法登记领取权属证书的；⑦ 法律、行政法规规定禁止转让的其他情形。

3. 登记

建设用地使用权的取得必须向登记机构办理登记，登记是建设用地使用权生效的条件。

(二) 建设用地使用权的期限

以无偿划拨方式取得的建设用地使用权，除法律、行政法规另有规定外，没有使用期限的限制。

以有偿出让方式取得的建设用地使用权，出让最高年限按下列用途确定：① 居住用地70年；② 工业用地50年；③ 教育、科技、文化、卫生、体育用地50年；④ 商业、旅游、娱乐用地40年；⑤ 综合或者其他用地50年。

土地使用者通过转让方式取得的土地使用权，其使用年限为土地使用权出让合同规定的使用年限减去原土地使用者已使用年限后的剩余年限。

(三) 建设用地使用权的终止

建设用地使用权因土地使用权出让合同规定的使用年限届满、提前收回及土地灭失等而终止。出现下列情形之一，由有关人民政府土地行政主管部门报经原批准用地的人民政府或者有批准权的人民政府批准,可以收回国有土地使用权:① 为公共利益需要使用土地;② 为实施城市规划进行旧城区改建,需要调整使用土地;③ 土地出让等有偿使用合同约定的使用期限届满,土地使用者未申请续期或者申请续期未获批准;④ 因单位撤销、迁移等原因,停止使用原划拨的国有土地;⑤ 公路、铁路、机场、矿场等经核准报废。

二、宅基地使用权

宅基地使用权是农村村民依法拥有对集体所有的土地享有占有和使用的权利,有权依法利用该土地建造住宅及其附属设施。宅基地使用权是农村村民专享的权利,城市居民不得享有,也不得通过购买农民的住宅而享有。宅基地使用权不得买卖和设定抵押。

三、土地承包经营权

土地承包经营权是指个人或农户依据土地承包合同,取得对农民集体所有,或国家所有由农民集体使用的耕地、林地、草地以及其他可以用于农业生产的土地进行占有、使用和收益的权利。土地承包经营权是用益物权,其设立时间是土地承包合同生效之时。登记办证不是物权取得的生效要件,而是对抗善意第三人的对抗要件。

四、居住权

居住权是我国《民法典》中新增加的一种用益物权,规定居住权人有权按照合同约定,对他人的住宅享有占有、使用的用益物权,以满足生活居住的需要。居住权无偿设立,但是当事人另有约定的除外。设立居住权的,应当向登记机构申请居住权登记。居住权自登记时设立。居住权不得转让、继承。设立居住权的住宅不得出租,但是当事人另有约定的除外。居住权期限届满或者居住权人死亡的,居住权消灭。居住权消灭的,应当及时办理注销登记。

设立居住权,当事人应当采用书面形式订立居住权合同。居住权合同一般包括下列条款:① 当事人的姓名或者名称和住所;② 住宅的位置;③ 居住的条件和要求;④ 居住权期限;⑤ 解决争议的方法。

五、地役权

地役权是依一定的目的,以他人土地供自己土地便利之用的权利。地役权人有权按照合同约定,利用他人的不动产,以提高自己的不动产的效益。其中,他人的不动产为供役地,自己的不动产为需役地。地役权自地役权合同生效时设立。当事人要求登记的,可以向登记机构申请地役权登记;未经登记,不得对抗善意第三人。

第五节 担保物权

担保物权指的是以担保债权实现为目的的物权,以直接取得或者支配特定财产的交换价值为内容的权利。担保物权的功能在于担保债务之履行,针对物的交换价值,当债务人不履行到期债务或者发生当事人约定的实现担保物权的情形时,担保物权人依法享有就担保财产优先受偿的权利。

担保物权中规定了抵押权、质权与留置权三种担保物权。担保物权可分意定担保物权与法定担保物权两类。意定担保物权由当事人合意而设立,如抵押权与质权;法定担保物权则在符合法定要件时直接由法律设立,不需要双方当事人的合意,如留置权。

一、担保物权的特性

担保物权有从属性、物权权利行使的附条件性、优先受偿性、不可分性 4 个特性。

1. 从属性

担保物权自身不能独立存在,它只能从属于债权而存在,从属性体现在担保物权的成立、转让与消灭各个方面。成立上的从属性指的是担保物权的成立是建立在拟担保的债权的基础上的;转让上的从属性是指担保物权不能脱离所担保的债权单独转让,也就是说当所担保的债权转让时,担保物权会随之转让;消灭上的从属性则指担保物权会随着债权的消灭而消灭。

2. 物权权利行使的附条件性

担保物权旨在担保债权的履行,因此,如果债务未届履行期,或虽已届履行期但债务人已依约履行债务,或当事人约定行使担保物权的情形未出现,则权利人虽然享有担保物权,却不得行使。也就是说,担保物权的行使是附有条件的,条件是债务人不履行到期债务或者发生当事人约定的实现担保物权的情形。

3. 优先受偿性

担保物权的优先受偿性指的是担保物权对于债权的担保,是通过优先受偿权而实现的。也就是说,当债务人不履行到期债务或发生当事人约定的实现担保物权情形时,担保物权人可就担保物变价之后的价金优先于普通债权人得到清偿,这就是担保物权的优先受偿性。

4. 不可分性

担保物权的不可分性指的是,物一旦被用来提供担保,则物的分割、被担保之债的分割,不会导致担保物权分割;物部分灭失,剩余部分物将仍担保全部的债权;债权部分清偿,不产生担保物权部分消灭之效力。

具体来说,担保物权的不可分性包括以下内容:① 主债权未受全部清偿的,担保物权人可以就担保财产的全部行使其担保物权,但是留置权人行使留置权的,如果留置财产为可分物,留置财产的价值应当相当于债务的金额。② 担保财产被分割或者部分转让时,担保物权人可以就分割或者转让后的担保物行使担保物权。③ 主债权被分割或者部分转让的,各债权人可以就其享有的债权份额行使全部担保物权。④ 主债务被分割或者部分转移时,债务人自己提供物的担保的,债权人仍有权以担保物担保全部债务的履行,但是,如果物的担保由第三人提供,债权人许可债务人转让债务没有经过担保人书面同意的,担保人对未经其书面同意转移的债务不再承担担保责任。

另外,需要注意,当发生下列情形之一时,担保物权将会消灭:① 主债权消灭;② 担保物权实现;③ 债权人放弃担保物权;④ 法律规定担保物权消灭的其他情形。

二、抵押权

所谓抵押权,是指为担保债务的履行,债务人或者第三人在不转移财产的占有的情况下,将该财产抵押给债权人,债务人不履行到期债务或者发生当事人约定的实现抵押权的情形,债权人有权就该财产优先受偿。其中,债务人或者第三人为抵押人,债权人为抵押权人,提供担保的财产为抵押财产或称抵押物。

从抵押权的概念中可以看到,抵押权不转移抵押物的占有,不影响抵押物的使用,债权人不必为保管抵押物付出成本,债权不能实现时能通过抵押权的行使确保债的安全。因此,抵押权是比较理想的担保物权。

（一）抵押财产范围

1. 可抵押财产

债务人或者第三人有权处分的下列财产可以抵押：① 建筑物和其他土地附着物；② 建设用地使用权；③ 海域使用权；④ 生产设备、原材料、半成品、产品；⑤ 正在建造的建筑物、船舶、航空器；⑥ 交通运输工具；⑦ 法律、行政法规未禁止抵押的其他财产。

家庭承包方式取得的土地经营权，以及通过招标、拍卖、公开协商等方式承包农村土地并经依法登记取得权属证书的土地经营权，也是可以抵押的。

2. 禁止抵押的财产

下列财产不得抵押：① 土地所有权；② 宅基地、自留地、自留山等集体所有的土地使用权，但法律规定可以抵押的除外；③ 学校、幼儿园、医院等以公益为目的的非营利法人的教育设施、医疗卫生设施和其他公益设施；④ 所有权、使用权不明或者有争议的财产；⑤ 依法被查封、扣押、监管的财产；⑥ 法律、行政法规规定不得抵押的其他财产。

3. 房地一体原则

（1）在城市是地随房走、房随地走、房地一体，也就是说若以建筑物抵押的，该建筑物占用范围内的建设用地使用权同时抵押；若以建设用地使用权抵押的，该国有土地上的房屋同时抵押。

需要注意的是，土地上新增的房屋是不属于抵押物的。抵押权实现时，可以依法将该土地上新增的房屋与抵押物一同变价，但对新增房屋变价所得，抵押权人无权优先受偿。

（2）在乡村是只能地随房走，不能房随地走，也就是说乡镇、村企业的建设用地使用权不得单独抵押；若以乡镇、村企业的厂房等建筑物抵押，其占用范围内的建设用地使用权一并抵押。

（二）抵押权的设定

设立抵押权，当事人应当采取书面形式订立抵押合同。抵押合同一般应包括以下条款：① 被担保债权的种类和数额；② 债务人履行债务的期限；③ 抵押财产的名称、数量等情况；④ 担保的范围。

不同的抵押财产，登记产生的效力有所不同，具体有登记生效与登记对抗两种情形。① 登记生效。以建筑物和其他土地附着物、建设用地使用权、海域使用权以及正在建造的建筑物抵押的，抵押权自登记时设立。② 登记对抗。以动产或者家庭承包方式取得的土地经营权抵押的，抵押权自抵押合同生效时设立，但是如果未经登记，不得对抗善意第三人。

（三）抵押担保的范围

1. 所担保的债权范围

抵押权的担保范围包括主债权及其利息、违约金、损害赔偿金、保管和实现抵押权的费用。当事人另有约定的，按照约定。

2. 抵押物范围

原则上，抵押物的范围以双方当事人约定为准。以下特殊情况需要特别处理：

（1）抵押物登记记载的内容与抵押合同约定的内容不一致的，以登记记载的内容为准。若不动产权属证书记载与不动产登记簿不一致，除有证据证明不动产登记簿错误外，以不动产登记簿为准。

（2）当事人以所有权、使用权不明或者有争议的财产抵押，构成无权处分的，依善意取得的相关规定处理;当事人以依法被查封、扣押或监管的财产抵押,若查封、扣押或监管措施已解除,则抵押权人有权行使抵押权,但抵押人不得以抵押权设立时财产被查封、扣押或监管为由主张抵押合同无效。

3. 抵押物的物上代位性

担保期间,担保财产毁损、灭失或者被征收等,担保物权人可以按照原抵押权顺位就获得的保险金、赔偿金或者补偿金等优先受偿。被担保债权的履行期未届满的,也可以提存该保险金、赔偿金或者补偿金等。抵押物因附合、混合或加工使抵押物的所有权为第三人所有的,抵押权的效力及于补偿金。

抵押权设立后,抵押财产被添附,而添附物归第三人所有时,抵押权效力可以及于抵押财产的补偿金;抵押物所有人为附合物、混合物和加工物的所有人的,抵押权的效力及于附合物或加工物;第三人与抵押物所有人为附合物、混合物或加工物的共有人的,抵押权的效力及于抵押人对共有物享有的份额。添附物归抵押人所有时,抵押权效力及于添附物,但抵押权效力不可及于添附导致抵押财产价值增加的部分。

(四) 抵押权人的优先受偿权

债务人不履行债务时或者发生当事人约定的实现抵押权的情形,债权人有权依法将抵押财产折价或者以拍卖、变卖该抵押财产的价款优先受偿。但若协议损害了其他债权人利益的,其他债权人可以请求人民法院撤销该协议。抵押权人与抵押人未就抵押权实现方式达成协议的,抵押权人可以请求人民法院拍卖、变卖抵押财产。抵押财产折价或者变卖的,应当参照市场价格。

抵押权人优先受偿权的例外情况:① 土地出让金优先于抵押权。拍卖划拨的国有土地使用权所得的价款,应先依法缴纳相当于应缴纳的土地使用权出让金的款额,抵押权人可以主张剩余价款的优先受偿权。② 工程价款优先于抵押权的优先受偿权,优于抵押权和其他债权。③ 留置权优先于抵押权。也就是说,同一动产上已设立抵押权或质权,该动产又被留置的,留置权人优先受偿。

(五) 禁止流押合同

抵押权人在债务履行期限届满前,与抵押人约定债务人不履行到期债务时抵押财产归债权人所有的,只能依法就抵押财产优先受偿。也就是说当事人若在抵押合同中约定,债务履行期届满抵押权人未受清偿时,抵押物的所有权转移为债权人所有,这样的内容无效。该内容的无效不影响抵押合同其他部分内容的效力。禁止流押合同的目的在于防范道德风险。流押合同可能导致的道德风险是:若抵押人和债务人是同一人,则其可能故意拒不清偿债务,从而变相将其抵押物卖与债权人;若抵押人是第三人,流押合同可能导致的道德风险是为取得抵押物,债权人与债务人作出共同虚伪表示,从而损害第三人利益。

(六) 抵押权的实现

一般情况下,抵押财产折价或者拍卖、变卖后,直接以所得价款清偿债务,价款若超过债权数额,剩余部分归抵押人所有;若不能达到债权数额,债务人负有继续清偿义务,只不过剩余债权不再享有优先受偿权。以抵押物处置所得价款清偿债务时,须首先支付实现抵押权的费用,比如拍卖或变卖的费用;其次支付主债权的利息;最后是支付主债权。

债务人不履行到期债务或者发生当事人约定的实现抵押权的情形,致使抵押财产被人民法院依法扣押的,自扣押之日起抵押权人有权收取该抵押财产所产生的天然孳息或法定孳息，抵押权人所收取的孳息应当首先充抵收取孳息的费用，即如果是需要收取孳息的债权，则首先要支付收取孳息的费用，然后再偿还主债权的利息，最后是支付主债权。

若同一抵押财产为数项债权设定了抵押，抵押物拍卖或变卖金额不足以清偿全部抵押债权时，抵押权实现的顺序，将直接影响抵押权人的利益。对此，规定了 5 项基本规则：一是抵押权已登记的，按照登记的先后顺序清偿。二是抵押权已登记的先于未登记的受偿。这一规则仅适用于登记产生对抗效力的抵押权类型。三是抵押权均未登记的，按照债权比例清偿。这一规则同样仅适用于登记产生对抗效力的抵押权类型。四是抵押权人可以放弃抵押权或者抵押权的顺位，同时，抵押权人与抵押人也可以协议变更抵押权顺位以及被担保的债权数额等内容，但抵押权的变更，未经其他抵押权人书面同意，不得对其他抵押权人产生不利影响。五是除抵押之外还存在其他担保时，若债务人以自己的财产设定抵押，抵押权人放弃该抵押权、抵押权顺位或者变更抵押权的，其他担保人在抵押权人丧失优先受偿权益的范围内免除担保责任。

（七）动产抵押的特殊规则

以动产抵押的，抵押权自抵押合同生效时设立；未经登记，不得对抗善意第三人。

（八）最高额抵押

最高额抵押是指抵押人与抵押权人协议，在最高债权额限度内，以抵押物对一定期间内连续发生的债权进行担保。为担保债务的履行，债务人或者第三人对一定期间内将要连续发生的债权提供担保财产的，当债务人不履行到期债务或者发生当事人约定的实现抵押权的情形，抵押权人有权在最高债权额限度内就该担保财产优先受偿。最高额抵押有两个限制，一个是时间限制，一个是金额限制。

最高额抵押担保的债权确定前，债权可转让，但最高额抵押权不得转让，除非当事人另有约定。

最高额抵押是抵押权生效时所担保的债权额尚未确定，因而同样需要经过确定步骤。按照相关规定，有下列情形之一的，抵押权人的债权确定：① 约定的债权确定期间届满；② 没有约定债权确定期间或者约定不明确，抵押权人或者抵押人自最高额抵押权设立之日起满两年后请求确定债权；③ 新的债权不可能发生；④ 抵押权人知道或应当知道抵押财产被查封、扣押；⑤ 债务人、抵押人被宣告破产或者解散；⑥ 法律规定债权确定的其他情形。最高额抵押担保的债权确定前，抵押权人与抵押人可以通过协议变更债权确定的期间、债权范围以及最高债权额，但变更的内容不得对其他抵押权人产生不利影响。另外，最高额抵押权设立前已经存在的债权，经当事人同意，可以转入最高额抵押担保的债权范围。

（九）抵押权的消灭

抵押权主要有以下 4 个方面的消灭事由：一是主债权消灭。主债权消灭，则抵押权存在的目的随之消失，故抵押权消灭。二是抵押权已实现。若抵押权已经实现，则抵押权消灭。三是抵押物灭失。当抵押物灭失，抵押权客体便不复存在，从而导致抵押权消灭。但若抵押物灭失之后存在赔偿金、保险金等价值转换形态，则抵押权并不灭失，而继续存在于抵押物的价值转换形态之上，这也是抵押权的物上代位性。四是发生混同。所谓混同，是指权利与义务归于一人。在债法上，混同是导致债的消灭原因。抵押权是设立于他人之物上的限制物权，因此，若抵押权人获得抵押物的所有权，用自己的物担保自己的债权显然并无意义，故混同也会导致抵押权消灭。

三、质权

（一）质权概述

质押是指债务人或者第三人将出质的动产或权利交债权人占有，并以占有的动产和权利作为债权受偿的担保，当债务人不履行到期债务或者发生当事人约定的实现质权的情形时，债权人有权就该动产或权利优先受偿。

设立质权，当事人应当采取书面形式订立质押合同。质押合同一般包括以下条款：① 被担保债券的种类和数额；② 债务人履行债务的期限；③ 质押财产的名称、数量等情况；④ 担保的范围；⑤ 质押财产交付的时间、方式。质押合同自合同订立时成立并生效。质权的担保范围包括主债权及其利息、违约金、损害赔偿金、保管担保财产和实现质权的费用，若当事人另有约定的，按照约定。质权人有权收取质押财产的孳息，但合同另有约定的除外。所收取的孳息应当先充抵收取孳息的费用。

质权人有优先受偿权，即债务人不履行到期债务或者发生当事人约定的实现质权的情形，质权人可以与出质人协议以质押财产折价，也可以就拍卖、变卖质押财产所得的价款优先受偿。如同流押合同被禁止一样，流质合同也是被禁止的。也就是说，若质权人在债务履行期届满前，与出质人约定债务人不履行到期债务时质押财产归债权人所有的，这样的约定是无效的，质权人只能就质押财产优先受偿。

质权法律制度主要是以动产质权为原型而建立的，而权利质权又被称为准质权。在一般的质押法律关系中，债务人或者第三人为出质人，债权人为质权人，交付的动产为质押财产或质物。需要注意的是，与抵押权不同，质权以交付质押物的占有为前提，因而，出质人交付质押物后，即失去使用该质押物的机会，由此可见，质权较之抵押权更为刻板。

能够成为质权客体的，只能是动产或者权利，除法律、行政法规禁止转让的动产外，原则上，所有动产均可出质。至于权利质权，债务人或者第三人有权处分的下列权利是可以出质的：一是汇票、本票、支票；二是债券、存款单；三是仓单、提单；四是可以转让的基金份额、股权；五是可以转让的注册商标专用权、专利权、著作权等知识产权中的财产权；六是现有的以及将有的应收账款；七是法律、行政法规规定可以出质的其他财产权利。

（二）动产质押

动产质押是指债务人或者第三人将出质的动产交债权人占有，并以占有的动产作为债权受偿的担保，当债务人不履行到期债务或者发生当事人约定的实现质权的情形时，债权人有权就该动产优先受偿。

动产质权自出质人交付质押财产时设立。约定的出质财产与实际移交的财产不一致的，以实际交付的财产为准。

（三）权利质押

权利质押是指债务人或者第三人将出质的权利交债权人占有，并以占有的权利作为债权受偿的担保，当债务人不履行到期债务或者发生当事人约定的实现质权的情形时，债权人有权就该权利优先受偿。

以汇票、本票、支票、债券、存款单、仓单、提单等有权利凭证的权利出质的，质权自权利凭证交付质权人时设立；以没有权利凭证的权利出质的，质权应自有关部门办理出质登记时设立。以基金份额、股权出质的，质权自办理出质登记时设立。以注册商标专用权、专利权、著作权等知识产权中的财产权出质的，质权自办理出质登记时设立。以应收账款出质的，质权自办理出质登记时设立。中国人民银行征信中心是应收账款质押的登记机构。

（四）质权的消灭

债权消灭、质物消灭、质权实现等原因均可以使得质权消灭，这些原因与抵押权消灭的原因大致相同，特别之处在于质权人会丧失对质押物的占有。一般情况下，因不可归责于质权人的事由而丧失对质物的占有，质权人可以向不当占有人请求停止侵害、恢复原状、返还质物，但若质权人丧失质物占有后不能主张返还，或者质权人将质物返还于出质人，则质权消灭。另外，质权人可以放弃质权。债务人以自己的财产出质，质权人放弃该质权的，其他担保人在质权人丧失优先受偿权益的范围内免除担保责任，但其他担保人承诺仍然提供担保的除外。

四、留置权

（一）留置权概述

债务人不履行到期债务，债权人可以留置已经合法占有的债务人或第三人的动产，并有权就该动产优先受偿。在这个法律关系中，债权人为留置权人，占有的动产为留置财产。首先，留置权属于担保物权，因此具有担保物权的从属性、不可分性和物上代位性等担保物权的特征。其次，留置权属于法定的担保物权，留置权只有在符合法律规定的条件时产生，并非依当事人约定产生。

留置权属于法定担保物权，不必有当事人之间的担保合同，只要具备法定要件，即可成立。不过，当事人可以特约排除留置权。

（二）留置权构成条件

依物权法律制度之规定，留置权之成立，需具备 3 个要件：一是债权人合法占有债务人或第三人之动产。债权人因同一法律关系留置合法占有的第三人的动产，并主张就该留置财产优先受偿的，人民法院应予支持。第三人以该留置财产并非债务人的财产为由请求返还的，人民法院不予支持。如果企业之间留置的动产与债权并非同一法律关系，债权人留置第三人的财产，第三人请求债权人返还留置财产的，人民法院应予支持。二是债权已届清偿期。债权人的债权未届清偿期，其交付或返回所占有标的物的义务已届履行期的，不能行使留置权。但是，债权人能够证明债务人无支付能力的除外。三是动产之占有与债权属同一法律关系。为防止物的占有人滥用留置权，《民法典》第四百四十八条规定，债权人留置的动产，应当与债权属于同一法律关系，但企业之间留置的除外。所谓同一法律关系，是指占有人交付或返还占有物之义务与留置所担保的债权属于同一法律关系，但企业之间的留置不受同一法律关系的限制。

（三）留置权的实现

1. 所担保债权的范围

留置担保的范围包括主债权及利息、违约金、损害赔偿金、留置物保管费用和实现留置权的费用。

2. 留置物的范围

留置权人在占有留置物期间内，除了留置物本身以外，留置权的效力还及于从物、孳息和代位物。留置的财产为可分物的，留置物的价值应当相当于债务的金额。留置物为不可分物的，留置权人可以就其留置物的全部行使留置权。

3. 留置权的法律效力

留置权的法律效力主要体现为留置权人的权利和义务。留置权人的权利，包括对留置物的占有权、留置物孳息的收取权、留置物的必要使用权及收取必要保管费用的权利，留置权人所收取的留置物的孳息应当先充抵收取孳息的费用。债务人逾期未履行债务的，留置权人可以与债务人协议以留置财产折价，也可以就拍卖、变卖留置财产所得的价款优先受偿。

留置权人的义务包括保管义务和通知义务。留置权人负有妥善保管留置财产的义务；因保管不善致使留置财产毁损、灭失的，应当承担赔偿责任。债权人与债务人应当在合同中约定留置财产后的债务履行期限，没有约定或者约定不明确的，债权人留置债务人财产后，应当确定60日以上的期限，通知债务人在该期限内履行债务。

抵押权、质权与留置权的效力等级：① 同一动产上已设立抵押权或者质权，该动产又被留置的，留置权人优先受偿；② 同一财产上法定登记的抵押权与质权并存时，抵押权优于质权人受偿；③ 质权与未登记的抵押权并存时，质权人优先于抵押权人受偿。

当出现以下情况时，留置权消失：一是债权消灭；二是债务人另行提供担保并被留置权人接受；三是留置权人对留置财产丧失占有。

课后案例分析题

张某与李某谈恋爱期间，共同出资购买房屋一套、汽车一辆，均登记在李某名下。一年后，李某觉得汽车内饰陈旧，将汽车开至4S店重新装配，花费2万余元，李某付了20%的款项，余款尚未支付。不久后，张某收到4S店寄来的账单，张某认为李某未经自己同意擅自做主，该款项与自己无关。

2021年2月14日，二人分手，约定房屋归张某所有，汽车归李某所有。但李某一直不协助办理房屋过户手续，张某诉至法院，要求确认自己的所有权。

2021年7月7日，法院生效判决显示房屋归张某所有，但李某仍不协助办理房屋过户登记手续。张某将房屋卖给王某，王某基于对判决书的信赖与张某签订了买卖合同。同时，李某将房屋以市价卖给不知情的刘某，刘某到房屋登记管理部门查询确认房屋登记在李某名下，于是交付了房款，并办理了房屋过户手续。张某得知以后要求刘某返还房屋。

根据本题所述内容并结合法律规定，回答下列问题：

(1) 张某和李某对房屋的共有属于什么类型的共有？请说明理由。

(2) 张某是否应当承担汽车配饰的债务？请说明理由。

(3) 张某何时取得房屋的所有权？请说明理由。

(4) 张某与王某订立的房屋买卖合同是否有效？王某是否取得了房屋所有权？请说明理由。

(5) 李某与刘某之间的房屋买卖合同是否有效？请说明理由。

(6) 刘某是否取得了房屋所有权？请说明理由。

第四章　合同法律制度

知识要点：

1. 了解合同的分类与合同的相对性。

2. 理解和掌握合同订立的程序、合同的效力、合同的履行规则和双务合同履行中的抗辩权。

3. 理解和掌握合同的保全制度，合同担保的基本理论、合同担保的形式。

4. 理解和掌握合同的变更和转让。

5. 理解合同权利义务终止的情形，理解和掌握违约形态和违约责任的承担方式。

案例导入[①]：

2020年12月29日，创业板上市公司华伍股份(300095)发布公告称，遭遇合同诈骗，3 724.4万元货款存在无法收回的风险，江西省丰城公安局已立案侦查。华伍公司被伪造的军工订单骗了超3 700万元，涉案金额占其2020年前三季度净利的近3成。

华伍股份在公告中称，公司于2018年与江苏蓝卫光学眼镜科技有限公司(以下简称“蓝卫公司”)开展业务合作，蓝卫公司称其与某军工企业签订了军用护目镜军工订单项目，并向公司出示了相关的合同等资料，因蓝卫公司自身资金紧张无力采购生产所需的原材料，向华伍公司提出先期代为采购原材料，待其军工订单交付并收到回款后，向华伍公司支付原材料费用及合理的利润。根据原材料需求，华伍公司于2018年6月和7月与蓝卫公司分别签署金额为4 141万元和1 583.4万元的原材料销售合同。两笔销售合同分别签署后，华伍公司即与蓝卫公司指定的供应商分别签署了金额为3 480万元和1 315.44万元的采购合同，按采购合同约定支付了相关款项合计4 795.44万元至供应商银行账户。截至2020年初，蓝卫公司欠华伍公司3 724.4万元。华伍公司多次向蓝卫公司及其负责人员催收货款，但对方总是以某军工企业未结算给其款项为由推诿，引起华伍公司质疑。华伍公司通过多方调查后发现蓝卫公司人员提供给华伍公司的中标通知书和与某军工企业的采购订单等材料涉嫌伪造，蓝卫公司涉嫌合同诈骗。

为维护公司权益，华伍公司于2020年12月向江西省丰城公安局进行报案，并于近日收到了公安局出具的“立案告知书”。江西省丰城公安局对华伍公司被合同诈骗案一案进行立案侦查。

问题：

(1) 合同的主要内容有哪些？

(2) 订立合同有哪些程序？合同生效的条件是什么？

(3) 承担合同违约责任的方式有哪些？

---

① 参见《40亿市值上市公司遭遇合同诈骗？公司：被伪造的军工订单骗走超3700万》，每日经济新闻，2020年12月30日。

第一节 合同法律制度概述

一、合同与合同制度

（一）合同

我国现行的合同法律制度主要规定在《民法典》合同编。合同是指民事主体之间设立、变更、终止民事法律关系的协议。合同是平等主体之间的民事法律关系，同时由于合同是双方民事法律行为，因此，合同成立不但需要当事人有意思表示，而且要求当事人之间的意思表示一致。

（二）合同法

合同法具有以下特征：

（1）合同制度属私法范畴。合同作为一种法律事实，是当事人自由约定、协商一致的结果。如果当事人之间的约定合法，则这些约定在当事人之间产生相当于法律的效力。

（2）合同制度体现意思自治原则。合同法主要是通过任意性法律规范而不是强制性法律规范调整合同关系。合同制度通过任意性规范或引导当事人的行为，或补充当事人意思的不完整。合同制度对当事人意思自治的限制，即合同制度中的强制性规范，被严格限制在合理与必要的范围之内。

（3）合同制度规范财产交易。合同制度主要调整财产的流转关系，即从动态角度为财产关系提供法律保护。

（三）合同编的适用范围

《民法典》合同编主要调整作为平等主体的自然人、法人、非法人组织之间的经济合同关系，如买卖、租赁、借贷、赠与、融资租赁等合同关系。在政府机关参与的合同中，政府机关作为平等的主体与对方签订合同时，适用合同编的规定。合同编不仅调整因合同产生的债权债务关系，其部分规定还适用于非因合同产生的债权债务关系，如基于侵权行为产生的债权债务关系。合同编及其他法律没有明文规定的合同，适用合同编通则的规定；其他法律对合同另有规定的，依照其规定。

婚姻、收养、监护等有关身份关系的协议，适用有关该身份关系的法律规定；没有规定的，可以根据其性质参照适用合同编的规定。

我国境内的企业、个体经济组织、民办非企业单位等组织（以下称“用人单位”）与劳动者之间，国家机关、事业单位、社会团体和与其建立劳动关系的劳动者之间，依法订立、履行、变更、解除或者终止劳动合同的，适用《中华人民共和国劳动合同法》。

在涉外合同中，能否适用《民法典》合同编的规定要根据具体情况分析。原则上，涉外合同的当事人可以选择处理合同争议所适用的法律，但法律另有规定的除外。涉外合同的当事人对此没有选择的，适用与合同有最密切联系的国家的法律。但在中华人民共和国境内履行的中外合资经营企业合同、中外合作经营企业合同、中外合作勘探开发自然资源合同，只能适用中华人民共和国法律。

（四）合同编的基本原则

合同编的基本原则是合同当事人在合同活动中应当遵守的基本准则，也是人民法院、仲裁机构在审理、仲裁合同纠纷时应当遵循的原则。我国《民法典》合同编基本原则包括：平等原则；自愿原则；公平原则；诚实信用原则；不违反法律或公序良俗原则。

二、合同的分类

对合同进行分类有助于正确理解法律、订立和履行合同，有助于正确地适用法律处理合同纠纷，还可对合同法律制度的完善起到促进作用。通常，在立法与合同制度理论上对合同作以下分类：

（一）有名合同与无名合同

以《民法典》合同编是否对合同规定有确定的名称与调整规则为标准，可将合同分为有名合同与无名合同。有名合同是立法上规定了确定名称与规则的合同，又称典型合同，如买卖合同、赠与合同、借款合同、租赁合同等各类合同。无名合同是立法上尚未规定有确定名称与规则的合同，又称非典型合同。

（二）单务合同与双务合同

以合同当事人是否相互负有对价义务为标准，可将合同分为单务合同与双务合同。此处的对价义务并不要求双方的给付价值相等，而只是要求双方的给付具有相互依存、相互牵连的关系即可。单务合同是指仅有一方当事人承担义务的合同，如赠与合同。双务合同是指双方当事人互负对价义务的合同，如买卖合同、承揽合同、租赁合同等。双务合同中存在同时履行抗辩权和风险负担的问题，而单务合同则无这些问题。

（三）诺成合同与实践合同

以合同成立除当事人的意思表示以外，是否还要其他现实给付为标准，可以将合同分为诺成合同与实践合同。诺成合同是指当事人意思表示一致即可认定成立的合同。实践合同是指在当事人意思表示一致以外，尚需有实际交付标的物或者有其他现实给付行为才能成立的合同。常见的实践合同有保管合同、自然人之间的借贷合同、定金合同。

除了以上分类之外，合同还可以分为有偿合同与无偿合同、要式合同与不要式合同、主合同与从合同等类型。

三、合同的相对性

合同的相对性，是指合同主要在特定的合同当事人之间发生权利义务关系，当事人只能基于合同向另一方当事人提出请求或提起诉讼，不能向无合同关系的第三人提出合同上的请求，也不能擅自为第三人设定合同上的义务。合同的相对性可以拓展为“债的相对性”。合同的相对性主要体现在如下4个方面：

（一）主体的相对性

主体的相对性，指合同关系只能发生在特定的主体之间，只有合同当事人一方能够向合同的另一方当事人基于合同提出请求或提起诉讼。具体内容包括：① 只有合同关系当事人相互之间才能提出合同上的请求，合同关系以外的第三人，不能依据合同提出请求或者提起诉讼。② 合同关系当事人不能向第三人提出合同上的请求及诉讼。

（二）内容的相对性

内容的相对性，指除法律、合同另有规定以外，只有合同当事人才能享有某个合同所规定的权利，并承担该合同规定的义务，任何第三人不能主张合同上的权利。合同内容的相对性要求：

① 合同规定由当事人享有的权利，原则上并不及于第三人；

② 合同当事人无权为第三人设定合同上的义务；

③ 合同权利与义务主要对合同当事人产生约束力。

（三）责任的相对性

责任的相对性，是指合同责任只能在特定的当事人之间即合同关系的当事人之间发生，合同关系以外的人不负违约责任。合同责任的相对性要求：

① 违约当事人应对违约后果承担违约责任，违约当事人同样应当对履行辅助人的行为负责；

② 在因第三人的行为造成债务不能履行的情况下，债务人仍应向债权人承担违约责任；

③ 债务人只能向合同中的债权人承担违约责任，而不应向国家或第三人承担违约责任。

（四）合同相对性的例外

虽然合同关系具有相对性，但这种相对性在一定条件下也可能会因为“物权化”或者保障债权实现等原因而被打破。如关于合同的保全中规定债权人可以向合同关系以外的第三人提起诉讼主张权利；再如“所有权让与不破租赁”的规定，使得租赁合同的承租人可以租赁合同对抗新的所有权人，都突破了合同的相对性。

第二节　合同的订立

一、合同订立的形式

当事人订立合同应当具备相应的资格，即应具有相应的民事权利能力和民事行为能力。除依据合同性质不能代理的以外，当事人可以委托代理人订立合同。当事人订立合同，可以采取书面形式、口头形式和其他形式。

（一）书面形式

书面形式是指合同书、信件和数据电文（包括电报、电传、传真、电子数据交换和电子邮件）等可以有形地表现所载内容的形式。法律、行政法规规定或者当事人约定采用书面形式的，应当采用书面形式。合同采用书面形式对于固定证据、警告当事人郑重其事、区分磋商与缔约两个阶段均有重要意义。

（二）口头形式

口头形式是指当事人双方就合同内容面对面或以通信设备交谈达成的协议。采用口头形式的合同虽方便易行，但缺点是发生争议时难以举证确认责任，不够安全。

（三）其他形式

除了书面形式和口头形式，合同还可以其他形式成立。法律没有列举具体的“其他形式”。例如，交易实践中，可以根据当事人的行为或者特定情形推定合同的成立。这种形式的合同可以称为默示合同，指当事人未用语言或文字明确表示意见，而是根据当事人的行为表明其已经接受合同内容或在特定的情形下推定成立的合同。

二、合同订立程序

当事人订立合同的一般程序包括要约、承诺两个阶段。

（一）要约

要约是指希望和他人订立合同的意思表示。要约可以向特定人发出，也可以向非特定人发出。该意思表示应当符合下列规定：

（1）内容具体确定。此项条件要求该意思表示已经具备了未来合同的必要内容，并不要求该意思表示具备合同的所有条款。

（2）表明经受要约人承诺，要约人即受该意思表示的约束。

1．要约邀请

要约邀请是希望他人向自己发出要约的表示。寄送的价目表、拍卖公告、招标公告、招股说明书、债券募集办法、基金招募说明书、商业广告和宣传等，性质均为要约邀请。但若商业广告的内容符合要约的规定，如悬赏广告，则视为要约。悬赏人以公开方式声明对完成特定行为的人支付报酬的，完成该行为的人可以请求其支付。在实践中要注意要约与要约邀请的区分，如根据《商品房买卖合同解释》的规定，商品房的销售广告和宣传资料为要约邀请，但是出卖人就商品房开发规划范围内的房屋及相关设施所作的说明和允诺具体确定，并对商品房买卖合同的订立以及房屋价格的确定有重大影响的，构成要约。该说明和允诺即使未载入商品房买卖合同，亦应当为合同内容，当事人违反的，应当承担违约责任。

2．要约的生效时间

以对话方式作出的要约，相对人知道其内容时生效。以非对话方式作出的要约，到达相对人时生效。以非对话方式作出的采用数据电文形式的要约，相对人指定特定系统接收数据电文的，该数据电文进入该特定系统时生效；未指定特定系统的，相对人知道或者应当知道该数据电文进入其系统时生效。当事人对采用数据电文形式的意思表示的生效时间另有约定的，按照其约定。

3．要约的撤回与撤销

要约在发出之后、生效之前，要约人可以撤回要约。撤回要约的通知应当在要约到达受要约人之前或者与要约同时到达受要约人。

要约生效以后、受要约人承诺之前，要约人可以撤销邀约。撤销要约的通知应当在受要约人发出承诺通知之前到达受要约人。但下列情形下的要约不得撤销：① 要约人以确定承诺期限或者以其他形式明示要约不可撤销；② 受要约人有理由认为要约是不可撤销的，并已经为履行合同作了合理准备工作。

4．要约的失效

有下列情形之一的，要约失效：① 要约被拒绝；② 要约被依法撤销；③ 承诺期限届满，受要约人未作出承诺；④ 受要约人对要约的内容作出实质性变更。

（二）承诺

承诺是受要约人同意要约的意思表示。承诺应当由受要约人向要约人作出，并在要约确定的期限内到达要约人。

1．承诺期限

要约确定的期限称为承诺期限。对于承诺期限的起算，法律规定：

（1）要约以信件或者电报作出的，承诺期限自信件载明的日期或者电报交发之日开始计算。信件未载明日期的，自投寄该信件的邮戳日期开始计算。

（2）要约以电话、传真、电子邮件等快速通信方式作出的，承诺期限自要约到达受要约人时开始计算。

要约没有确定承诺期限的，承诺应当依照下列规定到达：

(1) 要约以对话方式作出的，应当即时作出承诺。

(2) 要约以非对话方式作出的，承诺应当在合理期限内到达。所谓合理期限，是指依通常情形可期待承诺到达的期限，一般包括要约到达受要约人的期限、受要约人作出承诺的期限、承诺通知到达要约人的期限。

2. 承诺的生效时间

承诺自通知到达要约人时生效。承诺不需要通知的，自根据交易习惯或者要约的要求作出承诺的行为时生效。采用数据电文形式订立合同，如同要约，承诺的生效时间亦适用《民法典》第一百三十七条第二款的规则①。承诺生效时合同成立。

3. 承诺的撤回

承诺人发出承诺后反悔的，可以撤回承诺，其条件是撤回承诺的通知应当在承诺通知到达要约人之前或者与承诺通知同时到达要约人，即在承诺生效前到达要约人。承诺生效，合同成立。因此，承诺不存在撤销的问题。

4. 承诺的迟延与迟到

受要约人超过承诺期限发出承诺，或者在承诺期限内发出承诺，按照通常情形不能及时到达要约人的，为迟延承诺，除要约人及时通知受要约人该承诺有效的以外，迟延的承诺为新要约。受要约人在承诺期限内发出承诺，按照通常情形能够及时到达要约人，但因其他原因使承诺到达要约人时超过承诺期限的，为迟到承诺，除要约人及时通知受要约人因承诺超过期限不接受该承诺的以外，迟到的承诺为有效承诺。

5. 承诺的内容

承诺的内容应当与要约的内容一致，但在实践中，受要约人可能对要约的文字乃至内容作出某些修改，此时承诺是否具有法律效力需根据具体情况予以确认。受要约人对要约的内容作出实质性变更的，为新要约。对合同标的、数量、质量、价款或者报酬、履行期限、履行地点和方式、违约责任和解决争议方法等内容的变更，是对要约内容的实质性变更。承诺对要约的内容作出非实质性变更的，除要约人及时表示反对或者要约表明承诺不得对要约的内容作出任何变更的以外，该承诺有效，合同的内容以承诺的内容为准。

三、合同成立的时间与地点

1. 合同成立的时间

(1) 承诺生效时合同成立。这是大部分合同成立的时间标准。

(2) 当事人采用合同书形式订立合同的，自当事人均签名、盖章或者按指印时合同成立。如当事人未同时在合同书上签名、盖章或者按指印，则以当事人中最后一方签名、盖章或者按指印的时间为合同的成立时间。

(3) 当事人采用信件、数据电文等形式订立合同的，可以要求在合同成立之前签订确认书。签订确认书时合同成立。

---

① 《民法典》第一百三十七条第二款：以非对话方式作出的意思表示，到达相对人时生效。以非对话方式作出的采用数据电文形式的意思表示，相对人指定特定系统接收数据电文的，该数据电文进入该特定系统时生效；未指定特定系统的，相对人知道或者应当知道该数据电文进入其系统时生效。当事人对采用数据电文形式的意思表示的生效时间另有约定的，按照其约定。

2．实际履行原则

如果当事人未采用法律要求或者当事人约定的书面形式、合同书形式订立合同，或者当事人没有在合同书上签名、盖章或者按指印的，只要一方当事人履行了主要义务，对方接受的，合同仍然成立。

3．合同成立的地点

由于合同订立方式的不同，合同成立地点的确定标准也有不同：① 承诺生效的地点为合同成立的地点。这是大部分合同成立的地点标准。② 采用数据电文形式订立合同的，收件人的主营业地为合同成立的地点；没有主营业地的，其住所地为合同成立的地点。当事人另有约定的，按照其约定。③ 当事人采用合同书形式订立合同的，最后签名、盖章或者按指印的地点为合同成立的地点。④ 采用书面形式订立合同，合同约定的签订地与实际签名、盖章或者按指印地点不符的，约定的签订地为合同签订地；合同没有约定签订地，最后签名、盖章或者按指印的地点为合同签订地。

四、格式条款

格式条款是指一方当事人为了订立合同重复使用而单方预先拟定，并在订立合同时不允许对方协商变更的条款。格式条款的适用可以简化签约程序，加快交易速度，减少交易成本，避免道德风险，因此，往往有利于交易双方当事人。但是，由于格式条款是由一方当事人事先拟定，且在合同谈判中不容对方协商修改，条款内容难免有不公平之处。所以，格式条款的效力及解释有特别规定，以保证合同相对人的合法权益：

(1) 采用格式条款订立合同的，提供格式条款的一方应当遵循公平原则确定当事人之间的权利和义务，并采取合理的方式提示对方注意免除或者减轻其责任等与对方有重大利害关系的条款，按照对方的要求，对该条款予以说明。提供格式条款一方对已尽合理提示及说明义务承担举证责任。

(2) 格式条款具有《民法典》规定的合同无效（如损害社会公共利益）和免责条款无效（造成对方人身伤害的、因故意或重大过失造成对方财产损失的）的情形，或者提供格式条款一方不合理地免除或者减轻其责任、加重对方责任、限制对方主要权利，或者提供格式条款一方排除对方主要权利的，该条款无效。

(3) 对格式条款的理解发生争议的，应当按照字面含义及通常理解予以解释。对格式条款有两种以上解释的，应当作出不利于提供格式条款一方的解释。

(4) 格式条款和非格式条款不一致的，应当采用非格式条款。

五、免责条款

免责条款是指合同当事人在合同中规定的排除或限制一方当事人未来责任的条款。基于合同自由原则，对双方当事人自愿订立的免责条款，尤其是事后订立的免责条款，法律原则上不加干涉。但如事先约定的免责条款明显违反诚实信用原则及社会公共利益的，则法律规定其为无效。合同中的下列免责条款无效：① 造成对方人身伤害的；② 因故意或者重大过失造成对方财产损失的。

六、缔约过失责任

缔约过失责任，亦称缔约过错责任，是指当事人在订立合同过程中，因故意或者过失致使合同未成立、未生效、被撤销或无效，给他人造成损失而应承担的损害赔偿责任。

当事人在订立合同过程中有下列情形之一，给对方造成损失的，应当承担损害赔偿责任：① 假借订立合同，恶意进行磋商；② 故意隐瞒与订立合同有关的重要事实或者提供虚假情况；③ 当事人泄露或者不正当地使用在订立合同过程中知悉的商业秘密或者其他应当保密的信息；④ 有其他违背诚实信用原则的行为。

缔约过失责任与违约责任存在以下区别：① 两种责任产生的时间不同。缔约过失责任发生在合同成立之前；而违约责任产生于合同生效之后。② 适用的范围不同。缔约过失责任适用于合同未成立、合同未生效、合同无效等情况；违约责任适用于生效合同。③ 赔偿范围不同。缔约过失赔偿的是信赖利益的损失；而违约责任赔偿的是可期待利益的损失。可期待利益的损失要大于或者等于信赖利益的损失。

第三节 合同的效力

一、合同的生效

合同的生效，是指已依法成立的合同，发生相应的法律效力。

合同的类型不同，生效时间也不同。

(1) 依法成立的合同，原则上自成立时生效。

(2) 法律、行政法规规定应当办理批准等手续生效的，在依照其规定办理批准等手续后生效。依照法律、行政法规的规定经批准才能生效的合同成立后，有义务办理申请批准等手续的一方当事人未按照法律规定或者合同约定办理申请批准的，不影响合同中履行报批等义务条款以及相关条款的效力，人民法院可以根据案件的具体情况和相对人的请求，判决相对人自己办理有关手续；对方当事人对由此产生的费用和给相对人造成的实际损失，应当承担损害赔偿责任。

(3) 法律、行政法规规定合同应当办理登记手续，但未规定登记后生效的，当事人未办理登记手续不影响合同的效力，但合同标的所有权及其他物权不能转移。根据《民法典》物权编的规定，需要办理登记的抵押合同及商品房买卖合同均属于这类合同，即未登记不影响合同的生效，只影响物权的设立或者转移。

(4) 附条件或者附期限的合同。附生效条件的合同，自条件成就时生效。附解除条件的合同，自条件成就时失效。当事人为自己的利益不正当地阻止条件成就的，视为条件已成就；不正当地促成条件成就的，视为条件不成就。附生效期限的合同，自期限届至时生效。附终止期限的合同，自期限届满时失效。

二、合同效力的层次

合同可以根据其效力层次分为有效合同、效力待定的合同、可撤销合同及无效合同。

(1) 无权代理人以被代理人的名义订立合同，被代理人已经开始履行合同义务或者接受相对人履行的，视为对合同的追认。

(2) 法人的法定代表人或者非法人组织的负责人超越权限订立的合同，除相对人知道或者应当知道其超越权限外，该代表行为有效，订立的合同对法人或者非法人组织发生效力。

(3) 当事人超越经营范围订立的合同的效力，应当依照《民法典》总则编和合同编的有关规定确定，不得仅以超越经营范围确认合同无效。

第四节　合同的履行

一、合同的履行规则

（一）约定不明时合同内容的确定规则

合同生效后，合同的双方当事人应当正确、适当、全面地完成合同中规定的各项义务，当事人不得因姓名、名称的变更或者法定代表人、负责人、承办人的变动而不履行合同义务。在合同的履行中，当事人应当遵循诚实信用原则，根据合同的性质、目的和交易习惯履行通知、协助、保密等义务。合同生效后，当事人就质量、价款或者报酬、履行地点等内容没有约定或者约定不明确的，可以协议补充；不能达成补充协议的，按照合同相关条款或者交易习惯确定。

依照上述规则仍不能确定的，依照下列规则确定：

(1) 质量要求不明确的，按照强制性国家标准履行；没有强制性国家标准的，按照推荐性国家标准履行；没有推荐性国家标准的，按照行业标准履行；没有国家标准、行业标准的，按照通常标准或者符合合同目的的特定标准履行。

(2) 价款或者报酬不明确的，按照订立合同时履行地的市场价格履行；依法应当执行政府定价或者政府指导价的，依照规定履行。

(3) 履行地点不明确，给付货币的，在接受货币一方所在地履行；交付不动产的，在不动产所在地履行；其他标的，在履行义务一方所在地履行。

(4) 履行期限不明确的，债务人可以随时履行，债权人也可以随时请求履行，但是应当给对方必要的准备时间。需要强调的是，无论是债务人履行还是债权人请求履行，都必须给对方必要的准备时间。

(5) 履行方式不明确的，按照有利于实现合同目的的方式履行。

(6) 履行费用的负担不明确的，由履行义务一方负担；因债权人原因增加的履行费用，由债权人负担。

（二）向第三人履行、由第三人履行与第三人代为履行合同

虽是特定主体之间的民事法律行为，但是合同作为一种交易关系，往往是连续交易关系中的一个环节，因此，在合同的履行中常常会涉及第三人，如当事人约定由债务人向第三人履行或由第三人向债权人履行。

1. 向第三人履行

向第三人履行的合同包括真正的利他合同和不真正的利他合同。

(1) 真正的利他合同是指法律规定或者当事人约定第三人可以直接请求债务人向其履行债务，第三人未在合理期限内明确拒绝，债务人未向第三人履行债务或者履行债务不符合约定的，第三人可以请求债务人承担违约责任；债务人对债权人的抗辩，可以向第三人主张。

(2) 不真正的利他合同是指当事人约定由债务人向第三人履行债务的，债务人未向第三人履行债务或者履行债务不符合约定，应当向债权人承担违约责任。

2. 由第三人履行

由第三人履行的合同又称担保第三人履行的合同，是指当事人约定由第三人向债权人履行债务，第三人不履行债务或者履行债务不符合约定的，债务人应当向债权人承担违约责

任。该规定严格遵循合同的相对性规则，并不将第三人作为合同相对人对待，使其不承担合同项下的义务和违约责任。

3. 第三人代为履行

第三人代为履行是指债务人不履行债务，第三人对履行该债务具有合法利益的，第三人有权向债权人代为履行；但是，根据债务性质、按照当事人约定或者依照法律规定只能由债务人履行的除外。债权人接受第三人履行后，其对债务人的债权转让给第三人，但是债务人和第三人另有约定的除外。值得指出的是，第三人对履行债务具有的合法利益既可以基于身份关系产生，也可以基于财产关系产生。

（三）中止履行、提前履行与部分履行

(1) 中止履行。债权人分立、合并或者变更住所没有通知债务人，致使履行债务发生困难的，债务人可以中止履行或者将标的物提存。

(2) 提前履行。债权人可以拒绝债务人提前履行债务，但提前履行不损害债权人利益的除外。债务人提前履行债务给债权人增加的费用，由债务人负担。需要注意的是，《民法典》第六百七十七条的规定把提前履行作为借款人的一项权利对待，因此，属于提前履行规则的例外。

(3) 部分履行。债权人可以拒绝债务人部分履行债务，但是部分履行不损害债权人利益的除外。债务人部分履行债务给债权人增加的费用，由债务人负担。

（四）电子合同的履行

通过互联网等信息网络订立的电子合同的标的为交付商品并采用快递物流方式交付的，收货人的签收时间为交付时间。电子合同的标的为提供服务的，生成的电子凭证或者实物凭证中载明的时间为提供服务时间；前述凭证没有载明时间或者载明时间与实际提供服务时间不一致的，以实际提供服务的时间为准。

电子合同的标的物为采用在线传输方式交付的，合同标的物进入对方当事人指定的特定系统且能够检索识别的时间为交付时间。电子合同当事人对交付商品或者提供服务的方式、时间另有约定的，按照其约定。

二、按份之债和连带之债

在债权人或者债务人是复数时，会出现多数人之债的问题。按份之债、连带之债是多数人之债的两个类型。债权人为二人以上，标的可分，按照份额各自享有债权的，为按份债权；债务人为二人以上，标的可分，按照份额各自负担债务的，为按份债务。按份债权人或者按份债务人的份额难以确定的，视为份额相同。

债权人为二人以上，部分或者全部债权人均可以请求债务人履行债务的，为连带债权；债务人为二人以上，债权人可以请求部分或者全部债务人履行全部债务的，为连带债务。连带债权或者连带债务，由法律规定或者当事人约定。

连带债务规则适用范围较广，在实践中较为重要。比如，在保证合同中，保证人与债权人约定承担连带责任保证的，保证人与主债务人便构成连带债务人，债权人既可以请求主债务人履行部分或者全部债务，也可以请求保证人在其保证范围内履行部分或者全部债务。又如，在证券法律制度中，证券服务机构为证券的发行、上市、交易等证券业务活动制作、出具审计报告及其他鉴证报告、资产评估报告、财务顾问报告、资信评级报告或者法律意见书等文件的，如果有虚假记载、误导性陈述或者重大遗漏，给他人造成损失，则应当与委托人承担连带赔偿责任，但是能够证明自己没有过错的除外。

三、双务合同履行中的抗辩权

双务合同中的双方当事人互为债权人和债务人，双方的履行给付具有牵连性，为了体现双方权利义务的对等及保护交易安全，规定了同时履行抗辩权、先履行抗辩权和不安抗辩权三种履行抗辩权，使得债务人可以在法律规定的情况下保留给付以对抗相对人的请求权。

（一）同时履行抗辩权

双务合同的当事人互负债务，没有先后履行顺序的，应当同时履行。一方在对方履行之前有权拒绝其对自己提出的履行请求。一方在对方履行债务不符合约定时，有权拒绝其相应的履行请求。

（二）先履行抗辩权

双务合同的当事人互负债务，有先后履行顺序，先履行一方未履行的，后履行一方有权拒绝其履行请求。先履行一方履行债务不符合约定的，后履行一方有权拒绝其相应的履行请求。

（三）不安抗辩权

双务合同中应当先履行债务的当事人，有确切证据证明对方有下列情形之一的，可以中止履行：① 经营状况严重恶化；② 转移财产、抽逃资金，以逃避债务；③ 丧失商业信誉；④ 有丧失或者可能丧失履行债务能力的其他情形。主张不安抗辩权的当事人如果没有确切证据中止履行的，则应当承担违约责任。当事人行使不安抗辩权中止履行的，应当及时通知对方。对方提供适当担保时，应当恢复履行。中止履行后，对方在合理期限内未恢复履行能力并且未提供适当担保的，视为以自己的行为表明不履行主要债务，中止履行的一方可以解除合同并可以请求对方承担违约责任。

四、情势变更

情势变更又称情事变更，是指合同履行过程中因不可归责于当事人的事由致使继续履行合同十分艰难，如果坚持让受不利影响的当事人按照约定继续履行，那便有悖诚实信用原则，故有必要调整合同内容或者解除合同。合同成立后，合同的基础条件发生了当事人在订立合同时无法预见的、不属于商业风险的重大变化，继续履行合同对于当事人一方明显不公平的，受不利影响的当事人可以与对方重新协商；在合理期限内协商不成的，当事人可以请求人民法院或者仲裁机构变更或者解除合同。人民法院或者仲裁机构应当结合案件的实际情况，根据公平原则变更或者解除合同。

需要注意的要点是：

（1）合同的基础条件发生重大变化既可能是因不可抗力造成的，也可能是因其他不可归责于双方当事人的事由造成的。比如，施工过程中遇到双方难以预见的复杂地质情况，继续按照约定履行会造成施工成本增加数倍。

（2）构成情势变更时，当事人负有重新协商的义务。

（3）当事人请求变更或者解除合同的，人民法院或者仲裁机构应当将变更合同作为首先考虑的选项，只有在难以维持合同时才能解除合同。

第五节 合同的保全

合同的保全是合同的一般担保，是指为了保护一般债权人不因债务人的财产不当减少而受有损害，允许债权人干预债务人处分自己财产行为的法律制度。债权人代位权与债权人撤销权共同构成合同的保全制度。其中，代位权是针对债务人消极不行使自己债权的行为，撤销权则是针对债务人积极侵害债权人债权实现的行为。两者或是为了实现债务人的财产权利，或是为了恢复债务人的责任财产，从而确保债权人债权的实现。

一、债权人代位权

债权人代位权，是指债务人怠于行使其对第三人（次债务人）享有的到期债权或者与该债权有关的从权利，危及债权人债权实现时，债权人为保障自己的债权，可以自己的名义代位行使债务人对次债务人的债权的权利。

（一）代位权行使的条件

债权人提起代位权诉讼，应当符合下列条件：① 债权人对债务人的债权合法。② 债务人怠于行使其到期债权或者与该债权有关的从权利，影响债权人的到期债权实现的。债务人的懈怠行为必须是债务人不以诉讼方式或者仲裁方式向次债务人主张其享有的债权或者与该债权有关的从权利。因此，如果债务人以书面或者口头方式催促次债务人履行债务，但没有就此提起诉讼或者申请仲裁，仍然构成懈怠。③ 债务人的债权已到期。④ 债务人的债权不是专属于债务人自身的债权。所谓专属于债务人自身的债权，是指基于扶养关系、抚养关系、赡养关系、继承关系产生的给付请求权和劳动报酬、退休金、养老金、抚恤金、安置费、人寿保险、人身伤害赔偿请求权等权利。需要指出的是，债权人的债权不受是否专属于债权人自身的限制。

（二）代位权诉讼中的主体及管辖

在代位权诉讼中，债权人是原告，次债务人是被告，债务人为诉讼上的第三人。因此在代位权诉讼中，如果债权人胜诉，由次债务人承担诉讼费用，且从实现的债权中优先支付。诉讼费用从实现的债权中优先支付，其目的在于确保债权人的利益不因提起代位权诉讼而受到损害。代位权诉讼的其他必要费用则由债务人承担。代位权诉讼由被告住所地人民法院管辖。

（三）代位权行使的法律效果

代位权的行使范围以债权人的到期债权为限。债权人行使代位权的必要费用，由债务人负担。相对人对债务人的抗辩，可以向债权人主张。人民法院认定代位权成立的，由债务人的相对人向债权人履行义务，债权人接受履行后，债权人与债务人、债务人与相对人之间相应的权利义务终止。债务人对相对人的债权或者与该债权有关的从权利被采取保全、执行措施，或者债务人破产的，依照相关法律的规定处理。

二、债权人撤销权

（一）债权人撤销权的概念与性质

债权人撤销权，是指债务人实施了减少财产行为，危及债权人债权实现时，债权人为保障自己的债权请求人民法院撤销债务人处分行为的权利。

（二）撤销权的成立要件

债权人行使撤销权，应当具备以下条件：

(1) 债权人须以自己的名义行使撤销权。

(2) 债权人对债务人存在有效债权。债权人对债务人的债权可以到期，也可以不到期。

(3) 债务人实施了减少财产的处分行为。债务人减少财产的处分行为体现为：① 放弃债权（到期、未到期均可）、放弃债权担保或者恶意延长到期债权的履行期，影响债权人的债权实现；② 无偿转让财产，影响债权人的债权实现；③ 以明显不合理的低价转让财产，或者以明显不合理的高价受让他人财产，或者为他人的债务提供担保，影响债权人的债权实现，并且相对人知道或者应当知道该情形。其中第 3 种处分行为不但要求有客观上影响债权人的债权实现的事实，还要求有受让人知道的主观要件。“明显不合理”价格的判断标准，应当以交易当地一般经营者的判断，并参考交易当时交易地的物价部门指导价或者市场交易价，结合其他相关因素综合考虑予以确认。一般认为，转让价格达不到交易时交易地的指导价或者市场交易价 70％的，可以视为明显不合理的低价；对转让价格高于当地指导价或者市场交易价 30％的，可以视为明显不合理的高价。

(4) 债务人的处分行为有害于债权人债权的实现。当债务人的处分行为符合上述条件时，债权人可以请求人民法院撤销债务人的处分行为。撤销权的行使范围以债权人的债权为限。

（三）撤销权行使的期限

撤销权的行使有期限限制，应当自债权人知道或者应当知道撤销事由之日起 1 年内行使。自债务人的行为发生之日起 5 年内没有行使撤销权的，该撤销权消灭。此处的“5 年”期间为除斥期间，不适用诉讼时效中止、中断或者延长的规定。

（四）撤销权行使的法律效果

撤销权的行使范围以债权人的债权为限。一旦人民法院撤销债务人影响债权人的债权实现的行为，债务人的处分行为即归于无效。债务人的处分行为无效的法律后果则是双方返还，即受益人应当返还从债务人获得的财产。因此，撤销权行使的目的是恢复债务人的责任财产，债权人就撤销权行使的结果并无优先受偿权利。

（五）撤销权诉讼中的主体与管辖

撤销权的行使必须通过诉讼程序。在诉讼中，债权人为原告，债务人为被告，受益人或者受让人为诉讼上的第三人。撤销权诉讼由被告住所地人民法院管辖。依据《民法典》第五百四十条的规定，债权人行使撤销权的必要费用，由债务人负担。

第六节　合同的担保

一、合同担保的基本理论

（一）担保方式

担保是指法律规定或者当事人约定的以保证合同履行、保障债权人利益实现为目的的法律措施。担保具有从属性与补充性特征。

合同的主要担保方式一般有 5 种：保证、抵押、质押、留置和定金。其中，保证、抵押、质押和定金，都是依据当事人的合同而设立，称为约定担保。留置则是直接依据法律的规定而设立，无须当事人之间特别约定，称为法定担保。保证是以保证人的财产和信用为担保的基础，属于人的担保。抵押、质押、留置，是以一定的财产为担保的基础，属于物的担保。定金是以一定的金钱为担保的基础，称为金钱担保。此外，所有权保留、融资租赁也可具有担保的功能。

为了换取担保人提供保证、抵押或质押等担保方式，担保人可以要求债务人为担保人的担保提供担保。这种由债务人或第三人向该担保人提供的担保，相对于原担保而言被称为反担保。并非上述5种担保方式均可作为反担保方式。反担保方式可以是债务人提供的抵押或者质押，也可以是其他人提供的保证、抵押或者质押。因此，留置和定金不能作为反担保方式。在债务人自己向原担保人提供反担保的场合，保证就不得作为反担保方式。

（二）担保合同的无效

1. 担保无效的情形

担保合同必须合法方才有效。担保合同无效的情形不仅包括违反法律、行政法规的强制性规定或者违背公序良俗的情形，还包括以下情形：以公益为目的的非营利性学校、幼儿园、医疗机构、养老机构等提供担保的，原则上担保合同无效。但是有下列情形之一的除外：① 在购入或者以融资租赁方式承租教育设施、医疗卫生设施、养老服务设施和其他公益设施时，出卖人、出租人为担保价款或者租金实现而在该公益设施上保留所有权。② 以教育设施、医疗卫生设施、养老服务设施和其他公益设施以外的不动产、动产或者财产权利设立担保物权。登记为营利法人的学校、幼儿园、医疗机构、养老机构等提供担保，当事人不得以其不具有担保资格为由主张担保合同无效。

2. 担保合同无效的法律责任

担保合同被确认无效时，债务人、担保人、债权人有过错的，应当根据其过错各自承担相应的民事责任，即承担缔约过失责任。当主合同有效而第三人提供的担保合同无效时，人民法院应当区分不同情形确定担保人的赔偿责任：① 债权人与担保人均有过错的，担保人承担的赔偿责任不应超过债务人不能清偿部分的1/2；② 担保人有过错而债权人无过错的，担保人对债务人不能清偿的部分承担赔偿责任；③ 债权人有过错而担保人无过错的，担保人不承担赔偿责任。

主合同无效导致第三人提供的担保合同无效，担保人无过错的，不承担赔偿责任；担保人有过错的，其承担的赔偿责任不应超过债务人不能清偿部分的1/3。

承担了担保责任或者赔偿责任的担保人，有权在其承担责任的范围内向债务人追偿。同一债权既有债务人自己提供的物的担保，又有第三人提供的担保，承担了担保责任或者赔偿责任的第三人，有权主张行使债权人对债务人享有的担保物权。

为了保证债权人的利益，主合同解除后，担保人对债务人应当承担的民事责任仍应承担担保责任。除非担保合同另有约定。

（三）公司对外担保

1. 法定代表人的越权

担保公司的法定代表人违反公司法关于公司对外担保决议程序的规定，超越权限代表公司与相对人订立担保合同，相对人善意的，担保合同对公司发生效力；相对人有权请求公司承担担保责任。相对人非善意的，担保合同对公司不发生效力；相对人请求公司承担赔偿责任的，参照主合同有效而担保合同无效的情形处理。法定代表人超越权限提供担保造成公司损失，公司有权请求法定代表人承担赔偿责任。所谓善意，是指相对人在订立担保合同时不知道且不应当知道法定代表人超越权限。相对人有证据证明已对公司决议进行了合理审查的，应当认定其构成善意，但是公司有证据证明相对人知道或者应当知道决议系伪造、变造的除外。

2. 对外担保的决议

公司作出对外担保的有效决议是公司承担担保责任的前提条件。有下列情形之一的，公司不得以其未依照公司法关于公司对外担保的规定作出决议为由主张不承担担保责任：① 金融机构开立保函或者担保公司提供担保；② 公司为其全资子公司开展经营活动提供担保；③ 担保合同系由单独或者共同持有公司 2/3 以上对担保事项有表决权的股东签字同意。上述第二、三种情形不适用于上市公司对外提供担保。

3. 对上市公司公开披露信息的信赖

相对人根据上市公司公开披露的关于担保事项已经董事会或者股东大会决议通过的信息，与上市公司订立担保合同，相对人主张担保合同对上市公司发生效力，并由上市公司承担担保责任的，人民法院应予支持。

相对人未根据上市公司公开披露的关于担保事项已经董事会或者股东大会决议通过的信息，与上市公司订立担保合同，上市公司主张担保合同对其不发生效力，且不承担担保责任或者赔偿责任的，人民法院应予支持。

4. 公司分支机构的担保

(1) 公司的分支机构未经公司股东(大)会或者董事会决议以自己的名义对外提供担保，相对人不得请求公司或者其分支机构承担担保责任的，但是相对人不知道且不应当知道分支机构对外提供担保未经公司决议程序的除外。

(2) 金融机构的分支机构在其营业执照记载的经营范围内开立保函，或者经有权从事担保业务的上级机构授权开立保函，金融机构或者其分支机构不得以违反公司法关于公司对外担保决议程序的规定为由主张不承担担保责任。金融机构的分支机构未经金融机构授权提供保函之外的担保，金融机构或者其分支机构不承担担保责任，但是相对人不知道且不应当知道分支机构对外提供担保未经金融机构授权的除外。

(3) 担保公司的分支机构未经担保公司授权对外提供担保，担保公司或者其分支机构不承担担保责任，但是相对人不知道且不应当知道分支机构对外提供担保未经担保公司授权的除外。公司的分支机构对外提供担保，相对人非善意，请求公司承担赔偿责任的，参照主合同有效而担保合同无效的情形处理。

(四) 借新还旧场合的担保责任

合同当事人协议以新贷偿还旧贷，债权人请求旧贷的担保人承担担保责任的，人民法院不予支持。债权人请求新贷的担保人承担担保责任的，按照下列情形处理：新贷与旧贷的担保人相同的，人民法院应予支持；新贷与旧贷的担保人不同，或者旧贷无担保新贷有担保的，人民法院不予支持，但是债权人有证据证明新贷的担保人提供担保时对以新贷偿还旧贷的事实知道或者应当知道的除外。主合同当事人协议以新贷偿还旧贷，旧贷的物的担保人在登记尚未注销的情形下同意继续为新贷提供担保，在订立新的贷款合同前又以该担保财产为其他债权人设立担保物权，其他债权人主张其担保物权顺位优先于新贷债权人的，人民法院不予支持。

二、保证

（一）保证与保证合同

1. 保证的概念

保证是指第三人和债权人约定，当债务人不履行其到期债务或者发生当事人约定的情形时，该第三人按照约定履行债务或者承担责任的担保方式。“第三人”被称作保证人；“债权人”既是主债的债权人，也是保证合同中的债权人。保证是保证人与债权人之间的合同关系。保证的方式有两种，即一般保证和连带责任保证。

2. 保证合同

保证合同是指为保障债权的实现，保证人和债权人约定，当债务人不履行到期债务或者发生当事人约定的情形时，保证人履行债务或者承担责任的合同。保证合同为单务合同、无偿合同、诺成合同、要是合同、从合同。

保证的成立需要注意以下问题：① 第三人单方以书面形式向债权人作出保证，债权人接收且未提出异议的，保证合同成立。② 第三人向债权人提供差额补足、流动性支持等类似承诺文件作为增信措施，具有提供担保的意思表示，债权人请求第三人承担保证责任的，应当依照保证的有关规定处理；第三人向债权人提供的承诺文件，具有加入债务或者与债务人共同承担债务等意思表示的，应当认定为债务加入。上述承诺文件难以确定是保证还是债务加入的，人民法院应当将其认定为保证。

（二）保证人

保证合同当事人为保证人和债权人。债权人可以是一切享有债权之人，自然人、法人抑或非法人组织，均无不可。自然人、法人或者非法人组织均可以为保证人，保证人也可以为两人以上。法律对保证人的限制有：① 主债务人不得同时为自身保证人。如果主债务人同时为保证人，意味着其责任财产未增加，保证的目的落空。② 机关法人不得为保证人，但是经国务院批准为使用外国政府或者国际经济组织贷款进行转贷的除外。③ 以公益为目的的非营利性学校、幼儿园、医疗机构、养老机构等非营利法人、非法人组织原则上不得为保证人。

（三）保证方式

1. 一般保证和连带责任保证

因保证人承担责任方式的不同，可以将保证分为一般保证和连带责任保证。所谓一般保证，是指当事人在保证合同中约定，债务人不能履行债务时，由保证人承担保证责任的保证。所谓连带责任保证，是指保证人与债权人在保证合同中约定保证人和债务人对债务承担连带责任的保证。当事人在保证合同中对保证方式没有约定或者约定不明确的，按照一般保证承担保证责任。这两种保证之间最大的区别在于保证人是否享有先诉抗辩权，一般保证的保证人享有先诉抗辩权，连带责任保证的保证人则不享有。所谓先诉抗辩权，是指在主合同纠纷未经审判或仲裁，并就债务人财产依法强制执行用于清偿债务前，对债权人可拒绝承担保证责任。但是有下列情形之一的，保证人不得行使先诉抗辩权：① 债务人下落不明，且无财产可供执行；② 人民法院已经受理债务人破产案件；③ 债权人有证据证明债务人的财产不足以履行全部债务或者丧失履行债务能力；④ 保证人书面表示放弃先诉抗辩权。一般保证的保证人在主债务履行期限届满后，向债权人提供债务人可供执行财产的真实情况，债权人放弃或者怠于行使权利致使该财产不能被执行的，保证人在其提供可供执行财产的价值范围内不再承担保证责任。

2. 单独保证和共同保证

从保证人的数量划分，保证可以分为单独保证和共同保证。单独保证是指只有一个保证人担保同一债权的保证。共同保证是指数个保证人担保同一债权的保证。共同保证既可以在数个共同保证人与债权人签订一个保证合同时成立，也可以在数个保证人与债权人签订数个保证合同，但担保同一债权时成立。按照保证人是否约定各自承担的担保份额，可以将共同保证分为按份共同保证和连带共同保证。按份共同保证是保证人与债权人约定按份额对主债务承担保证义务的共同保证；连带共同保证是各保证人约定均对全部主债务承担保证义务的共同保证。需要注意的是，连带共同保证的“连带”是保证人之间的连带，而非保证人与主债务人之间的连带，故称之为“连带共同保证”，而非“连带责任保证”。同一债务有两个以上保证人的，保证人应当按照保证合同约定的保证份额，承担保证责任；没有约定保证份额的，债权人可以请求任何一个保证人在其保证范围内承担保证责任。

（四）保证责任

1. 保证责任的范围

保证担保的责任范围包括主债权及其利息、违约金、损害赔偿金和实现债权的费用。保证合同对责任范围另有约定的，从约定。当事人对保证担保的范围没有约定或者约定不明确的，保证人应当对全部债务承担责任。

2. 主合同变更与保证责任承担

债权人和债务人未经保证人书面同意，协商变更主债权债务合同内容，减轻债务的，保证人仍对变更后的债务承担保证责任；加重债务的，保证人对加重的部分不承担保证责任。

债权人和债务人变更主债权债务合同的履行期限，未经保证人书面同意的，保证期间不受影响。

债权人转让全部或者部分债权，未通知保证人的，该转让对保证人不发生效力。保证人与债权人约定禁止债权转让，债权人未经保证人书面同意转让债权的，保证人对受让人不再承担保证责任。

债权人未经保证人书面同意，允许债务人转移全部或者部分债务，保证人对未经其同意转移的债务不再承担保证责任，但是债权人和保证人另有约定的除外。

第三人加入债务的，保证人的保证责任不受影响。

3. 保证期间与保证的诉讼时效

保证期间是确定保证人承担保证责任的期间，是债权人向保证人行使追索权的期间。保证期间性质上属于除斥期间，不发生诉讼时效的中止、中断和延长。债权人没有在保证期间主张权利的，保证人免除保证责任。主张权利的方式在一般保证中表现为对债务人提起诉讼或者申请仲裁，在连带责任保证中表现为向保证人请求承担保证责任。债权人与保证人可以约定保证期间，但是约定的保证期间早于主债务履行期限或者与主债务履行期限同时届满的，视为没有约定；保证合同约定保证人承担保证责任直至主债务本息还清时为止等类似内容的，视为约定不明；没有约定或者约定不明确的，保证期间为主债务履行期限届满之日起 6 个月。债权人与债务人对主债务履行期限没有约定或者约定不明确的，保证期间自债权人请求债务人履行债务的宽限期届满之日起计算。

一般保证的债权人在保证期间届满前对债务人提起诉讼或者申请仲裁的，从保证人拒绝承担保证责任的权利消灭之日起，开始计算保证债务的诉讼时效。连带责任保证的债权人在保证期间届满前请求保证人承担保证责任的，从债权人请求保证人承担保证责任之日起，开始计算保证债务的诉讼时效。

最高额保证合同对保证期间的计算方式、起算时间等没有约定或者约定不明，被担保债权的履行期限均已届满的，保证期间自债权确定之日起开始计算；被担保债权的履行期限尚未届满的，保证期间自最后到期债权的履行期限届满之日起开始计算。

债权人在保证期间内未依法行使权利的，保证责任消灭。保证责任消灭后，债权人书面通知保证人请求承担保证责任，保证人在通知书上签名、盖章或者按指印，债权人请求保证人继续承担保证责任的，人民法院不予支持，但是债权人有证据证明成立了新的保证合同的除外。

4. 保证人的抗辩权

保证人抗辩权是指债权人行使债权时，债务人根据法定事由对抗债权人行使请求权的权利。如债务人放弃对债务的抗辩权，保证人仍有权抗辩，因其保证责任并未免除。据此，不仅保证人有权参加债权人对债务人的诉讼，在债务人对债权人提起诉讼，债权人提起反诉时，保证人也可以作为第三人参加诉讼。保证人知道或者应当知道主债权诉讼时效期间届满仍然提供保证或者承担保证责任，又以诉讼时效期间届满为由拒绝承担保证责任或者请求返还财产的，人民法院不予支持；保证人承担保证责任后向债务人追偿的，人民法院不予支持，但是债务人放弃诉讼时效抗辩的除外。

5. 共同担保下的保证责任

在同一债权上既有保证又有物的担保的，属于共同担保。

(1) 被担保的债权既有物的担保又有人的担保的，债务人不履行到期债务或者发生当事人约定的实现担保物权的情形，债权人应当按照约定实现债权；没有约定或者约定不明确，债务人自己提供物的担保的，债权人应当先就该物的担保实现债权；第三人提供物的担保的，债权人可以就物的担保实现债权，也可以请求保证人承担保证责任。提供担保的第三人承担担保责任后，有权向债务人追偿。

基于这条规定，物的担保和保证并存时，如果债务人不履行债务，则根据下列规则确定当事人的担保责任承担：① 根据当事人的约定确定承担责任的顺序。② 没有约定或者约定不明的，如果保证与债务人提供的物的担保并存，则债权人先就债务人的物的担保求偿。保证在物的担保不足清偿时承担补充清偿责任。③ 没有约定或者约定不明的，如果保证与第三人提供的物的担保并存，则债权人既可以就物的担保实现债权，也可以请求保证人承担保证责任。根据这条规定，第三人提供物的担保的，保证与物的担保居于同一清偿顺序，债权人既可以请求保证人承担保证责任，也可以对担保物行使担保物权。④ 没有约定或者约定不明的，如果保证与第三人提供的物的担保并存，其中一人承担了担保责任，则只能向债务人追偿，不能向另外一个担保人追偿。

(2) 同一债务有两个以上保证人，保证人之间相互有追偿权，债权人未在保证期间内依法向部分保证人行使权利，导致其他保证人在承担保证责任后丧失追偿权，其他保证人主张在其不能追偿的范围内免除保证责任的，人民法院应予支持。

(五) 保证人的追偿权

保证人承担保证责任后，除当事人另有约定外，有权在其承担保证责任的范围内向债务人追偿，享有债权人对债务人的权利，但是不得损害债权人的利益。

（六）涉及保证人的诉讼问题

因保证合同纠纷提起的诉讼，债权人向保证人和被保证人一并主张权利的，人民法院应当将保证人和被保证人列为共同被告。保证合同约定为一般保证，债权人仅起诉保证人的，人民法院应当通知被保证人作为共同被告参加诉讼；债权人仅起诉被保证人的，可以只列被保证人为被告。在民间借贷纠纷中，保证人为借款人提供连带责任保证，出借人仅起诉借款人的，人民法院可以不追加保证人为共同被告；出借人仅起诉保证人的，人民法院可以追加借款人为共同被告。保证人为借款人提供一般保证，出借人仅起诉保证人的，人民法院应当追加借款人为共同被告；出借人仅起诉借款人的，人民法院可以不追加保证人为共同被告。

三、定金

（一）定金的概念及种类

定金，系以确保合同的履行为目的，由当事人一方在合同订立前后，合同履行前预先交付于另一方的金钱或者其他代替物的法律制度。

按照定金的目的和功能，可以把定金分为立约定金、成约定金、证约定金、违约定金、解约定金等。根据《民法典》的有关规定，我国关于定金的性质的规定属于任意性规定，当事人可以自主确定定金的性质。

（二）定金的生效与法律效力

定金合同自实际交付定金之时起成立。故定金合同是实践性合同。定金的效力表现为以下几个方面：

(1) 定金一旦交付，定金所有权发生移转。当定金由给付定金方转移至收受定金方时，定金所有权即发生移转，此为货币的特点决定的。

(2) 给付定金一方不履行约定的债务的，无权请求返还定金；收受定金的一方不履行约定的债务的，应当双倍返还定金。当事人一方不完全履行合同的，应当按照未履行部分所占合同约定内容的比例，适用定金罚则。

(3) 在迟延履行或者有其他违约行为时，并不能当然适用定金罚则。只有因当事人一方迟延履行或者其他违约行为，致使合同目的不能实现，才可以适用定金罚则。当然法律另有规定或者当事人另有约定的除外。

(4) 当事人约定的定金数额不得超过主合同标的额的 20%；超过 20%的，超过部分无效。

(5) 因不可抗力、意外事件致使主合同不能履行的，不适用定金罚则。因合同关系以外第三人的过错，致使主合同不能履行的，适用定金罚则。受定金处罚的一方当事人，可以依法向第三人追偿。

(6) 如果在同一合同中，当事人既约定违约金，又约定定金的，在一方违约时，当事人只能选择适用违约金条款或者定金条款，不能同时要求适用两个条款。

第七节　合同的变更和转让

依法成立的合同受法律保护，对当事人具有法律约束力，当事人应当按照合同约定履行自己的义务，不得擅自变更或者解除合同。合同订立后，因各种原因使得合同内容或者合同主体发生变更,称为合同的变更或合同的转让。

一、合同的变更

合同的变更是指合同内容的变更,不包括合同主体的变更。合同主体的变更属于合同的转让。合同是双方当事人合意的体现,因此经当事人协商一致,可以变更合同。但法律、行政法规规定变更合同应当办理批准等手续的,应当办理相应手续。当事人对合同变更的内容约定不明确的,推定为未变更。除了双方通过合意变更合同以外,还存在法定变更的情形,即一方当事人单方通知对方变更合同的权利。合同的变更,除当事人另有约定的以外,仅对变更后未履行的部分有效,对已履行的部分无溯及力。

二、债权转让

合同的转让,即合同主体的变更,指当事人将合同的权利和义务全部或者部分转让给第三人。合同的转让分为债权转让、债务承担及债权债务的概括移转。

(一) 债权转让的条件

债权转让,是指债权人将合同的权利全部或者部分转让给第三人的法律制度。其中债权人是转让人,第三人是受让人。债权人转让权利的,无须债务人同意,但应当通知债务人。未经通知,该转让对债务人不发生效力。债权人转让权利的通知不得撤销,但经受让人同意的除外。根据此条规定,债权转让不以债务人的同意为生效条件,但是要对债务人发生效力,则必须通知债务人。

(二) 禁止债权转让的情形

(1) 根据债权性质不得转让。主要是指基于债务人特定身份、技能等而产生的债权,如出版合同中出版公司的债权、委托合同中委托人的债权等。

(2) 按照当事人约定不得转让。

(3) 依照法律规定不得转让。当事人约定非金钱债权不得转让的,不得对抗善意第三人。当事人约定金钱债权不得转让的,不得对抗第三人。金钱是普遍接受的交换媒介,是最具流动性的资产;禁止金钱债权转让的特约仅在当事人之间具有相对效力。

(三) 债权转让的效力

对债权人而言,在全部转让的情形下,原债权人脱离债权债务关系,受让人取代债权人地位。在部分转让的情形下,原债权人就转让部分丧失债权。对受让人而言,债权人转让权利的,受让人取得与债权有关的从权利,如抵押权,但该从权利专属于债权人自身的除外。受让人取得从权利不因该从权利未办理转移登记手续或者未转移占有而受到影响。对债务人而言,债权人权利的转让,不得损害债务人的利益,不应影响债务人的权利:

(1) 债务人接到债权转让通知后,债务人对让与人的抗辩可以向受让人主张,如提出债权无效、诉讼时效已过等事由的抗辩。

(2) 有下列情形之一的,债务人可以向受让人主张抵销:债务人接到债权转让通知时,债务人对让与人享有债权,且债务人的债权先于转让的债权到期或者同时到期;债务人的债权与转让的债权是基于同一合同产生。因债权转让增加的履行费用,由让与人负担。

三、债务承担

债务人将合同义务的全部或者部分转移给第三人的,应当经债权人同意。债务人或者第三人可以催告债权人在合理期限内予以同意,债权人未作表示的,视为不同意。这是因为新债务人的资信情况和偿还能力须得到债权人的认可,以免债权人的利益受到不利影响。

债务人转移债务的，新债务人可以主张原债务人对债权人的抗辩；原债务人对债权人享有债权的，新债务人不得向债权人主张抵销。新债务人应当承担与主债务有关的从债务，但该从债务专属于原债务人自身的除外。

四、债务加入

债务加入是指第三人加入债权债务关系中来，债务人不退出债权债务关系，第三人和债务人成为共同债务人。第三人与债务人约定加入债务并通知债权人，或者第三人向债权人表示愿意加入债务，债权人未在合理期限内明确拒绝的，债权人可以请求第三人在其愿意承担的债务范围内和债务人承担连带债务。

五、债权债务的概括移转

合同权利义务的概括移转，是指合同一方当事人将自己在合同中的权利义务一并转让的法律制度。当事人一方经对方当事人同意，可以将自己在合同中的权利义务一并转让给第三人。概括移转有意定的概括移转和法定的概括移转两种情形。意定的概括移转基于转让合同的方式进行。而法定的概括移转往往是因为某一法定事实的发生而导致。最典型的就是合同当事人发生合并或分立时，就会有法定的概括移转的发生。合同的权利和义务一并转让的，适用债权转让、债务转移的有关规定。

第八节　合同的权利义务终止

一、合同终止的基本理论

合同的权利义务终止制度包括债的终止制度和合同解除制度。

债的终止，即债权债务终止，指给付义务终局地消灭；合同的解除是指合同中原给付义务的效力终止，但在因违约而解除合同等场合中，债务人的损害赔偿义务仍然存在，故给付义务并未终局地消灭。比如，出卖人按时交付符合质量要求的标的物，满足买受人的债权的，其给付义务终局地归于消灭；出卖人交付的标的物质量有严重缺陷，买受人以此为由解除合同的，尽管出卖人交付标的物和转移标的物所有权的义务消灭，其赔偿买受人损失的义务不消灭。

债权债务终止时，债务人的给付义务消灭，但当事人仍应当遵循诚信等原则，根据交易习惯履行通知、协助、保密、旧物回收等义务。债权债务终止时，债权的从权利同时消灭，但是法律另有规定或者当事人另有约定的除外。

债权债务终止的情形包括：① 债务已经按照约定履行，即清偿；② 债务相互抵销；③ 债务人依法将标的物提存；④ 债权人免除债务；⑤ 债权债务同归于一人，即混同；⑥ 法律规定或者当事人约定终止的其他情形。

合同解除包括意定解除和法定解除。合同的权利义务终止，不影响合同中结算条款、清理条款以及解决争议方法条款的效力。

二、清偿

清偿，又叫履行，是指为了实现债权，债务人依照债之本旨圆满完成义务的行为和终局状态。它是债权债务消灭的最主要和最常见的原因。债务人直接向债权人清偿债务，当然引起债权债务的消灭。债务人向债权人的代理人、破产企业的清算组织、收据持有人、行使代位权的债权人、债权人与债务人约定的受领清偿的第三人清偿债务的，债权债务也因此而消灭。

清偿一般应由债务人本人为之。债务人的代理人、第三人代为清偿的，也可以发生清偿的效力，但合同约定或依合同性质不能由第三人代为清偿的除外。第三人在代为清偿后，可代位行使债权人的权利。

债务人清偿债务应当按合同标的清偿，但经债权人同意并受领替代物清偿的，也能产主清偿效果。

债务人对同一债权人负担的数项债务种类相同，债务人的给付不足以清偿全部债务的，除当事人另有约定外，由债务人在清偿时指定其履行的债务。债务人未作指定的，应当优先履行已经到期的债务；数项债务均到期的，优先履行对债权人缺乏担保或者担保最少的债务；均无担保或者担保相等的，优先履行债务人负担较重的债务；负担相同的，按照债务到期的先后顺序履行；到期时间相同的，按照债务比例履行。

债务人在履行主债务外还应当支付利息和实现债权的有关费用，其给付不足以清偿全部债务的，除当事人另有约定外，应当按照下列顺序履行：① 实现债权的有关费用；② 利息；③ 主债务。

三、解除

合同的解除，是指合同有效成立以后，没有履行或者没有完全履行之前，双方当事人通过协议或者一方行使解除权的方式，使得合同关系终止的法律制度。合同的解除，分为意定解除与法定解除两种情况。

（一）意定解除

意定解除，是指根据当事人事先约定的情况或经当事人协商一致而解除合同。

1. 约定解除权和附解除条件

约定解除权是一种单方解除，即双方在订立合同时，约定了合同当事人一方解除合同的事由。一旦该事由发生，解除权人就可以通过行使解除权而终止合同。法律规定或者当事人约定了解除权行使期限，期限届满当事人不行使的，解除权消灭。法律没有规定或者当事人没有约定解除权行使期限，经对方催告后在合理期限内不行使的，该权利消灭。附解除条件是指双方在订立合同时，约定了合同解除的条件。一旦该条件成就，合同自动失效，不需要任何一方当事人行使权利或者作出意思表示。

2. 协议解除

协议解除是以一个新的合同解除旧的合同。合同订立后，经当事人协商一致，当然可以解除合同。

（二）法定解除

法定解除，是指根据法律规定而解除合同。在下列情形下，当事人可以单方面解除合同：

（1）因不可抗力致使不能实现合同目的。行使此项解除权，除了有不可抗力事件的发生以外，还必须要求是因不可抗力导致合同目的不能实现。合同目的不能实现的当事人可以行使解除权。

（2）在履行期限届满之前，当事人一方明确表示或者以自己的行为表明不履行主要债务。此项解除权的行使必须是不履行“主要”债务才行。不履行方的对方有权解除合同。

（3）当事人一方迟延履行主要债务，经催告后在合理期限内仍未履行。此项解除权的行使，必须符合两个条件：① 迟延履行“主要”债务；② 催告后在合理期限内仍未履行。

(4) 当事人一方迟延履行债务或者有其他违约行为致使不能实现合同目的。迟延履行债务或者有其他违约行为并不必然导致解除权的产生。因此，此项解除权的行使条件之一必须是“致使不能实现合同目的”。既然考虑的是合同目的不能实现的这个结果，因此迟延履行的债务不强调必须是“主要”债务，也不需要催告程序。

(5) 以持续履行的债务为内容的不定期合同，当事人可以随时解除合同，但是应当在合理期限之前通知对方。借款合同、租赁合同等都是持续性合同。之所以不定期持续性合同的当事人可以随时解除合同，是因为不应使当事人被永久束缚在持续性合同中。不过，解除权人必须在合理期限之前通知对方，否则需要赔偿对方遭受的损失。

(6) 法律规定其他解除情形的。除上述几种原因外，如果法律另有规定的，当事人可以根据该法律规定，单方解除合同。

(三) 解除权的行使

法律规定或者当事人约定解除权行使期限，期限届满当事人不行使的，该权利消灭。法律没有规定或者当事人没有约定解除权行使期限，自解除权人知道或者应当知道解除事由之日起 1 年内不行使，或者经对方催告后在合理期限内不行使的，该权利消灭。此处的期限是解除权的存续期限，又称“除斥期间”。

当事人一方依法主张解除合同的，应当通知对方。合同自通知到达对方时解除；通知载明债务人在一定期限内不履行债务则合同自动解除，债务人在该期限内未履行债务的，合同自通知载明的期限届满时解除。对方对解除合同有异议的，任何一方当事人均可以请求人民法院或者仲裁机构确认解除行为的效力。

当事人一方未通知对方，直接以提起诉讼或者申请仲裁的方式依法主张解除合同，人民法院或者仲裁机构确认该主张的，合同自起诉状副本或者仲裁申请书副本送达对方时解除。

(四) 合同解除的效果

合同解除后，尚未履行的，终止履行；已经履行的，根据履行情况和合同性质，当事人可以请求恢复原状或者采取其他补救措施，并有权请求赔偿损失。合同因违约解除的，解除权人可以请求违约方承担违约责任，但是当事人另有约定的除外。主合同解除后，担保人对债务人应当承担的民事责任仍应当承担担保责任，但是担保合同另有约定的除外。

四、抵销

抵销是双方当事人互负债务时，一方通知对方以其债权充当债务的清偿或者双方协商以债权充当债务的清偿，使得双方的债务在对等额度内消灭的行为。抵销分为法定抵销与约定抵销。抵销具有简化交易程序、降低交易成本、提高交易安全的作用。

(一) 法定抵销

当事人互负债务，该债务的标的物种类、品质相同的，任何一方可以将自己的债务与对方的到期债务抵销；但是，根据债务性质、按照当事人约定或者依照法律规定不得抵销的除外。法定抵销须具备以下条件：

(1) 须双方互负有债务，互享有债权。效力不完全的债权不能作为主动债权而主张抵销，如诉讼时效完成后的债权，债权人不得主张抵销，但作为被动债权，对方以其债权主张抵销的，应当允许。

(2) 须双方债务的给付为同一种类。抵销的债务只要求相同种类、品质，不要求数额或价值相等。

(3) 须对方的债务届清偿期。在一方当事人主张抵销的情形下，并不要求双方当事人的债务均届清偿期。若一项债务已届清偿期，而另一项债务未届清偿期，则未到期的债务人可以主张抵销。因为期限利益原则上属于债务人。

(4) 须双方的债务均为可抵销的债务。下列债务不可抵销：① 法律规定不得抵销的债务。如因故意侵权行为而产生债务的，债务人不得主张抵销。② 根据债务性质不能抵销的债务。如以提供劳务或者不作为为债务内容的，债务人不得主张抵销。③ 当事人约定不得抵销的债务。法定抵销中的抵销权性质上属于形成权，因此当事人主张抵销的，应当通知对方。通知为非要式。抵销的效果自通知到达对方时生效。抵销不得附条件或者附期限。

抵销产生如下法律效力：① 双方的债权债务于抵销数额内消灭；② 抵销的意思表示溯及于得为抵销之时。

(二) 约定抵销

当事人互负债务，标的物种类、品质不相同的，经双方协商一致，也可以抵销。

五、提存

提存是指非因可归责于债务人的原因，导致债务人无法履行债务或者难以履行债务的情况下，债务人将标的物交由提存机关保存，以终止债权债务关系的行为。提存是以清偿为目的，是债消灭的原因。

(一) 提存的原因

有下列情形之一，难以履行债务的，债务人可以将标的物提存：① 债权人无正当理由拒绝受领；② 债权人下落不明；③ 债权人死亡未确定继承人、遗产管理人，或者丧失民事行为能力未确定监护人；④ 法律规定的其他情形。

(二) 提存的法律效果

标的物提存后，毁损、灭失的风险由债权人承担。提存期间，标的物的孳息归债权人所有。提存费用由债权人负担。标的物不适于提存或者提存费用过高的，债务人依法可以拍卖或者变卖标的物，提存所得的价款。提存成立的，视为债务人在其提存范围内已经履行债务，但债务人还负有附随义务。除债权人下落不明的以外，债务人应当及时通知债权人或者债权人的继承人、遗产管理人监护人、财产代管人。债权人可以随时领取提存物，但债权人对债务人负有到期债务的，在债权人未履行债务或者提供担保之前，提存部门根据债务人的要求应当拒绝其领取提存物。债权人领取提存物的权利，自提存之日起 5 年内不行使则消灭，提存物扣除提存费用后归国家所有。但是，债权人未履行对债务人的到期债务，或者债权人向提存部门书面表示放弃领取提存物权利的，债务人负担提存费用后有权取回提存物。此处规定的“5 年”时效为不变期间，不适用诉讼时效中止、中断或者延长的规定。

六、免除与混同

债权人免除债务人部分或者全部债务的，债权债务部分或者全部终止，但是债务人在合理期限内拒绝的除外。债权和债务同归于一人，即债权债务混同时，债权债务终止，但是损害第三人利益的除外。

第九节　违约责任

一、违约责任的基本理论

违约责任也称为违反合同的民事责任，是指合同当事人因违反合同义务所承担的责任。当事人一方不履行合同义务或者履行合同义务不符合约定的，应当承担继续履行、采取补救措施或者赔偿损失等违约责任。

违约责任具有以下特点：① 违约责任以合同的有效存在为前提。② 违约责任是合同当事人不履行合同义务所产生的责任。如果当事人违反的不是合同义务，而是法律规定的其他义务，则应负其他责任。③ 违约责任具有相对性。由于合同关系具有相对性，因此违约责任也具有相对性，即违约责任只能在特定的当事人之间即合同关系的当事人之间发生。当事人一方因第三人的原因造成违约的，应当向对方承担违约责任。当事人一方和第三人之间的纠纷，依照法律规定或者按照约定解决。《民法典》规定的违约损害赔偿责任采用严格责任。因此，只要合同当事人有违约行为存在，且给相对人造成损失，无论导致违约的原因是什么，除了法定或者约定的免责事由以外，均不得主张免责。

二、违约形态

根据合同当事人违反义务的性质、特点的不同，将债务人的违约行为区分为预期违约和届期违约两种类型，每种类型又可以分为两类。此外，还规定了债权人迟延。

（一）预期违约

预期违约是指在履行期限到来之前一方无正当理由而明确表示其在履行期到来后将不履行合同，或者其行为表明其在履行期到来以后将不履行合同。预期违约分为明示的预期违约和默示的预期违约两种。明示与默示的区别在于违约的合同当事人是否通过意思表示明确表达自己不再履行合同的意愿。

（二）届期违约

在履行期限到来以后，当事人不履行或不完全履行合同义务的，将构成届期违约。届期违约可以分为不履行和不适当履行两类。此外，履行在质量、数量等方面不符合约定的，称为不完全履行或瑕疵履行；履行在时间上迟延的，称为迟延履行。因当事人一方的违约行为，损害对方人身权益、财产权益的，受损害方有权选择请求其承担违约责任或者侵权责任。债权人向人民法院起诉时作出选择后，在一审开庭以前又变更诉讼请求的，人民法院应当准许。但如对方当事人对变更后的诉讼请求提出管辖权异议，经审查异议成立的，人民法院应当驳回起诉。

（三）债权人迟延

债权人迟延又称受领迟延，是指债权人对给付未受领或者未提供必要协助的事实。债权人陷入迟延的，产生对债权人不利的后果。债务人按照约定履行债务，债权人无正当理由拒绝受领的，债务人可以请求债权人赔偿增加的费用。在债权人受领迟延期间，债务人无须支付利息。

三、违约责任的承担方式

违约责任的承担方式主要有：继续履行、补救措施、损害赔偿 3 种方式。

(一) 继续履行

继续履行,又称实际履行,是指债权人在债务人不履行合同义务时,可请求人民法院强制债务人实际履行合同义务。当事人一方未支付价款、报酬、租金、利息,或者不履行其他金钱债务的,对方可以请求其支付,因此金钱之债一定可以请求继续履行。当事人一方不履行非金钱债务或者履行非金钱债务不符合约定的,对方可以请求履行,但是有下列情形之一的除外:① 法律上或者事实上不能履行;② 债务的标的不适于强制履行或者履行费用过高;③ 债权人在合理期限内未请求履行。

非金钱债务存在上述除外情形之一,致使不能实现合同目的的,人民法院或者仲裁机构可以根据当事人的请求终止合同权利义务关系,但是不影响违约责任的承担。

(二) 补救措施

补救措施,是债务人的履行在质量、数量等方面不符合约定,债权人可根据合同履行情况请求债务人采取补救履行措施。当事人的履行不符合约定的,应当按照当事人的约定承担违约责任。对违约责任没有约定或者约定不明确,受损害方根据标的的性质以及损失的大小,可以合理选择请求对方承担修理、重作、更换、退货、减少价款或者报酬等违约责任。

(三) 损害赔偿

当事人一方不履行合同义务或者履行合同义务不符合约定,给对方造成损失的,应当承担损害赔偿责任;一方在履行义务或者采取补救措施后,对方还有其他损失的,应当对其他损失承担赔偿责任。损害赔偿的具体方式主要有赔偿损失、支付违约金和适用定金罚则等。

1. 赔偿损失

损失赔偿额应当相当于因违约所造成的损失,包括合同履行后可以获得的利益,但不得超过违约方订立合同时预见到或者应当预见到的因违反合同可能造成的损失。当事人可以在合同中约定因违约产生的损失赔偿额的计算方法。

2. 支付违约金

违约金,是按照当事人约定或者法律规定,一方当事人违约时应当根据违约情况向对方支付的一定数额的货币。约定的违约金低于造成的损失的,当事人可以请求人民法院或者仲裁机构予以增加;约定的违约金过分高于造成的损失的,当事人可以请求人民法院或者仲裁机构予以适当减少。当事人就迟延履行约定违约金的,违约方支付违约金后,还应当履行债务。根据《商品房买卖合同解释》的规定,当事人以约定的违约金过高为由请求减少的,应当以违约金超过造成的损失30%为标准适当减少;当事人以约定的违约金低于造成的损失为由请求增加的,应当以违约造成的损失确定违约金数额。

3. 适用定金罚则

当事人在合同中既约定违约金,又约定定金的,一方违约时,对方可以选择适用违约金或者定金条款,但两者不可同时并用。买卖合同约定的定金不足以弥补一方违约造成的损失,对方请求赔偿超过定金部分的损失的,人民法院可以并处,但定金和损失赔偿的数额总和不应高于因违约造成的损失。

4. 过失相抵规则

过失相抵是指一方违约时,对方对于损失的发生或者扩大有过错,应当相应减轻违约方的违约责任。过失相抵包括两种情况:① 当事人一方违约后,对方应当采取适当措施防止损失的扩大;没有采取适当措施致使损失扩大的,不得就扩大的损失请求赔偿。当事人因防止损失扩大而支出的合理费用由违约方承担。② 当事人一方违约造成对方损失，对方对损失的发生有过错的，可以减少相应的损失赔偿额。

5. 法定免责事由

违约损害赔偿法定的免责事由仅限于不可抗力。不可抗力指不能预见、不能避免且不能克服的客观情况。常见的不可抗力有：① 自然灾害。如地震、台风、洪水、海啸等。② 政府行为。政府行为一定是指当事人在订立合同以后发生，且不能预见的情形。如运输合同订立后，由于政府颁布禁运的法律，使合同不能履行。③ 社会异常现象。一些偶发的事件阻碍合同的履行，如罢工骚乱等。不可抗力虽为违约损害赔偿的免责事由，但有关不可抗力的具体事由很难由法律作出列举式的规定，根据合同自由原则，当事人可以在订立不可抗力条款时，具体列举各种不可抗力的事由。不过，当事人将明显不属于不可抗力的情形（如停电）约定为不可抗力的，只能解释为约定的免责事由。关于不可抗力发生后对当事人责任的影响，要注意以下几点：① 不可抗力并非当然免责，要根据不可抗力对合同履行的影响决定。因不可抗力不能履行合同的，根据不可抗力的影响，部分或者全部免除责任。② 当事人迟延履行后发生不可抗力的，不能免除责任。③ 不可抗力事件发生后，主张不可抗力一方要履行两个义务。一是及时通知对方相关情况，以减轻可能给对方造成的损失；二是提供有关不可抗力的证明。

课后案例分析题

甲曾任乙公司经理，2021 年 3 月辞职。2021 年 5 月 8 日，为获得更多折扣，甲使用其留有的盖有乙公司公章的空白合同书，以乙公司名义与丙公司订立合同，购买总价 15 万元的地板。合同约定，6 月 7 日丙公司将地板送至指定地点，乙公司于收到地板后 3 日内验货，地板经验收合格后，乙公司一次性付清全部价款。对于甲离职一事，丙公司并不知情。

丙公司于约定日期将地板送至指定地点，并要求乙公司付款，乙公司同意付款，并同意将地板以相同价格转卖给甲，但要求甲为该笔货款的支付提供担保。6 月 8 日，丁以其所有的一辆小汽车为甲提供抵押担保，但未办理抵押登记；戊也为甲提供了付款保证，但未约定保证方式，当事人亦未约定丁和戊分别为甲提供担保的实现顺序。

乙公司在未检验地板的情况下，即于 6 月 10 日向丙公司付清了货款，但甲未向乙公司付款，乙公司要求戊承担保证责任，戊拒绝，理由有二：第一，乙公司必须先向丁实现抵押权；第二，戊承担一般保证责任，享有先诉抗辩权。

乙公司多次催告，甲仍不付款，8 月 25 日，乙公司宣布解除与甲的地板转卖合同，将地板从甲处取回。次日，乙公司发现丙公司交付的地板约有 1/3 质量不符合合同约定，遂向丙公司要求退货。

根据上述内容，分别回答下列问题：

（1）甲以乙公司名义与丙公司签订的地板买卖合同是否有效？请说明理由。

（2）乙公司是否取得了对小汽车的抵押权？请说明理由。

（3）戊关于乙公司必须先向丁实现抵押权的主张是否成立？请说明理由。

（4）戊关于其承担的是一般保证责任，享有先诉抗辩权的说法是否成立？请说明理由。

（5）乙公司是否有权解除其与甲的地板转卖合同？请说明理由。

（6）乙公司发现地板质量不合格后，是否有权向丙公司要求退货？请说明理由。

第五章　合伙企业法律制度

知识要点：

1. 了解企业的概念和分类。

2. 了解合伙企业的类型，掌握普通合伙企业的设立、合伙企业财产、合伙事务执行、损益分配和入伙退伙。

3. 了解有限合伙企业设立、事务执行、合伙企业财产、合伙人性质转变的特殊规定。

4. 了解合伙企业的解散和清算。

案例导入：

2015 年，甲、乙、丙、丁 4 人共同投资设立 A 普通合伙企业，其合伙协议约定：① 甲、乙、丙每人以现金 10 万元或者相当于 10 万元价值的实物出资，丁以劳务作价 5 万元出资；② 由甲负责执行合伙企业事务，其余三人均不参与企业事务管理；③ 企业的利润和损失按照出资比例分配承担。

在执行合伙企业事务中，为提高管理水平，甲自行决定任李某为企业的经营管理人员。企业成立 3 年后，因经营不善，连续亏损，乙便将自己在企业中的财产份额作价 8 万元卖给了王某，甲、丙、丁对此毫不知情。

2020 年，企业无法继续经营并欠下外债 50 万元。企业所有资产结算后价值为 3 万元。此时，甲、乙、丙生活窘迫，仅能维持生计。据查，甲的父母有两套房子，丁不满 18 岁的小孩名下有 10 万元存款，系其父丁所存。债权人找到甲、乙、丙、丁要求偿还，甲以房子不是自己的为由拒绝；乙表示自己的财产份额已经转让，所以债务和自己无关；丙表示无力偿还；丁表示愿意偿还自己的份额，其余的不承担。债权人因此诉至法院。

问题：

(1) A 企业在设立过程中是否有违法之处？请简要说明理由。

(2) 甲聘请李某为经营管理人员是否符合法律规定？请简要说明理由。

(3) 乙转让财产份额的行为是否符合法律规定？请简要说明理由。

(4) 若你是法官，试分析各位合伙人对于企业所欠债务的观点。

第一节　企业概述

一、企业的概念

现代意义上的企业，是指由一定的生产要素有机组合而成，依法从事商品生产、流通和服务性活动，具有一定法律主体资格的营利性经济实体。作为社会财富的创造者和消费者，企业是人类社会发展到一定阶段的产物，是国民经济的基本单位，是现代经济关系中最重要、最活跃的主体，我们每一个人都可能是企业的职工、企业的股东、企业的债权人、企业产品的消费者等。

二、企业的分类

（1）依据所有制形式，我国企业可以分为全民所有制企业、集体所有制企业、外商投资企业和私营企业。全民所有制企业又称国有企业，是指企业全部财产属于国家所有，依法自主经营、自负盈亏、独立核算的商品生产和经营单位。广义的国有企业还包括国家控股的股份有限公司、有限责任公司和国有独资公司，全民所有制企业只是国有企业的一种。集体所有制企业是指以生产资料的劳动群众集体所有制为基础，以按劳分配为主要分配方式，实行共同劳动、自主经营、自负盈亏、独立核算的商品经济组织。外商投资企业是指依照中华人民共和国法律的规定，经我国有关部门批准，在中国境内设立的，从事某种经营活动，由一个或一个以上的国外投资方与我国投资方共同经营或独立经营，实行独立核算、自负盈亏的经济实体，包括中外合资经营企业、中外合作经营企业和外资企业3种形态。私营企业是指由自然人投资设立或由自然人控股，有法定数额的雇工，以雇佣劳动为基础的营利性经济组织。其财产属于私人所有，可以依法采取独资企业、合伙企业和有限责任公司等形式。

（2）依据企业的组织方式，企业可以分为个人独资企业、合伙企业和公司企业。个人独资企业是指依照《中华人民共和国个人独资企业法》（以下简称《个人独资企业法》）在中国境内设立，由一个自然人投资，财产为投资人个人所有，投资人以其个人财产对企业债务承担无限责任的经营实体。合伙企业是指自然人、法人和其他组织依照《中华人民共和国合伙企业法》（以下简称《合伙企业法》）在中国境内设立的普通合伙企业和有限合伙企业。公司企业是指依照《公司法》在中国境内设立的具有法人资格的企业。

（3）依据企业投资资金来源，企业可以分为内资企业和外商投资企业。内资企业是指全部由中国内地投资者举办的企业。外商投资企业的投资者必须有一部分或者全部为外商，港、澳、台商投资设立的企业也属于外商投资企业。

（4）依据企业法律地位不同，企业可以分为法人企业和非法人企业。法人企业是指具有符合国家法律规定的资金数额、企业名称、组织章程、组织机构、住所等法定条件，能够独立承担民事责任，经主管机关核准登记取得法人资格的社会经济组织。非法人企业是指依法不能取得法人资格的企业。

在市场经济中，企业是平等的竞争主体，对于市场交易而言，交易者最为关注的是企业的责任承担方式以及企业在法律上的主体资格。因此，按照组织方式将企业划分为个人独资企业、合伙企业和公司企业是对企业进行的最基本的分类。

第二节　合伙企业法律制度概述

合伙作为一种古老的以契约为基础的法律制度，在我国有着较为悠久的历史。《史记》曾记载“管仲曰：吾始困时，尝与鲍叔贾，分财利多自与，鲍叔不以我为贪，知我贫也”，证明早在春秋战国时期就已经出现了合伙制。

在现代市场经济社会中，合伙企业相较于个人独资企业而言，其资本来源比独资企业广泛，风险和责任更分散；相较于公司企业而言，合伙企业不属于法人，在经营管理上具有较大的自主性和灵活性，其设立条件、法律责任承担等方面都比较自由，因此在数量上占据着一定的优势。

一、合伙企业及其类型

（一）合伙企业的概念

合伙是指两个以上的人为着共同目的，相互约定共同出资、共同经营、共享收益、共担风险的自愿联合。合伙一般体现为一种单纯的合同关系；当合伙关系因依照合伙企业法进行登记并取得营业资格后，便体现为合伙企业。因此，合伙企业是指自然人、法人和其他组织依照《合伙企业法》在中国境内设立的普通合伙企业和有限合伙企业。合伙企业具有如下几个特征：

1. 合伙企业是合伙人共同出资、共同经营、共享收益、共担风险的自愿联合

在共同出资、共同经营、共享收益、共担风险四项特征之中，最关键的是共担风险。共担风险指的是合伙人共同承担经营风险，这是合伙关系不同于其他合同关系的最关键之处。共担风险与共享收益在逻辑上是一致的。共享收益，意味着企业有经营收益（即利润）时合伙人才能分配利润，没有利润或者亏损的时候当然就不能分享收益。因此，约定一方当事人无论企业盈亏，均有权获得固定金额回报的协议，违背了合伙人共享收益和共担风险的基本原则，不构成合伙协议。

2. 合伙企业的信用基础最终取决于普通合伙人的偿付能力

尽管《合伙企业法》规定，合伙企业首先以自有财产清偿债务，但对其债务兜底的最终还是承担无限连带责任的普通合伙人。这是合伙企业区别于有限责任公司和股份有限公司的一个重要特征。正是由于这个特征，合伙企业的普通合伙人在设立合伙时都会慎重考察和选择其他普通合伙人，普通合伙人对外转让财产份额时，也须受其他普通合伙人的制约。这些特点都导致普通合伙人的财产份额缺乏流动性，无法形成活跃的交易市场。反过来，这就使得普通合伙企业很难通过吸引普通合伙人加入而获得资金。

3. 合伙企业无法人资格，但具有许多类似法人的特点

我国法律根据传统民法理论观点，历来不承认合伙具有民事主体地位。因此，在法律上，无论是民事合伙，还是合伙企业，都不具有法人资格。但是，经济生活的现实需求要求合伙企业具有一定的独立于合伙人的法律地位。我国《合伙企业法》恰当地反映了这种现实需求。依据该法成立的合伙企业，实际上具有相当多的类似法人的特征。例如，合伙企业可以对外以自己的名义从事法律行为，建立法律关系，而无须依赖合伙人的主体资格；合伙企业拥有自己的、与合伙人财产相区别的财产，合伙企业的债务应当先以合伙企业的财产清偿，合伙企业的财产不足以清偿时，普通合伙人才承担清偿责任；合伙企业可以以自己的名义起诉和应诉。

4. 合伙企业的内部治理高度灵活

合伙企业的内部事务管理主要由合伙协议规范，而合伙协议由合伙人在自愿协商的基础上订立，法律上的强制性规范很少。因此，合伙人拥有较大的灵活度，可以根据本合伙的目的、特点和需求，构建适合于本合伙的治理结构和治理规范。

5. 合伙企业并非企业所得税纳税人

合伙企业的生产经营所得和其他所得，按照国家有关税收规定，由合伙人分别缴纳所得税。合伙企业的生产经营所得和其他所得，是指合伙企业从事生产经营以及与生产经营有关的活动所取得的各项收入。合伙企业不缴纳企业所得税。

（二）合伙企业的类型

合伙企业分为普通合伙企业和有限合伙企业。普通合伙企业由普通合伙人组成，合伙人对合伙企业债务承担无限连带责任。普通合伙企业中还有一种特殊形态的合伙企业，即特殊的普通合伙企业，《合伙企业法》对其合伙人的责任分担方式有特别规定。有限合伙企业由普通合伙人和有限合伙人组成，普通合伙人对合伙企业债务承担无限连带责任，有限合伙人以其认缴的出资额为限对合伙企业债务承担责任。

二、合伙企业法及其适用范围

（一）合伙企业法的概念

合伙企业法有狭义和广义之分。狭义的合伙企业法，是指由国家最高立法机关依法制定的、规范合伙企业合伙关系的专门法律，即《合伙企业法》。该法于 1997 年 2 月 23 日由第八届全国人民代表大会常务委员会第二十四次会议通过，2006 年 8 月 27 日第十届全国人民代表大会常务委员会第二十三次会议修订。广义的合伙企业法，是指国家立法机关或者其他有权机关依法制定的、调整合伙企业合伙关系的各种法律规范的总称。因此，除了《合伙企业法》外，国家有关法律、行政法规和规章中关于合伙企业的法律规范，都属于合伙企业法的范畴。

（二）合伙企业法的适用范围

根据《合伙企业法》及全国人民代表大会法律工作委员会关于《中华人民共和国合伙企业法（修订草案）》审议结果的报告，在理解和掌握我国《合伙企业法》的适用时，需要注意以下两个问题：

第一，采取合伙制的非企业专业服务机构的合伙人承担责任形式的法律适用问题。非企业专业服务机构依据有关法律采取合伙制的，其合伙人承担责任的形式可以适用《合伙企业法》关于特殊的普通合伙企业合伙人承担责任的规定。非企业专业服务机构，是指不采取企业（如公司制）形式成立的、不以营利为目的的、以自己专业知识提供特定咨询等方面服务的组织。如律师事务所、会计师事务所等专业服务机构。

第二，外国企业或者个人在中国境内设立合伙企业的管理办法问题。外国企业或者个人在中国境内设立合伙企业的管理办法由国务院规定。为了规范外国企业或者个人在中国境内设立合伙企业的行为，2009 年 11 月 25 日国务院发布了《外国企业或者个人在中国境内设立合伙企业管理办法》。办法规定，外国企业或者个人在中国境内设立合伙企业，是指两个以上外国企业或者个人在中国境内设立合伙企业，以及外国企业或者个人与中国的自然人、法人和其他组织在中国境内设立合伙企业。外国企业或者个人在中国境内设立合伙企业，应当遵守《合伙企业法》以及其他有关法律、行政法规、规章的规定，符合有关外商投资的产业政策。外国企业或者个人用于出资的货币应当是可自由兑换的外币，也可以是依法获得的人民币。外国企业或者个人在中国境内设立合伙企业，应当由全体合伙人指定的代表或者共同委托的代理人向国务院工商行政管理部门授权的地方工商行政管理部门（2018 年以后改为市场监督管理部门，下同）申请设立登记，领取《外商投资合伙企业营业执照》后，方可从事经营活动。外国企业或者个人在中国境内设立的合伙企业解散的，应当依照《合伙企业法》的规定进行清算。

清算人应当自清算结束之日起 15 日内，依法向企业登记机关办理注销登记。合伙企业的外国合伙人全部退伙，该合伙企业继续存续的，应当依法向企业登记机关申请变更登记。

中国的自然人、法人和其他组织在中国境内设立的合伙企业，外国企业或者个人入伙的，应当符合有关规定，并依法向企业登记机关申请变更登记。

第三节 普通合伙企业

一、普通合伙企业的概念和特征

普通合伙企业，是指由普通合伙人组成，合伙人对合伙企业债务依照《合伙企业法》规定承担无限连带责任的一种合伙企业。普通合伙企业具有以下特点：

(1) 由普通合伙人组成。所谓普通合伙人，是指在合伙企业中对合伙企业的债务依法承担无限连带责任的自然人、法人和其他组织。

(2) 除法律另有规定外，合伙人对合伙企业债务依法承担无限连带责任。所谓无限连带责任，包括两个方面：一是无限责任。即所有的合伙人不仅以自己投入合伙企业的资金和合伙企业的其他资金对债权人承担清偿责任，而且在合伙企业财产不够清偿时，还要以自己所有的财产对债权人承担清偿责任。二是连带责任。即当合伙企业不能清偿到期债务时，所有的合伙人对合伙企业的债务都有责任向债权人偿还，不管自己在合伙协议中所确定的承担比例如何。一个合伙人不能清偿合伙企业债务的，其他合伙人都有清偿的责任。但是，当某一合伙人偿还合伙企业的债务超过自己所应承担的数额时，有权向其他合伙人追偿。但是，在特殊情况下，合伙人可以不承担无限连带责任。《合伙企业法》中“特殊的普通合伙企业”对该内容作了规定。

二、普通合伙企业的设立

(一) 普通合伙企业的设立条件

设立普通合伙企业，应当具备下列条件：

(1) 有两个以上合伙人。合伙人为自然人的，应当具有完全民事行为能力。合伙企业合伙人至少为两人以上，对于合伙企业合伙人数的最高限额，我国《合伙企业法》未作规定，完全由设立人根据所设企业的具体情况决定。关于合伙人的资格，《合伙企业法》作了以下限定：① 合伙人可以是自然人，也可以是法人或者其他组织。除法律另有规定外，这些人的组成不受限制。② 合伙人为自然人的，应当具有完全民事行为能力。无民事行为能力人和限制民事行为能力人不得成为普通合伙企业的合伙人。③ 国有独资公司、国有企业、上市公司以及公益性的事业单位、社会团体不得成为普通合伙人。

(2) 有书面合伙协议。合伙协议，是指由各合伙人通过协商，共同决定相互间的权利义务，达成的具有法律约束力的协议。订立合伙协议、设立合伙企业，应当遵循自愿、平等、公平、诚实信用原则。

合伙协议应当依法由全体合伙人协商一致，以书面形式订立。合伙协议应当载明下列事项：合伙企业的名称和主要经营场所的地点；合伙目的和合伙经营范围；合伙人的姓名或者名称、住所；合伙人的出资方式、数额和缴付期限；利润分配、亏损分担方式；合伙事务的执行；入伙与退伙；争议解决办法；合伙企业的解散与清算；违约责任等。合伙协议经全体合伙人签名、盖章后生效。合伙人按照合伙协议享有权利，履行义务。修改或者补充合伙协议，应当经全体合伙人一致同意；但是，合伙协议另有约定的除外。合伙协议未约定或者约定不明确的事项，由合伙人协商决定；协商不成的，依照《合伙企业法》和其他有关法律、行政法规的规定处理。

合伙人违反合伙协议的，应当依法承担违约责任。合伙人履行合伙协议发生争议的，合伙人可以通过协商或者调解解决。不愿通过协商、调解解决或者协商、调解不成的，可以按照合伙协议约定的仲裁条款或者事后达成的书面仲裁协议，向仲裁机构申请仲裁。合伙协议中未订立仲裁条款，事后又没有达成书面仲裁协议的，可以向人民法院起诉。

(3) 有合伙人认缴或者实际缴付的出资。合伙协议生效后，合伙人应当按照合伙协议的规定缴纳出资。合伙人可以用货币、实物、知识产权、土地使用权或者其他财产权利出资，也可以用劳务出资。合伙人的劳务出资形式是有别于公司出资形式的重要不同之处。合伙人以实物、知识产权、土地使用权或者其他财产权利出资，需要评估作价的，可以由全体合伙人协商确定，也可以由全体合伙人委托法定评估机构评估。合伙人以劳务出资的，其评估办法由全体合伙人协商确定，并在合伙协议中载明。合伙人应当按照合伙协议约定的出资方式、数额和缴付期限履行出资义务。以非货币财产出资的，依照法律、行政法规的规定，需要办理财产权转移手续的，应当依法办理。

(4) 有合伙企业的名称和生产经营场所。普通合伙企业应当在其名称中标明“普通合伙”字样，其中，特殊的普通合伙企业，应当在其名称中标明“特殊普通合伙”字样，合伙企业的名称必须和“合伙”联系起来，名称中必须有“合伙”二字。违反《合伙企业法》的规定，合伙企业未在其名称中标明“普通合伙”“特殊普通合伙”或者“有限合伙”字样的，由企业登记机关责令限期改正，处以 2 000 元以上 1 万元以下的罚款。经企业登记机关登记的合伙企业主要经营场所只能有一个，并且应当在其企业登记机关登记管辖区域内。

(5) 法律、行政法规规定的其他条件。

(二) 合伙企业的设立登记

合伙企业的设立登记，应按如下程序进行：

1. 申请人向企业登记机关提交相关文件

申请设立合伙企业，应当由全体合伙人指定的代表或者共同委托的代理人向企业登记机关提交下列文件：① 全体合伙人签署的设立登记申请书；② 全体合伙人的身份证明；③ 全体合伙人指定代表或者共同委托代理人的委托书；④ 合伙协议；⑤ 全体合伙人对各合伙人认缴或者实际缴付出资的确认书；⑥ 主要经营场所证明；⑦ 国务院工商行政管理部门规定提交的其他文件。

此外，法律、行政法规或者国务院规定设立的合伙企业须经批准的，还应当提交有关批准文件。合伙企业的经营范围中有属于法律、行政法规或者国务院规定在登记前须经批准的项目的，应当向企业登记机关提交批准文件。全体合伙人决定委托执行事务合伙人的，应当向企业登记机关提交全体合伙人的委托书。执行事务合伙人是法人或者其他组织的，还应当提交其委派代表的委托书和身份证明。以实物、知识产权、土地使用权或者其他财产权利出资，由全体合伙人协商作价的，应当向企业登记机关提交全体合伙人签署的协商作价确认书；由全体合伙人委托法定评估机构评估作价的，应当向企业登记机关提交法定评估机构出具的评估作价证明。法律、行政法规规定设立特殊的普通合伙企业，需要提交合伙人的职业资格证明的，应当向企业登记机关提交有关证明。违反《合伙企业法》规定，提交虚假文件或者采取其他欺骗手段，取得合伙企业登记的，由企业登记机关责令改正，处以 5 000 元以上 5 万元以下的罚款；情节严重的，撤销企业登记，并处以 5 万元以上 20 万元以下的罚款。

2. 企业登记机关核发营业执照

申请人提交的登记申请材料齐全、符合法定形式，企业登记机关能够当场登记的，应予当场登记，发给合伙企业营业执照。除此之外，企业登记机关应当自受理申请之日起 20 日内，作出是否登记的决定。对符合《合伙企业法》规定条件的，予以登记，发给合伙企业营业执照；对不符合规定条件的，不予登记，并应当给予书面答复，说明理由。合伙企业的登记事项应当包括：名称、主要经营场所、执行事务合伙人、经营范围、合伙企业类型、合伙人姓名或者名称及住所、承担责任方式、认缴或者实际缴付的出资数额、缴付期限、出资方式和评估方式等。合伙协议约定合伙期限的，登记事项还应当包括合伙期限。执行事务合伙人是法人或者其他组织的，登记事项还应当包括法人或者其他组织委派的代表。

合伙企业设立分支机构的，应当向分支机构所在地的企业登记机关申请设立登记，领取营业执照。分支机构的登记事项包括：分支机构的名称、经营场所、经营范围、分支机构负责人的姓名及住所等。分支机构的经营范围不得超出合伙企业的经营范围。合伙企业有合伙期限的，分支机构的登记事项还应当包括经营期限。分支机构的经营期限不得超过合伙企业的合伙期限。

依据《合伙企业法》《中华人民共和国合伙企业登记管理办法》（简称《合伙企业登记管理办法》）的规定，登记机关对依《中华人民共和国注册会计师法》规定设立的合伙制会计师事务所的合伙人提出的设立特殊的普通合伙企业的申请，应当受理，并依法予以登记。合伙制注册会计师事务所的合伙人申请设立特殊的普通合伙企业，除提交《合伙企业登记管理办法》中规定的文件外，还应当提交各合伙人的注册会计师证书的复印件。对于其他法律、行政法规规定设立特殊的普通合伙企业，需要提交合伙人的职业资格证明的，应当向企业登记机关提交有关证明。

合伙企业的营业执照签发日期，为合伙企业成立日期。合伙企业领取营业执照前，合伙人不得以合伙企业的名义从事合伙业务。违反《合伙企业法》的规定，未领取营业执照，而以合伙企业或者合伙企业分支机构名义从事合伙业务的，由企业登记机关责令停止，处以 5 000 元以上 5 万元以下的罚款。合伙企业领取营业执照后，从事法律、行政法规规定需要许可的业务的，应当按国家有关规定申请许可后方可从事该领域业务。

合伙企业登记事项发生变更的，执行合伙事务的合伙人应当自作出变更决定或者发生变更事由之日起 15 日内，向企业登记机关申请办理变更登记。合伙人申请变更登记，除应当提交《合伙企业登记管理办法》规定的文件外，涉及变更具体登记事项的，还应当提交以下文件：① 合伙企业变更主要经营场所的，应当在迁入新经营场所前申请变更登记，并提交新的主要经营场所使用证明。合伙企业变更主要经营场所跨企业登记机关辖区的，应当在迁入新经营场所前向迁入地企业登记机关申请变更登记；迁入地企业登记机关受理的，由原企业登记机关将企业登记档案移送迁入地企业登记机关。② 法人、其他组织委派的执行合伙事务的代表发生变化的，应当提交其继任代表的自然人身份证明和继任委派书。③ 普通合伙企业变更为特殊的普通合伙企业的，应当提交由国家有关部门或授权机构颁发的各合伙人的职业资格证明。④ 合伙企业修改合伙协议的，应当向企业登记机关提交由全体合伙人签名、盖章的新修改的合伙协议或者依据设立登记时合伙协议的约定作出的修改合伙协议的决议。⑤ 新合伙人入伙的，应当提交新合伙人的主体资格证明或自然人身份证明、入伙协议以及全体合伙人对新合伙人认缴或者实际缴付出资的确认书。⑥ 合伙人增加或减少对合伙企业出资的，提交全体合伙人对该合伙人认缴或者实际缴付出资的确认书。

合伙企业登记事项发生变更时，未依照规定办理变更登记的，由企业登记机关责令限期登记；逾期不登记的，处以 2 000 元以上 2 万元以下的罚款。合伙企业登记事项发生变更，执行合伙事务的合伙人未按期申请办理变更登记的，应当赔偿由此给合伙企业、其他合伙人或者善意第三人造成的损失。

三、合伙企业财产与合伙人份额

（一）合伙企业财产的构成

合伙人的出资、以合伙企业名义取得的收益和依法取得的其他财产，均为合伙企业的财产。从这一规定可以看出，合伙企业财产由以下 3 个部分构成：

(1) 合伙人的出资。合伙人可以用货币、实物、知识产权、土地使用权或者其他财产权利出资，也可以用劳务出资。这些出资形成合伙企业的原始财产。需要注意的是，合伙企业的原始财产是全体合伙人“认缴”的财产，而非各合伙人“实际缴纳”的财产。

(2) 以合伙企业名义取得的收益。合伙企业作为一个独立的经济实体，可以有自己的独立利益，因此，以其名义取得的收益作为合伙企业获得的财产，当然归属于合伙企业，成为合伙财产的一部分。以合伙企业名义取得的收益，主要包括合伙企业的公共积累资金、未分配的盈余、合伙企业债权、合伙企业取得的工业产权和非专利技术等财产权利。

(3) 依法取得的其他财产。即根据法律、行政法规的规定合法取得的其他财产，如合法接受的赠与财产等。

（二）合伙企业财产的性质

合伙企业的财产具有独立性和完整性两方面的特征。所谓独立性，是指合伙企业的财产独立于合伙人，合伙人出资以后，一般说来，便丧失了对其作为出资部分的财产的所有权或者持有权、占有权，合伙企业的财产权主体是合伙企业，而不是单独的每一个合伙人。所谓完整性，是指合伙企业的财产作为一个完整的统一体而存在，合伙人对合伙企业财产权益的表现形式，仅是依照合伙协议所确定的财产收益份额或者比例。合伙人在合伙企业清算前，不得请求分割合伙企业的财产；但是，法律另有规定的除外。合伙人在合伙企业清算前私自转移或者处分合伙企业财产的，合伙企业不得以此对抗善意第三人。在确认善意取得的情况下，合伙企业的损失只能向合伙人进行追索，而不能向善意第三人追索。合伙企业也不能以合伙人无权处分其财产而对善意第三人的权利要求进行对抗，即不能以合伙人无权处分其财产而主张其与善意第三人订立的合同无效。当然，如果第三人是恶意取得的，即明知合伙人无权处分而与之进行交易，或者与合伙人同谋共同侵犯合伙企业权益，则合伙企业可以据此对抗第三人。

（三）合伙人财产份额的转让

合伙人财产份额的转让，是指合伙企业的合伙人向他人转让其在合伙企业中的全部或者部分财产份额的行为。由于合伙人财产份额的转让将会影响到合伙企业以及各合伙人的切身利益，因此，《合伙企业法》对合伙人财产份额的转让作了以下限制性规定：

(1) 除合伙协议另有约定外，合伙人向合伙人以外的人转让其在合伙企业中的全部或者部分财产份额时，须经其他合伙人一致同意。这一规定适用于合伙人财产份额的外部转让。所谓合伙人财产份额的外部转让，是指合伙人把其在合伙企业中的全部或者部分财产份额转让给合伙人以外的第三人的行为。合伙人财产份额的外部转让，只有经其他合伙人一致同意，才表明其他合伙人同意与受让人共同维持原合伙企业，合伙企业才能存续下去。如果其他合伙人不同意接受受让人，则合伙企业无法存续下去。当然，“合伙人向合伙人以外的人转让其全部或者部分财产份额的，须经其他合伙人一致同意”是一项法定的原则，且这项原则是在合伙协议中没有规定的情况下才有法律效力。如果合伙协议有另外的约定，即合伙协议约定，合伙人向合伙人以外的人转让其在合伙企业中的全部或者部分财产份额时，无须经过其他合伙人一致同意，比如约定 2/3 以上合伙人同意或者一定出资比例同意的情况下，则应执行合伙协议的规定。

(2) 合伙人之间转让在合伙企业中的全部或者部分财产份额时，应当通知其他合伙人。这一规定适用于合伙人财产份额的内部转让。所谓合伙人财产份额的内部转让，是指合伙人将其在合伙企业中的全部或者部分财产份额转让给其他合伙人的行为。合伙人财产份额的内部转让因不涉及合伙人以外的人参加，合伙企业存续的基础没有发生实质性变更，因此不需要经过其他合伙人一致同意，只需要通知其他合伙人即可产生法律效力。

(3) 合伙人向合伙人以外的人转让其在合伙企业中的财产份额的，在同等条件下，其他合伙人有优先购买权；但是，合伙协议另有约定的除外。所谓优先购买权，是指在合伙人转让其财产份额时，在多数人接受转让的情况下，其他合伙人基于同等条件可优先于其他非合伙人购买的权利。优先购买权的发生存在两个前提：一是合伙人财产份额的转让没有约定的转让条件、转让范围的限制。也就是说，“合伙协议”没有“另有约定”或者另外的限制，如有另外约定或者限制，则应依约定或限制办理。二是同等条件。同等的条件，主要是指购买的价格条件，当然也包括其他条件。这一规定的目的在于维护合伙企业现有合伙人的利益，维护合伙企业在现有基础上的稳定。

合伙人以外的人依法受让合伙人在合伙企业中的财产份额的，经修改合伙协议即成为合伙企业的合伙人，依照《合伙企业法》和修改后的合伙协议享有权利，履行义务。合伙人以外的人成为合伙人须修改合伙协议，未修改合伙协议的，不应算作法律所称的“合伙企业的合伙人”。合伙人以外的人成为合伙人后，依照《合伙企业法》和修改后的合伙协议享有权利，履行义务。

此外，由于合伙人以财产份额出质可能导致该财产份额依法发生权利转移，合伙人以其在合伙企业中的财产份额出质的，须经其他合伙人一致同意；未经其他合伙人一致同意，其行为无效，由此给善意第三人造成损失的，由行为人依法承担赔偿责任。合伙人财产份额的出质，是指合伙人将其在合伙企业中的财产份额作为质押物来担保债权人债权实现的行为。对合伙人财产份额出质的规定，包括以下两方面的内容：一是合伙人可以以其在合伙企业中的财产份额作为质物，与他人签订质押合同，但必须经其他合伙人一致同意，否则，合伙人的出质行为无效，即不产生法律上的效力，不受法律的保护。二是合伙人非法出质给善意第三人造成损失的，依法承担赔偿责任。合伙人擅自以其在合伙企业中的财产份额出质，违背了合伙企业存续的基础，具有主观上的过错。合伙人非法出质给善意第三人造成损失的，应当依法赔偿因其过错行为给善意第三人所造成的损失。

四、合伙事务执行与损益分配

(一) 合伙事务执行的形式

合伙人执行合伙企业事务，可以有以下两种形式：

1. 全体合伙人共同执行合伙事务

这是合伙事务执行的基本形式，也是在合伙企业中经常使用的一种形式，尤其是在合伙人较少的情况下更为适宜。合伙协议未约定或者全体合伙人未决定委托执行事务合伙人的，全体合伙人均为执行事务合伙人。在采取这种形式的合伙企业中，按照合伙协议的约定，各个合伙人都直接参与经营，处理合伙企业的事务，对外代表合伙企业。

2. 委托一个或者数个合伙人执行合伙事务

在合伙企业中，有权执行合伙事务的合伙人并不都愿意行使这种权利。按照合伙协议的约定或者经全体合伙人决定，可以委托一个或者数个合伙人对外代表合伙企业，执行合伙事务。《合伙企业法》明确规定，委托一个或者数个合伙人执行合伙事务的，其他合伙人不再执行合伙事务。这一规定主要是考虑到按照合伙协议的约定或者经全体合伙人决定，将合伙事务委托给部分合伙人执行，没有必要再由其他合伙人执行，否则容易引起矛盾与冲突。当然，对合伙协议或者全体合伙人作出的决定以外的某些事项，如果没有委托一个或数个合伙人执行时，可以由全体合伙人共同执行或者由全体合伙人决定委托给某一个特定的合伙人办理。

合伙人可以将合伙事务委托一个或者数个合伙人执行，但并非所有的合伙事务都可以委托给部分合伙人决定。除合伙协议另有约定外，合伙企业的下列事项应当经全体合伙人一致同意：① 改变合伙企业的名称；② 改变合伙企业的经营范围、主要经营场所的地点；③ 处分合伙企业的不动产；④ 转让或者处分合伙企业的知识产权和其他财产权利；⑤ 以合伙企业名义为他人提供担保；⑥ 聘任合伙人以外的人担任合伙企业的经营管理人员。合伙人对《合伙企业法》规定或者合伙协议约定必须经全体合伙人一致同意始得执行的事务擅自处理，给合伙企业或者其他合伙人造成损失的，依法承担赔偿责任。

（二）合伙人在执行合伙事务中的权利和义务

1. 合伙人在执行合伙事务中的权利

合伙人在执行合伙事务中的权利主要包括以下内容：

(1) 合伙人对执行合伙事务享有同等的权利。合伙企业的特点之一就是合伙经营，各合伙人无论其出资多少，都有权平等享有执行合伙企业事务的权利。

(2) 执行合伙事务的合伙人对外代表合伙企业。合伙人在代表合伙企业执行事务时是以合伙企业事务执行人的身份组织实施企业的生产经营活动。合伙企业事务执行人与代理人不同，代理人以被代理人的名义行事，代理权源于被代理人的授权；而合伙企业事务执行人虽以企业名义活动，但其权利来自法律的直接规定。合伙企业事务执行人与法人的法定代表人也不同，法定代表人是法律规定的并经过一定登记手续而产生的法人单位的代表，他不一定是该法人单位的出资者；而合伙企业事务执行人则是因其出资行为取得合伙人身份，并可以对外代表合伙企业。由于法人和其他组织可以参与合伙，《合伙企业法》同时规定，作为合伙人的法人、其他组织执行合伙企业事务的，由其委托的代表执行。

(3) 不执行合伙事务的合伙人的监督权利。不执行合伙事务的合伙人有权监督执行事务合伙人执行合伙事务的情况。这有利于维护全体合伙人的共同利益，同时也可以促进合伙事务执行人更加认真谨慎地处理合伙企业事务。

(4) 合伙人查阅合伙企业会计账簿等财务资料的权利。合伙经营是一种以营利为目的的经济活动，合伙人之间的财产共有关系、共同经营关系、连带责任关系决定了全体合伙人形成了以实现合伙目的为目标的利益共同体。每个合伙人都有权利而且有责任关心了解合伙企业的全部经营活动。因此,查阅合伙企业会计账簿等财务资料,作为了解合伙企业经营状况和财务状况的有效手段,成为合伙人的一项重要权利。

(5) 合伙人有提出异议的权利和撤销委托的权利。在合伙人分别执行合伙事务的情况下,由于执行合伙事务的合伙人的行为所产生的亏损和责任要由全体合伙人承担,合伙人分别执行合伙事务的,执行事务合伙人可以对其他合伙人执行的事务提出异议。提出异议时,应当暂停该项事务的执行。如果发生争议,依照有关规定作出决定。受委托执行合伙事务的合伙人不按照合伙协议或者全体合伙人的决定执行事务的,其他合伙人可以决定撤销该委托。上述“依照有关规定作出决定”是指,合伙人对合伙企业有关事项作出决议,按照合伙协议约定的表决办法办理。合伙协议未约定或者约定不明确的,实行合伙人一人一票并经全体合伙人过半数通过的表决办法。

2. 合伙人在执行合伙事务中的义务

合伙人在执行合伙事务中的义务主要包括以下内容:

(1) 合伙事务执行人向不参加执行事务的合伙人报告企业的经营状况和财务状况。由一个或者数个合伙人执行合伙事务的,执行事务合伙人应当定期向其他合伙人报告事务执行情况以及合伙企业的经营状况和财务状况,其执行合伙事务所产生的收益归合伙企业,所产生的费用和亏损由合伙企业承担。

(2) 合伙人不得自营或者同他人合作经营与本合伙企业相竞争的业务。各合伙人组建合伙企业是为了合伙经营、共享收益,如果某一合伙人自己又从事或者与他人合作从事与合伙企业相竞争的业务,势必影响合伙企业的利益,背离合伙的初衷;同时还可能形成不正当竞争,使合伙企业处于不利地位,损害其他合伙人的利益。因此,合伙人不得自营或者同他人合作经营与本合伙企业相竞争的业务。合伙人违反《合伙企业法》规定或者合伙协议的约定,从事与本合伙企业相竞争的业务的,该收益归合伙企业所有;给合伙企业或者其他合伙人造成损失的,依法承担赔偿责任。

(3) 合伙人不得同本合伙企业进行交易。合伙企业中每一个合伙人都是合伙企业的投资者,如果自己与合伙企业交易,就包含了与自己交易,也包含了与别的合伙人交易,而这种交易极易损害他人利益。因此,除合伙协议另有约定或者经全体合伙人一致同意外,合伙人不得同本合伙企业进行交易。合伙人违反《合伙企业法》的规定或者合伙协议的约定,与本合伙企业进行交易的,该收益归合伙企业所有;给合伙企业或者其他合伙人造成损失的,依法承担赔偿责任。

(4) 合伙人不得从事损害本合伙企业利益的活动。合伙人在执行合伙事务的过程中,不得为了自己的私利,坑害其他合伙人的利益,也不得与其他人恶意串通,损害合伙企业的利益。合伙人执行合伙事务,或者合伙企业从业人员利用职务上的便利,将应当归合伙企业的利益据为己有的,或者采取其他手段侵占合伙企业财产的,应当将该利益和财产退还合伙企业;给合伙企业或者其他合伙人造成损失的,依法承担赔偿责任。

(三) 合伙事务执行的决议办法

合伙人对合伙企业有关事项作出决议,按照合伙协议约定的表决办法办理。合伙协议未约定或者约定不明确的,实行合伙人一人一票并经全体合伙人过半数通过的表决办法。《合伙企业法》对合伙企业的表决办法另有规定的,从其规定。这一规定确定了合伙事务执行决议的三种办法：

(1) 由合伙协议对决议办法作出约定。这种约定有两个前提：一是不与法律相抵触，即法律有规定的按照法律的规定执行，法律未作规定的可在合伙协议中约定。二是在合伙协议中作出的约定，应当由全体合伙人协商一致共同作出。至于在合伙协议中所约定的决议办法，是采取全体合伙人一致通过，还是采取 2/3 以上多数通过，或者采取其他办法，由全体合伙人视所决议的事项而作出约定。

(2) 实行合伙人一人一票并经全体合伙人过半数通过的表决办法。这种办法也有一个前提，即合伙协议未约定或者约定不明确的，才实行合伙人一人一票并经全体合伙人过半数通过的表决办法。需要注意的是，对各合伙人，无论出资多少和以何物出资，表决权数应以合伙人的人数为准，亦即每一个合伙人对合伙企业有关事项均有同等的表决权，使用经全体合伙人过半数通过的表决办法。

(3) 依照《合伙企业法》的规定作出决议。如《合伙企业法》规定，合伙人按照合伙协议的约定或者经全体合伙人决定，可以增加或者减少对合伙企业的出资；又如《合伙企业法》规定，处分合伙企业的不动产、改变合伙企业的名称等，除合伙协议另有约定外，应当经全体合伙人一致同意，等等。

（四）合伙企业的损益分配

(1) 合伙损益。合伙损益包括两方面的内容：一是合伙利润。合伙利润，是指以合伙企业的名义所取得的经济利益，它反映了合伙企业在一定期间的经营成果。二是合伙亏损。合伙亏损，是指以合伙企业的名义从事经营活动所形成的亏损（亏损即利润为负数的状态）。

(2) 合伙损益分配原则。合伙损益分配包含合伙企业的利润分配与亏损分担两个方面，对合伙损益分配原则，《合伙企业法》作了原则规定，主要内容为：① 合伙企业的利润分配、亏损分担，按照合伙协议的约定办理；合伙协议未约定或者约定不明确的，由合伙人协商决定；协商不成的，由合伙人按照实缴出资比例分配、分担；无法确定出资比例的，由合伙人平均分配、分担。② 合伙协议不得约定将全部利润分配给部分合伙人或者由部分合伙人承担全部亏损。

（五）非合伙人参与经营管理

在合伙企业中，往往由于合伙人经营管理能力不足，需要在合伙人之外聘任非合伙人担任合伙企业的经营管理人员，参与合伙企业的经营管理工作。除合伙协议另有约定外，经全体合伙人一致同意，可以聘任合伙人以外的人担任合伙企业的经营管理人员。这项法律规定表明了以下 3 层含义：① 合伙企业可以从合伙人之外聘任经营管理人员；② 聘任非合伙人的经营管理人员，除合伙协议另有约定外，应当经全体合伙人一致同意；③ 被聘任的经营管理人员，仅是合伙企业的经营管理人员，不是合伙企业的合伙人，因而不具有合伙人的资格。关于被聘任的经营管理人员的职责，《合伙企业法》作了明确规定，主要有：① 被聘任的合伙企业的经营管理人员应当在合伙企业授权范围内履行职务；② 被聘任的合伙企业的经营管理人员，超越合伙企业授权范围履行职务的，或者在履行职务过程中因故意或者重大过失给合伙企业造成损失的，依法承担赔偿责任。

五、合伙企业与第三人的关系

合伙企业与第三人关系，实际是指有关合伙企业的对外关系，涉及合伙企业对外代表权的效力、合伙企业和合伙人的债务清偿等问题。

（一）合伙企业对外代表权的效力

(1) 合伙企业与第三人的关系。所谓合伙企业与第三人的关系，是指合伙企业的外部关系，即合伙企业与合伙企业的合伙人以外的第三人的关系。合伙企业是由自然人、法人和其他组织依照《合伙企业法》，通过订立合伙协议而设立的营利性组织。在合伙企业设立以后，必然要以合伙企业的名义从事生产经营活动，进行商品的交换、服务的供需和财产的流转，从而与其他市场主体(包括自然人、法人和其他组织)发生联系，形成其外部关系。因此，合伙企业与第三人的关系也就是合伙企业与外部的关系。由于合伙企业在债务承担上是一种无限连带责任关系，这种关系在一定程度上就会与合伙人自身发生一定的牵连，例如，当合伙企业对外发生了债务并且合伙企业的财产不能清偿其债务时，这一关系即可转化为合伙人与债权人(第三人)之间的关系。

(2) 合伙事务执行中的对外代表权。可以取得合伙企业对外代表权的合伙人，主要有3种情况：一是由全体合伙人共同执行合伙企业事务的，全体合伙人都有权对外代表合伙企业，即全体合伙人都取得了合伙企业的对外代表权。二是由部分合伙人执行合伙企业事务的，只有受委托执行合伙企业事务的那一部分合伙人有权对外代表合伙企业，而不参加执行合伙企业事务的合伙人则不具有对外代表合伙企业的权利。三是由于特别授权在单项合伙事务上有执行权的合伙人，依照授权范围可以对外代表合伙企业。执行合伙企业事务的合伙人在取得对外代表权后，即可以以合伙企业的名义进行经营活动，在其授权的范围内作出法律行为。合伙人的这种代表行为，对全体合伙人发生法律效力，即其执行合伙事务所产生的收益归合伙企业，所产生的费用和亏损由合伙企业承担。

(3) 合伙企业对外代表权的限制。合伙人执行合伙事务的权利和对外代表合伙企业的权利，都会受到一定的内部限制。如果这种内部限制对第三人发生效力，必须以第三人知道这一情况为条件，否则，该内部限制不对该第三人发生抗辩力。合伙企业对合伙人执行合伙事务以及对外代表合伙企业权利的限制，不得对抗善意第三人。这里所指的限制，是指合伙企业对合伙人所享有的事务执行权与对外代表权权利能力的一种限定；这里所指的对抗，是指合伙企业否定第三人的某些权利和利益，拒绝承担某些责任；这里所指的善意第三人，是指不知道合伙企业所作的内部限制，或者不知道合伙企业对合伙人行使权利所作限制的事实，本着合法交易的目的，诚实地通过合伙企业的事务执行人，与合伙企业之间建立民事、商事法律关系的法人、非法人团体或自然人。如果第三人与合伙企业事务执行人恶意串通、损害合伙企业利益，则不属于善意的情形。需要指出的是，不得对抗善意第三人，主要是针对给第三人造成的损失而言，即当执行合伙事务的合伙人给善意第三人造成损失时，合伙企业不能因为对合伙人执行合伙事务以及对外代表合伙企业权利进行了限制，就不对善意第三人承担责任。

保护善意第三人的利益是为了维护经济往来的交易安全，这是一项被广泛认同的法律原则。例如，合伙企业内部规定，有对外代表权的合伙人甲在签订合同时，须经乙和丙两个执行事务的合伙人的同意，如果甲自作主张没有征求乙和丙的同意，与第三人丁签订了一份买卖合同，而丁不知道在合伙企业内部对甲所作的限制，在合同的履行中，也没有从中获得不正当的利益，这种情况下，第三人丁应当为善意第三人，丁所得到的利益应当予以保护，合伙企业不得以其内部所作的在行使权利方面的限制为由，否定善意第三人丁的正当权益，拒绝履行合伙企业应承担的责任。

（二）合伙企业和合伙人的债务清偿

1. 合伙企业的债务清偿与合伙人的关系

（1）合伙企业财产率先用于清偿合伙企业债务。合伙企业对其债务，应先以其全部财产进行清偿。所谓合伙企业的债务，是指在合伙企业存续期间产生的债务。也就是说，合伙企业的债权人应首先从合伙企业的全部财产中求偿，而不应当向合伙人个人直接请求债权。这有利于理顺合伙企业与第三人的法律关系，明确合伙企业的偿债责任，也有利于保护债权人的债权。

（2）合伙人的无限连带清偿责任。合伙企业不能清偿到期债务的，合伙人承担无限连带责任。所谓合伙人的无限责任，是指当合伙企业的全部财产不足以偿付到期债务时，各个合伙人应当以其自有财产来清偿合伙企业的债务。合伙人的连带责任，是指当合伙企业的全部财产不足以偿付到期债务时，合伙企业的债权人有权就合伙企业所负债务向任何一个合伙人主张，该合伙人不得以其出资的份额大小、合伙协议有特别约定、合伙企业债务另有担保人或者自己已经偿付所承担的份额等理由来拒绝。可见，合伙人的无限责任和连带责任，均以合伙企业财产不足以清偿到期债务为发生前提。

（3）合伙人之间的债务分担和追偿。合伙人由于承担无限连带责任，清偿数额超过规定的亏损分担比例的，有权向其他合伙人追偿。这一规定，在重申合伙人对合伙企业债务负无限连带责任的基础上，明确了合伙人分担合伙债务的比例，是以合伙企业亏损分担的比例为准。合伙企业的亏损分担，按照合伙协议的约定办理；合伙协议未约定或者约定不明确的，由合伙人协商决定；协商不成的，由合伙人按照实缴出资比例分担；无法确定出资比例的，由合伙人平均分担。

合伙人之间的分担比例对债权人没有约束力。债权人可以根据自己的清偿利益，请求全体合伙人中的一人或数人承担全部清偿责任，也可以按照自己确定的清偿比例向各合伙人分别追索。如果某一合伙人实际支付的清偿数额超过其依照既定比例所应承担的数额，依照《合伙企业法》的规定，该合伙人有权就超过部分向其他未支付或者未足额支付应承担数额的合伙人追偿。但是，合伙人的这种追偿权，应当具备以下 3 项条件：一是追偿人已经实际承担连带责任，并且其清偿数额超过了他应当承担的数额；二是被追偿人未实际承担或者未足额承担其应当承担的数额；三是追偿的数额不得超过追偿人超额清偿部分的数额或被追偿人未足额清偿部分的数额。

2. 合伙人的债务清偿与合伙企业的关系

在合伙企业存续期间，可能发生个别合伙人因不能偿还其私人债务而被追索的情况。由于合伙人在合伙企业中拥有财产权益，合伙人的债权人可能向合伙企业提出各种清偿请求。为了保护合伙企业和其他合伙人的合法权益，同时也保护债权人的合法权益，《合伙企业法》作了如下规定：

（1）合伙人发生与合伙企业无关的债务，相关债权人不得以其债权抵销其对合伙企业的债务，也不得代位行使合伙人在合伙企业中的权利。首先，合伙人发生与合伙企业无关的债务，相关债权人不得以其债权抵销其对合伙企业的债务。这是因为该债权人对合伙企业的负债，实际上是对全体合伙人的负债，而合伙企业某一合伙人对该债权人的负债，只限于该合伙人个人，如果允许两者抵销，就等于强迫合伙企业其他合伙人对个别合伙人的个人债务承担责任，这违反了合伙企业的本意，加大了合伙人的风险，也不利于合伙企业这种经济组织形式的发展。其次，合伙人发生与合伙企业无关的债务，相关债权人不得代位行使该合伙人在合伙企业中的权利。这是因为合伙人之间的相互了解和信任是合伙关系稳定的基础，如果允许个别合伙人的债权人代位行使该合伙人在合伙企业中的权利，如参与管理权、事务执行权等，则不利于合伙关系的稳定和合伙企业的正常运营。况且，该债权人因无合伙人身份，其只行使合伙人的权利而不承担无限连带责任，这无异于允许他将自己行为的责任风险转嫁于合伙企业的全体合伙人，这是不公平的。

(2) 合伙人的自有财产不足清偿其与合伙企业无关的债务的，该合伙人可以以其从合伙企业中分取的收益用于清偿；债权人也可以依法请求人民法院强制执行该合伙人在合伙企业中的财产份额用于清偿。这既保护了债权人的清偿利益，也无损于全体合伙人的合法权益。因为在债权人取得其债务人从合伙企业中分取的收益用来清偿的情况下，该债权人并不参与合伙企业内部事务，也不妨碍其债务人作为合伙人正常行使其正当的权利。而在债权人依法请求人民法院强制执行债务人在合伙企业中的财产份额作为清偿的情况下，如果该债权人因取得该财产份额而成为合伙企业的合伙人，则无异于合伙份额的转让。因此，债权人取得合伙人地位后，就要承担与其他合伙人同样的责任，因而不存在转嫁责任风险的问题。

人民法院强制执行合伙人的财产份额时，应当通知全体合伙人，其他合伙人有优先购买权；其他合伙人未购买，又不同意将该财产份额转让给他人的，依照《合伙企业法》的规定为该合伙人办理退伙结算，或者办理削减该合伙人相应财产份额的结算。这里需要注意 3 点：一是这种清偿必须通过民事诉讼法规定的强制执行程序进行，债权人不得自行接管债务人在合伙企业中的财产份额；二是人民法院强制执行合伙人的财产份额时，应当通知全体合伙人；三是在强制执行个别合伙人在合伙企业中的财产份额时，其他合伙人有优先购买权。也就是说，如果其他合伙人不愿意接受该债权人成为其合伙企业新的合伙人，可以由他们中的一人或者数人行使优先购买权，取得该债务人的财产份额。受让人支付的价金，用于向该债权人清偿债务。

六、入伙和退伙

(一) 入伙

入伙，是指在合伙企业存续期间，合伙人以外的第三人加入合伙，从而取得合伙人资格。

1. 入伙的条件和程序

新合伙人入伙，除合伙协议另有约定外，应当经全体合伙人一致同意，并依法订立书面入伙协议。订立入伙协议时，原合伙人应当向新合伙人如实告知原合伙企业的经营状况和财务状况。这一规定包括 4 层含义：一是新合伙人入伙，应当经全体合伙人一致同意，未获得一致同意的，不得入伙；二是合伙协议无另外约定，如果合伙协议对新合伙人入伙约定了相应的条件，则必须按照约定执行；三是新合伙人入伙，应当依法订立书面入伙协议，入伙协议应当以原合伙协议为基础，并对原合伙协议事项作相应变更，订立入伙协议不得违反公平原则、诚实信用原则；四是订立入伙协议时，原合伙人应当向新合伙人如实告知原合伙企业的经营状况和财务状况。

2. 新合伙人的权利和责任

一般来讲，入伙的新合伙人与原合伙人享有同等权利，承担同等责任。但是，如果原合伙人愿意以更优越的条件吸引新合伙人入伙，或者新合伙人愿意以较为不利的条件入伙，也可以在入伙协议中另行约定。关于新入伙人对入伙前合伙企业的债务承担问题，新合伙人对入伙前合伙企业的债务承担无限连带责任。

（二）退伙

退伙，是指合伙人退出合伙企业，从而丧失合伙人资格。

1. 退伙的原因

合伙人退伙一般有两种原因：一是自愿退伙；二是强制退伙。自愿退伙，是指合伙人基于自愿的意思表示而退伙。自愿退伙可以分为协议退伙和通知退伙两种。

关于协议退伙规定，合伙协议约定合伙期限的，在合伙企业存续期间，有下列情形之一的，合伙人可以退伙：① 合伙协议约定的退伙事由出现；② 经全体合伙人一致同意；③ 发生合伙人难以继续参加合伙的事由；④ 其他合伙人严重违反合伙协议约定的义务。合伙人违反上述规定退伙的，应当赔偿由此给合伙企业造成的损失。

关于通知退伙规定，合伙协议未约定合伙期限的，合伙人在不给合伙企业事务执行造成不利影响的情况下，可以退伙，但应当提前 30 日通知其他合伙人。由此可见，法律对通知退伙有一定的限制，即附有以下 3 项条件：① 必须是合伙协议未约定合伙企业的经营期限；② 必须是合伙人的退伙不给合伙企业事务执行造成不利影响；③ 必须提前 30 日通知其他合伙人。这三项条件必须同时具备，缺一不可。合伙人违反上述规定退伙的，应当赔偿由此给合伙企业造成的损失。强制退伙，是指合伙人因出现法律规定的事由而退伙，不以合伙人同意为条件。强制退伙分为当然退伙和除名退伙两类。

关于当然退伙规定，合伙人有下列情形之一的，当然退伙：① 作为合伙人的自然人死亡或者被依法宣告死亡；② 个人丧失偿债能力；③ 作为合伙人的法人或者其他组织依法被吊销营业执照、责令关闭、撤销或者被宣告破产；④ 法律规定或者合伙协议约定合伙人必须具有相关资格而丧失该资格；⑤ 合伙人在合伙企业中的全部财产份额被人民法院强制执行。此外，合伙人被依法认定为无民事行为能力人或者限制民事行为能力人的，经其他合伙人一致同意，可以依法转为有限合伙人，普通合伙企业依法转为有限合伙企业。其他合伙人未能一致同意的，该无民事行为能力或者限制民事行为能力的合伙人退伙。当然退伙以退伙事由实际发生之日为退伙生效日。

关于除名退伙规定，合伙人有下列情形之一的，经其他合伙人一致同意，可以决议将其除名：① 未履行出资义务；② 因故意或者重大过失给合伙企业造成损失；③ 执行合伙事务时有不正当行为；④ 发生合伙协议约定的事由。对合伙人的除名决议应当书面通知被除名人。被除名人接到除名通知之日，除名生效，被除名人退伙。被除名人对除名决议有异议的，可以自接到除名通知之日起 30 日内，向人民法院起诉。

2. 退伙的效果

退伙的效果，是指退伙时退伙人在合伙企业中的财产份额和民事责任的归属变动。分为两类情况：一是财产继承；二是退伙结算。

关于财产继承规定，合伙人死亡或者被依法宣告死亡的，对该合伙人在合伙企业中的财产份额享有合法继承权的继承人，按照合伙协议的约定或者经全体合伙人一致同意，从继承开始之日起，取得该合伙企业的合伙人资格。有下列情形之一的，合伙企业应当向合伙人的继承人退还被继承合伙人的财产份额：① 继承人不愿意成为合伙人；② 法律规定或者合伙协议约定合伙人必须具有相关资格，而该继承人未取得该资格；③ 合伙协议约定不能成为合伙人的其他情形。合伙人的继承人为无民事行为能力人或者限制民事行为能力人的，经全体合伙人一致同意，可以依法成为有限合伙人，普通合伙企业依法转为有限合伙企业。全体合伙人未能一致同意的，合伙企业应当将被继承合伙人的财产份额退还该继承人。根据这一法律规定，合伙人死亡时其继承人可依法定条件取得该合伙企业的合伙人资格：一是有合法继承权；二是有合伙协议的约定或者全体合伙人的一致同意；三是继承人愿意。死亡的合伙人的继承人取得该合伙企业的合伙人资格，从继承开始之日起获得。若有数个继承人，数人只能作为一个整体继承被继承人的合伙份额，否则就会破坏合伙企业原有的结构。

关于退伙结算，除合伙人死亡或者被依法宣告死亡的情形外，《合伙企业法》对退伙结算作了以下规定：① 合伙人退伙，其他合伙人应当与该退伙人按照退伙时的合伙企业财产状况进行结算，退还退伙人的财产份额。退伙人对给合伙企业造成的损失负有赔偿责任的，相应扣减其应当赔偿的数额。退伙时有未了结的合伙企业事务的，待该事务了结后进行结算。② 退伙人在合伙企业中财产份额的退还办法，由合伙协议约定或者由全体合伙人决定，可以退还货币，也可以退还实物。③ 合伙人退伙时，合伙企业财产少于合伙企业债务的，退伙人应当依照法律规定分担亏损，即如果合伙协议约定亏损分担比例的，按照合伙协议的约定办理；合伙协议未约定或者约定不明确的，由合伙人协商决定；协商不成的，由合伙人按照实缴出资比例分担；无法确定出资比例的，由合伙人平均分担。

合伙人退伙以后，并不能解除对于合伙企业既往债务的连带责任。退伙人对基于其退伙前的原因发生的合伙企业债务，承担无限连带责任。

七、特殊的普通合伙企业

（一）特殊的普通合伙企业的概念

传统的专业服务机构（如会计师事务所、律师事务所、资产评估事务所等）通常采取普通合伙的组织形式。但 20 世纪 80 年代以后，一些国家陆续对这类专业机构的合伙人责任设定特别规则，即在合伙人均对合伙债务承担无限连带责任的一般原则下，规定对于个别合伙人在执业活动中因故意或者重大过失导致的合伙债务，其他无过错合伙人不必承担连带责任。这种特别规则使得专业服务机构合伙人免于承担过度风险，有利于专业服务机构业务的发展和扩张。在美国，适用这类特别责任规则的合伙被叫作“有限责任合伙”。我国《合伙企业法》于 2006 年修订时，将该种合伙作为普通合伙企业中的一种特殊形态引进，命名为“特殊的普通合伙企业”。特殊的普通合伙企业，通常是以专业知识和专门技能为客户提供有偿服务的专业服务机构，此种合伙企业的合伙人责任分担方式不同于一般的普通合伙企业。特殊的普通合伙企业名称中应当标明“特殊普通合伙”字样。

（二）特殊的普通合伙企业的责任形式

1. 责任承担

一个合伙人或者数个合伙人在执业活动中因故意或者重大过失造成合伙企业债务的，应当承担无限责任或者无限连带责任，其他合伙人以其在合伙企业中的财产份额为限承担责任。合伙人在执业活动中非因故意或者重大过失造成的合伙企业债务以及合伙企业的其他债务，由全体合伙人承担无限连带责任。所谓重大过失，是指明知可能造成损失而轻率地作为或者不作为。根据这一法律规定，特殊的普通合伙企业的责任形式分为两种：

(1) 有限责任与无限连带责任相结合。即一个合伙人或者数个合伙人在执业活动中因故意或者重大过失造成合伙企业债务的，应当承担无限责任或者无限连带责任，其他合伙人以其在合伙企业中的财产份额为限承担责任。由于特殊的普通合伙企业的特殊性，为了保证特殊的普通合伙企业的健康发展，必须对合伙人的责任形式予以改变，否则，以专业知识和专门技能为客户提供服务的专业服务机构难以存续。因此，对一个合伙人或者数个合伙人在执业活动中的故意或者重大过失行为应与其他合伙人区别对待，对于负有重大责任的合伙人应当承担无限责任或者无限连带责任，其他合伙人只以其在合伙企业中的财产份额为限承担责任。这也符合公平、公正原则。如果不分清责任，简单地归责于无限连带责任或者有限责任，不但对其他合伙人不公平，而且债权人的利益也难以得到保障。

(2) 无限连带责任。对合伙人在执业活动中非因故意或者重大过失造成的合伙企业债务以及合伙企业的其他债务，全体合伙人承担无限连带责任。这是在责任划分的基础上作出的合理性规定，以最大限度地实现公平、正义和保障债权人的合法权益。但是这种责任形式的前提是，合伙人在执业过程中不存在重大过错，既没有故意，也不存在重大过失。

2. 责任追偿

合伙人执业活动中因故意或者重大过失造成的合伙企业债务，以合伙企业财产对外承担责任后，该合伙人应当按照合伙协议的约定对给合伙企业造成的损失承担赔偿责任。

(三) 特殊的普通合伙企业的执业风险防范

特殊的普通合伙企业应当建立执业风险基金、办理职业保险。执业风险基金，主要是指为了化解经营风险，特殊的普通合伙企业从其经营收益中提取相应比例的资金，用于偿付合伙人执业活动造成的债务。执业风险基金应当单独立户管理。职业保险，又称职业责任保险，是指承保各种专业技术人员因工作上的过失或者疏忽大意所造成的合同一方或者他人的人身伤害或者财产损失的经济赔偿责任的保险。

第四节　有限合伙企业

一、有限合伙企业的概念、特征和法律适用

(一) 有限合伙企业的概念

有限合伙企业，是指由有限合伙人和普通合伙人共同组成，普通合伙人对合伙企业债务承担无限连带责任，有限合伙人以其认缴的出资额为限对合伙企业债务承担责任的合伙组织。

(二) 有限合伙企业的特征

有限合伙企业这种商事组织形态起源于中世纪欧洲的海上贸易合伙。如果说普通合伙是合伙人的联合体的话，那么，有限合伙并未形成这样的合伙人联合体，而只是一种投资形式。有限合伙企业与普通合伙企业和有限责任公司相比较，具有以下显著特征：

(1) 在经营管理上，普通合伙企业的合伙人，一般均可参与合伙企业的经营管理。有限责任公司的股东有权参与公司的经营管理(含直接参与和间接参与)。而在有限合伙企业中，有限合伙人不执行合伙事务，而由普通合伙人从事具体的经营管理。

(2) 在风险承担上，普通合伙企业的合伙人之间对合伙债务承担无限连带责任。有限责任公司的股东对公司债务以其各自的出资额为限承担有限责任。而在有限合伙企业中，不同类型的合伙人所承担的责任则存在差异，其中有限合伙人以其各自的出资额为限承担有限责任，普通合伙人之间承担无限连带责任。

我国《合伙企业法》2006年修订时引进有限合伙企业，其目的是为发展风险投资提供一种更实用的组织形式。有限合伙企业组建和解散程序简单，内部治理结构和投资权益设置由合伙协议决定，具有较强的灵活性，而且合伙企业不必缴纳企业所得税，具有节税优势。就目前发展情况看，有限合伙企业已经成为我国私募投资基金最常采用的一种组织形式。

（三）有限合伙企业的法律适用

《合伙企业法》规定了两种类型的企业，即普通合伙企业和有限合伙企业。有限合伙企业与普通合伙企业之间既有相同点，也有区别，其中两者的区别主要表现在合伙企业的内部构造上。普通合伙企业的成员均为普通合伙人，而有限合伙企业的成员则被划分为两部分，即有限合伙人和普通合伙人。这两部分合伙人在主体资格、权利享有、义务承受与责任承担等方面存在着明显的差异。在法律适用中，凡是《合伙企业法》中对有限合伙企业有特殊规定的，应当适用有关《合伙企业法》中对有限合伙企业的特殊规定。无特殊规定的，适用有关普通合伙企业及其合伙人的一般规定。本部分主要介绍有限合伙企业的有关特殊规定。

二、有限合伙企业设立的特殊规定

（一）有限合伙企业人数

有限合伙企业由2个以上50个以下合伙人设立；但是，法律另有规定的除外。有限合伙企业至少应当有1个普通合伙人。按照规定，自然人、法人和其他组织可以依照法律规定设立有限合伙企业，但国有独资公司、国有企业、上市公司以及公益性的事业单位、社会团体不得成为有限合伙企业的普通合伙人。在有限合伙企业存续期间，有限合伙人的人数可能发生变化。然而，无论如何变化，有限合伙企业中必须包括有限合伙人与普通合伙人两部分，否则，有限合伙企业应当进行组织形式变化。有限合伙企业仅剩有限合伙人的，应当解散；有限合伙企业仅剩普通合伙人的，应当转为普通合伙企业。

（二）有限合伙企业名称

有限合伙企业名称中应当标明“有限合伙”字样。按照企业名称登记管理的有关规定，企业名称中应当含有企业的组织形式。为便于社会公众以及交易相对人对有限合伙企业的了解，有限合伙企业名称中应当标明“有限合伙”的字样，而不能标明“普通合伙”“特殊普通合伙”“有限公司”“有限责任公司”等字样。

（三）有限合伙企业协议

有限合伙企业协议是有限合伙企业生产经营的重要法律文件。有限合伙企业协议除符合普通合伙企业合伙协议的规定外，还应当载明下列事项：① 普通合伙人和有限合伙人的姓名或者名称、住所；② 执行事务合伙人应具备的条件和选择程序；③ 执行事务合伙人权限与违约处理办法；④ 执行事务合伙人的除名条件和更换程序；⑤ 有限合伙人入伙、退伙的条件、程序以及相关责任；⑥ 有限合伙人和普通合伙人相互转变程序。

（四）有限合伙人出资形式

有限合伙人可以用货币、实物、知识产权、土地使用权或者其他财产权利作价出资。有限合伙人不得以劳务出资。劳务出资的实质是用未来劳动创造的收入来投资，其难以通过市场变现，法律上执行困难。如果普通合伙人用劳务出资，有限合伙人也用劳务出资，将来该有限合伙企业将难以承担债务责任，这将不利于保护债权人的利益。

（五）有限合伙人出资义务

有限合伙人应当按照合伙协议的约定按期足额缴纳出资；未按期足额缴纳的，应当承担补缴义务，并对其他合伙人承担违约责任。按期足额出资是有限合伙人必须履行的义务，因此，有限合伙人应当按照合伙协议的约定按期足额缴纳出资。合伙人未按照协议的约定履行缴纳出资义务的，首先应当承担补缴出资的义务，同时还应对其他合伙人承担违约责任。

（六）有限合伙企业登记事项

有限合伙企业登记事项中应当载明有限合伙人的姓名或者名称及认缴的出资数额。

三、有限合伙企业事务执行的特殊规定

有限合伙企业与普通合伙企业不同，由享有不同权利和义务的两类合伙人组成：普通合伙人执行合伙事务，承担无限连带责任；有限合伙人不执行合伙事务，仅承担有限责任。可见，有限合伙人只是一种不参与具体管理事务的财务投资者。

（一）有限合伙企业事务执行人

有限合伙企业由普通合伙人执行合伙事务。执行事务合伙人可以要求在合伙协议中确定执行事务的报酬及报酬提取方式。如合伙协议约定数个普通合伙人执行合伙事务，这些普通合伙人均为合伙事务执行人。如合伙协议无约定，全体普通合伙人是合伙事务的共同执行人。合伙事务执行人除享有与一般合伙人相同的权利外，还有接受其他合伙人的监督和检查、谨慎执行合伙事务的义务，若因自己的过错造成合伙财产损失的，应向合伙企业或其他合伙人负赔偿责任。此外，由于执行事务合伙人较不执行事务合伙人对有限合伙企业要多付出劳动，因此，执行事务合伙人可以就执行事务的劳动付出，要求企业支付报酬。对于报酬的支付方式及其数额，应由合伙协议规定或全体合伙人讨论决定。

（二）禁止有限合伙人执行合伙事务

有限合伙人不执行合伙事务，不得对外代表有限合伙企业。但是，对涉及有限合伙人根本权益的事项，有限合伙人有必要享有一定的参与权、监督权和救济权。有限合伙人的下列行为，不视为执行合伙事务：① 参与决定普通合伙人入伙、退伙；② 对企业的经营管理提出建议；③ 参与选择承办有限合伙企业审计业务的会计师事务所；④ 获取经审计的有限合伙企业财务会计报告；⑤ 对涉及自身利益的情况，查阅有限合伙企业财务会计账簿等财务资料；⑥ 在有限合伙企业中的利益受到侵害时，向有责任的合伙人主张权利或者提起诉讼；⑦ 执行事务合伙人怠于行使权利时，督促其行使权利或者为了本企业的利益以自己的名义提起诉讼；⑧ 依法为本企业提供担保。《合伙企业法》列举的上述事项被称为“安全港条款”。

另外，第三人有理由相信有限合伙人为普通合伙人并与其交易的，该有限合伙人对该笔交易承担与普通合伙人同样的责任。有限合伙人未经授权以有限合伙企业名义与他人进行交易，给有限合伙企业或者其他合伙人造成损失的，该有限合伙人应当承担赔偿责任。

（三）有限合伙企业利润分配

有限合伙企业不得将全部利润分配给部分合伙人；但是，合伙协议另有约定的除外。这就是说，有限合伙企业的合伙协议可以约定，部分合伙人（通常是有限合伙人）享有全部企业利润或者一定期限内的全部利润。但是，《合伙企业法》不允许合伙协议约定部分合伙人承担全部亏损，或者部分合伙人完全不承担亏损。这是为了将有限合伙人的权益投资与固定收益类投资（例如债权投资）区分开。

（四）有限合伙人权利

(1) 有限合伙人可以同本企业进行交易。有限合伙人可以同本有限合伙企业进行交易;但是,合伙协议另有约定的除外。因为有限合伙人并不参与有限合伙企业事务的执行,对有限合伙企业的对外交易行为,有限合伙人并无直接或者间接的控制权,有限合伙人与本有限合伙企业进行交易时,一般不会损害本有限合伙企业的利益。有限合伙协议可以对有限合伙人与有限合伙企业之间的交易进行限定,如果有限合伙协议另有约定的,则必须按照约定的要求进行。普通合伙人如果禁止有限合伙人同本有限合伙企业进行交易的,应当在合伙协议中作出约定。

(2) 有限合伙人可以经营与本企业相竞争的业务。有限合伙人可以自营或者同他人合作经营与本有限合伙企业相竞争的业务;但是,合伙协议另有约定的除外。与普通合伙人不同,有限合伙人一般不承担竞业禁止义务。普通合伙人如果禁止有限合伙人自营或者同他人合作经营与本有限合伙企业相竞争的业务,应当在合伙协议中作出约定。

四、有限合伙企业财产出质与转让的特殊规定

(一) 有限合伙人财产份额出质

有限合伙人可以将其在有限合伙企业中的财产份额出质。但是合伙协议另有约定的除外。所谓有限合伙人将其在有限合伙企业中的财产份额出质,是指有限合伙人以其在合伙企业中的财产份额对外进行权利质押。有限合伙人在有限合伙企业中的财产份额,是有限合伙人的财产权益,在有限合伙企业存续期间,有限合伙人可以对该财产权利进行一定的处分。有限合伙人将其在有限合伙企业中的财产份额进行出质,产生的后果仅仅是有限合伙企业的有限合伙人存在变更的可能,这对有限合伙企业的财产基础并无根本的影响。因此,有限合伙人可以按照《民法典》相关法律规定进行财产份额的出质。但是,有限合伙企业合伙协议可以对有限合伙人的财产份额出质作出约定,如有特殊约定的,应按特殊约定进行。

(二) 有限合伙人财产份额转让

有限合伙人可以按照合伙协议的约定向合伙人以外的人转让其在有限合伙企业中的财产份额,但应当提前 30 日通知其他合伙人。这是因为有限合伙人向合伙人以外的其他人转让其在有限合伙企业中的财产份额,并不影响有限合伙企业债权人的利益。但是,有限合伙人对外转让其在有限合伙企业中的财产份额应当依法进行:一是要按照合伙协议的约定进行转让;二是应当提前 30 日通知其他合伙人。有限合伙人对外转让其在有限合伙企业的财产份额时,有限合伙企业的其他合伙人有优先购买权。

五、有限合伙人债务清偿的特殊规定

有限合伙人的自有财产不足清偿其与合伙企业无关的债务的,该合伙人可以以其从有限合伙企业中分取的收益用于清偿;债权人也可以依法请求人民法院强制执行该合伙人在有限合伙企业中的财产份额用于清偿。人民法院强制执行有限合伙人的财产份额时,应当通知全体合伙人。在同等条件下,其他合伙人有优先购买权。由此,有限合伙人清偿其债务时,首先应当以自有财产进行清偿,只有自有财产不足清偿时,有限合伙人才可以使用其在有限合伙企业中分取的收益进行清偿,也只有在有限合伙人的自有财产不足清偿其与合伙企业无关的债务时,人民法院才可以应债权人请求强制执行该合伙人在有限合伙企业中的财产份额用于清偿。人民法院强制执行有限合伙人的财产份额时,应当通知全体合伙人,且在同等条件下,其他合伙人有优先购买权。

六、有限合伙企业入伙和退伙的特殊规定

（一）入伙

新入伙的有限合伙人对入伙前有限合伙企业的债务，以其认缴的出资额为限承担责任。这里需要注意的是，在普通合伙企业中，新入伙的合伙人对入伙前合伙企业的债务承担连带责任，而在有限合伙企业中，新入伙的有限合伙人对入伙前有限合伙企业的债务，以其认缴的出资额为限承担责任。

（二）退伙

1. 有限合伙人当然退伙

有限合伙人出现下列情形之一时当然退伙：① 作为合伙人的自然人死亡或者被依法宣告死亡；② 作为合伙人的法人或者其他组织依法被吊销营业执照、责令关闭、撤销，或者被宣告破产；③ 法律规定或者合伙协议约定合伙人必须具有相关资格而丧失该资格；④ 合伙人在合伙企业中的全部财产份额被人民法院强制执行。

2. 有限合伙人丧失民事行为能力的处理

作为有限合伙人的自然人在有限合伙企业存续期间丧失民事行为能力的，其他合伙人不得因此要求其退伙。这是因为有限合伙人对有限合伙企业只进行投资，而不负责事务执行。作为有限合伙人的自然人在有限合伙企业存续期间丧失民事行为能力，并不影响有限合伙企业的正常生产经营活动，其他合伙人不能要求该丧失民事行为能力的合伙人退伙。

3. 有限合伙人继承人的权利

作为有限合伙人的自然人死亡、被依法宣告死亡或者作为有限合伙人的法人及其他组织终止时，其继承人或者权利承受人可以依法取得该有限合伙人在有限合伙企业中的资格。

4. 有限合伙人退伙后的责任承担

有限合伙人退伙后，对基于其退伙前的原因发生的有限合伙企业债务，以其退伙时从有限合伙企业中取回的财产承担责任。

七、合伙人性质转变的特殊规定

除合伙协议另有约定外，普通合伙人转变为有限合伙人，或者有限合伙人转变为普通合伙人，应当经全体合伙人一致同意。有限合伙人转变为普通合伙人的，对其作为有限合伙人期间有限合伙企业发生的债务承担无限连带责任。普通合伙人转变为有限合伙人的，对其作为普通合伙人期间合伙企业发生的债务承担无限连带责任。

第五节 合伙企业的解散和清算

一、合伙企业的解散

合伙企业的解散，是指各合伙人解除合伙协议，合伙企业终止活动。合伙企业有下列情形之一的，应当解散：① 合伙期限届满，合伙人决定不再经营；② 合伙协议约定的解散事由出现；③ 全体合伙人决定解散；④ 合伙人已不具备法定人数满 30 天；⑤ 合伙协议约定的合伙目的已经实现或者无法实现；⑥ 依法被吊销营业执照、责令关闭或者被撤销；⑦ 法律、行政法规规定的其他原因。

二、合伙企业的清算

合伙企业解散的，应当进行清算。《合伙企业法》对合伙企业清算有以下规定：

（一）确定清算人

合伙企业解散，应当由清算人进行清算。清算人由全体合伙人担任；经全体合伙人过半数同意，可以自合伙企业解散事由出现后15日内指定一个或者数个合伙人，或者委托第三人担任清算人。自合伙企业解散事由出现之日起15日内未确定清算人的，合伙人或者其他利害关系人可以申请人民法院指定清算人。

（二）清算人的职责

清算人在清算期间执行下列事务：① 清理合伙企业财产，分别编制资产负债表和财产清单；② 处理与清算有关的合伙企业未了结事务；③ 清缴所欠税款；④ 清理债权、债务；⑤ 处理合伙企业清偿债务后的剩余财产；⑥ 代表合伙企业参加诉讼或者仲裁活动。

（三）通知和公告债权人

清算人自被确定之日起10日内将合伙企业解散事项通知债权人，并于60日内在报纸上公告。债权人应当自接到通知书之日起30日内，未接到通知书的自公告之日起45日内，向清算人申报债权。债权人申报债权，应当说明债权的有关事项，并提供证明材料。清算人应当对债权进行登记。清算期间，合伙企业存续，但不得开展与清算无关的经营活动。

（四）财产清偿顺序

合伙企业财产在支付清算费用和职工工资、社会保险费用、法定补偿金以及缴纳所欠税款、清偿债务后的剩余财产，依照《合伙企业法》关于利润分配和亏损分担的规定进行分配。

合伙企业财产清偿问题主要包括以下3个方面的内容：

（1）合伙企业的财产首先用于支付合伙企业的清算费用。清算费用包括：① 管理合伙企业财产的费用，如仓储费、保管费、保险费等；② 处分合伙企业财产的费用，如聘任工作人员的费用等；③ 清算过程中的其他费用，如通告债权人的费用、调查债权的费用、咨询费用、诉讼费用等。

（2）合伙企业的财产支付合伙企业的清算费用后的清偿顺序。合伙企业的财产支付合伙企业的清算费用后的清偿顺序依次为：合伙企业职工工资、社会保险费用和法定补偿金、缴纳所欠税款、清偿债务。其中，法定补偿金主要是指法律、行政法规和规章所规定的应当支付给职工的经济补偿金，如《中华人民共和国劳动法》规定的解除劳动合同的经济补偿金等。

（3）分配财产。合伙企业财产依法清偿后仍有剩余时，对剩余财产依照《合伙企业法》的规定进行分配，即按照合伙协议的约定办理；合伙协议未约定或者约定不明确的，由合伙人协商决定；协商不成的，由合伙人按照实缴出资比例分配；无法确定出资比例的，由合伙人平均分配。

违反《合伙企业法》规定，应当承担民事赔偿责任和缴纳罚款、罚金，其财产不足以同时支付的，先承担民事赔偿责任。

（五）注销登记

清算结束，清算人应当编制清算报告，经全体合伙人签名、盖章后，在15日内向企业登记机关报送清算报告，申请办理合伙企业注销登记。经企业登记机关注销登记，合伙企业终止。合伙企业注销后，原普通合伙人对合伙企业存续期间的债务仍应承担无限连带责任。

（六）合伙企业不能清偿到期债务的处理

合伙企业不能清偿到期债务的，债权人可以依法向人民法院提出破产清算申请，也可以要求普通合伙人清偿。合伙企业依法被宣告破产的，普通合伙人对合伙企业的债务仍应承担无限连带责任。

（七）清算人法律责任

(1) 清算人未依照《合伙企业法》的规定向企业登记机关报送清算报告，或者报送清算报告隐瞒重要事实，或者有重大遗漏的，由企业登记机关责令改正。由此产生的费用和损失，由清算人承担和赔偿。

(2) 清算人执行清算事务，牟取非法收入或者侵占合伙企业财产的，应当将该收入和侵占的财产退还合伙企业；给合伙企业或者其他合伙人造成损失的，依法承担赔偿责任。

(3) 清算人违反《合伙企业法》的规定，隐匿、转移合伙企业财产，对资产负债表或者财产清单作虚假记载，或者在未清偿债务前分配财产，损害债权人利益的，依法承担赔偿责任。

课后案例分析题

甲、乙、丙、丁共同投资设立了A有限合伙企业（以下简称“A企业”）。合伙协议的部分内容如下：甲、乙为普通合伙人，分别出资10万元；丙、丁为有限合伙人，分别出资15万元；由甲执行合伙企业事务，对外代表A企业。A企业存续期间，发生如下事项：

(1) 2021年1月，丁自营同A企业相竞争的业务，获利250万元。乙认为，由于合伙协议对此没有约定，因此，丁不得自营同A企业相竞争的业务，其获利250万元应当归A企业所有。

(2) 2021年2月，丙以其在A企业中的财产份额出质向B银行借款50万元。乙认为，由于合伙协议对此没有约定，因此，丙不得将其在A企业中的财产份额出质。

(3) 2021年3月，甲以其在A企业中的财产份额出质向B银行借款60万元，乙、丙、丁对该事项并不知情。

(4) 2021年4月1日，A企业向B银行.贷款100万元，期限3个月。4月10日，经全体合伙人一致同意，普通合伙人乙转变为有限合伙人，有限合伙人丙转变为普通合伙人。4月20日，丁提出退伙，并办理了退伙结算，丁从A企业取回财产20万元。7月1日，B银行的贷款到期，A企业的全部财产只有40万元。

根据上述内容，分别回答下列问题：

(1) 根据本题要点(1)所提示的内容，乙的主张是否符合法律规定？请说明理由。

(2) 根据本题要点(2)所提示的内容，乙的主张是否符合法律规定？请说明理由。

(3) 根据本题要点(3)所提示的内容，甲的出质行为是否有效？请说明理由。

(4) 根据本题要点(4)所提示的内容，债权人B银行能否要求合伙人乙承担无限连带责任？请说明理由。

(5) 根据本题要点(4)所提示的内容，债权人B银行能否要求合伙人丙承担无限连带责任？请说明理由。

(6) 根据本题要点(4)所提示的内容，债权人B银行能否要求合伙人丁承担无限连带责任？请说明理由。

第六章 公司法律制度

知识要点:

1. 了解公司的概念、特征和分类。

2. 理解掌握公司法人资格与股东有限责任,理解和掌握公司设立制度、股东出资制度、股东权利和义务及相关诉讼、董事、监事和高级管理人员制度。

3. 理解有限责任公司和股份公司的组织机构和职权,掌握两类公司的区别和组织形态转变。

4. 理解和掌握上市公司的组织机构、独立董事制度。

5. 了解公司的财务会计,理解公司的重大变更。

6. 了解公司的解散和清算。

案例导入①:

真功夫餐饮管理有限公司(以下简称"真功夫"),1990年创立,1997年通过研发实现了中餐业"千份快餐一个品质"的标准化生产,1999年逐渐发展成为全国连锁发展的中式快餐企业。在2010年之前,真功夫以其独特的商业模式和发展前景,吸引了众多股权投资基金的青睐。2007年10月,真功夫获得了今日资本和联动投资两家PE的大额投资,企业和资本方都决定在2010年上市。然而,真功夫在接下来的股权之争中,上市之路愈发遥不可及。

真功夫的前身是潘宇海1990年在东莞开的一家甜品店,1994年,他和姐姐潘敏峰、姐夫蔡达标各投资了4万元,将甜品店改成了快餐店,蔡达标和潘敏峰各持有25%股份,潘宇海掌握企业的主导权,持有50%的股份。1997年,真功夫开始在全国各地开设连锁店,企业走上了快速发展的道路,负责门店扩张的蔡达标对企业发挥的作用越来越大,从2003年开始,企业的主导权从潘宇海转到了蔡达标手中。2006年9月,潘敏峰和蔡达标离婚,潘敏峰所持有的真功夫25%的股权归蔡达标所有。2007年,真功夫引进"今日资本"和"中山联动"两家风险投资机构,同时改组新成立"中外合资经营真功夫餐饮管理有限公司"(即现在的"真功夫"公司)。

2007年引进风投机构之后,潘宇海、蔡达标因为公司经营理念、公司发展战略、公司关联交易、公司财务管理等问题开始出现矛盾,蔡达标随后以"公司关联交易"问题严重亟须解决为由顺势提出"去家族化"口号,并以此为借口排挤打击潘宇海,二人矛盾升级。2009年至2010年,潘宇海以股东之名要求行使知情权查账遭拒,启动股东直接诉讼权获得法院支持,判令"真功夫"公司在双规下配合查账,通过司法审计发现了蔡达标职务侵占、挪用公司资金等违法犯罪线索,于是向公安机关报案。

查询中国裁判文书网获悉,"真功夫"公司涉及两次股东知情权诉讼。

第一次发生在2009年7月,由潘宇海主动发起。经2010年8月广州市中级人民法院判决获得支持。潘宇海通过知情权诉讼,获悉蔡达标众多的财务问题,从而举报蔡达标,将

① 参见:《真功夫控股权争夺始末》,经济观察网,2012年9月11日。

蔡达标推向刑事犯罪的被告席，最后蔡达标被判刑14年，没收个人财产100万元。

第二次发生在2013年8月，由蔡达标主动发起，通过妹妹蔡春红代为行使股东知情权，要求查阅公司章程、股东会议记录、董事会议决议等相关资料。2014年5月5日广州市中级人民法院判决获得部分支持。

2013年12月，广州市天河区人民法院以职务侵占罪、挪用公司资金罪判处蔡达标有期徒刑14年。至此，"真功夫"公司之间的股东内斗，经过两股东之间的多轮交手，最终以潘宇海完胜、蔡达标入狱而宣告结束。

问题：

(1)"真功夫"公司的股权结构给企业带来哪些影响？

(2)股东诉讼的类型有哪些？什么情况下股东可以直接诉讼？

(3)什么是股东知情权？你如何看待"真功夫"公司股东的知情权纠纷？

第一节　公司法基本概念与制度

公司是人们从事商业经营活动的主要企业组织形式。人们选择公司，是因为公司制度带来了投资、融资和商业经营上的便利。一般认为，现代商业公司通常具有以下5项特征：公司有独立于股东的法律地位、股东享有有限责任、股份可自由转让、管理层受任管理、股东按股份分享公司所有权。这些特征便利了商业组织向众多投资者募集资金，因此，各国商业企业中最重要的部分——向公众募集资本的上市企业基本上都采取了公司形式。为了满足规模较小、无公开筹资目的的中小企业的需求，德国创设了有限责任公司，英美等国也有类似的封闭型公司。

一、公司的概念和类型

(一)公司的概念

根据我国《公司法》和《民法典》的规定，公司是指股东承担有限责任的营利性法人。其含义有如下3点：

1. 公司是法人

公司具有民事权利能力和行为能力，法律地位独立于股东、管理人员和员工。除法律规定须经政府许可才能经营的项目外，公司可以自己名义从事章程设定的营业范围内的各种法律行为，行使民事权利。公司可以拥有自己的财产，与他人签订合同，包括为他人提供担保、对外投资、起诉和应诉。公司以其全部财产对自己的债务承担责任。

2. 公司是营利性法人

营利法人是指以取得利润并分配给股东等出资人为目的而成立的法人。追求利润、实现营利，是企业的典型特征。因此，营利法人的概念与《公司法》使用的企业法人概念是相通的。

3. 公司股东通常承担有限责任

通常情况下，股东对公司承担出资义务，没有义务以自己的财产偿付公司债务。例外情况是，股东如用公司法人独立地位和股东有限责任，逃避债务，严重损害公司债权人利益，则其有可能丧失有限责任保护。

综上可见，我国《公司法》所规范的公司专指营利法人或者企业法人类的公司，不包括非营利法人或非企业类法人，也不包括非法人企业，如合伙企业、独资企业。

（二）公司的类型

我国《公司法》规定两种公司类型：有限责任公司和股份有限公司。二者的主要区别在于：① 在股东人数上，有限责任公司设立时股东不得超过 50 人，股份有限公司股东人数无上限；② 在股权或股份流动性上，有限责任公司股权对外转让受其他股东优先购买权制约，股份有限公司股份转让通常无此限制，转让相对便捷、自由；③ 股份有限公司可以公开发行股份募集资金，有限责任公司不可。综合而言，两种公司的区别集中体现在融资方式和股份流动性上。除此之外，两者在设立程序、出资要求、内部组织结构、分立、合并、解放、清算等方面区别不大。因此，企业选择有限责任公司抑或股份有限公司类型，多半是基于自身的融资需求而作出的选择。

本节以下内容将主要介绍公司法的基本制度，包括公司的法人资格、股东有限责任制度、公司设立与出资制度、股东资格与股东权利义务、公司管理者制度和公司决议制度。

二、公司法人资格与股东有限责任

公司享有法人资格，股东享有有限责任，是现代商业公司法律制度的基石。

（一）公司法人资格与股东有限责任的意义

公司拥有独立于股东的主体资格（即法人资格），有其权利能力和行为能力。这意味公司可以自己的名义拥有自己的财产。公司具有主体资格也意味着公司不会因为某些股东的离去而解散，可以永久存续。更重要的是，公司的财产与股东的财产因此而相互独立，通常情况下，公司的财产不得用于清偿股东的个人债务。公司因此可以自身拥有的财产独立承担民事责任。为了保证公司财产的独立性和稳定性，一般公司法都禁止股东在出资后撤回出资，在要求股东出资真实性的同时，也限制公司资产流回股东手中。我国《公司法》除了允许公司依法向股东分配利润外，只允许通过减资、解散清算等方式减少或者分配公司资产，严格限制公司向股东回购股权。

同时，法律也赋予了公司股东有限责任保护，即股东除了出资以外，不对公司的债务承担责任。法人资格和有限责任制度的结合，使得公司和股东在主体资格和财产上相分离，公司的风险不会由股东承担，股东的风险也不会影响公司经营。这种分离使得投资公司风险可控，在很大程度上降低了公司的融资成本。股东由此可以通过组合投资的方式来分散投资风险，不用担心其他股东的风险，也不用担心其投资的某一个公司的经营风险影响到他投资的其他公司。

在法人资格和有限责任制度下，公司股份具有了不同程度的流动性。股份有限公司的股份通常是可以自由转让的，这就逐渐形成了一个活跃的股份交易市场，进而产生了现代资本市场。有限责任公司的股权在满足一定条件（主要是其他股东放弃优先购买权）后，也可以对外转让，从而使有限责任公司的股权也具有一定的流动性。

（二）公司权利能力限制

出于控制经营风险，保全公司资产的目的，《公司法》对公司权利能力施加了一定限制。这类限制主要有：

1. 对外投资的限制

公司可以向其他企业投资；但是，除法律另有规定外，不得成为对所投资企业的债务承担连带责任的出资人。公司向其他企业投资，按照公司章程的规定由董事会或者股东会、股东大会决议公司章程对投资的总额及单项投资的数额有限额规定的，不得超过规定的限额。

2. 担保的限制

公司为他人提供担保，按照公司章程的规定由董事会或者股东会、股东大会决议；公司章程对担保的总额或者单项担保的数额有限额规定的，不得超过规定的限额。公司为公司股东或者实际控制人提供担保的，必须经股东会或者股东大会决议。接受担保的股东或者受实际控制人支配的股东不得参加表决。该项表决由出席会议的其他股东所持表决权的过半数通过。

公司对外担保行为不是法定代表人所能单独决定的事项，必须以公司股东（大）会、董事会等公司机关的决议作为授权的基础和来源。法定代表人未经授权擅自为他人提供担保的，构成“越权代表”。因担保合同效力发生纠纷的，法院应当根据《民法典》第五百零四条关于法定代表人越权代表的规定，区分订立合同时债权人是否善意，分别认定合同效力：债权人善意的，合同有效；反之，合同无效。债权人善意，是指债权人不知道或者不应当知道法定代表人超越权限订立担保合同。

3. 借款的限制

除非依公司章程的规定，经股东会、股东大会或者董事会的同意，公司董事、高级管理人员不得擅自将公司资金借贷给他人股份有限公司不得直接或者通过子公司向董事、监事、高级管理人员提供借款。

（三）滥用法人独立地位和有限责任及其法律后果

公司对投资者的最大吸引力，是法律为公司股东提供了全面的有限责任保护。《公司法》第三条第二款规定：“有限责任公司的股东以其认缴的出资额为限对公司承担责任；股份有限公司的股东以其认购的股份为限对公司承担责任。”换句话说，股东除了对公司负有出资义务之外，并不对公司的债务承担责任。

有限责任制度使得股东可以将投资的风险与自身的其他财产相隔离，有利于股东控制投资风险，促进了公众投资意愿。但有限责任制度也增加了公司债权人的风险，主要表现为股东可能通过迫使公司从事高风险业务，以获取更多的收益，因为股东的收益是上不封顶的，但承担的风险是有限的，当公司破产时，资不抵债的风险在有限责任制度下只能由债权人承担。对于股东采取欺诈手段侵害公司债权人利益的行为，法律规定了股东以及相关主体应当承担的责任，这构成了有限责任制度的例外，英美国家称为“刺破公司面纱原则”。我国《公司法》第二十条规定：“公司股东……不得滥用公司法人独立地位和股东有限责任损害公司债权人的利益……公司股东滥用公司法人独立地位和股东有限责任，逃避债务，严重损害公司债权人利益的，应当对公司债务承担连带责任。”

在我国审判实践中，在特定法律关系中不承认公司法人独立地位的常见理由是“人格混同”，主要有以下两种情形：

（1）公司与其股东（例如母子公司之间）在财产、业务、人员等方面“混同”，难分彼此，事实上无从区分（所谓“纵向人格混同”）。审判实践中，下列情形常常被认定为股东与公司之间发生“人格混同”：股东无偿使用公司资金或者财产，不作财务记载的；股东用公司的资金偿还股东的债务，或者将公司的资金供关联公司无偿使用，不作财务记载的；公司账簿与股东账簿不分，致使公司财产与股东财产无法区分的；股东自身收益与公司盈利不加区分，致使双方利益不清的；公司的财产记载于股东名下，由股东占有、使用的。

(2) 受同一母公司或者控制人控制的数个公司在财产、业务、人员等方面“混同”重叠，不分彼此，事实上无从区别(所谓“横向人格混同”)。实践中，人们常形象地称此类现象以及“纵向混同”为“一套人马，两块牌子”。

在2013年最高人民法院发布的指导案例15号“徐工集团工程机械股份有限公司诉成都川交工贸有限责任公司等买卖合同纠纷案”中，原告徐工机械公司因川交工贸公司拖欠其货款未付，以川交机械公司、瑞路公司与川交工贸公司人格混同，3个公司实际控制人王某某以及川交工贸公司股东等人的个人资产与公司资产混同为由，要求它们均应承担连带清偿责任。法院认定川交工贸公司与川交机械公司、瑞路公司确实存在人格混同。主要表现为：一是3个公司人员混同。3个公司的经理、财务负责人、出纳会计、工商手续经办人均相同，其他管理人员亦存在交叉任职的情形，川交工贸公司的人事任免存在由川交机械公司决定的情形。二是3个公司业务混同。3个公司实际经营中均涉及工程机械相关业务，经销过程中存在共用销售手册、经销协议的情形；对外进行宣传时信息混同。三是3个公司财务混同。3个公司使用共同账户，以王某某的签字作为具体用款依据，对其中的资金及支配无法证明已作区分；3个公司与徐工机械公司之间的债权债务、业绩、账务及返利均计算在川交工贸公司名下。因此，3个公司之间表征人格的因素(人员、业务、财务等)高度混同，导致各自财产无法区分，已丧失独立人格，构成人格混同。

在特定案件中，股东或控制人不尊重公司法人独立地位的行为可能表现为上述情形中的多种，例如股东与公司存在“纵向人格混同”现象时，股东又有转移公司资产的行为，法院因此也可能基于多个理由否认公司的法人独立地位。

法院否认公司法律独立地位并非彻底否定其法人资格，而是在某一具体法律关系中产生如下法律后果：① 公司行为被视为股东的行为，股东对公司行为负责(这实际上也在个案中否定了股东的有限责任)；② 公司与其他公司被视为同一法律主体，公司财产亦用于清偿其他公司债务。

三、公司设立制度

(一) 概述

公司的法人资格和股东的有限责任并非人们可以自然享有。只有具备法定条件的人，履行一定的程序，满足一定形式，才能享有这些法律上的资格和权利。这个过程就叫作“设立公司”或“公司设立”。

设立行为是公司成立的前奏。经发起人申请，公司获准登记、取得营业执照的，方告成立。成立意味着公司取得权利能力即法人资格。

公司设立过程中，发起人的活动主要是两个方面：一是形成公司资本，包括认缴、实缴出资、对出资评估作价等；二是形成公司组织，包括申请预先核准名称、制定章程、设定住所、设立组织机构等。

(二) 前置营业许可

依照法律的规定，有些公司需要在工商登记前获得某种或者某些行政许可。这些行政许可被称为“前置审批”或“前置许可”。

许可可以分为两类：一是公司设立许可，是指公司的设立本身就须事先获得政府主管部门许可。法律、行政法规规定设立公司必须报经批准的，应当在公司登记前依法办理批准手续。例如，设立证券公司应得到证券监管部门的许可；设立保险公司须获得保险监管部门的许可。二是经营范围许可，是指公司仅就经营范围内的某个或若干个营业项申请政府许可。公司经营范围中属于法律、行政法规规定须经批准的项目，应当依法获得批准。例如，公司有烟草销售项目的，须事先获得烟草管理部门批准；生产经营易燃易爆物品的，须经公安机关的审批。

依许可是否有数量限制，营业许可又可以分为普通许可和特别许可。凡是对获得许可者有数量限制的，称为特别许可；无数量限制的称为普通许可。

事实上，营业许可的覆盖范围远大于法律和行政法规所划定的界限。因为《公司登记管理条例》将有权设定批准事项的法律依据扩大为“法律、行政法规或者国务院决定”。目前，设定许可事项的“国务院决定”主要是 2004 年《国务院对确需保留的行政审批项目设定行政许可的决定》。但随着国家行政审批制度改革的深入，该决定的行政许可事项已大幅减少，仅有部分得以保留。

（三）设立登记

商事登记是法定的登记机关对特定法律事实的记录。通常来说，商事登记的法律效果有设权和公示两种。所谓设权效果，是指登记具有使所登记的法律事实成立的效果。所谓公示效果，是指登记仅具有对已经成立的法律事实予以公开、公告的效果。公司设立登记是一种设权登记。非经依法登记，公司不得成立。

根据《公司登记管理条例》，公司的登记事项包括：① 名称；② 住所；③ 法定代表人姓名；④ 注册资本；⑤ 公司类型；⑥ 经营范围；⑦ 营业期限；⑧ 有限责任公司股东或者股份有限公司发起人的姓名或者名称。

设立有限责任公司，应当由全体股东指定的代表或者共同委托的代理人向公司登记机关申请设立登记。设立国有独资公司，应当由国务院或者地方人民政府授权的本级人民政府国有资产监督管理机构作为申请人，申请设立登记。法律、行政法规或者国务院决定规定设立有限责任公司必须报经批准的，应当自批准之日起 90 日内向公司登记机关申请设立登记；逾期申请设立登记的，申请人应当报批准机关确认原批准文件的效力或者另行报批。

设立股份有限公司，应当由董事会向公司登记机关申请设立登记。以募集方式设立股份有限公司的，应当于创立大会结束后 30 日内向公司登记机关申请设立登记。公司申请登记的经营范围中属于法律、行政法规或者国务院决定规定在登记前须经批准的项目的，应当在申请登记前报经国家有关部门批准，并向公司登记机关提交有关批准文件。

依法设立的公司，由公司登记机关发给《企业法人营业执照》。公司营业执照签发日期为公司成立日期。公司凭公司登记机关核发的《企业法人营业执照》刻制印章，开立银行账户，申请纳税登记。

（四）设立阶段的债务

当发起人为数人时，他们基于设立合同而形成人的组合，实施设立事务；发起人为 1 人时，该发起人就是设立事务的实施人。这个阶段的主要法律问题是，设立过程中所产生的债务（包括合同之债和侵权之债）应当由谁承担？

1. 合同之债

设立公司的过程中，发起人可能以自己名义为设立公司之目的而与他人订立合同也可能以设立中公司的名义订立合同。

如果是第一种情形，即发起人以自己名义为设立公司之目的而与他人订立合同，那合同的当事人就是发起人和该相对人。根据《民法典》第七十五条第二款的规定,合同相对人有权选择请求该发起人或者成立后的公司承担合同义务。

如果是第二种情形,即发起人以设立中公司的名义订立合同,根据《民法典》第七十五条第一款的规定,公司成立后自动承担该合同义务。换言之,公司成立后,合同相对人有权请求公司承担该合同义务。公司未成立,亦即设立失败的,则单一发起人独自承担设立所产生的债务,发起人为数人的,连带承担债务。

股份公司设立失败,发起人对设立行为所产生的债务和费用负连带责任;对认股人已缴纳的股款,发起人负返还股款并加算银行同期存款利息的连带责任。

有限公司设立失败,发起人间的责任按照以下要求分担责任:① 债权人有权请求全体或者部分发起人对设立公司行为所产生的费用和债务承担连带清偿责任。② 部分发起人依前述承担责任后,请求其他发起人分担的,人民法院应当判令其他发起人按照约定的责任承担比例分担责任;没有约定责任承担比例的,按照约定的出资比例分担责任;没有约定出资比例的,按照均等份额分担责任。③ 因部分发起人的过错导致公司未成立,其他发起人主张其承担设立行为所产生的费用和债务的,人民法院应当根据过错情况,确定过错一方的责任范围。

2. 侵权之债

发起人如因设立公司而对他人造成损害的,公司成立后应自动承受该侵权责任;公司未成立的,受害人有权请求全体发起人承担连带赔偿责任;公司或者无过错的发起人承担赔偿责任后,可以向有过错的发起人追偿。

四、股东出资制度

公司设立时采用“注册资本登记认缴制”:除法律、行政法规和国务院决定另有规定外,有限公司和发起设立的股份公司实行“认缴制”,以全体股东“认缴的出资额”或“认购的股本总额”为注册资本;募集设立的股份公司仍实行“实缴制”,以公司“实收股本总额”为注册资本。

(一) 出资的含义

根据《公司法》,“出资”至少有两层含义:一是指认缴出资或者认购股份,即出资人之间或者出资人与公司之间就认缴出资或者认购股份达成了意思一致,出资人愿意向公司投入一定金额财产从而获得股东资格,其他出资人或者公司表示同意。二是指实数出资或实缴股本,即出资人按照出资协议的约定或公司章程记载的认缴出资额或认购股份数,并依约定时间将出资财产的权属移转给公司。

(二) 出资的法律效果

1. 认缴出资或者认购股份的法律效果

有限责任公司的出资人认缴出资的法律效果是:① 出资人对公司负担实缴出资的义务。出资人应当按期足额缴纳公司章程所规定的其所认缴的出资额,未履行或未全面履行实缴出资义务,则须在一定条件下对公司债务承担补充清偿责任。公司清算(包括自愿清算、强制清算和破产清算)时,公司因股东未缴纳出资而有的对股东之债权应列为清算财产。股东未缴纳的出资,是指股东已认缴而未实缴的出资,包括到期应缴而未缴和实缴期限未至的出资。② 出资人认足章程规定的出资后,始有资格向登记机关申请公司设立登记。③ 公司成立后,公司有义务向出资人签发出资证明书、设置股东名册,出资人正式成为股东，可依股东名册主张行使股东权利。但有些股东权利只能按照实缴出资比例行使，例如盈余分配权、增资优先认缴权，除非全体股东另有约定。

在发起设立的股份公司，发起人认购股份的法律效果有：① 发起人负有按章程规定缴纳出资的义务，未履行或未全面履行出资义务的股东在一定条件下须对公司债务承担补充清偿责任。公司解散时，股东已认缴而未缴纳的出资应列为清算财产。② 发起人认足章程规定的出资后，才具备选举董事会和监事会，进而由董事会申请公司设立登记的前提条件。③ 公司成立后，应当设置股东名册。④ 发起人缴足认购之股份后，才可以依法向他人募集股份。

以募集设立方式设立股份公司的，发起人和认股人认购股份后，即负有一次性缴足股款或出资的义务，否则公司不得成立。发起人须认购公司应发行股份的一部分(不少于股份总数的 35%，法律、行政法规另有规定的除外)，其余股份向社会公开募集或者向特定对象募集。募集设立的股份公司实行注册资本实缴制和验资制度。发起人、认股人在认购股份之后即应缴足出资或股款，不得分期缴纳。发起人完成出资、募资并验资之后，应按时召开创立大会，审议筹办情况，通过公司章程，选举产生董事会、监事会；随后，董事会应按时向公司登记机关申请设立登记。全体股东(包括发起人和认股人)认缴并实缴的股款或者出资中，在会计上记“股本”科目的金额，即为公司成立时的注册资本数额。

2. 实缴出资的法律效果

实缴出资的法律效果是，原属股东的货币转归公司所有，原属股东的非货币财产的财产权移转至公司。

(三) 出资方式

1. 一般规定

股东可以用货币出资，也可以用实物、知识产权、土地使用权等可以用货币估价并可以依法转让的非货币财产作价出资；但是，法律、行政法规规定不得作为出资的财产除外。不得作为出资的财产包括：劳务、信用、自然人姓名、商誉、特许经营权或者设定担保的财产。

股权可以用于出资。出资人以其他公司股权出资，符合下列条件的，人民法院应当认定出资人已履行出资义务：① 出资的股权由出资人合法持有并依法可以转让；② 出资的股权无权利瑕疵或者权利负担；③ 出资人已履行关于股权转让的法定手续；④ 出资的股权已依法进行了价值评估。股权出资如果不符合前述①～③项的规定，公司、其他股东或者公司债权人请求认定出资人未履行出资义务的，人民法院应当责令该出资人在指定的合理期间内采取补正措施，以符合上述条件；逾期未补正的，人民法院应当认定其未依法全面履行出资义务。出资的股权如果没有依法进行价值评估，公司、其他股东或者公司债权人请求认定出资人未履行出资义务的，人民法院应当按照关于非货币出资未依法评估作价的相关规定处理。

债权也可以用于出资。根据公司登记机关的规定，债权人可以将其依法享有的对在中国境内设立的公司的债权，转为公司股权。也就是说，债权出资目前仅限于债权人对债务人实施“债转股”。转为公司股权的债权应当符合下列情形之一：① 债权人已经履行债权所对应的合同义务，且不违反法律、行政法规、国务院决定或者公司章程的禁止性规定；② 经人民法院生效裁判或者仲裁机构裁决确认；③ 公司破产重整或者和解期间，列入经人民法院批准的重整计划或者裁定认可的和解协议。用以转为公司股权的债权有两个以上债权人的，债权人对债权应当已经作出分割。债权转为公司股权的，公司应当增加注册资本。

以发起方式设立股份公司的，发起人应当书面认足公司章程规定其认购的股份，并按照公司章程的规定缴纳出资。以货币出资的，应当将货币出资足额存入公司在银行开设的账户；以非货币财产出资的，应当依法办理其财产权的转移手续。

2. 非货币财产的评估作价

对作为出资的非货币财产应当评估作价，核实财产，不得高估或者低估作价，法律、行政法规对评估作价有规定的，从其规定。对非货币财产的评估作价，可以由股东协商一致确认。

实践中经常有非货币财产出资并未经过评估的情况。最高人民法院认为不宜一概否认出资的效力，而应当给予补正的机会。出资人以非货币财产出资，未依法评估作价，公司、其他股东或者公司债权人请求认定出资人未履行出资义务的，人民法院应当委托具有合法资格的评估机构对该财产评估作价。评估确定的价额显著低于公司章程所定价额的，人民法院应当认定出资人未依法全面履行出资义务。

出资人以符合法定条件的非货币财产出资后，因市场变化或者其他客观因素导致出资财产贬值，公司、其他股东或者公司债权人则无权请求该出资人承担补足出资责任。当事人另有约定的除外。

（四）履行出资义务

股东是否履行出资义务包括两个层面的问题：第一，股东出资是否依照章程的规定按期缴纳；第二，实缴出资的财产形态、金额等是否与股东认缴出资时的承诺一致。股东出资是否缴纳，主要看股东出资的财产权是否依照章程的规定依法转移至公司。货币应当足额存入公司银行账户；非货币财产，如动产、土地使用权、知识产权、股权债权等，应当依法办理财产权的移转手续。

出资人以房屋、土地使用权或者需要办理权属登记的知识产权等财产出资，已经交付公司使用但未办理权属变更手续的，当公司、其他股东或者公司债权人主张认定出资人未履行出资义务的，人民法院应当责令当事人在指定的合理期间内办理权属变更手续；在前述期间内办理了权属变更手续的，人民法院应当认定其已经履行了出资义务；出资人主张自其实际交付财产给公司使用时享有相应股东权利的人民法院应予支持。出资人已经就前述财产出资，办理权属变更手续但未交付给公司使用，公司或者其他股东主张其向公司交付、并在实际交付之前不享有相应股东权利的，人民法院应予支持。

对于出资财产存在瑕疵的，出资人有义务予以补正。例如出资人以划拨土地使用权或者设定权利负担（如担保）的土地使用权出资的，公司、其他股东或者公司债权人就上述出资，主张认定出资人未履行出资义务的，人民法院应当责令当事人在指定的合理期间内办理土地变更手续或者解除权利负担；逾期未办理或者未解除的，人民法院应当认定出资人未依法全面履行出资义务。

出资人以其不享有处分权的财产出资，当事人之间对于出资行为效力产生争议的，应当按照《民法典》所规定的无权处分规则处理，即该出资行为并非一概无效，公司只要符合善意取得条件，即可取得该财产的所有权。这些条件包括：① 公司受让该不动产或者动产时是善意的，即公司不知道出资人对该财产无处分权；② 以合理的价格受让，即该财产经评估合理作价；③ 转让的不动产或者动产依照法律规定应当登记的已经登记，不需要登记的已经交付给受让人。这有利于维持公司资产稳定，保护交易安全。此时，公司取得财产所有权，原所有权人只能要求无权处分的出资人赔偿损失。

公司如果不符合善意取得条件，原所有权人则有权取回该财产，此时应当认定出资人未履行出资义务。

出资人以贪污、受贿、侵占、挪用等违法犯罪所得的货币出资后取得股权的，司法机关对违法犯罪行为予以追究、处罚时，应当采取拍卖或者变卖的方式处置其股权。这一规定旨在避免将出资财产直接从公司抽出，而是采取将出资财产所形成的股权折价补偿受害人损失的方法，以保障公司资本之维持、维护公司债权人利益。

股东实缴出资的财产形态、金额等是否与股东认缴出资时的承诺一致，一方面通过非货币财产出资的评估作价予以事前约束，另一方面通过规定股东违反出资义务应承担相应责任的一系列规则予以事后制约。

（五）违反出资义务的责任

股东违反出资义务的行为，包括未履行或未能全面履行出资义务的行为，可能表现为：股东未按章程规定缴纳出资（例如迟延缴纳、实际价额不足等）；公司设立时股东以非货币财产出资，公司成立后发现其出资的实际价额低于章程所定价额；公司成立后，以非货币财产向公司出资的股东，其出资的实际价额低于章程所定价额等。抽逃出资也属于股东违反出资义务，只是抽逃出资行为的发生时间通常在公司成立之后。

股东违反出资义务，可能引发其对公司或者其他股东的民事责任，也可能导致其对公司债权人承担一定的民事责任。对违反出资义务的股东，公司有权限制其股东权利，甚至解除其股东资格。公司成立后，如果在增资过程中出现股东违反出资义务的情形，相关董事、高级管理人员可能承担相应责任。分述如下：

（1）股东未履行或者未全面履行出资义务，公司或者其他股东请求其向公司依法全面履行出资义务的，人民法院应予支持。公司设立时股东以非货币财产出资的，公司成立后，如发现其出资的实际价额低于章程所定价额，除该股东有责任补足差额外，公司设立时的其他股东（或发起人）还应承担连带责任。股份公司成立后，发起人不按章程规定缴足出资的，应当补缴，其他发起人承担连带责任。

（2）违反出资义务的股东可能对履行出资义务的股东承担违约责任。有限公司成立后，股东未按章程规定缴纳出资，“除应当向公司足额缴纳外，还应当向已按期足额缴纳出资的股东承担违约责任。”股份公司按发起设立方式设立时，发起人不按照章程规定缴纳出资的，应当依照发起人协议承担违约责任。

（3）股东违反出资义务而公司又不能偿还债务的，公司债权人有权请求该股东在一定范围内承担清偿责任。股东未履行或者未全面履行出资义务，公司债权人请求未履行或者未全面履行出资义务的股东在未出资本息范围内对公司债务不能清偿的部分承担补充赔偿责任的，人民法院应予支持；未履行或者未全面履行出资义务的股东已经承担上述责任，其他债权人提出相同请求的，人民法院不予支持。股东在公司设立时未履行或者未全面履行出资义务，依照上款规定提起诉讼的公司债权人，请求公司的发起人与被告股东承担连带责任的，人民法院应予支持；公司的发起人承担责任后，可以向被告股东追偿。

（4）公司成立后，如在增资过程中出现股东违反出资义务的情形，相关董事、高级管理人员可能承担相应责任。股东在公司增资时未履行或者未全面履行出资义务的，公司、其他股东或者公司债权人请求未尽规定的义务而使出资未缴足的董事、高级管理人员承担相应责任的,人民法院应予支持;董事、高级管理人员承担责任后,可以向被告股东追偿。

(5) 有限责任公司的股东未履行或者未全面履行出资义务即转让股权,受让人对此知道或者应当知道,公司请求该股东履行出资义务、受让人对此承担连带责任的,人民法院应予支持;公司债权人依照上述第(3)项规定向该股东提起诉讼,同时请求前述受让人对此承担连带责任的,人民法院应予支持。受让人根据前款规定承担责任后,向该未履行或者未全面履行出资义务的股东追偿的,人民法院应予支持。但是,当事人另有约定的除外。

(6) 名义股东与实际出资人不符的,名义股东不得以其为名义股东为由对抗公司债权人。如果公司债权人以登记于公司登记机关的股东未履行出资义务为由,请求其对公司债务不能清偿的部分在未出资本息范围内承担补充赔偿责任,股东以其仅为名义股东而非实际出资人为由进行抗辩的,人民法院不予支持。但是,名义股东在承担相应的赔偿责任后,向实际出资人追偿的,人民法院应予支持。

但是,冒用他人名义出资并将该他人作为股东在公司登记机关登记的,被冒名人并非上述"名义股东",冒名登记行为人应当承担相应责任;公司、其他股东或者公司债权人以未履行出资义务为由,请求被冒名登记为股东的承担补足出资责任或者对公司债务不能清偿部分的赔偿责任的,人民法院不予支持。

(7) 抽逃出资的责任。为了保证公司资产的稳定性,股东出资在公司成立后不得撤回。按照规定,只有在特殊条件下公司才可以从股东处回购股份或者股权。公司成立后,股东不得抽逃出资。发行人、认股人缴纳股款或者交付抵作股款的出资后,除未按期募足股份、发起人未按期召开创立大会或者创立大会决议不设公司的情形外,不得抽回其股本。

在公司成立后,存在下列情形且损害公司权益的,可以被认定为该股东抽逃出资:① 通过虚构债权债务关系将其出资转出;② 制作虚假财务会计报表虚增利润进行分配;③ 利用关联交易将出资转出;④ 其他未经法定程序将出资抽回的行为。审判实践中,被法院认定为股东抽逃出资的行为还有:公司在减少注册资本时未通知已知的债权人,致使债权人在公司向股东返还出资财产前无法请求公司向其清偿债务或者提供担保;公司不符合分配利润的法定条件而直接向股东支付"股利",尤其是支付固定收益;股东之间转让股权而公司为其提供担保等。不过,司法解释规定抽逃出资以"损害公司权益"为条件,但"损害公司权益"的认定在审判实践中常常出现分歧意见。

股东抽逃出资的责任实际上类似股东未履行或者未全面履行出资义务的责任。对抽逃出资的股东,公司或者其他股东可请求其向公司返还出资本息,还可要求协助抽逃出资的其他股东、董事、高级管理人员或者实际控制人对此承担连带责任。

公司债权人也可请求抽逃出资的股东在抽逃出资本息范围内对公司债务不能清偿的部分承担补充赔偿责任,并要求协助抽逃出资的其他股东、董事、高级管理人员或者实际控制人对此承担连带责任。不过,该责任只能追究一次。因此,当债权人已经提出此类请求,抽逃出资的股东已经在抽逃出资本息范围内承担上述责任后,其他债权人提出相同请求的,人民法院不再予以支持。

(8) 违反出资义务的股东,公司有权依法限制其股东权利乃至解除其股东资格。股东未履行或者未全面履行出资义务或者抽逃出资,公司根据公司章程或者股东会决议对其利润分配请求权、新股优先认购权、剩余财产分配请求权等股东权利作出相应的合理限制,该股东请求认定该限制无效的，人民法院不予支持。有限责任公司的股东未履行出资义务或者抽逃全部出资，经公司催告缴纳或者返还，其在合理期间内仍未缴纳或者返还出资，公司以股东会决议解除该股东的股东资格，该股东请求确认该解除行为无效的，人民法院不予支持。在前款规定的情形下，人民法院在判决时应当释明，公司应当及时办理法定减资程序或者由其他股东或者第三人缴纳相应的出资。在办理法定减资程序或者其他股东或者第三人缴纳相应的出资之前，公司债权人根据上述(3)(4)项规定请求相关当事人承担相应责任的，人民法院应予支持。

(9) 最后，股东承担以上违反出资义务的民事责任，不适用诉讼时效抗辩。公司股东未履行或者未全面履行出资义务或者抽逃出资，公司或者其他股东请求其向公司全面履行出资义务或者返还出资，被告股东不得以诉讼时效为由进行抗辩。公司债权人的债权未过诉讼时效期间，其请求未履行或者未全面履行出资义务或者抽逃出资的股东承担赔偿责任，被告股东也不得以出资义务或者返还出资义务超过诉讼时效期间为由进行抗辩。

五、股东资格

股东向公司认缴出资后，就成为公司的股东，享有相应的权利。公司应当向股东签发出资证明书、将股东的名称在相关文件上登记记载等。这些事项实际上也是公司对股东的义务。实践中，很多公司并未依法履行这些义务，这既侵害了股东的权益，也会给股权的稳定性产生影响。因此，当公司未尽上述义务时，股东有权提起诉讼要求公司履行该义务。

在商事实践中，由于各种原因公司相关文件中记名为股东的人(名义股东)与真正投资人(实际出资人)相分离的情形并不鲜见，双方有时会就股权投资收益的归属发生争议。如果名义股东与实际出资人约定由名义股东出面行使股权，但由实际出资人享受投资权益，这属于双方间的自愿约定，如无其他违法情形，该约定应确认有效，实际出资人可依照合同约定向名义股东主张相关权益。

记载于股东名册的股东，可以依股东名册主张行使股东权利。这是指名义股东(即记名人)用股东名册的记名来向公司主张权利或向公司提出抗辩，该记名不是名义股东对抗实际出资人的依据，所以名义股东不能据此抗辩实际出资人。

出资人未在公司登记机关登记的，不得对抗第三人。但在名义股东与实际出资人就股东资格发生争议时，名义股东并不属于此处的“第三人”，所以名义股东不得以该登记否认实际出资人的合同权利。因此，实际出资人与名义股东因投资权益的归属发生争议时，实际出资人以其实际履行了出资义务为由向名义股东主张权利的，人民法院应予支持。名义股东以公司股东名册记载、公司登记机关登记为由否认实际出资人权利的，人民法院不予支持。

在实际出资人与名义股东间，实际出资人的投资权益应当依双方合同确定并依法保护。但如果实际出资人请求公司变更股东、签发出资证明书、记载于股东名册、记载于公司章程并办理公司登记机关登记等，此时实际出资人的要求就已经突破了前述双方合同的范围，实际出资人将从公司外部进入公司内部、成为公司的成员。此种情况下，在有限公司的情况下，应当参照《公司法》第七十一条第二款规定，即有限责任股东向股东以外的人转让股权，应当经其他股东过半数同意。因此，实际出资人未经公司其他股东半数以上同意，请求公司变更股东、签发出资证明书、记载于股东名册、记载于公司章程并办理公司登记机关登记的，人民法院不予支持。

股东姓名或名称未在公司登记机关登记的，不得对抗第三人。所以第三人凭借对登记内容的信赖，一般可以合理地相信登记的股东(即名义股东)就是真实的股东，可以接受该名义股东对股权的处分，实际出资人不能主张处分行为无效。但是实践中，有的情况下名义股东虽然是登记记载的股东，但第三人明知该股东不是真实的股东，股权应归属于实际出资人，在名义股东向第三人处分股权后如果仍认定该处分行为有效，实际上就助长了第三人及名义股东的不诚信行为，这是应当避免的。所以，实际出资人主张处分股权行为无效的，应按照《民法典》第三百一十一条规定的善意取得制度处理，即登记的内容构成第三人的一般信赖，第三人可以以登记的内容来主张其不知道股权归属于实际出资人、并进而终局地取得该股权；但实际出资人可以举证证明第三人知道或应当知道该股权归属于实际出资人。一旦证明，该第三人就不构成善意取得处分股权行为的效力就应当被否定，其也就不能终局地取得该股权。当然，在第三人取得该股权后，实际出资人基于股权形成的利益就不复存在，其可以要求作出处分行为的名义股东承担赔偿责任。

名义股东将登记于其名下的股权转让、质押或者以其他方式处分，实际出资人以其对于股权享有实际权利为由，请求认定处分股权行为无效的，人民法院可以参照物权善意取得规则处理。名义股东处分股权造成实际出资人损失，实际出资人请求名义股东承担赔偿责任的，人民法院应予支持。

在实践中，也存在这样的情况，即原股东转让股权后，由于种种原因股权所对应的股东名称未及时在公司登记机关进行变更，此时原股东又将该股权再次转让。这种情况下，第三人凭借对既有登记内容的信赖，一般可以合理地相信登记的股东(即原股东)就是真实的股东，可以接受该股东对股权的处分，未登记记名的受让股东不能主张处分行为无效。但是，当确有证据证明第三人在受让股权时明知原股东已不是真实的股东，股权权属已归于受让股东，在原股东向该第三人处分股权后如果仍认定该处分行为有效，同样也会助长第三人及原股东的不诚信行为，这也是应当避免的。所以受让股东主张处分股权行为无效的，也应按照物权善意取得规则来处理。

如果没有证据证明第三人知道上述情形，那么第三人可以取得该股权，受让股东的股权利益也不存在了，其可以要求原股东承担赔偿责任。而且，受让股东受让股权后之所以未及时在公司登记机关办理变更登记，常常是由于公司的管理层(如董事、高级管理人员)或实际控制人等未及时代表公司向登记机关申请且提供相应材料而造成，此时，该类人员对受让股东的损失也有过错，应当对受让股东承担相应的赔偿责任。受让股东有过失的，可以减轻上述人员的责任。

如未经他人同意，冒用他人名义出资并将该他人作为股东在公司登记机关登记的，则冒名登记行为人应当承担相应责任，被冒名者并不需要承担任何责任。

六、股东权利和义务

(一) 股东权利

1. 股东权利的概念

股东权利是股东基于股东资格而对公司及其组织机构享有的权利。股东权利是一种成员权。成员权须于团体内部、依团体规则行使，脱离团体则失其权能。而且，每一成员的权利必须受制于其他成员的权利。这是股东权利的基本特征。“股(事物之分支)东(所有者)”一词准确表达了股东权利的成员权和所有权属性。当然，与上述典型情况不同的是，在一人股东的公司中，股东权利不具有成员权的特点。

2. 股东权利的类型

股东权利可分为参与管理权和资产收益权。前者又称共益权，后者又称自益权。参与管理权是股东依法参加公司事务的决策和经营管理的权利，如股东大会参加权、提案权、质询权，在股东大会上的表决权、累积投票权，股东大会召集请求权和自行召集权，了解公司事务、查阅公司账簿和其他文件的知情权，提起诉讼权等权利。资产收益权是股东依法从公司取得利益、财产或处分自己股权的权利，主要为股利分配请求权、剩余财产分配权、新股认购优先权、股份质押权和股份转让权等。

3. 股东权利的内容

各国或地区法律对股东权利的内容一般不作列举式规定，我国《公司法》也是如此。《公司法》第四条仅规定，公司股东依法享有资产收益、参与重大决策和选择管理者等权利，这是一种概括式的规定。实际上，有关股东权利的内容散见于《公司法》的相关条文之中，归纳起来主要有：

(1) 表决权。股东通过出席或者委托代理人出席股东(大)会，对会议议决事项享有表示同意或者表示不同意的权利。普通股股东通常享有表决权。优先股股东一般没有表决权，或者只享有有限的表决权。股东行使表决权时，一般是按照一股一票或者按照出资比例行使。公司持有的本公司股份没有表决权。

(2) 选举权和被选举权。股东有权通过股东(大)会选举公司的董事或者监事，也有权在符合法定任职资格的条件下，被选举为公司的董事或者监事。为了保护中小股东的利益，《公司法》在股份有限公司中允许采用累积投票制。公司股东大会选举董事、监事，可以根据公司章程的规定或者股东大会的决议，实行累积投票制。累积投票制是指公司股东大会选举董事或者监事时，有表决权的每一股份拥有与应选董事或者监事人数相同的表决权，股东拥有的表决权可以集中使用。这就增加了中小股东选出代表其利益的董事、监事的机会。

(3) 依法转让股权或股份的权利。法律禁止股东出资获得公司股权后从公司抽逃投入资产，但允许股东为了转移投资风险或者收回投资并获得相应的利益而转让其股权或者股份。

(4) 查阅权。股东作为公司资本的提供者和经营风险的最终承担者，有权知悉公司的人事、财务、经营、管理等方面情况。有限责任公司股东有权查阅、复制公司章程、股东会会议记录、董事会会议决议、监事会会议决议和财务会计报告，股东可以要求查阅公司会计账簿。股份有限公司的股东有权查阅公司章程、股东名册、公司债券存根、股东大会会议记录、董事会会议决议、监事会会议决议、财务会计报告。公司章程或者股东间协议可以对查阅范围、方式等作出规定，但不得“实质性剥夺”股东依《公司法》享有的查阅权。

提出查阅请求者应当具备股东资格。为了避免有限责任公司的股东滥用查阅权而影响公司的正常经营活动，防止股东泄露公司商业机密而损害公司的利益，《公司法》对有限责任公司的股东查阅公司会计账簿有一定的限制。查阅股东应当向公司提出书面请求，说明目的。公司有合理根据认为股东查阅会计账簿有“不正当目的”，可能损害公司合法利益的，可以拒绝提供查阅，并应当自股东提出书面请求之日起 15 日内书面答复股东并说明理由。有限公司如证明股东有下列情形之一，则人民法院应认定该股东的查阅请求具有“不正当目的”：① 股东自营或为他人经营的业务与公司主营业务有“实质性竞争关系”，除非公司章程另有规定或者全体股东另有约定；② 股东查阅公司会计账簿，是为了向他人通报有关信息，而他人一旦获知该信息,公司合法利益即可能遭受损害;③ 股东在向公司提出查阅请求之日前的3年内,曾通过查阅公司会计账簿,向他人通报有关信息损害公司合法利益。此外,人民法院还可以根据司法解释的指引认定其他情形构成不正当目的。

为便利胜诉股东行使查阅权,人民法院对股东诉讼请求予以支持的,应当在判决中明确查阅或者复制公司特定文件材料的时间、地点和特定文件材料的名录。股东可能不具备查账所必需的财务知识,股东依生效判决查阅公司文件材料的,在该股东在场的情况下,可以由会计师、律师等依法或者依据执业行为规范负有保密义务的中介机构执业人员辅助进行。公司董事、高级管理人员有义务依法制作、保存公司资料。如果公司董事、高级管理人员未依法履行职责,导致公司未制作或保存股东有权查阅的资料,造成股东损失的,应承担赔偿责任。

股东行使查阅权,同时也负有保密义务。股东查阅信息后如泄露公司商业秘密导致公司损害,则须对公司承担赔偿责任。辅助股东查阅的会计师、律师等专业人员,负有相同义务,适用同一规则。

(5) 建议和质询权。股份有限公司的股东有权对公司的经营提出建议和质询,股东会或者股东大会要求董事、监事、高级管理人员列席会议的,董事、监事、高级管理人员应当列席并接受股东质询。

(6) 增资优先认缴权。增资优先认缴权,是指公司新增资本或发行新股时,原有股东在同等条件下优先于外部投资者认缴出资或者认购新股的权利。有限责任公司新增资本时,股东有权优先于股东以外的人,按照实缴的出资比例认缴出资。但是,全体股东约定不按照出资比例优先认缴出资的除外。股份有限公司发行新股股东大会应当对"向原有股东发行新股的种类及数额"作出决议。这说明,在股份有限公司中,股东并不当然享有新股优先认购权,除非股东大会在发行新股时作出向原股东优先配售新股的决议。而在有限责任公司中,股东当然享有增资优先认缴权,除非全体股东约定放弃或者限制。

(7) 股利分配请求权。股东对公司的资产收益权主要体现为有权取得并保有公司分配的股利。单一股东的股利分配请求权必须纳入公司的决议程序中行使。公司是否分配利润、以何种形式分配、分配多少等事项的最终决定权由股东会或者股东大会掌握。无论有限公司还是股份公司,利润分配方案均由董事会制定,股东会或股东大会以普通多数决议通过后,再由董事会实施。股利分配的比例一般与股东投资多少挂钩,但也允许另作约定。有限责任公司的股东按照实缴的出资比例分取红利,但全体股东约定不按照出资比例分取红利的除外。股份有限公司分配利润,按照股东持有的股份比例分配,但股份公司章程规定不按照持股比例分配的除外。这是尊重股东自主意思的体现。

实践中,常有股东因公司不分红而与公司发生争议。股东起诉请求公司分配利润的案件,应当列公司为被告。一审法庭辩论终结前,其他股东基于同一分配方案请求分配利润并申请参加诉讼的,应当列为共同原告。审判实践长期以来坚持的审判思路,即法院原则上不干预公司的利润分配事务,除非存在有违公平的特定情形。如果公司股东会或者股东大会已作出含具体分配方案的有效决议,而公司又无正当理由拒不执行该决议的,法院应当判决公司依决议履行分配利润的义务;如果股东在诉讼中未提交上述决议,法院应驳回其要求公司分配利润的请求,除非公司不分配利润是因部分股东用股东权利所致,而且不分配利润损害了其他股东的利益。

关于如何确定公司实施利润分配决议的时间,分配利润的股东会或者股东大会决议作出后，公司应当在决议载明的时间内完成利润分配。决议没有载明时间的，以公司章程规定的时间为准。决议、章程中均未规定时间或者时间超过1年的，公司应当自决议作出之日起1年内完成利润分配。决议中载明的利润分配完成时间如果超过公司章程规定的时间，股东可以依据规定，请求人民法院撤销决议中关于该时间的规定。

(8) 提议召开临时股东(大)会和自行召集的权利。股东认为有必要时，有权提议召开临时会议。有限责任公司有代表1/10以上表决权的股东，可以提议召开临时股东会会议；股份有限公司有单独或者合并持有公司10%以上股份的股东，有权请求召开临时股东大会。

当董事会或者执行董事不能履行或者不履行召集股东(大)会会议职责的，由监事会或者不设监事会的公司的监事召集和主持；监事会或者监事不召集和主持的，有限责任公司代表1/10以上表决权的股东可以自行召集和主持，股份有限公司连续90日以上单独或者合计持有公司10%以上股份的股东可以自行召集和主持。

(9) 临时提案权。股份有限公司单独或者合计持有公司3%以上股份的股东，可以在股东大会召开10日前提出临时提案并书面提交董事会；董事会应当在收到提案后2日内通知其他股东，并将该临时提案提交股东大会审议。临时提案的内容应当属于股东大会职权范围，并有明确议题和具体决议事项。

(10) 异议股东股份回购请求权。这是指股东(大)会作出对股东权益产生重大和实质性影响的决议时，对该决议有异议的股东，有权要求公司以公平价格回购其所持出资额或者股份，从而退出公司。有限责任公司的股东在出现以下情形之一时，对股东会决议投反对票的股东，可以请求公司按合理价格收购其股权：一是公司连续5年不向股东分配利润，而公司连续5年盈利，并符合《公司法》规定的分配利润条件的；二是公司合并、分立、转让主要财产的；三是公司章程规定的营业期限届满或者章程规定的其他解散事由出现，股东会会议通过决议修改章程使公司存续的。股份有限公司异议股东股份回购请求权只是限于对股东大会作出的公司合并、分立决议持异议的情形。

(11) 申请法院解散公司的权利。公司经营管理发生严重困难，继续存续会使股东利益受到重大损失，通过其他途径不能解决的，持有公司全部股东表决权10%以上的股东，可以请求人民法院解散公司。关于人民法院受理和审理公司解散之诉规则和裁判标准，本章将在第六节详细讨论。

(12) 公司剩余财产的分配请求权。公司终止后，向其全体债权人清偿债务之后尚有剩余财产的，股东有权请求分配。

4. 股东的诉讼权利

(1) 股东代表诉讼。股东代表诉讼，也称股东代位诉讼、股东间接诉讼，是指当董事、监事、高级管理人员或者他人违反法律、行政法规或者公司章程的行为给公司造成损失，公司拒绝或者怠于向该违法行为人请求损害赔偿时，具备法定资格的股东有权代表其他股东，代替公司提起诉讼，请求违法行为人赔偿公司损失的行为。股东代表诉讼的目的，是为了保护公司利益和股东的共同利益，而不仅仅是个别股东的利益。为保护个别股东利益而进行的诉讼是股东直接诉讼。

根据责任人身份的不同与具体情况的不同，提起股东代表诉讼有以下几种程序：

其一，股东对公司董事、监事、高级管理人员给公司造成损失行为提起诉讼的程序。

公司董事、监事、高级管理人员执行公司职务时违反法律、行政法规或者公司章程的规定，给公司造成损失的，应当承担赔偿责任。

① 董事、高级管理人员侵犯公司利益，股东通过监事会提起诉讼。股东（有限责任公司的股东、股份有限公司损失司连续 180 日以上单独或者合计持有公司 1％维护以上股份的股东）可以书面请求监事会（或者不设监事会的有限责任公司的监事）向人民法院提起诉讼。如果监事会（或者不设监事会的有限责任公司的监事）收到股东的书面请求提起后拒绝提起诉讼，或者自收到请求之日起 30 日内未提起诉讼，或者情况紧急、不立即提起诉讼将会使公司利益受到难以弥补的损害的，股东有权为了公司的利益以自己的名义直接向人民法院提起诉讼。

② 监事侵犯公司利益，股东通过董事会提起诉讼。股东（有限责任公司的股东、股份有限公司连续 180 日以上单独或者合计持有公司 1％以上股份的股东）可以书面请求董事会（或者不设董事会的有限责任公司的执行董事）向会人民法院提起诉讼。如果董事会（或者不设董事会的有限责任公司的执行董事）收到股东的书面请求后拒绝提起诉讼，或者自收到请求之日起 30 日内未提起诉讼，或者情况紧急、不立即提起诉讼将会使公司利益受到难以弥补的损害的，股东有权为了公司的利益以自己的名义直接向人民法院提起诉讼。

③ 公司董事、监事、高级管理人员以外的他人侵犯公司利益，通过董事会或者监事会提起诉讼。股东（有限责任公司的股东、股份有限公司连续 180 日以上单独或者合计持有公司 1％以上股份的股东）可以书面请求董事会或者监事会向人民法院提起诉讼。如果董事会、监事会收到股东的书面请求后拒绝提起诉讼，或者自收到请求之日起 30 日内未提起诉讼，或者情况紧急、不立即提起诉讼将会使公司利益受到难以弥补的损害的，股东有权为了公司的利益以自己的名义直接向人民法院提起诉讼。

其二，股东对他人给公司造成损失的行为提起诉讼的程序。公司董事、监事、高级管理人员以外的他人侵犯公司合法权益，给公司造成损失的，有限责任公司的股东、股份有限公司连续 180 日以上单独或者合计持有公司 1％以上股份的股东可以书面请求监事会或者监事、董事会或者执行董事向人民法院提起诉讼，或者直接向人民法院提起诉讼。提起诉讼的具体程序，依照上述股东对公司董事、监事、高级管理人员给公司造成损失行为提起诉讼的程序进行。

以上情况中，股东直接提起诉讼的案件，胜诉利益归属于公司。股东请求被告直接向其承担民事责任的，人民法院不予支持。另外，为鼓励股东行使诉讼权利，股东直接提起诉讼的案件，其诉讼请求部分或者全部得到人民法院支持的，公司应当承担股东因参加诉讼支付的合理费用。

（2）股东直接诉讼。这是指股东对董事、高级管理人员损害股东利益行为提起的诉讼。公司董事、高级管理人员违反法律、行政法规或者公司章程的规定，损害了股东利益的，股东可以依法向人民法院提起诉讼。

（二）股东义务

第一，出资义务，即按照法律和公司章程的规定，向公司按期足额缴纳出资。股东违反出资义务可能导致其股东权利受限甚至丧失股东资格。首先，公司有权通过章程或者股东（大）会决议对该类股东的利润分配请求权、新股优先认购权、剩余财产分配请求权等权利予以限制。其次，有限公司股东“未履行出资义务或者抽逃全部出资，经公司催告缴纳或者返还，其在合理期间内仍未缴纳或者返还出资”，公司可以通过股东会决议“解除该股东的股东资格”。最后，如果公司章程或者股东(大)会决议未对股东权利设置限制，法院可能在个案判决中认定未出资或出资不足之股东的股东权利应受限制。

第二，善意行使股权的义务。这项义务的主要含义是，股东不得滥用其权利。公司股东应当遵守法律、行政法规和公司章程，依法行使股东权利，不得滥用股东权利损害公司或者其他股东的利益。公司股东用股东权利给公司或者其他股东造成损失的，应当依法承担赔偿责任。

第三，公司出现解散事由后，股东有组织清算的义务。公司出现解散或者破产事由时应启动清算程序。清算的主要任务是，终结公司营业、清理财产、清偿债务、分配剩余财产。清算程序的结果是公司法人资格消灭。公司因破产而依《中华人民共和国企业破产法》(简称《企业破产法》)清算，为破产清算。因解散而依《公司法》清算，为非破产清算。公司出现解散事由后，应在规定时间内组织清算；有限公司股东直接组成清算组，股份公司的清算组由董事组成或者由股东大会确定的人员组成。有限公司股东、股份公司控股股东，未依法启动清算，损害债权人利益的，应承担相应的民事责任。破产清算自法院裁定宣告公司破产时开始，在法院控制之下，由破产管理人实施，公司股东无权参与。

七、董事、监事、高级管理人员制度

(一) 概述

在公司组织结构下，股东并不直接参与公司经营管理。无论是股份有限公司还是有限责任公司，股东都只能通过选举董事组成董事会(或者在有限责任公司中设执行董事)，由董事会聘任经理来负责公司的日常经营管理活动，监事会负责监督。股东组成的股东(大)会只对重大事项才有决策权。股东只有以董事、监事或者高级管理人员的身份才能参与公司经营管理。在实践中，控股股东往往自己或者委托他人担任公司的董事长或者总经理，以方便控制公司。

公司管理者或者不持有股份，或者仅持少量股份，这就产生了拥有所有权者未拥有相应的控制权，拥有控制权者未拥有相应的所有权，也即“所有与控制分离”问题。这一问题造成了股东与管理者之间利益的不一致，而利益不一致难免导致利益冲突。各国公司法都对公司的董事、监事和高级管理人员(合称公司管理者)施加了一定的法律义务，以确保公司管理者能够获得股东的信任。

(二) 公司董事、监事、高级管理人员的任职资格

公司董事、监事、高级管理人员是代表公司组织机构行使职权的人员，在公司中处于重要地位，并依法具有法定的职权。因此，为了保证这类人员具有正确履行职责的能力与条件，规定了他们应当具有相应的资格。公司董事、监事必须由股东(大)会选举产生，有一定的提名和产生程序。高级管理人员，是指公司的经理、副经理、财务负责人，上市公司董事会秘书和公司章程规定的其他人员。

有下列情形之一的，不得担任公司的董事、监事、高级管理人员：

(1) 无民事行为能力或者限制民事行为能力。无民事行为能力的人是指不满 8 周岁的未成年人和不能辨认自己行为的成年人。限制民事行为能力的人是指 8 周岁以上的未成年人和不能完全辨认自己行为的成年人。

(2) 因贪污、贿赂、侵占财产、挪用财产或者破坏社会主义市场经济秩序，被判处刑罚，

执行期满未逾5年，或者因犯罪被剥夺政治权利，执行期满未逾5年。

(3) 担任破产清算的公司、企业的董事或者厂长、经理，对该公司、企业的破产负有个人责任的，自该公司、企业破产清算完结之日起未逾3年。

(4) 担任因违法被吊销营业执照、责令关闭的公司、企业的法定代表人，并负有个人责任的，自该公司、企业被吊销营业执照之日起未逾3年。

(5) 个人所负数额较大的债务到期未清偿。

公司违反上述规定选举、委派董事、监事或者聘任高级管理人员的，该选举、委派或者聘任无效。公司董事、监事、高级管理人员在任期间出现上述所列情形的，公司应当解除其职务。

(三) 公司董事、监事、高级管理人员的法定义务

公司董事、监事、高级管理人员应当遵守法律行政法规和公司章程，对公司负有忠实义务和勤勉义务。一般将公司管理者的义务区分为忠实义务和勤勉义务。

1. 忠实义务

所谓忠实义务，是指公司的管理层应当以公司或者整体股东的利益最大化为目标，不得损害公司或者整体股东的利益，更不得在自身利益与公司利益或者股东整体利益相冲突时偏向自身利益。忠实义务的违反往往发生在利益冲突的场合，或者发生在公司管理层为了自身利益而侵害公司利益的情况下。在这种情况下利益冲突的处理原则，包括：

公司董事、监事、高级管理人员不得利用职权收受贿赂或者其他非法收入，不得侵占公司的财产。公司董事、高级管理人员不得有下列行为：① 用公司资金；② 将公司资金以其个人名义或者以其他个人名义开立账户存储；③ 违反公司章程的规定，未经股东会、股东大会或者董事会同意，将公司资金借贷给他人或者以公司财产为他人提供担保；④ 违反公司章程的规定或者未经股东会、股东大会同意，与本公司订立合同或者进行交易；⑤ 未经股东会或者股东大会同意，利用职务便利为自己或者他人谋取属于公司的商业机会，自营或者为他人经营与所任职公司同类的业务；⑥ 接受他人与公司交易的佣金归为己有；⑦ 擅自披露公司秘密；⑧ 违反对公司忠实义务的其他行为。公司董事、高级管理人员违反上述规定所得的收入应当归公司所有。

从上述规定可以看出：① 对公司董事和高级管理人员的忠实义务要求比较高，因为他们负责公司的经营管理，监事一般不参与公司经营决策；② 立法并未禁止所有存在利益冲突的交易，某些类型的利益冲突交易不可避免，但必须遵守一定的程序。

2. 勤勉义务

所谓勤勉义务，是指公司管理者应当在执行公司职务时勤勉尽责。换句话说，就是在执行职务时应当尽最大努力为公司或者股东的整体利益服务。这主要适用于不存在利益冲突的场合。勤勉义务有两层的含义：一方面是积极的要求，即要求公司管理者勤勉尽责；另一方面是消极的抗辩，是对公司管理者的一种保护，即公司管理者在勤勉尽责的情况下，就尽到了职责，不能因为决策中潜藏的商业风险而追究其责任。换句话说，只要公司管理者在决策时没有利益冲突，是在当时掌握的信息和认知条件下作出的诚实、善意的决策，即使该决策事后被证明是失败的，也不能追究其责任。这一规则国外一般称为“商业判断规则”。这是因为商业经营充满了风险，不可能要求公司管理者永远决策正确，不能以事后的判断来代替事前的决策，否则就没有人愿意承担商业经营的职责了。

公司应当合法经营,公司董事、监事、高级管理人员执行公司职务时违反法律、行政法规或者公司章程的规定,给公司造成损失的,应当承担赔偿责任。

公司管理层应当接受质询和监督。公司股东会或者股东大会要求董事、监事、高级管理人员列席会议的,董事、监事、高级管理人员应当列席并接受股东的质询。董事高级管理人员应当如实向公司监事会或者不设监事会的有限责任公司的监事提供有关情况和资料,不得妨碍监事会或者监事行使职权。

八、股东大会、股东会和董事会决议制度

公司的股东大会、股东会、董事会、监事会以作出决议的方式行使其权力。

（一）决议的法律特征

决议由决议机构成员按一定程序作出的意思表示构成。决议可以是全体成员一致的意思表示,也可以是依特定表决规则形成的、反映部分成员(如半数以上成员或者代表半数以上表决权的成员)意志的意思表示。在决议机构由两个以上成员组成的情况下"多数决"(即按照持较多表决权成员的意思形成决议,持较少表决权成员有义务服从决议),是通常接受的表决规则。

决议依表决规则作出之时即告成立,无法定形式。无论有限公司还是股份公司,其股东会或股东大会、董事会、监事会都应当对所议事项的决定作成"会议记录",由出席会议的人员签名。会议记录只是证明决议存在的书面证据,而非决议的法定形式。换言之,即便没有合格的会议记录,其他证据(如决议过程的录像)也可以证明会议作出了决议。当然,公司章程可以对决议的形式作出规定。

首先,决议对参与作出决议的人具有约束力,包括赞同的、弃权的和反对的决议参加者。例如,公司股东会会议多数表决权通过的决议事项,对投反对票的股东也有约束力。其次,决议对决议机构成员或公司的全体股东具有约束力。例如,公司股东会的决议对未出席会议也未参加表决的股东亦有约束力。最后,决议调整公司内部关系,而不是公司与第三人之间的关系。要调整公司与第三人间的关系,须以公司名义同第三人成立法律行为。

（二）决议不成立之诉

决议是一种法律行为。在认定决议效力之前,须首先判断其是否成立。决议成立的问题,公司法虽未提及,但审判实践中早已出现争议,公司法的相关司法解释也正式确认了"决议不成立之诉"。有资格提起决议不成立之诉的人包括公司股东、董事、监事等。

决议成立,意指公司机构依程序作出或通过决议。决议不成立,则是指当事人所主张的某一决议,事实上从未作出或者不满足程序要求而不构成通过。某一决议(包括股东会或股东大会决议、董事会决议)事实上未作出,包括两种情形:① 公司未召开会议作出该决议,除非依法律规定或公司章程规定可以不召开股东会或股东大会而直接作出该决定,且由全体股东在决定文件上签名、盖章;② 公司尽管召开了会议,但未表决该决议事项。不满足程序要求而不构成决议通过,也有两种情况:① 到会人数或者到会股东所持表决权数,不符合法律或公司章程的规定,也即不具备表决决议事项的必要条件;② 虽具备表决条件,但"表决结果未达到公司法或者公司章程规定的通过比例"。除以上 4 种典型情况外,人民法院还可以认定导致决议不成立的其他情形。

（三）决议无效与撤销之诉

股东影响公司决议的直接渠道是在股东会、股东大会行使表决权,或者推选董事进而影响董事会决议。但对许多中小股东而言，由于持股比例较小，纵使法律上有表决权和选举权，也对股东会、股东大会和董事会决议难以产生影响力。为了防止股东会股东大会或者董事会中的多数滥用权利损害少数股东的正当利益，允许股东及其他利益相关人通过民事诉讼机制对违反法律、法规和公司章程的决议提起无效之诉或者撤销之诉。

公司股东会或者股东大会、董事会的决议内容违反法律、行政法规的无效。此处所谓"无效"是指决议自作出之时起无效。应当看到，只有在有人请求法院宣告特定决议无效，并得到判决支持的情况下，该决议才能在事实上不发生约束力。公司股东、董事、监事等有资格提起决议无效之诉。按照规定，原告应与诉讼争议"有直接利害关系"，因此，除股东、董事、监事外，公司高级管理人员、员工甚至公司债权人，如能证明其与所诉决议"有直接利害关系"，则也具有提起公司决议无效之诉的资格。

股东会或者股东大会、董事会的会议召集程序、表决方式违反法律、行政法规或者公司章程，或者决议内容违反公司章程的，股东可以自决议作出之日起 60 日内，请求人民法院撤销。提起此类诉讼的原告须在起诉时具有公司股东资格。60 日期限属于除斥期间。该期间自决议作出之日起算，超过该期间，股东即丧失诉权。

以上规定限制了决议撤销之诉的对象，即只能是两类决议：一是"会议召集程序表决方式违反法律、行政法规或者公司章程"的决议；二是"内容违反公司章程"的决议。为尽量保持公司决议的稳定性，会议召集程序或者表决方式仅有轻微瑕疵，且对决议未产生实质影响的，人民法院不予支持。股东提起决议撤销之诉的，人民法院可以应公司的请求，要求股东提供相应担保。该规则旨在限制股东滥用诉讼，但什么条件下法院应当支持公司的请求，要求股东提供多大金额的担保是合理的，都有待明确。

人民法院宣告该决议无效或者撤销该决议后，公司根据股东会或者股东大会、董事会决议已办理的公司登记变更应当恢复原状，公司应当向公司登记机关申请撤销变更登记。但是，公司依据该决议与善意相对人形成的民事法律关系（例如与善意相对人订立的合同）不受影响。

最后，关于决议不成立、无效和撤销之诉案件的诉讼当事人问题。原告请求确认股东会或者股东大会、董事会决议不成立、无效或者撤销决议的案件，应当列公司为被告。对决议涉及的其他利害关系人，可以依法列为第三人。一审法庭辩论终结前，其他有原告资格的人以相同的诉讼请求申请参加前款规定诉讼的，可以列为共同原告。

第二节　股份有限公司

股份有限公司，简称股份公司，是指全部资本分成等额股份，股东承担有限责任公司以其全部资产对公司债务承担责任的公司。现代公司的典型形态就是股份公司。

一、股份有限公司的设立

（一）设立条件

根据《公司法》的规定，设立股份有限公司，应当具备下列条件：① 发起人符合法定人数；② 有符合公司章程规定的全体发起人认购的股本总额或者募集的实收股本总额；③ 股份发行、筹办事项符合法律规定；④ 发起人制订公司章程，采用募集方式设立的经创立大会通过；⑤ 有公司名称，建立符合股份有限公司要求的组织机构；⑥ 有公司住所。

1. 发起人条件

发起人是指为设立公司而签署公司章程、向公司认购出资或者股份并履行公司设立职责的人,发起人的主要特征是履行公司设立职责的股东。设立股份公司的发起人为2人以上200人以下,其中须有半数以上的发起人在中国境内有住所。股份有限公司发起人承担公司筹办事务。发起人应当签订发起人协议,明确各自在公司设立过程中的权利和义务。

2. 财产条件

(1) 注册资本。股份公司采取发起设立方式设立的,注册资本为在公司登记机关登记的全体发起人认购的股本总额;股份公司采取募集设立方式设立的注册资本为在公司登记机关登记的实收股本总额。换句话说,除非采取募集设立方式设立,股份公司在设立时股东不需要缴纳任何出资,只需要全体发起人认购的股本总额达到公司章程规定的标准即可。公司的注册资本由公司章程规定,登记机关按照公司章程规定予以登记。公司注册资本发生变化,应当修改公司章程并向公司登记机关依法申请办理变更登记。

设立股份公司没有最低注册资本的要求,但如果其他法律行政法规以及国务院决定对股份公司注册资本实缴、注册资本最低限额另有规定的,从其规定。例如,《中华人民共和国商业银行法》《中华人民共和国保险法》分别对商业银行和保险公司规定了最低注册资本要求,而且要求发起人必须在设立时实缴出资。

(2) 缴纳注册资本的方式和期限。股份有限公司采取发起设立方式设立的,注册资本为在公司登记机关登记的全体发起人认购的股本总额。至于发起人何时缴纳出资,法律则没有任何规定,完全交由公司章程规定。因此,股份公司可以按照公司业务发展计划对资金的需求,在公司章程中列明各个发起人缴纳出资的期限和顺序。在发起人认购的股份缴足前,不得向他人募集股份。

股份有限公司采取募集设立方式设立的,注册资本为在公司登记机关登记的实收股本总额。这意味着:以募集设立方式设立的股份公司,股东必须在设立时缴纳全部出资。以募集设立方式设立股份有限公司的,发起人认购的股份不得少于公司股份总数的35%;但法律、行政法规另有规定的,从其规定。

股东出资额或者发起人认购股份、出资时间及方式由公司章程规定。发生变化的应当修改公司章程并向公司登记机关依法申请办理公司章程或者公司章程修正案备案。

(3) 出资要求。参见本章第一节股东出资制度的相关内容。

3. 组织条件

组织条件包括公司名称、住所、章程以及依法建立的组织机构等。股份有限公司的设立需要有相应的名称、住所,必须在名称中标明“股份有限公司”或者“股份公司”字样。同时,需要建立相应的组织机构,且股份发行、筹办事项符合法律规定等。

公司章程的制定和修改。股份有限公司的发起人应当制定公司章程,采用募集方式设立的须经创立大会通过。公司章程的修改必须经过股东大会,并且应当经过出席会议的代表2/3以上表决权的股东通过。公司章程是由设立公司的股东共同制定,对公司、股东、董事、监事、高级管理人员具有约束力的调整公司内部关系和经营行为的公司规范性文件。公司章程是公司设立的必备条件之一,也是一个体现公司自治规则和自治手段的文件;《公司法》中任意性的规定,主要授权由公司章程规定;此外,公司章程是一个公开性的文件,其记载的内容都是公开的,股东、债权人以及有关人士可通过不同的途径进行查阅。

股份有限公司章程应当载明下列事项：① 公司名称和住所；② 公司经营范围；③ 公司设立方式；④ 公司股份总数、每股金额和注册资本；⑤ 发起人的姓名或者名称、认购的股份数、出资方式和出资时间；⑥ 董事会的组成、职权、任期和议事规则；⑦ 公司法定代表人；⑧ 监事会的组成、职权、任期和议事规则；⑨ 公司利润分配办法；⑩ 公司的解散事由与清算办法；⑪ 公司的通知和公告办法；⑫ 股东大会会议认为需要规定的其他事项。此外，上市公司应在其公司章程中规定股东大会的召开和表决程序，包括通知、登记、提案的审议、投票、计票、表决结果的宣布、会议决议的形成、会议记录及其签署、公告等，还应在公司章程中规定股东大会对董事会的授权原则，授权内容应明确具体。

（二）设立方式

股份有限公司可以采取发起设立或者募集设立方式设立。发起设立，是指由发起人认购公司应发行的全部股份而设立公司。募集设立，是指由发起人认购公司应发行股份的一部分，其余股份向社会公开募集或者向特定对象募集而设立公司。在发起设立方式下，发起人认缴全部出资后，按照公司章程的规定缴纳出资额；在募集设立方式下，发起人以及认购人应当一次性缴纳出资额。

（三）设立程序

根据股份有限公司设立方式的不同，程序略有不同，即公开募集设立还需要经过向社会公开招募股份等相关程序，其他程序与发起设立方式相同。但是，根据实际情况，公开募集设立方式较少适用。

（1）签订发起人协议。该协议包括各个发起人的基本情况、认缴股份数额、认缴股份方式等发起设立股份有限公司过程中的相关权利义务。

（2）报经有关部门批准。这主要是涉及依据法律、行政法规规定设立公司必须报经批准的，应当在公司登记前依法办理批准手续。这主要是前置审批方面的内容。除了法律、行政法规有特别规定的外，设立股份公司不需要经过特别批准，可以直接向企业登记机关注册设立。

（3）制定公司章程。

（4）认购股份。以发起设立方式设立股份有限公司的，发起人应当书面认足公司章程规定其认购的股份。以非货币财产出资的，应多依法办理其财产权的转移手续。公开募集设立股份有限公司的认购股份程序较为严格，应先经过国务院证券监督管理机构核准；公开信息，发布招股说明书和财务会计报告等信息；由证券经营机构承销股票；与银行签订收股款协议；认购人缴纳股款并获得缴款证明；验资机构验资等。发起人、认股人缴纳股款或者交付抵作股款的出资后，除未按期募足股份、发起人未按期召开创立大会或者创立大会决议不设立公司的情形外，不得抽回其股本。

（5）选举董事会和监事会，由董事会依法向公司登记机关申请设立登记。发起设立方式设立公司的，发起人首次缴纳出资后，应当选举董事会和监事会，由董事会依法向公司登记机关申请设立登记。募集设立方式设立公司的，发起人应当在足额缴纳股款、验资证明出具之日后 30 日内召开公司创立大会。发起人应当在创立大会召开 15 日前将会议日期通知各认股人或者予以公告。创立大会应有代表股份总数过半数的发起人、认股人出席，方可举行。

创立大会行使下列职权：① 审议发起人关于公司筹办情况的报告；② 通过公司章程；

③ 选举董事会成员；④ 选举监事会成员；⑤ 对公司的设立费用进行审核；⑥ 对发起人用于抵作股款的财产的作价进行审核；⑦ 发生不可抗力或者经营条件发生重大变化直接影响公司设立的，可以作出不设立公司的决议。创立大会对上述事项作出决议，必须经出席会议的认股人所持表决权过半数通过。

董事会应于创立大会结后 30 日内，依法向公司登记机关申请设立登记。

(6) 发行股票。股份有限公司成立后，即向股东正式交付股票，公司成立前不得向股东交付股票。公司发行的股票，可以为记名股票也可以为无记名股票。公司向发起人法人发行的股票，应当为记名股票。公司发行记名股票的，应当置备股东名册，记载下列事项：① 股东的姓名或名称及住所；② 各股东所持股份数；③ 各股东所持股票的编号；④ 各股东取得股份的日期。公司发行无记名股票的，公司应当记载其股票数量、编号及发行日期。

(7) 公告。公告登记的内容应当与登记机关核准登记的内容一致。

二、股份有限公司的组织机构

公司组织机构是代表公司活动，行使相应职权的权力机关、决策机关、监督机关和执行机关所组成的公司机关。公司组织机构是公司法规定的，具有强制性，也是公司得以设立的必要条件。股份有限公司的组织机构包括股东大会、董事会、监事会及高级管理人员。高级管理人员，是指公司的经理、副经理、财务负责人、上市公司董事会秘书和公司章程规定的其他人员。

(一) 股东大会

1. 职权

股份有限公司股东大会由全体股东组成。股东大会是公司的权力机构，依法行使职权，股东大会的职权包括：

① 决定公司的经营方针和投资计划；

② 选举和更换非由职工代表担任的董事、监事，决定有关董事、监事的报酬事项；

③ 审议批准董事会的报告；

④ 审议批准监事会或者监事的报告；

⑤ 审议批准公司的年度财务预算方案、决算方案；

⑥ 审议批准公司的利润分配方案和弥补亏损方案；

⑦ 对公司增加或者减少注册资本作出决议；

⑧ 对发行公司债券作出决议；

⑨ 对公司合并、分立、解散、清算或者变更公司形式作出决议；

⑩ 修改公司章程；

⑪ 公司章程规定的其他职权。

上市公司股东大会还有以下职权：

对公司聘用、解聘会计师事务所作出决议；审议公司在一年内购买、出售重大资产超过公司最近一期经审计总资产 30% 的事项；审议批准变更募集资金用途事项；审议股权激励计划；审议批准下列对外担保行为：① 本公司及本公司控股子公司的对外担保总额，达到或超过最近一期经审计净资产的 50% 以后提供的任何担保；② 公司的对外担保总额，达到或超过最近一期经审计总资产的 30% 以后提供的任何担保；③ 为资产负债率超过 70% 的担保对象提供的担保；④ 单笔担保额超过最近一期经审计净资产 10% 的担保；⑤ 对股东、实际控制人及其关联方提供的担保。

2. 股东大会会议形式

股东大会分为年会与临时大会。股东大会年会应当每年召开一次。上市公司的年度股东大会应当于上一会计年度结束后的6个月内举行。

有下列情形之一的,应当在两个月内召开临时股东大会:① 董事人数不足《公司法》规定人数或者公司章程所定人数的2/3时;② 公司未弥补的亏损达实收股本总额1/3时;③ 单独或者合计持有公司10%以上股份的股东请求时;④ 董事会认为必要时;⑤ 监事会提议召开时;⑥ 公司章程规定的其他情形。

3. 股东大会会议的召集

股东大会会议由董事会召集,董事长主持;董事长不能或者不履行职务的,由副董事长主持;副董事长不能或者不履行职务的,由半数以上董事共同推举一名董事主持。董事会不能或者不履行召集股东大会会议职责的,监事会应当及时召集和主持;监事会不召集和主持的,连续90日以上单独或者合计持有公司10%以上股份的股东可以自行召集和主持。

召开股东大会会议,应当将会议召开的时间、地点和审议的事项于会议召开20日前通知各股东;临时股东大会应当于会议召开15日前通知各股东;发行无记名股票的,应当于会议召开30日前公告会议召开的时间、地点和审议事项。

上市公司应在保证股东大会合法、有效的前提下,通过各种方式和途径,包括充分运用现代信息技术手段,扩大股东参与股东大会的比例。股东大会时间、地点的选择应有利于让尽可能多的股东参加会议。

单独或者合计持有公司3%以上股份的股东,可以在股东大会召开10日前提出临时提案并书面提交董事会;董事会应当在收到提案后两日内通知其他股东,并将该临时提案提交股东大会审议。临时提案的内容应当属于股东大会职权范围,并有明确议题和具体决议事项。股东大会不得对向股东通知中未列明的事项作出决议。无记名股票持有人出席股东大会会议的,应当于会议召开5日前至股东大会闭会时将股票交存于公司。

4. 股东大会会议的表决和决议事项

股东出席股东大会会议,所持每一股份有一表决权。股东可以委托代理人出席股东大会会议,代理人应当向公司提交股东授权委托书,并在授权范围内行使表决权。公司持有的本公司股份没有表决权。上市公司董事会、独立董事和符合有关条件的股东可向上市公司股东征集其在股东大会上的投票权。投票权征集应采取无偿的方式进行,并应向被征集人充分披露信息。

股东大会决议的事项分为普通事项与特别事项两类。股东大会对普通事项作出决议,必须经出席会议的股东所持表决权过半数通过。股东大会对修改公司章程、增加或者减少注册资本,以及公司合并、分立、解散或者变更公司形式的特别事项作出决议,必须经出席会议的股东所持表决权的2/3以上通过。需要注意的是:出席股东大会的最低人数和持股比例并没有相关要求,只要满足了提前通知的程序要求,即使只有一名股东出席,持有无论多少比例的股权,该股东大会的召开都是有效的。

5. 累积投票制

累积投票制,是指股东大会选举董事或者监事时,每一股份拥有与应选董事或者监事人数相同的表决权,股东拥有的表决权可以集中使用。累积投票制的实施有利于中小股东按照其持股比例选举代表进入公司管理层，参与董事会的活动，保护其利益。控股股东控股比例在30%以上的上市公司，应当采用累积投票制。采用累积投票制度的上市公司应在公司章程里规定该制度的实施细则。其他股份有限公司也可以依据公司章程的规定或者股东大会的决议，实行累积投票制。

6. 记录

股东大会应当对所议事项的决定做成会议记录，主持人、出席会议的董事应当在会议记录上签名。会议记录应当与出席股东的签名册及代理出席的委托书一并保存。上市公司召开股东大会，还应当遵守中国证监会发布的《上市公司股东大会规则》。

（二）董事会

1. 董事会的概念

董事会是依法由股东大会选举产生的董事组成，代表公司并行使经营决策权的常设机关。董事会是公司的决策机关。

2. 董事会的组成

股份有限公司董事会的成员为5至19人。董事应当遵守前述有关董事义务的规定。董事由股东大会选举产生。董事会成员中可以有公司职工代表。董事会中的职工代表由公司职工通过职工代表大会、职工大会或者其他形式民主选举产生。上市公司应在其公司章程中规定规范、透明的董事选聘程序，保证董事选聘公开、公平、公正、独立。上市公司应和董事签订聘任合同，明确公司和董事之间的权利义务、董事的任期、董事违反法律法规和公司章程的责任以及公司因故提前解除合同的补偿等内容。

3. 董事的任期与解任

董事任期由公司章程规定，但每届任期不得超过3年。董事任期届满，连选可以连任。董事任期届满未及时改选，或者董事在任期内辞职导致董事会成员低于法定人数的，在改选出的董事就任前，原董事仍应当依照法律、行政法规和公司章程的规定，履行董事职务。

股东会或者股东大会是董事的产生机构，有权在董事任期届满前解除其职务。《公司法》不要求股东会或者股东大会解除董事职务时须提供法定理由。任期届满前被股东会或者股东大会以有效决议解除职务的，该董事如向人民法院起诉主张解除不发生法律效力，则人民法院不予支持。不过，董事职务被解除后，因补偿与公司发生纠纷提起诉讼的，人民法院应当依据法律、行政法规、公司章程的规定或者合同的约定，综合考虑解除的原因、剩余任期、董事薪酬等因素，确定是否补偿以及补偿的合理数额。

4. 董事会职权

董事会对股东大会负责，行使下列职权：① 召集股东大会会议，并向股东大会报告工作；② 执行股东大会的决议；③ 决定公司的经营计划和投资方案；④ 制定公司的年度财务预算方案、决算方案；⑤ 制定公司的利润分配方案和弥补亏损方案；⑥ 制定公司增加或者减少注册资本以及发行公司债券的方案；⑦ 制定公司合并、分立、解散或者变更公司形式的方案；⑧ 决定公司内部管理机构的设置；⑨ 决定聘任或者解聘公司经理及其报酬事项，并根据经理的提名决定聘任或者解聘公司副经理、财务负责人及其报酬事项；⑩ 制定公司的基本管理制度；⑪ 公司章程规定的其他职权。

5. 董事会机构设置

董事会设董事长1人，可以设副董事长。董事长和副董事长由董事会以全体董事的过半数选举产生。董事长召集和主持董事会会议,检查董事会决议的实施情况。副董事长协助董事长工作,董事长不能或者不履行职务的,由副董事长履行职务;副董事长不能或者不履行职务的,由半数以上董事共同推举一名董事履行职务。

上市公司董事会可以按照股东大会的有关决议,设立战略、审计、提名、薪酬与考核等专门委员会。专门委员会成员全部由董事组成,其中审计委员会、提名委员会、薪酬与考核委员会中独立董事应占多数并担任召集人,审计委员会中至少应有1名独立董事是会计专业人士。

6. 董事会会议的召开

董事会每年度至少召开两次会议,每次会议应当于会议召开10日前通知全体董事和监事。代表1/10以上表决权的股东、1/3以上董事或者监事会,可以提议召开董事会临时会议。董事长应当自接到提议后10日内,召集和主持董事会会议。董事会召开临时会议,可以另定召集董事会的通知方式和通知时限。

董事会会议应有过半数的董事出席方可举行。董事会作出决议必须经全体董事的过半数通过。董事会决议的表决实行一人一票。董事会会议应由董事本人出席,董事因故不能出席,可以书面委托其他董事代为出席,委托书中应载明授权范围。

7. 记录

董事会应当对会议所议事项的决定做成会议记录,出席会议的董事应当在会议记录上签名。董事应当对董事会的决议承担责任。董事会的决议违反法律、行政法规或者公司章程、股东大会决议,致使公司遭受严重损失的,参与决议的董事对公司负赔偿责任。但经证明在表决时曾表明异议并记载于会议记录的,该董事可以免除责任。

(三) 经营管理机关

1. 经营管理机关的概念

经营管理机关是指由董事会聘任的,负责公司日常经营管理活动的公司常设业务执行机关。这是指公司的经理。与董事会、监事会不同的是,经理不是以会议形式形成决议的机关,而是以自己最终意志为准的执行机关。

2. 经理的职权

股份有限公司设经理,由董事会决定聘任或者解聘,公司董事会可以决定由董事会成员兼任经理。经理对董事会负责,行使下列职权:① 主持公司的生产经营管理工作组织实施董事会决议;② 组织实施公司年度经营计划和投资方案;③ 拟订公司内部管理机构设置方案;④ 拟订公司的基本管理制度;⑤ 制定公司的具体规章;⑥ 提请聘任或者解聘公司副经理、财务负责人;⑦ 决定聘任或者解聘除应由董事会决定聘任或者解聘以外的负责管理人员;⑧ 董事会授予的其他职权。经理列席董事会会议。为保证上市公司与控股股东在人员、资产、财务上严格分开,上市公司的总经理必须专职,总经理在集团等控股股东单位不得担任除董事以外的其他职务。

公司应当定期向股东披露事、监事、高级管理人员从公司获得报酬的情况。公司不得直接或者通过子公司向董事、监事、高级管理人员提供借款。上市公司总经理及高层管理人员(副总经理、财务主管和董事会秘书)必须在上市公司领薪,不得由控股股东代发薪水。

(四) 监事会

1. 监事会的概念

监事会是由依法产生的监事组成,对董事和经理的经营管理行为及公司财务进行监督的常设机构。它代表全体股东对公司经营管理进行监督，行使监督职能，是公司的监督机构。

2. 监事会成员的组成

股份有限公司监事会的成员不得少于3人。监事会应当包括股东代表和适当比例的公司职工代表，其中职工代表的比例不得低于1/3，具体比例由公司章程规定。监事会中的职工代表由公司职工通过职工代表大会、职工大会或者其他形式民主选举产生。董事高级管理人员不得兼任监事。上市公司的监事应具有法律、会计等方面的专业知识或工作经验，监事会的人员和结构应确保监事会能够独立有效地行使对董事、经理和其他高级管理人员及公司财务的监督和检查权。

3. 监事会机构设置

监事会设主席1人，可以设副主席。监事会主席和副主席由全体监事过半数选举产生。监事会主席召集和主持监事会会议；监事会主席不能或者不履行职务的，由监事会副主席召集和主持监事会会议；监事会副主席不能或者不履行职务的，由半数以上监事共同推举1名监事召集和主持监事会会议。

4. 监事会职权和监事任期

监事的任期每届为3年。监事任期届满，连选可以连任。监事任期届满未及时改选，或者监事在任期内辞职导致监事会成员低于法定人数的，在改选出的监事就任前，原监事仍应当依照法律、行政法规和公司章程的规定，履行监事职务。

监事会行使下列职权：① 检查公司财务；② 对董事、高级管理人员执行公司职务的行为进行监督，对违反法律、行政法规、公司章程或者股东会决议的董事、高级管理人员提出罢免的建议；③ 当董事、高级管理人员的行为损害公司的利益时，要求董事、高级管理人员予以纠正；④ 提议召开临时股东大会会议，在董事会不履行法律规定的召集和主持股东大会会议职责时召集和主持股东大会会议；⑤ 向股东大会会议提出提案；⑥ 依照《公司法》第一百五十一条的规定，对董事、高级管理人员提起诉讼；⑦ 公司章程规定的其他职权。监事可以列席董事会会议，并对董事会决议事项提出质询或者建议。

监事会行使职权所必需的费用，由公司承担。此外，监事会发现公司经营情况异常，可以进行调查；必要时，可以聘请会计师事务所等协助其工作，费用由公司承担。

5. 监事会会议的召开

股份有限公司监事会每6个月至少召开1次会议。监事可以提议召开临时监事会会议。监事会的议事方式和表决程序，除法律有规定的外，由公司章程规定。上市公司应在公司章程中规定规范的监事会议事规则。监事会会议应严格按规定程序进行。监事会应当对所议事项的决定做成会议记录，出席会议的监事应当在会议记录上签名。

（五）上市公司组织机构的特别规定

当股份公司公开发行股票，并且其股票在证券交易所上市交易时，这种公司一般被称为上市公司。上市公司因为股份由社会公众持有，股东人数众多，根据《公司法》以及有关规定，上市公司组织机构与活动原则的特别规定主要有以下内容：

(1) 增加股东大会特别决议事项。上市公司在1年内购买、出售重大资产或者担保金额超过公司资产总额30%的，应当由股东大会作出决议，并经出席会议的股东所持表决权的2/3以上通过。

（2）上市公司设立独立董事。

（3）上市公司设立董事会秘书，负责公司股东大会和董事会会议的筹备、文件保管以及公司股权管理，办理信息披露事务等事宜。董事会秘书是上市公司高级管理人员。

（4）增设关联关系董事的表决权排除制度。上市公司董事与董事会会议决议事项所涉及的企业有关联关系的，不得对该项决议行使表决权，也不得代理其他董事行使表决权。该董事会会议由过半数的无关联关系董事出席即可举行，董事会会议所作决议须经无关联关系董事过半数通过。出席董事会的无关联关系董事人数不足3人的，应将该事项提交上市公司股东大会审议。

三、上市公司独立董事制度

上市公司必须设立独立董事，中国证监会具体要求上市公司董事会成员中应当至少1/3为独立董事。

（一）独立董事的概念

独立董事是指不在公司担任除董事之外的其他职务，并与其所受聘的上市公司及其主要股东不存在可能妨碍其进行独立客观判断的关系的董事。独立董事对上市公司及全体股东负有诚信与勤勉义务，应当认真履行职责，维护公司整体利益，尤其要关注中小股东的合法权益不受损害。独立董事应当独立履行职责，不受上市公司主要股东、实际控制人或者其他与上市公司存在利害关系的单位或个人的影响。

（二）独立董事的任职条件

根据中国证监会于2001年8月16日发布《关于在上市公司建立独立董事制度的指导意见》的规定，担任独立董事应当符合以下基本条件：① 根据法律、行政法规及其他有关规定，具备担任上市公司董事的资格；② 具有立法与有关规定要求的独立性；③ 具备上市公司运作的基本知识，熟悉相关法律、行政法规、规章及规则；④ 具有5年以上法律、经济或者其他履行独立董事职责所必需的工作经验；⑤ 公司章程规定的其他条件。

下列人员不得担任独立董事：① 在上市公司或者其附属企业任职的人员及其直系亲属、主要社会关系（直系亲属是指配偶、父母、子女等；主要社会关系是指兄弟姐妹、岳父母、儿媳女婿、兄弟姐妹的配偶、配偶的兄弟姐妹等）；② 直接或间接持有上市公司已发行股份1%以上或者是上市公司前10名股东中的自然人股东及其直系亲属；③ 在直接或间接持有上市公司已发行股份5%以上的股东单位或者在上市公司前5名股东单位任职的人员及其直系亲属；④ 最近1年内曾经具有前3项所列举情形的人员；⑤ 为上市公司或者其附属企业提供财务、法律、咨询等服务的人员；⑥ 公司章程规定的其他人员；⑦ 中国证监会认定的其他人员。

（三）独立董事的提名

根据中国证监会的规定，上市公司董事会、监事会、单独或者合并持有上市公司已发行股份1%以上的股东可以提出独立董事候选人，并经股东大会选举决定。

（四）独立董事的任期

独立董事任期与该上市公司其他董事任期相同，任期届满，连选可以连任，但是连任时间不得超过6年。

（五）独立董事的特别职权

独立董事除应具有董事的职权外，还应当行使以下特别职权：① 重大关联交易（指上市公司拟与关联人达成的总额高于300万元或高于上市公司最近经审计净资产值的5%的关联交易)应由独立董事认可后，提交董事会讨论；独立董事作出判断前，可以聘请中介机构出具独立财务顾问报告，作为其判断的依据。② 向董事会提议聘用或解聘会计师事务所。③ 向董事会提请召开临时股东大会。④ 提议召开董事会。⑤ 独立聘请外部审计机构和咨询机构。⑥ 可以在股东大会召开前公开向股东征集投票权。独立董事行使上述职权应当取得全体独立董事的1/2以上同意。如上述提议未被采纳或上述职权不能正常行使，上市公司应将有关情况予以披露。如果上市公司董事会下设薪酬、审计、提名等委员会的，独立董事应当在委员会成员中占有1/2以上的比例。

除行使上述特别职权外，独立董事应当对上市公司的以下重大事项向董事会或股东大会发表独立意见：① 提名、任免董事；② 聘任或解聘高级管理人员；③ 公司董事、高级管理人员的薪酬；④ 上市公司的股东、实际控制人及其关联企业对上市公司现有或新发生的总额高于300万元或高于上市公司最近经审计净资产值的5%的借款或其他资金往来，以及公司是否采取有效措施回收欠款；⑤ 独立董事认为可能损害中小股东权益的事项；⑥ 公司章程规定的其他事项。独立董事应当就上述事项发表以下几类意见之一：同意；保留意见及其理由；反对意见及其理由；无法发表意见及其障碍。如有关事项属于需要披露的事项，上市公司应当将独立董事的意见予以公告，独立董事出现意见分歧无法达成一致时，董事会应将各独立董事的意见分别披露。

(六) 独立董事的撤换和辞职

独立董事应当积极履行职责，如果连续3次未出席董事会会议，应由董事会提请股东大会予以撤换。除出现上述情况及《公司法》中规定的不得担任董事的情形外，独立董事在任期届满前不得无故被免职。提前免职的，上市公司应将其作为特别披露事项予以披露，被免职的独立董事认为公司的免职理由不当的，可以作出公开的声明。独立董事在任期届满前可以提出辞职。独立董事辞职应向董事会提交书面辞职报告，对任何与其辞职有关或其认为有必要引起公司股东和债权人注意的情况进行说明。如因独立董事辞职导致公司董事会中独立董事所占的比例低于规定的最低要求时，该独立董事的辞职报告应当在下任独立董事填补其缺额后生效。

四、股份有限公司的股份及其发行、转让和回购

(一) 股份的概念和类型

股份，是指构成股份公司资本的份额。通过股份，公司所有者权益实现了单位化和标准化的划分。不同类别的股份意味着不同的股东权益。而拥有某类股份的数量又表示股东权益的大小。股份一方面便于公司和股东识别、计算每一股东的权益，从而降低了公司治理的成本；另一方面，也方便了公司资本的定价、计算和交易。因此，股份这工具也降低了公司融资和公众投资的成本。股份公司股份须每股金额相等。每股金额相等，应指所有股份都要有票面金额(即面值)，而且即便是不同类别股份，其面值也应相同。但实际上，优先股和普通股的面值经常是不同的。

股份依据不同的分类方法，可分为不同的种类。

1. 按股东的权利、义务不同，股份可分为普通股和优先股

普通股是指代表一般股权的股份，每一股通常有一个投票权，股东按持股比例分享收益。优先股则是相比普通股有一定优先权的股份。优先股的优先通常表现在两个方面：优

先于普通股分配利润和优先于普通股分配公司剩余财产。相应的，优先股在公司经营管理上一般就不再享有表决权。2013 年 11 月 30 日，国务院发布《关于开展优先股试点的指导意见》(以下简称《试点意见》)，对开展优先股试点作出了规定。在试点阶段，只有上市公司和非上市公众公司可以发行优先股，其中只有上市公司可以公开发行优先股。在发行条件上，《试点意见》规定，公司已发行的优先股不得超过普通股股份总数的 50%，且筹资金额不得超过发行前净资产的 50%。

2. 按投资主体的性质不同，股份分为国有股份和非国有股份

国有股份通常属于非流通股。在股权分置改革完成之后，将不再存在流通股与非流通股的区别，但国有股份的转让必须遵守国有资产管理方面的特别规定。

3. 按投资者是以人民币认购和买卖还是以外币认购和买卖股票划分，股份可分为内资股和外资股

内资股一般是由境内人士或机构以人民币认购和买卖的股票；外资股一般是以外币认购和买卖的股票。外资股有境内上市外资股(即 B 股)和境外上市外资股。境外上市外资股一般以境外上市地的英文名称中的第一个字母命名，如在香港上市的 H 股，在纽约上市的 N 股，在新加坡上市的 S 股等。

4. 按票面上是否记载股东的姓名或名称，股票可分为记名股票和无记名股票

公司向发起人、国家授权投资的机构、法人发行的股票，应当为记名股票，并应当记载该发起人、机构或者法人名称，不得另立户名或者以代表人姓名记名；境外上市的外资股也应采取记名股票的形式；公司向社会公众发行的股票可以记名，也可以不记名。公司发行记名股票的，应当置备股东名册，记载下列事项：① 股东的姓名或者名称及住所；② 各股东所持股份数；③ 各股东所持股票的编号；④ 各股东取得股份的日期。发行无记名股票的，公司应当记载其股票数量、编号及发行日期。

(二) 股份的形式和记载内容

股份采用纸面形式或者国务院证券监督管理机构规定的其他形式。纸面形式的股票应当载明下列主要事项：① 公司名称；② 公司成立日期；③ 股票种类、票面金额及代表的股份数；④ 股票的编号。股票由法定代表人签名，公司盖章。股份有限公司成立后，即向股东正式交付股票。公司成立前不得向股东交付股票。

但目前我国上市公司股份的发行、交易均已通过计算机采用电子信息等无纸化方式进行。股东持有的股票登记在证券登记结算机构的账户中，证券登记结算机构应当根据证券登记结算的结果，确认股票持有人持有股票的事实。

(三) 股份的发行

股份公司设立时的股份发行，被称为设立发行，此后的股份发行，被称为新股发行，实际上相当于股份公司增资。

股份发行应当实行公平、公正的原则，同种类的每一股份应当具有同等权利。同次发行的同种类股份，每股的发行条件和价格应当相同；任何单位或者个人所认购的股份每股应当支付相同价额。

公司发行新股，依照公司章程的规定由股东大会或者董事会对下列事项作出决议：① 新股种类及数额；② 新股发行价格；③ 新股发行的起止日期；④ 向原有股东发行新股的种类及数额。

（四）股份的转让

1. 转让方式

（1）记名股票转让。记名股票，由股东以背书方式或者法律、行政法规规定的其他方式转让；转让后由公司将受让人的姓名或者名称及住所记载于股东名册。股东大会召开前20日内或者公司决定分配股利的基准日前5日内，不得进行股东名册的变更登记，但法律对上市公司股东名册变更登记另有规定的，从其规定。记名股票被盗、遗失或者灭失，股东可以依照规定的公示催告程序，请求人民法院宣告该股票失效。人民法院宣告该股票失效后，股东可以向公司申请补发股票。

（2）无记名股票的转让。无记名股票的转让，由股东将该股票交付给受让人后即发生转让的效力。

（3）上市公司股票的转让。上市公司的股票，依照有关法律、行政法规及证券交易所交易规则上市交易。

2. 转让限制

股份有限公司的股份以自由转让为原则，以法律限制为例外。具体限制如下：

（1）转让场所的限制。股东持有的股份可以依法转让。股东转让其股份，应当在依法设立的证券交易场所进行或者按照国务院规定的其他方式进行。上市公司的股票，依照有关法律、行政法规及证券交易所交易规则上市交易。

（2）发起人转让股份的限制。一般认为，限制股份公司发起人股份转让的目的是，防止发起人利用发起股份公司"钱"后向公众投资者转嫁投资风险。而限制公开发行前已发行股份的转让，目的是保持公司上市前后股权结构稳定，防止公司一上市就发生重大股权结构变化。发起人持有的本公司股份，自公司成立之日起1年内不得转让。因司法强制执行、继承、遗赠、依法分割财产等导致股份变动的除外。

（3）非公开发行股份转让的限制。公司公开发行股份前已发行的股份，自公司股票在证券交易所上市交易之日起1年内不得转让。因司法强制执行、继承、遗赠、依法分割财产等导致股份变动的除外。

（4）董事、监事、高级管理人员转让股份的限制。公司董事、监事、高级管理人员应当向公司申报所持有的本公司的股份及其变动情况，在任职期间每年转让的股份不得超过其所持有本公司股份总数的25%；所持本公司股份自公司股票上市交易之日起1年内不得转让。上述人员离职后半年内，不得转让其所持有的本公司股份，但是因司法强制执行、继承、遗赠、依法分割财产等导致股份变动的除外。上市公司董事监事和高级管理人员所持股份不超过1 000股的，可一次全部转让，不受上述转让比例的限制。公司章程可以对公司董事、监事、高级管理人员转让其所持有的本公司股份作出其他限制性规定。要求董事、监事和高级管理人员披露持股情况以及限制其股份转让，主要目的是监督和防止董事、监事和高级管理人员进行有利益冲突的交易。

上市公司董事、监事和高级管理人员在下列期间不得买卖本公司股份：① 上市公司定期报告公告前30日内；② 上市公司业绩预告、业绩快报公告前10日内；③ 自可能对本公司股票交易价格产生重大影响的重大事项发生之日或在决策过程中，至依法披露后2个交易日内；④ 证券交易所规定的其他期间。

(五) 股份的回购

在某些情况下,股份有限公司需要从股东手中回购自己的股份。其动因,有时是自愿的(例如,为实施对高级管理人员的股权激励计划、提振公司股价、调整资本结构、变更股权结构等),有时是非自愿的(例如,异议股东行使回购请求权、公司为应对敌意收购而实施反收购措施等)。其依据,有时是法律规范或公司章程,有时则是公司与他人达成的协议(例如对赌协议)。

公司回购自己的股份,对本公司股东和债权人均有影响。从股东的角度看,公司回购股份的行为可能触动股东之间的利益分配,引发纷争。而从公司债权人的视角看,公司回购股份导致公司资产流向(或回流)股东,与公司分配利润或者分配剩余资产效果类似,可能危及公司的债务偿付能力。因此,在欧盟各国和美国部分州的传统资本维持模式的公司立法中,法律通常对股份回购采取与利润分配保持一致的限制性规则。我国《公司法》规范股份回购的态度基本上是传统资本维持模式的思路:原则上禁止,例外情形允许。不过,与传统资本维持模式立法不同的是,我国《公司法》没有对股份回购设置与利润分配的财务规则一致的规则。

公司不得收购本公司股份,但有下列情形之一的除外:① 减少公司注册资本;② 与持有本公司股份的其他公司合并;③ 将股份用于员工持股计划或者股权激励;④ 股东因对股东大会作出的公司合并、分立决议持异议,要求公司收购其股份的;⑤ 将股份用于转换上市公司发行的可转换为股票的公司债券;⑥ 上市公司为维护公司价值及股东权益所必需的。

公司因上述第①项、第②项规定的情形收购本公司股份的,应当经股东大会作出决议;公司因前款第③项、第⑤项、第⑥项定的情形收购本公股份的,可以依照公司章程的规定或者股东大会的授权,经 2/3 以上董事出席的董事会会议决议。

公司依照上述规定收购本公司股份后,属于第①项情形的,应当自收购之日起 10 日内注销;属于第②项、第④项情形的,应当在 6 个月内转让或者注销;属于第③项、第⑤项、第⑥项情形的,公司合计持有的本公司股份数不得超过本公司已发行股份总额的 10%,并应当在 3 年内转让或者注销。

上市公司收购本公司股份的,应当依照《证券法》的规定履行信息披露义务。上市公司因上述第③项、第⑤项、第⑥项规定的情形收购本公司股份的,应当通过公开的集中交易方式进行。

最后,为防止公司变相违规收购本公司股份,规定公司不得接受本公司的股票作为质押权的标的。

第三节　有限责任公司

有限责任公司,简称有限公司,是指全部资本不区分为等额股份,股权转让通常受法律或章程限制,股东承担有限责任,公司以其全部资产对公司债务承担责任的公司。依我国《公司法》,有限公司和股份公司的主要区别在于:① 在股东人数上,有限公司设立时股东不得超过 50 人,股份公司股东人数无上限;② 在股份流动性上,有限公司股份转让前须征求其他股东意见,股份公司的资本划分为等额股份,股份转让相对便捷、自由;③ 股份公司可以公开发行股份募集资金,有限公司不可。综合而言,两种公司的区别集中体现在融资方式和股份流动性上。除此之外，两者在设立程序、出资要求、内部组织结构、分立、合并、解散、清算等方面区别不大。因此，企业选择有限公司抑或股份公司类型，多半是基于自身的融资需求而作出的选择。

一、有限责任公司的设立

（一）设立条件

设立有限责任公司，应当具备下列条件：① 股东符合法定人数；② 有符合公司章程规定的全体股东认缴的出资额；③ 股东共制定公司章程；④ 有公司名称，建立符合有限责任公司要求的组织机构；⑤ 有公司住所。

1. 股东条件

有限责任公司由50个以下股东出资设立，允许设立一人有限责任公司。同时，出资设立公司的股东还要符合相应的资格条件。

2. 财产条件

有限责任公司的注册资本为在公司登记机关登记的全体股东认缴的出资额。除了法律、行政法规以及国务院决定对有限责任公司注册资本实缴注册资本最低限额另有规定外，《公司法》没有规定有限责任公司的最低注册资本限额和出资期限。

3. 组织条件

（1）公司章程的制定和修改。设立有限责任公司必须由股东共同依法制定公司章程，一人有限责任公司公司章程由股东制定。但是，国有独资公司章程由国有资产监督管理机构制定，或者由董事会制定报国有资产监督管理机构批准。公司章程制定之后，股东应当在公司章程上签名、盖章。公司章程的修改必须经过股东会，并且应当经过代表2/3以上表决权的股东通过。

（2）公司章程的内容。有限责任公司章程应当载明下列事项：① 公司名称和住所；② 公司经营范围；③ 公司注册资本；④ 股东的姓名或者名称；⑤ 股东的出资方式、出资额和出资时间；⑥ 公司的机构及其产生办法、职权、议事规则；⑦ 公司法定代表人；⑧ 股东会会议认为需要规定的其他事项。

（二）设立程序

有限责任公司的设立程序与前述股份有限公司的设立登记部分说明的内容基本相同。这里仅就公司设立登记后的有关内容作一些补充说明。

1. 公告

登记主管机关核准登记后，应当发布公司登记公告。公告内容一般包括公司名称、住所、法人代表、公司类型、注册资本、经营范围和经营方式、注册号等。公告后，公司设立程序即为完成。公司登记的事项可以对抗第三人。公司未经登记的事项，不得对抗第三人。

2. 出资证明书

有限责任公司成立后，应当向股东签发出资证明书。出资证明书是确认股东出资的凭证，应当载明下列事项：① 公司名称；② 公司成立日期；③ 公司注册资本；④ 股东的姓名或者名称、缴纳的出资额和出资日期；⑤ 出资证明书的编号和核发日期。出资证明书由公司盖章。当事人依法履行出资义务或者依法继受取得股权后，公司未根据公司法的规定签发出资证明书、记载于股东名册并办理公司登记机关登记当事人请求公司履行上述义务的，人民法院应予支持。

3. 股东名册

有限责任公司应当置备股东名册。股东名册是公司为记载股东情况及其出资事项而设置的簿册,应记载下列事项:① 股东的姓名或者名称及住所;② 股东的出资额;③ 出资证明书编号。记载于股东名册的股东,可以依股东名册主张行使股东权利。

二、有限责任公司的组织机构

有限责任公司的组织机构包括股东会、董事会、监事会及高级管理人员。

(一) 股东会

1. 股东会的职权

有限责任公司股东会由全体股东组成,股东会是公司的权力机构。股东会行使下列职权:① 决定公司的经营方针和投资计划;② 选举和更换非由职工代表担任的董事、监事,决定有关董事、监事的报酬事项;③ 审议批准董事会或者执行董事的报告;④ 审议批准监事会或者监事的报告;⑤ 审议批准公司的年度财务预算方案、决算方案;⑥ 审议批准公司的利润分配方案和弥补亏损方案;⑦ 对公司增加或者减少注册资本作出决议;⑧ 对发行公司债券作出决议;⑨ 对公司合并、分立、解散、清算或者变更公司形式作出决议;⑩ 修改公司章程;⑪ 公司章程规定的其他职权。

上述职权与股份有限公司的股东大会类似,比较特殊的是:在有限责任公司中,对上述事项,股东以书面形式一致表示同意的,可以不召开股东会会议,直接作出决定,并由全体股东在决定文件上签名、盖章。该种决定无须特定形式。“全体股东在决定文件上签名、盖章”是决定的书面证据而非法定形式。无“决定文件”而有其他充分证据的,也可以证明决定的存在。

2. 股东会会议

股东会会议分为定期会议和临时会议。定期会议是指依据法律和公司章程的规定在一定时间内必须召开的股东会议。有限责任公司的定期会议一般在每 1 个会计年度结束之后召开,每年召开 1 次。临时会议是指在定期会议之外必要的时间,由于法定事由或者根据法定人员、机构的提议召开的股东会议。根据《公司法》的有关规定,代表 1/10 以上表决权的股东、1/3 以上的董事、监事会或者不设监事会的公司的监事提议召开临时会议的,应当召开临时股东会议。

3. 股东会的召集

首次股东会会议由出资最多的股东召集和主持,依法行使职权。以后的股东会会议,公司设立董事会的,由董事会召集,董事长主持;董事长不能或者不履行职务的,由副董事长主持;副董事长不能或者不履行职务的,由半数以上董事共同推举 1 名董事主持。公司不设董事会的,股东会会议由执行董事召集和主持。董事会或者执行董事不能或者不履行召集股东会会议职责的,由监事会或者不设监事会的公司的监事召集和主持;监事会或者监事不召集和主持的,代表 1/10 以上表决权的股东可以自行召集和主持。召开股东会会议,应当于会议召开 15 日以前通知全体股东,但公司章程另有规定或者全体股东另有约定的除外。股东会应当对所议事项的决定做成会议记录,出席会议的股东应当在会议记录上签名。

4. 股东会决议

股东会会议由股东按照出资比例行使表决权,但公司章程另有规定的除外。股东会的议事方式和表决程序,除《公司法》有规定的之外,由公司章程规定。有限公司股东的表决权基于其“出资比例”计算。但“出资比例”究竟是指实缴出资的比例，还是认缴出资的比例，法律无明文规定。因此，需要公司章程确定或者股东在表决前商定。基于法律解释可知，无论以实缴出资还是认缴出资计算表决权，有限公司股东会决议的表决结果计算均应以全体股东的表决权为基数，除非公司章程另有规定。这与股份公司有所不同，股份公司股东大会决议的表决是以出席股东大会的股东所持表决权为基数。

有限公司股东会决议可分为特别决议和普通决议。通过特别决议所要求的表决权数较高。股东会会议作出修改公司章程、增加或者减少注册资本的决议以及公司合并、分立、解散或者变更公司形式的决议，必须经代表（全体股东）2/3 以上表决权的股东通过。这类决议就属于特别决议。普通决议要求的表决权数通常是半数以上或过半数。《公司法》未规定通过普通决议所需要的表决权数。通常，公司章程会规定这类普通决议须经代表（全体股东）半数以上或者过半数表决权的股东通过。

（二）董事会

1. 董事会的组成

有限责任公司董事会的成员为 3 至 13 人。股东人数较少或者规模较小的有限责任公司，可以设 1 名执行董事，不设立董事会，执行董事的职权与董事会相当。两个以上的国有企业或者其他两个以上的国有投资主体投资设立的有限责任公司，其董事会成员中应当有公司职工代表；其他有限责任公司董事会成员中也可以有公司职工代表。董事会中的职工代表由公司职工通过职工代表大会、职工大会或者其他形式民主选举产生。董事会设董事长 1 人，可以设副董事长。董事长、副董事长的产生办法由公司章程规定。

2. 董事任期和董事会职权

有限责任公司董事的任期和董事会职权与股份有限公司相同。

3. 董事会的召集

董事会会议由董事长召集和主持；董事长不能或者不履行职务的，由副董事长召集和主持；副董事长不能或者不履行职务的，由半数以上董事共同推举 1 名董事召集和主持。

4. 董事会的议事方式和表决程序

除《公司法》有规定的之外，董事会的议事方式和表决程序由公司章程规定。董事会决议的表决，实行一人一票。董事会应当对所议事项的决定做成会议记录，出席会议的董事应当在会议记录上签名。

（三）经理

有限责任公司可以设经理，由董事会决定聘任或者解聘。在有限责任公司中，经理不再是必设机构而成为选设机构。公司章程可以规定不设经理，而设总裁、首席执行官等职务，行使公司的管理职权。在有限责任公司设经理时，经理的职权与股份有限公司相同。公司章程对经理职权另有规定的，从其规定。

（四）监事会

1. 监事会的组成

有限责任公司设立监事会，其成员不得少于 3 人。股东人数较少或者规模较小的有限责任公司，可以设 1 至 2 名监事，不设立监事会。监事会应当包括股东代表和适当比例的公司职工代表，其中职工代表的比例不得低于 1/3，具体比例由公司章程规定。监事会的职工代表由公司职工通过职工代表大会、职工大会或者其他形式民主选举产生。监事会设主席

1人，由全体监事过半数选举产生。董事、高级管理人员不得兼任监事。

2. 监事的任期和监事会的职权

有限责任公司监事的任期和监事会的职权与股份有限公司相同。

3. 监事会的召集和决议

监事会主席召集和主持监事会会议；监事会主席不能或者不履行职务的，由半数以上监事共同推举1名监事召集和主持监事会会议。监事会每年度至少召开1次会议，监事可以提议召开临时监事会会议。

监事会的议事方式和表决程序，除《公司法》有规定的外，由公司章程规定。监事会决议应当经半数以上监事通过。监事会应当对所议事项的决定做成会议记录，出席会议的监事应当在会议记录上签名。

三、一人有限责任公司的特别规定

一个自然人股东或者一个法人股东可以设立有限责任公司。为维护债权人等利害关系人的权益，保障社会经济秩序，《公司法》对一人有限责任公司的设立和组织机构用专门一节作了特殊规定，以加强对其的监管。特殊规定以外的问题，则适用对有限责任公司的一般规定。以下仅就一人有限责任公司的特别规定之处作出说明。

（一）股东的特别规定

一个自然人只能投资设立一个一人有限责任公司，禁止其设立多个人有限责任公司，而且该一人有限责任公司不能投资设立新的一人有限责任公司。

一人有限责任公司应当在公司登记中注明自然人独资或者法人独资，并在公司营业执照中载明。

（二）组织机构的特别规定

一人有限责任公司不设股东会。法律规定的股东会职权由股东行使，当股东行使相应职权作出决定时，应当采用书面形式，并由股东签字后置备于公司。

（三）审计的特别规定

一人有限责任公司应当在每一会计年度终了时编制财务会计报告，并经会计师事务所审计。这是为了防止股东既是出资人，又是经营管理者，缺乏监督而导致的财务会计资料不实的情况发生。

（四）有限责任的特别规定

为防止一人有限责任公司的股东滥用公司法人人格与有限责任制度，将公司财产混同于个人财产，抽逃资产，损害债权人的利益，一人有限责任公司的股东不能证明公司财产独立于股东自己财产的，应当对公司债务承担连带责任。

四、国有独资公司的特别规定

国有独资公司是指国家单独出资、由国务院或者地方人民政府委托本级人民政府国有资产监督管理机构履行出资人职责的有限责任公司。《公司法》对国有独资公司的设立和组织机构以专门一节作了特殊规定；特殊规定以外的问题，则适用对有限责任公司的一般规定。

（一）章程制定的特别规定

国有独资公司章程由国有资产监督管理机构制定，或者由董事会制定报国有资产监督管理机构批准。

（二）组织机构的特别规定

（1）国有独资公司不设股东会，由国有资产监督管理机构行使股东会职权。国有资产监督管理机构可以授权公司董事会行使股东会的部分职权，决定公司的重大事项，但公司的合并、分立、解散、增减注册资本和发行公司债券，必须由国有资产监督管理机构决定；其中，国务院有关规定确定的重要国有独资公司的合并、分立、解散、申请破产，应当由国有资产监督管理机构审核后，报本级人民政府批准。

（2）国有独资公司董事会的特别规定。国有独资公司设立董事会，依照法律规定的有限责任公司董事会的职权和国有资产监督管理机构的授权行使职权。董事每届任期不得超过 3 年。董事会成员中应当有公司职工代表。董事会成员由国有资产监督管理机构委派；但是，董事会成员中的职工代表由公司职工代表大会选举产生。董事会设董事 1 人，可以设副董事长。董事长、副董事长由国有资产监督管理机构从董事会成员中指定。

（3）经营管理机关的特别规定。国有独资公司设经理，由董事会聘任或者解聘。国有独资公司经理的职权与普通有限责任公司相同。经国有资产监督管理机构同意，董事会成员可以兼任经理。

（4）国有独资公司的董事长、副董事长、董事、高级管理人员任职的特别规定。国有独资公司的上述人员，未经国有资产监督管理机构同意，不得在其他有限责任公司股份有限公司或者其他经济组织兼职。

（5）国有独资公司监事会的特别规定。国有独资公司监事会成员不得少于 5 人，其中职工代表的比例不得低于 1/3，具体比例由公司章程规定。监事会成员由国有资产监督管理机构委派；但是，监事会中的职工代表由公司职工代表大会选举产生。监事会主席由国有资产监督管理机构从监事会成员中指定。国有独资公司监事会的职权范围小于普通有限责任公司的监事会，包括：检查公司财务；对董事、高级管理人员执行公司职务的行为进行监督，对违反法律、行政法规、公司章程或者股东会决议的董事、高级管理人员提出罢免的建议；当董事、高级管理人员的行为损害公司的利益时，要求董事、高级管理人员予以纠正；国务院规定的其他职权。

五、有限责任公司的股权移转

（一）股权移转的概念和类型

股权移转，是指有限公司的股权基于一定的法律事实而发生权属变更。股权移转只是股东发生变化，公司的法人资格不发生变化，公司的财产不发生变化，公司以其财产对外承担的责任也不发生变化。

有限公司股权移转包括：基于股东法律行为的自愿转让、基于法院强制执行的强制移转以及基于自然人股东死亡而发生的股权继承。

从受让人是否为原有股东的角度看，股权移转又可以分为对内移转和对外移转。对内移转，是指股东之间转让全部或者部分股权。对外移转，是指股东将自己的全部或部分股权转让给股东以外的人。对外移转将使原有股东以外的人加入公司，成为新的股东。

（二）股权转让规则

与股份公司有所不同，有限公司通常股东人数不多，股东间存在一定紧密关系，股东群体具有一定封闭性。因此，有限公司股权发生对外转让时，原有股东通常希望对股权流向有一定的控制力。为此，《公司法》对于有限公司股东对外转让股权设置了一套限制规则；但同时又规定,“公司章程对股权转让另有规定的,从其规定”,为公司自主设置符合自身需求的股权转让规则预留了空间。对于股权的对内转让,《公司法》未设限制。

(1) 有限公司的股东之间可以相互转让全部或者部分股权。《公司法》对此未设任何限制。

(2) 股东向股东以外的人转让股权,应当经其他股东过半数同意。此处的“过半数”,不是股东出资比例上的过半数,而是股东人数上的过半数。转让股权的股东可以通过召开股东会会议的方式征求其他股东意见,也可以不召开会议而分别征求意见。股东应就其股权转让事项以“书面或者其他能够确认收悉的合理方式”通知其他股东征求同意,其他股东自接到书面通知之日起满 30 日未答复的,视为同意转让。其他股东半数以上不同意转让的,不同意的股东应当购买该转让的股权;不购买的,视为同意转让。

(3) 股权转让即便获得其他股东过半数同意,股权也未必可以无障碍地转让给股东以外的人,因为其他股东仍可行使优先购买权。经股东同意转让的股权,在同等条件下,其他股东有优先购买权。两个以上股东主张行使优先购买权的,协商确定各自的购买比例;协商不成的,按照转让时各自的出资比例行使优先购买权。为保障其他股东及时行使优先购买权,经股东同意转让的股权,其他股东主张转让股东应当向其以书面或者其他能够确认收悉的合理方式通知转让股权的同等条件的,人民法院应当予以支持。

法院确定“同等条件”时应当考虑转让股权的数量、价格、支付方式及期限等因素。有限责任公司的股东主张优先购买转让股权的,应当在收到通知后,在公司章程规定的行使期间内提出购买请求。公司章程没有规定行使期间或者规定不明确的,以通知确定的期间为准,通知确定的期间短于 30 日或者未明确行使期间的,行使期间为 30 日。

有限责任公司的转让股东有撤回其股权转让意思的权利。如果转让股东在其他股东主张优先购买后又不同意转让股权,则对于其他股东优先购买的主张,人民法院不予支持,但是,公司章程另有规定或者全体股东另有约定的除外(例如,公司章程可能规定股东不得撤回股权转让的意思)。其他股东如因转让股东撤回转让意想而受有损失,则可以主张转让股东赔偿其损失,人民法院对具有合理理由的请求应当予以支持。

如果转让股东未就其股权转让事项通知其他股东征求意见,致使其他股东无从行使先买权,或者以欺诈、恶意串通等手段妨碍其他股东行使先买权,其他股东主张按同等条件购买拟转让股权的,人民法院应予支持;但是,其他股东须在一定期限内提出上述主张,该期限为其他股东“自知道或者应当知道”行使先买权同等条件之日起 30 日内,最长不超过“股权变更登记之日起 1 年”。其他股东如果仅提出确认股权转让合同及股权变动效力等请求,未同时主张按照同等条件购买转让股权,则人民法院不予支持,但其他股东非因自身原因导致无法行使优先购买权,请求损害赔偿的除外。

如果此前转让股东已经与股东以外的第三人成立股权转让合同,则转让股东可能因其他股东优先购买股权而不能履行该合同。这种情况下,第三人有权向转让股东主张损害赔偿,除非合同预先订有免责条款。

(4) 通过拍卖向股东以外的人转让有限责任公司股权的,适用“书面通知”“通知”“同等条件”时,应根据相关法律、司法解释确定。在依法设立的产权交易场所转让有限责任公司国有股权的,适用“书面通知”“通知”“同等条件”时,可以参照产权交易场所的交易规则。

(5) 公司章程对股权转让另有规定的,从其规定。但并非公司章程中对股权转让的任何规定都是合法有效的。首先，章程中的此类规定不得违反法律和行政法规的强制性规定。其次，一般认为，绝对禁止股权转让的规定，由于过度限制了股权的流动性，剥夺了股东的退出机会，通常应当认定为无效。但是，什么样的规定属于“绝对禁止”？如何区分“绝对禁止”和“相对禁止(限制)”？如果股东自愿放弃转让权，法律为什么要干预？对这些问题很难作出抽象的回答。因此，基于具体案情实事求是地分析章程条款的合法性，可能是唯一可行的途径。

（三）股权强制执行的规则

人民法院依照法律规定的强制执行程序移转股东股权的，应当通知公司及全体股东，其他股东在同等条件下有优先购买权。其他股东自人民法院通知之日起满20日不行使优先购买权的，视为放弃优先购买权。

（四）股权继承规则

在公司章程没有另外规定的情况下，自然人股东死亡后，其合法继承人可以直接继承股东资格。有限公司的自然人股东因继承发生变化时，其他股东主张行使优先购买权的，人民法院不予支持，但公司章程另有规定或者全体股东另有约定的除外。

（五）股权移转的程序

公司内部股东之间股权转让的，出让方与受让方签订股权转让协议，完成股权转让后，公司应当注销原股东的出资证明书，向受让股东重新签发出资证明书，由公司相应修改公司章程和股东名册中有关股东及其出资额的记载。但对公司章程的该项修改不需要再由股东会表决。

股东向股东之外的人转让股权的，除了新股东要提交主体资格证明或自然人身份证明外，其他手续与前述转让手续相同。

（六）“一股二卖”的处理规则

股权转让后，公司可能没有立即向公司登记机关办理变更登记，如果原股东将仍登记于其名下的股权转让、质押或者以其他方式处分给第三人，则会给受让人造成损失。

对于上述情况，受让股东以其对于股权享有实际权利为由，请求认定处分股权行为无效的，人民法院需要考察第三人在受让原股东处分的股权时是否构成善意取得，如果构成善意取得，则最终获得该股权；否则，原股东处分股权的行为无效。

如果原股东处分股权造成受让股东损失的，受让股东可以请求原股东承担赔偿责任；同时，受让股东还可以要求未及时办理变更登记有过错的董事、高级管理人员或者实际控制人承担相应责任。但是，受让股东对于未及时办理变更登记也有过错的，可以适当减轻上述董事、高级管理人员或者实际控制人的责任。

六、有限责任公司与股份有限公司的组织形态变更

有限责任公司和股份有限公司之间可以相互转化形态，即有限责任公司可以变更为股份有限公司，但应当符合《公司法》规定的股份有限公司的条件。股份有限公司也可以变更为有限责任公司，也应当符合《公司法》规定的有限责任公司的条件。

理论上认为此种公司形态的变更，只是注册登记信息、组织机构的变化，例如公司名称也要相应变化，包含相应的“有限责任公司”或者“股份公司”字样，但公司的实质并没有变化。因此，除了伴随着相应的增资或者减资行为，公司的财产也不会变化。公司变更前的债权、债务由变更后的公司承继。

实践中，最常见的公司形态转化发生在有限责任公司变更为股份有限公司。多数企业在创业初期采用有限责任公司形态,当公司发展壮大需要吸纳更多资本时,再变更为股份有限公司。中国证监会要求公开发行股票的股份公司必须设立并持续经营 3 年以上,但明确规定:有限责任公司按原账面净资产值折股整体变更为股份有限公司的,持续经营时间可以从有限责任公司成立之日起计算。对于有限责任公司变更为股份有限公司,折合的实收股本总额不得高于公司净资产额,对于变更程序则并无明确规定,一般认为应当适用股份有限公司设立程序。

第四节 公司的财务会计

一、公司财务会计概述

(一) 公司财务会计的概念

公司财务会计是指以财务会计法规、会计准则为主要依据、以货币为主要表现形式,对公司的整个财务状况和经营活动进行确认、计量、核算和报告,为公司管理者和其他利害关系人定期提供公司财务信息的活动。

公司财务会计反映的财务信息包括公司的财务状况和经营活动,如资产负债表、利润表、现金流量表等。公司财务会计服务的对象是公司管理者和其他利害关系人。其他利害关系人是指公司股东、债权人、潜在投资者、潜在的交易方、政府财税机关等。公司财务会计需要向外部公开财务信息,这与公司的管理会计或者考核指标数据等不同。

(二) 公司财务会计制度的意义

公司财务会计涉及公司股东、债权人、潜在投资者、潜在交易方、公司管理者、政府相关部门等的利益,因此,公司的财务会计制度具有重要意义,主要表现为:

1. 有利于保护投资者和债权人的利益

普通投资者除通过参加股东(大)会决定一些重大事项外,一般不参与公司日常的生产经营,只能通过了解公司的生产经营状况和财务会计情况,维护自身的利益,监督公司董事、经理的行为。公司资产是对债权人的担保,公司财务状况如何,直接影响其债权是否能得到清偿。公司财务会计工作的规范化,可以保证公司正确核算经营成果,便于债权人更好地评估公司的信用,规避相应风险。

2. 有利于吸收社会投资和获得交易机会

投资者作出对公司是否投资的决定依赖于公司财务会计信息的披露。公司财务会计制度的规范化和公开化,可以使人们方便地了解到公司的经营状况和盈利能力,有利于吸收社会投资。潜在的交易方与公司进行交易时,往往要考察公司的实力,该实力是通过规范的财务会计反映的,因此,规范的财务会计工作可以使公司获得相应的交易机会。

3. 有利于政府对企业的监督管理

规范的财务会计制度可以使国家财税部门得以切实监督和检查公司的财产运营状况,掌握公司盈亏情况,保证国家各项税收的及时缴纳。同时,公司健全的财务会计制度有利于正确记录、反映公司的经营状况,有利于政府制定政策,实施宏观经济管理。

二、公司财务会计报告

(一) 公司财务会计报告的内容

公司应当依法编制财务会计报告。公司应当在每一会计年度终了时编制财务会计报告，并依法经会计师事务所审计。财务会计报告应当依照法律、行政法规和国务院财政部门的规定制作。尽管根据公司的组织形式不同，财务会计报告的要求也有不同，但是，公司财务会计报告主要包括以下内容：

(1) 资产负债表。资产负债表反映的是公司的资产和负债规模、资产和负债构成情况、公司的权益结构，进而反映公司的短期偿债能力和支付能力，同时通过公司前后期资产负债表的对比，反映公司财务状况的变化。

(2) 利润表。利润表反映的是公司在一定经营期间的经营成果及其分配情况，反映了公司的长期偿债能力，也是缴纳国家各项税收的依据。

(3) 现金流量表。现金流量表反映的是公司在一定期间的现金和现金等价物流入和流出的会计报表，有利于判断公司的现金流量和资金周转情况。

(4) 会计报表附注。会计报表附注是对会计报表列示的内容的进一步说明，以便于向知晓公司财务会计信息的使用者提供更加全面的财务会计信息。

(二) 财务会计报告的编制、验证和公示

公司财务会计报告应当由董事会负责编制，并对其真实性、完整性和准确性负责。公司除法定的会计账簿外，不得另立会计账簿。对公司资产，不得以任何个人名义开立账户存储。

公司应当依法聘用会计师事务所对财务会计报告审查验证。公司聘用、解聘承办公司审计业务的会计师事务所，依照公司章程的规定，由股东会、股东大会或者董事会决定。公司股东会、股东大会或者董事会就解聘会计师事务所进行表决时，应当允许会计师事务所陈述意见。公司应当向聘用的会计师事务所提供真实、完整的会计凭证、会计账簿、财务会计报告及其他会计资料，不得拒绝、隐匿、谎报。

公司应当依法披露有关财务、会计资料。有限责任公司应当按照公司章程规定的期限将财务会计报告提交股东。股份有限公司的财务会计报告应当在召开股东大会年会的20日前置备于本公司，供股东查阅；公开发行股票的股份有限公司必须公告其财务会计报告。

三、利润分配规则

(一) 利润分配的财务规则

利润分配财务规则遵循传统资本维持模式的思路，通过将分配对象限定于“税后利润”，并以提取盈余公积金和弥补亏损为分配利润的先决条件，试图达到防止股东抽回股本或者将利润分光，从而维护并巩固公司偿付能力的目的。这套规则实际上是完全依靠对财务数据的核算和检测来约束公司的分配行为。具体来说，利润分配规则有以下几个要点：

(1) 公司只能向股东分配“税后利润”。

(2) 分配“当年税后利润”之前，必须提取税后利润的10%列入法定公积金，法定公积金累计额为公司注册资本的50%以上的，可以不再提取。

(3) 公司的法定公积金不足以弥补以前年度亏损的，在依照上述规定提取法定公积金之前，应当先用当年利润弥补亏损。

(4) 公司可以自愿从税后利润中提取“任意公积金”，但须由股东会或者股东大会作出决议。

(5) “弥补亏损和提取公积金后所余税后利润”，通常应按股东持股比例分配。具体来说，有限责任公司按照股东实缴的出资比例分配，但全体股东约定不按照出资比例分配的除外;股份有限公司按照股东持有的股份比例分配,但股份有限公司章程规定不按持股比例分配的除外。

公司分配利润时应当依赖企业财务会计规范进行。依现行规则,公司违法分配利润可能引发以下几种法律责任:

(1) 股东承担违规分配利润的返还责任。公司如果在弥补亏损和提取法定公积金之前分配利润,首先要承担民事责任的是接受分红的股东,他们负有向公司返还违规分配之利润的责任。

(2) 董事承担对公司的损害赔偿责任。如果董事会作出违法分配或实施违法分配的决议,赞同违规分配的董事会成员或者执行董事,可能因其违法行为给公司造成损失而承担赔偿责任。

(3) 股东如果借利润分配之名"抽回出资",则构成"抽逃出资"。抽逃出资的股东,除了必须退还抽回的资金外,还可能在抽逃出资范围内承担公司债务。

(4) 公司可能因未提列法定公积金而遭行政处罚。县级以上人民政府财政部门可以责令公司补提法定公积金,并对公司处以不超过20万元的行政罚款。

(二) 公积金规则

公积金有法定盈余公积金、任意盈余公积金和资本公积金3种,前两种公积金都来源于公司盈余。资本公积金是直接由资本原因形成的公积金,属于资本的储备,股份有限公司以超过股票票面金额的发行价格发行股份所得的溢价款以及国务院财政部门规定列入资本公积金的其他收入,应当列为公司资本公积金。

公积金应当按照规定的用途使用,其用途主要如下:① 弥补公司亏损。公司的亏损按照国家税法规定可以用缴纳所得税前的利润弥补,超过用所得税前利润弥补期限仍未补足的亏损,可以用公司税后利润弥补;发生特大亏损,税后利润仍不足弥补的,可以用公司的公积金弥补。但是,资本公积金不得用于弥补公司的亏损。② 扩大公司生产经营。公司可以根据生产经营的需要,用公积金来扩大生产经营规模。③ 转增公司资本。公司为了实现增加资本的目的,可以将公积金的一部分转为资本。对用任意公积金转增资本的,法律没有限制,但用法定公积金转增资本时,转增后所留存的该项公积金不得少于转增前公司注册资本的25%。

第五节 公司重大变更

公司的重大变更包括以下情形:公司合并、分立、增加和减少注册资本。

一、公司合并

(一) 公司合并的概念与方式

公司合并是指两个以上的公司依照法定程序,不需要经过清算程序,直接合并为一个公司的行为。公司合并不同于公司并购。公司并购是一个更宽泛的概念,指各种涉及公司控制权转移和合并的企业横向或纵向整合行为,既包括公司合并,也包括资产收购、股权收购等方式。

公司合并的方式有两种:一是吸收合并,即指一个公司吸收其他公司加入本公司被吸收的公司解散;二是新设合并,即指两个以上公司合并设立一个新的公司,合并各方解散。

无论是吸收合并还是新设合并，都会导致合并前的公司中至少有一个会在合并后消失。一般情况下，公司人格消失必须经过解散清算程序，但清算程序需要清理公司的所有债权债务，整个过程复杂而且可能导致被合并公司因为债务的清偿资产大量流失，这就可能导致合并的目的不能实现。因此，依照规定的合并程序进行的合并可以直接实现合并效果，在这个程序中消失的公司不再需要经过解散清算程序。

就效果而言，合并不是唯一能够达成企业横向或纵向整合效果的手段。资产收购和股权收购（一般称之为并购），辅以其他手段，也可以达成与吸收合并类似的效果。

（1）以现金购买资产方式的并购。这是指并购方公司以现金购买被并购方公司的全部资产，包括全部债权债务，被并购方公司获得并购方公司支付的现金，被并购方公司宣布解散，股东通过清算程序依据各自的股权获得现金分配。

（2）以股权购买资产方式的并购。这是指并购方公司以自身的股权交换被并购方公司的全部资产，包括全部债权债务，被并购方公司解散，被并购方公司的股东通过清算程序分配被并购方公司持有的并购方公司的股权，从而成为并购方公司的股东。

（3）以现金购买股权方式的并购。这是指并购方公司以现金购买被并购方公司股东持有的全部股权，并购方公司成为被并购方公司的唯一股东，随后解散被并购方公司，被并购方公司的全部资产，包括债权债务，由并购方公司承接。

（4）以股权购买股权方式的并购。这是指并购方公司以自身股权换取被并购方公司股东持有的被并购方公司的全部股权，被并购方公司股东成为并购方公司的股东，并购方公司成为被并购方公司的唯一股东，随后解散被并购方公司，被并购方公司的全部资产，包括债权债务，由并购方公司承接。

这四种并购方式中，前两种一般称为资产收购。与合并相比，资产收购有两个重要特点：首先，被并购方公司的每一笔债务转移至并购方公司承担，都需要经过被并购方公司该债权人的同意，对于债权人不同意债务转移的，就只能清偿。其次，被并购方公司的消灭必须经过解散清算程序。

后两种一般称为股权收购。与合并相比，股权收购的重要特点是：首先被并购方公司的每一个股东必须都愿意卖出其持有的被并购方公司的股权，换取现金或者并购方公司的股权。因为与合并和资产收购不同，对于被并购方公司的股东来说，这只是一个股权转让的交易，而不是公司行为，被并购方公司不能通过公司决议要求其股东卖出股份。其次，被并购方公司的消灭必须经过解散清算程序，在这个过程中，被并购方公司的债权人可能直接要求清偿，而不愿意由并购方公司承继该债务。

（二）公司合并的程序

从上面几种并购方式的比较来看，法定合并为合并交易提供了三大便利：消灭公司的债务转移不需要经过债权人的同意，直接由合并后的公司承继债务；消灭公司的人格在合并完成后可以直接消灭，不需要经过清算程序；这种公司结构性的重大变化，导致股东手中持有的股权发生变化，却不需要征求每一个股东的意见，因为合并是公司行为，只要股东（大）会通过即可。这 3 种便利都可能损害债权人和公司股东的利益，因此，只有遵守规定的合并程序，才能享受这些便利。规定法定合并必须满足的程序有：

（1）签订合并协议。公司合并，应当由合并各方签订合并协议。合并协议应当包括以下主要内容：① 合并各方的名称、住所；② 合并后存续公司或新设公司的名称、住所；③ 合并各方的债权债务处理办法;④ 合并各方的资产状况及其处理办法;⑤ 存续公司或新设公司因合并而增资所发行的股份总额、种类和数量;⑥ 合并各方认为需要载明的其他事项。

(2) 编制资产负债表及财产清单。

(3) 参与合并的公司各自作出合并决议。合并决议由股东(大)会作出,并采取特别多数决方式。

(4) 通知债权人。公司应当自作出合并决议之日起 10 日内通知债权人,并于 30 日内在报纸上公告。债权人自接到通知书之日起 30 日内,未接到通知书的自公告之日起 45 日内,可以要求公司清偿债务或者提供相应的担保。

(5) 依法进行登记。公司合并后,应当依法向公司登记机关办理相应的变更登记、注销登记、设立登记。

(三) 公司合并各方的债权、债务的承接

公司合并时,合并各方的债权、债务,应当由合并后存续的公司或者新设的公司承继。换句话说,这时消灭公司的债权债务直接转移到存续公司或者新设公司,不需要经过原公司债权人的同意。为了保护债权人利益,要求参与合并的公司(无论其是否消灭)必须在作出合并决议之日起 10 日内通知债权人,并于 30 日内在报纸上公告。债权人自接到通知书之日起 30 日内,未接到通知书的自公告之日起 45 日内,可以要求公司清偿债务或者提供相应的担保。

企业进行吸收合并过程中,依照法定程序公告通知了债权人,但合并时一方隐瞒债务,企业吸收合并后,债权人就被合并企业原资产管理人(出资人)隐瞒或者遗漏的企业债务起诉合并方的,如债权人在公告期内申报过该笔债权,则合并方应当承担责任,合并方在承担民事责任后,可再行向被合并企业原资产管理人(出资人)追偿;如债权人在公告期间内未申报过该笔债权,则合并方不承担民事责任,债权人只能另行起诉被合并企业原资产管理人(出资人)。

企业吸收合并或新设合并后,被合并企业应当办理而未办理工商注销登记,债权人起诉被合并企业的,人民法院应当根据企业合并后的具体情况,告知债权人追加责任主体(即合并后的存续公司或者新设公司),并判令责任主体承担民事责任。

(四) 公司合并中的股东权保护

公司合并是参与合并各方公司的公司行为,由各方公司通过股东(大)会作出合并决议,参与合并公司的股东只能通过在本公司股东(大)会决议时投票表达自己的意见,法定合并不需要征求每一个股东的同意。因此,规定了以下合并和分立中的股东保护制度:

(1) 特别多数决制度。公司合并或者分立构成重大事项,必须经过股东(大)会的特别多数决,即有限公司必须经代表 2/3 以上表决权的股东通过;股份公司必须经出席会议的股东所持表决权的 2/3 以上通过。

(2) 异议股东股份收买请求权。在有限公司中,股东如果在股东会对合并或者分立决议时投反对票,可以请求公司按照合理的价格收购其股权,自股东会会议决议通过之日起 60 日内,股东与公司不能达成股权收购协议的,股东可以自股东会会议决议通过之日起 90 日内向人民法院提起诉讼。

在股份公司中,股东因对股东大会作出的公司合并或者分立决议持异议,可以要求公司收购其股份,公司在收购其股份后,应当在 6 个月内转让或者注销。

二、公司分立

（一）公司分立的方式与效果

公司分立是指一个公司依法分为两个以上的公司。公司分立的方式有两种：一是派生分立，即公司以其部分财产另设一个或数个新的公司，原公司存续；二是新设分立即公司以其全部财产分别归入两个以上的新设公司，原公司解散。

公司缩减规模或分拆业务可以通过转投资（即公司以部分营业资产作为出资，设立新公司或对已有公司增资）、出售营业资产、公司分立等方法实现。分立与公司转投资和营业转让的基本区别是：转投资和营业转让的法律后果都是分拆业务的公司（即原公司）取得转投资或营业转让的对价（转投资的对价是被投资公司的股权，营业转让的对价是受让营业的公司支付的现金或资产）；而采取分立方式的话，被分立公司（即原公司）的股东将取得分出资产所换取的股权。

一般认为，公司分立是公司合并的反向程序，其道理与公司合并基本相同。如涉及公司消灭（指新设分立），则不需要经过解散清算程序。与公司合并相比，公司分立有所不同的是：① 当公司派生分立导致原公司资本减少时，原公司减资不需要经过法定的减资程序。这是因为法定减资程序的目的在于保护公司债权人，而公司分立的法定程序已经为公司债权人提供了保护。② 无论公司分立是否导致原公司债务转移，都必须经过全体债权人的同意，未经债权人同意，分立不对其发生效力，债权人可以要求分立后的公司共同承担连带责任。

（二）公司分立的程序

公司分立的程序与公司合并的程序基本一样，要签订分立协议，编制资产负债表及财产清单，作出分立决议，通知债权人，办理工商变更登记等。需要注意的是，公司分立程序中的通知债权人程序与公司合并程序略有不同。在公司分立的情况下，公司应当自作出分立决议之日起 10 日内通知债权人，并于 30 日内在报纸上公告，没有赋予债权人请求公司清偿债务或者提供相应担保的权利。

（三）公司分立中债权人保护

公司分立程序中虽然也设置了债权人通知程序，但并未给债权人提供请求公司清偿债务或者提供相应担保的权利，相比公司合并来说，债权人保护程度较弱，不过基本原则是一样的。公司分立前的债务由分立后的公司承担连带责任。但是，公司在分立前与债权人就债务清偿达成的书面协议另有约定的除外。换句话说，除非经过债权人同意，否则分立后的所有存续公司都对分立前的公司债务承担连带责任。《最高人民法院关于审理与企业改制相关的民事纠纷案件若干问题的规定》也表达了同样的意思：债权人向分立后的企业主张债权，企业分立时对原企业的债务承担有约定，并经债权人认可的，按照当事人的约定处理；企业分立时对原企业债务承担没有约定或者约定不明，或者虽然有约定但债权人不予认可的，分立后的企业应当承担连带责任。但是，分立的企业在承担连带责任后，各分立的企业间对原企业债务承担有约定的，按照约定处理；没有约定或者约定不明的，根据企业分立时的资产比例分担。公司分立中的股东权保护与公司合并相同，参见上文相关论述。

三、公司增资

公司增加注册资本，简称增资。新增资本无论由原股东还是原股东以外的人投入，都属于出资，适用公司设立时股东出资或认股的规范。公司增资通常包含以下步骤：

(1) 公司董事会制订和提出增资方案。

(2) 公司就增资形成股东会或股东大会决议，有限公司股东会的该项决议须经代表2/3以上表决权的股东通过，股份公司股东大会的该项决议须经出席会议的股东所持表决权的2/3以上通过；决议应依章程规定，对原有股东是否享有及如何行使增资优先认缴权或者新股优先认购权作出相应安排。

(3) 公司通常与增资入股者订立“增资协议”“新股认购协议”或类似协议。

(4) 履行可能的批准程序，例如涉及国有股权时，须经国有资产管理部门批准。

(5) 修订公司章程，包括修订注册资本、股东名单、股东出资额等条款，该项修改章程的股东会或股东大会决议，通常与第二步中的增资决议合并或同时作出。

(6) 增资入股者依约缴纳其认缴的出资额或认购的股份。

(7) 办理相应的公司登记变更手续，包括变更注册资本、变更股东登记事项、提交修订后的公司章程或公司章程修正案。

四、公司减资

(一) 减资的概念与方式

注册资本减少，简称减资，是指公司根据需要，依照法定条件和程序，减少公司的注册资本额。公司为避免资本闲置、向股东返还出资或者减免股东认而未缴的出资，可依法定程序减少注册资本。公司依照法律规定、公司章程、合同约定(例如对赌协议中的股份回购条款)或者调解协议(例如公司为避免法院强制解散而回购异议股东股份)，回购股东的股份后，如果将之注销，则公司必须减少注册资本。当公司出现严重亏损时，也可以通过减资弥补亏损。

基于上述目的，公司可采取以下方式实施减资：

(1) 返还出资或股款，即将股东已缴付的出资财产或股款部分或全部返还股东。

(2) 减免出资或购股义务，即部分或全部免除股东已认缴或认购但未实缴的出资金额。

(3) 缩减股权或股份。公司为弥补亏损而减资时，不向股东返还出资或股款，而是注销股东的一部分股权或股份。公司按照一定比例将已发行股份合并(例如二股合为一股)，也可达到缩减股份的目的。

(二) 减资的程序与债权人保护机制

(1) 公司董事会制定减资方案，提交股东会或股东大会表决。减资方案的内容应当包括：减少注册资本的数额，各股东具体承担的减少注册资本的数额，各股东的减资方式，减资日期等。有限公司股东会作出减资决议，须经代表2/3以上表决权的股东通过股份公司股东大会作出减资决议，须经出席会议的股东所持表决权的2/3以上通过。

(2) 公司应当编制资产负债表及财产清单。

(3) 通知债权人和对外公告。减资可能减少公司的责任财产，也可能减免股东出资义务，因此有必要保护债权人的利益。公司应当自作出减少注册资本决议之日起10日内通知债权人，并于30日内在报纸上公告。债权人为公司的全部债权人，包括合同债权人和侵权债权人。除因债权人之故而无法通知的，公司均应予以通知。“通知书”应于减资决议作出之日起10日内发出。债权人自接到“通知书”之日起30日内，未接到“通知书”的自公告之日起45日内，有权要求公司清偿债务或者提供相应的担保。

(4) 实施减资。

(5) 变更工商登记和税务登记。公司减少注册资本的，应当自公告之日起 45 日后申请变更登记，并应当提交公司在报纸上登载减少注册资本公告的有关证明和公司债务清偿或者债务担保情况的说明。

总的来看，我国《公司法》减资规则的特点是：减资事项完全交给公司自行办理，并无外部机构事前或事中介入监管；减资目的不受限制，也不区分减资目的和方式一律适用统一的规则。

实践中，有些公司在减资时不向已知债权人发出通知，债权人于是没有机会对公司提出清偿债务或者提供担保的请求。对于此类做法，通行的裁判观点并非确认该公司的减资决议或减资行为无效，而是确认减资对起诉的债权人"不产生法律效力"或不能"对抗"该债权人。这就意味着减资尽管是有效的，但对于提起诉讼的债权人来说，减资公司的股东基于减资而取回的资产，仍然属于减资公司责任财产的一部分。基于这一认定，法院通常会判令减资公司的股东，在减资金额范围内对起诉的债权人承担补充清偿责任。

第六节　公司解散和清算

一、公司解散

(一) 公司解散的概念和特征

公司解散，是指公司发生章程规定或法定的除破产以外的解散事由而停止业务活动，并进行清算程序的过程。其特征为：

(1) 公司解散事由发生后，公司并未终止，仍然具有法人资格，可以自己的名义开展与清算相关的活动，直到清算完毕并注销后才消灭其主体资格。

(2) 除公司因合并或分立而解散，不必进行清算外，公司解散必须经过法定清算程序。

(3) 公司解散的目的是终止其法人资格。

(二) 公司解散的原因

公司解散的原因有以下 5 种情形：① 公司章程规定的营业期限届满或者公司章程规定的其他解散事由出现；② 股东会或者股东大会决议解散；③ 因公司合并或者分立需要解散；④ 依法被吊销营业执照、责令关闭或者被撤销；⑤ 人民法院依法予以解散。上述前 3 项原因都属于公司自愿解散，必须经过公司股东(大)会决议。后两项则是公司外部原因，也可称之为强制解散。

公司有上述第①项情形的，可以通过修改公司章程而存续。公司依照规定修改公司章程的，有限责任公司须经持有 2/3 以上表决权的股东通过，股份有限公司须经出席股东大会会议的股东所持表决权的 2/3 以上通过。

(三) 强制解散

公司被吊销营业执照、责令关闭或者撤销，多是因为公司行为违反了法律或者行政法规，是一种行政处罚措施，必须符合相关法律或者《行政处罚法》的规定。人民法院强制解散公司，是一种解决公司僵局的措施。公司经营管理发生严重困难，继续存续会使股东利益受到重大损失，通过其他途径不能解决的，持有公司全部股东表决权 10%以上的股东，可以请求人民法院解散公司。

当公司中分歧股东相互权利对等，一方无法压倒另一方，但也无法单独行动时，就形成了公司僵局，使得公司经营管理困难，股东投资的期待也无法实现。当股东之间无法通过谈判达成和解和其他解决手段时，人民法院具有应股东请求强制解散公司的权力，以打破僵局。

1. 强制解散公司的条件

有下列事由之一，公司继续存续会使股东利益受到重大损失，通过其他途径不能解决，提起解散公司诉讼，人民法院应予受理：

(1) 公司持续 2 年以上无法召开股东会或者股东大会，公司经营管理发生严重困难的。

(2) 股东表决时无法达到法定或者公司章程规定的比例，持续 2 年以上不能作出有效的股东会或者股东大会决议，公司经营管理发生严重困难的。

(3) 公司董事长期冲突，且无法通过股东会或者股东大会解决，公司经营管理发生严重困难的。

(4) 经营管理发生其他严重困难，公司继续存续会使股东利益受到重大损失的情形。

判断公司经营管理是否发生严重困难，应从公司组织机构的运行状态进行综合分析。公司虽处于盈利状态，但其股东会机制长期失灵，内部管理有严重障碍，已陷入僵局状态，可以认定为公司经营管理发生严重困难。"公司经营管理发生严重困难"的侧重点在于公司管理方面存有严重内部障碍，如股东会机制失灵、无法就公司的经营管理进行决策等，不应片面理解为公司资金缺乏、严重亏损等经营性困难。

2. 强制解散之诉

股东不得以知情权、利润分配请求权等权益受到损害，或者公司亏损、财产不足以偿还全部债务，以及公司被吊销企业法人营业执照未进行清算等为由，提起解散公司诉讼。

股东提起解散公司诉讼，同时又申请人民法院对公司进行清算的，人民法院对其提出的清算申请不予受理。人民法院可以告知原告，在人民法院判决解散公司后，依法自行组织清算或者另行申请人民法院对公司进行清算。

股东提起解散公司诉讼应当以公司为被告。原告以其他股东为被告一并提起诉讼的，人民法院应当告知原告将其他股东变更为第三人；原告坚持不予变更的，人民法院应当驳回原告对其他股东的起诉。

原告提起解散公司诉讼应当告知其他股东，或者由人民法院通知其参加诉讼。其他股东或者有关利害关系人申请以共同原告或者第三人身份参加诉讼的，人民法院应予准许。

人民法院审理解散公司诉讼案件，应当注重调解。当事人协商一致以下列方式解决分歧，且不违反法律、行政法规的强制性规定的，人民法院应予支持：① 公司回购部分股东股份；② 其他股东受让部分股东股份；③ 他人受让部分股东股份；④ 公司减资；⑤ 公司分立；⑥ 其他能够解决分歧、恢复公司正常经营、避免公司解散的方式。当事人不能协商一致使公司存续的，人民法院应当及时判决。

经人民法院调解公司收购原告股份的，公司应当自调解书生效之日起 6 个月内将股份转让或者注销。股份转让或者注销之前，原告不得以公司收购其股份为由对抗公司债权人。

人民法院关于解散公司诉讼作出的判决，对公司全体股东具有法律约束力。人民法院判决驳回解散公司诉讼请求后，提起该诉讼的股东或者其他股东又以同一事实和理由提起解散公司诉讼的，人民法院不予受理。

二、公司清算

（一）公司清算的概述

公司清算，是指公司解散或被依法宣告破产后，依照一定的程序结束公司事务，收回债权，偿还债务，清理资产，并分配剩余财产，终止消灭公司的过程。公司被依法宣告破产的，依照有关企业破产的法律实施破产清算。公司解散后进入清算程序是为了公平地分配公司财产，保护股东和债权人的利益，同时也是为了保护职工利益。因此，当公司出现解散事由时（因公司合并或者分立需要解散的除外），公司应当在解散事由出现之日起15日内成立清算组，开始清算。如果公司不自行清算，则债权人和股东可以申请人民法院指定清算组进行清算。在下列情况下，债权人可以向人民法院申请指定清算组进行清算：

① 公司解散逾期不成立清算组进行清算的；

② 虽然成立清算组但故意拖延清算的；

③ 违法清算可能严重损害债权人或者股东利益的。

在上述第②种情况下，即公司虽然成立了清算组但故意拖延清算的，如果债权人未提起清算申请，公司股东也可以申请人民法院指定清算组对公司进行清算。

（二）清算义务人及其责任

清算义务人，是指有义务组织公司清算的人，包括有限公司的股东、股份公司的董事和控股股东。清算义务人与清算可能产生的民事责任如下：

（1）清算义务人未在法定期限内成立清算组，导致公司财产贬值、流失、毁损或者灭失的，应当“在造成损失范围内对公司债务承担赔偿责任”。

（2）清算义务人怠于履行清算义务或其他义务，导致公司主要财产、账册、重要文件等灭失，无法进行清算的，应当“对公司债务承担连带清偿责任”。如果上述情形是由公司的实际控制人造成的，则该实际控制人应“对公司债务承担相应民事责任”。

“怠于履行义务”，是指有限责任公司的股东在法定清算事由出现后，在能够履行清算义务的情况下故意拖延、拒绝履行清算义务，或者因过失导致无法进行清算的消极行为。股东举证证明其已经为履行清算义务采取了积极措施，或者小股东举证证明其既不是公司董事会或者监事会成员，也没有选派人员担任该机关成员，且从未参与公司经营管理，以不构成“怠于履行义务”为由，主张其不应当对公司债务承担连带清偿责任的，人民法院依法予以支持。有限责任公司的股东举证证明其“怠于履行义务”的消极不作为与“公司主要财产、账册、重要文件等灭失，无法进行清算”的结果之间没有因果关系，主张其不应对公司债务承担连带清偿责任的，人民法院依法予以支持。

公司解散后，公司清算义务人、公司实际控制人如果恶意处置公司财产给债权人造成损失，或者未经依法清算，以虚假的清算报告骗取公司登记机关办理法人注销登记，则清算义务人、实际控制人应对公司债务承担相应赔偿责任。

公司如未经清算即办理注销登记，致使公司无法进行清算，则公司清算义务人和实际控制人应当“对公司债务承担清偿责任”。公司未经依法清算即办理注销登记，股东或者第三人在公司登记机关办理注销登记时承诺对公司债务承担责任，债权人主张其对公司债务承担相应民事责任的，人民法院应依法予以支持。

清算义务人对外承担连带责任，其中一人或者数人对外承担民事责任后，可以主张其他人按照过错大小分担责任。

公司债权人请求股东对公司债务承担连带清偿责任，股东以公司债权人对公司的债权已经超过诉讼时效期间为由抗辩，经查证属实的，人民法院依法予以支持。公司债权人请求有限责任公司的股东对公司债务承担连带清偿责任的，诉讼时效期间自公司债权人知道或者应当知道公司无法进行清算之日起计算。

（三）公司在清算期间的行为限制

公司进入清算程序后，其行为受到以下限制：

（1）清算期间，公司不再从事新的经营活动，仅局限于清理公司已经发生但尚未了结的事务，包括清偿债务、实现债权以及处理公司内部事务等。

（2）清算期间，公司的代表机构为清算组。清算组负责处理未了事务，代表公司对外进行诉讼。在公司依法清算结束并办理注销登记前，有关公司的民事诉讼，仍应当以公司的名义进行。在清算组未成立前，由原公司法定代表人代表公司进行诉讼。成立清算组后，由清算组负责人代表公司参加诉讼。

（3）清算期间，公司财产在未按照法定程序清偿前，不得分配给股东。

（四）清算组及其组成

公司应当在解散事由出现之日起 15 日内成立清算组，开始清算。有限责任公司的清算组由股东组成，股份有限公司的清算组由董事或者股东大会确定的人员组成。逾期不成立清算组进行清算的，债权人可以申请人民法院指定有关人员组成清算组进行清算。人民法院应当受理该申请，并及时组织清算组进行清算。人民法院受理公司清算案件，应当及时指定有关人员组成清算组。清算组成员可以从下列人员或者机构中产生：① 公司股东、董事、监事、高级管理人员；② 依法设立的律师事务所、会计师事务所、破产清算事务所等社会中介机构；③ 依法设立的律师事务所、会计师事务所、破产清算事务所等社会中介机构中具备相关专业知识并取得执业资格的人员。

人民法院指定的清算组成员有下列情形之一的，人民法院可以根据债权人、股东的申请，或者依职权更换清算组成员：① 有违反法律或者行政法规的行为；② 丧失执业能力或者民事行为能力；③ 有严重损害公司或者债权人利益的行为。

（五）清算组的职权

清算组在清算期间行使下列职权：① 清理公司财产，分别编制资产负债表和财产清单；② 通知、公告债权人；③ 处理与清算有关的公司未了结的业务；④ 清缴所欠税款以及清算过程中产生的税款；⑤ 清理债权、债务；⑥ 处理公司清偿债务后的剩余财产；⑦ 代表公司参与民事诉讼活动。

清算组在公司清算期间代表公司进行一系列民事活动，全权处理公司经济事务和民事诉讼活动。清算组成员应当忠于职守，依法履行清算义务。清算组成员不得利用职权收受贿赂或者其他非法收入，不得侵占公司财产。清算组成员因故意或者重大过失给公司或者债权人造成损失的，应当承担赔偿责任。

（六）清算程序

（1）通知债权人。清算组应当自成立之日起 10 日内将公司解散清算事宜书面通知全体已知债权人，并根据公司规模和营业地域范围，于 60 日内在全国或者公司注册登记地省级有影响的报纸上进行公告。

（2）债权申报和登记。债权人应当自接到通知书之日起 30 日内，未接到通知书的自公告之日起45日内,向清算组申报其债权。债权人申报债权,应当说明债权的有关事项并提供证明材料。清算组应当对债权进行核定登记。在申报债权期间,清算组不得对债权人进行清偿。

清算组未按照规定履行通知和公告义务,导致债权人未及时申报债权而未获清偿,债权人可要求清算组成员对因此造成的损失承担赔偿责任。

公司清算时,债权人对清算组核定的债权有异议的,可以要求清算组重新核定。清算组不予重新核定,或者债权人对重新核定的债权仍有异议,债权人以公司为被告向人民法院提起诉讼请求确认的,人民法院应予受理。

债权人在规定的期限内未申报债权,在公司清算程序终结前补充申报的,清算组应予登记。债权人补充申报的债权,可以在公司尚未分配财产中依法清偿。公司尚未分配财产不能全额清偿,债权人主张股东以其在剩余财产分配中已经取得的财产予以清偿的,人民法院应予支持;但债权人因重大过错未在规定期限内申报债权的除外。公司清算程序终结,是指清算报告经股东会、股东大会或者人民法院确认完毕。债权人或者清算组,以公司尚未分配财产和股东在剩余财产分配中已经取得的财产不能全额清偿补充申报的债权为由,向人民法院提出破产清算申请的,人民法院不予受理。

(3) 清理公司财产,制订清算方案。清算组应当对公司财产进行清理,编制资产负债表和财产清单,制订清算方案。

公司自行清算的,清算组在清理公司财产、编制资产负债表和财产清单后,发现公司财产不足清偿债务的,应当依法向人民法院申请宣告破产。公司经人民法院裁定宣告破产后,清算组应当将清算事务移交给人民法院。

人民法院指定的清算组在清理公司财产、编制资产负债表和财产清单时,发现公司财产不足清偿债务的,可以与债权人协商制作有关债务清偿方案。债务清偿方案经全体债权人确认且不损害其他利害关系人利益的,人民法院可依清算组的申请裁定予以认可。清算组依据该清偿方案清偿债务后,应当向人民法院申请裁定终结清算程序。债权人对债务清偿方案不予确认或者人民法院不认可的,清算组应当依法向人民法院申请宣告破产。

公司解散时,股东尚未缴纳的出资均应作为清算财产。股东尚未缴纳的出资,包括到期应缴未缴的出资,以及分期缴纳尚未届满缴纳期限的出资。公司财产不足以清偿债务时,债权人可请求主张未缴出资股东,以及公司设立时的其他股东或者发起人在未缴出资范围内对公司债务承担连带清偿责任。

公司自行清算的,清算方案应当报股东会或者股东大会决议确认;人民法院组织清算的,清算方案应当报人民法院确认。未经确认的清算方案,清算组不得执行。

执行未经确认的清算方案给公司或者债权人造成损失,公司、股东或者债权人可要求清算组成员承担赔偿责任。

(4) 清偿债务。公司财产在分别支付清算费用、职工的工资、社会保险费用和法定补偿金,缴纳所欠税款,清偿公司债务后的剩余财产,有限责任公司按照股东的出资比例分配,股份有限公司按照股东持有的股份比例分配。清算期间,公司存续,但不得开展与清算无关的经营活动。

(5) 公告公司终止。公司清算结束后,清算组应当制作清算报告,报股东会、股东大会或者人民法院确认,并报送公司登记机关,申请注销公司登记,公告公司终止。人民法院组织清算的，清算组应当自成立之日起6个月内清算完毕。因特殊情况无法在6个月内完成清算的，清算组应当向人民法院申请延长。

（七）清算组的责任

清算组的成员应当忠于职守，依法履行清算义务。清算组成员不得利用职权收受贿赂或者其他非法收入，不得侵占公司财产。清算组成员因故意或者重大过失给公司或者债权人造成损失的，应当承担赔偿责任。清算组成员从事清算事务时，违反法律、行政法规或者公司章程给公司或者债权人造成损失，公司或者债权人可要求其承担赔偿责任，即使公司已经清算完毕并注销，有限责任公司的股东、股份有限公司连续180日以上单独或者合计持有公司1%以上股份的股东，可以直接以清算组成员为被告、其他股东为第三人向人民法院提起诉讼，人民法院也应予受理。

课后案例分析题

1. 2018年，甲、乙、丙3人决定以募集设立的方式成立一家有限责任公司，后募集失败，甲、乙、丙按照3∶3∶4的出资比例成立了一家公司，取名为“绿天通信企业”。甲任执行董事，乙任总经理和监事。在经营期间，因经营不善，公司欠下100万元债务。2021年1月，甲、乙、丙决定，将公司剩余的价值40万元的财产全部转移并向法院申请破产。当公司债权人向公司讨债时，甲、乙、丙以公司无力偿还为由拒绝还债并申请公司破产。

根据上述内容，分别回答下列问题：

（1）公司的成立有无违规之处？

（2）公司欠的债务应该如何偿还？甲、乙、丙应当对公司债务承担什么责任？

（3）如果你要创业，你计划注册哪种组织形式的企业实体？为什么？

2. 赵某担任甲上市公司总经理，并持有该公司股票10万股，钱某为甲公司董事长兼法定代表人。2020年7月1日，钱某召集甲公司的董事会，9名董事中有4人出席，另有1名董事孙某因故未能出席，书面委托钱某代为出席投票。经钱某提议，出席董事会的全体董事通过决议，从即日起免除赵某总经理的职务。12月20日，赵某卖出所持的2万股甲公司股票。2020年12月23日，赵某向中国证监会书面举报称：① 甲公司的子公司乙公司曾向甲公司全体董事提供低息借款，用于个人购房；② 2020年4月1日，甲公司召开的董事会通过决议为母公司丙公司向银行借款提供担保，但甲公司并未公开披露该担保事项。

根据上述内容，分别回答下列问题：

（1）2020年7月1日甲公司董事会的出席人数是否符合规定？请说明理由。

（2）甲公司董事会能否在无正当理由的情况下解除赵某的总经理职务？请说明理由。

（3）2020年12月20日赵某卖出所持甲公司2万股股票的行为是否合法？请说明理由。

（4）乙公司向甲公司的所有董事提供低息借款购房的行为是否合法？请说明理由。

（5）2020年4月1日甲公司董事会通过的为丙公司提供担保的决议是否合法？请说明理由。

第七章　证券法律制度

知识要点：

1. 了解证券发行制度的基本原理和证券市场监管体制。
2. 理解股票发行的类型，理解和掌握股票发行的条件，理解股票发行的程序。
3. 理解公司证券和基金的发行。
4. 了解股票交易要求，理解和掌握股票上市与退市的条件、禁止的证券交易性行为。
5. 理解上市公司收购的基本制度，理解和掌握要约收购、协议收购制度。
6. 理解和掌握强制信息披露要求和投资者保护制度。

案例导入①：新《证券法》实施后首个被处罚上市公司

广东榕泰于2001年6月登陆上交所上市交易，主营化工材料和互联网综合服务，主要产品和服务包括ML材料、苯酐及增塑剂、云计算、CDN等。2020年5月21日，广东榕泰因涉嫌信息披露违法违规，被中国证监会正式立案调查。

2021年3月12日晚，广东榕泰发布公告称，公司收到中国证券监督管理委员会广东监管局《行政处罚及市场禁入事先告知书》（广东证监处罚字〔2021〕5号）（编号：2020—016号）。该告知书内容显示，经广东证监局查明，广东榕泰存在四方面涉嫌违法事实：① 未在规定期限内披露2019年年报；② 相关报告未按规定披露关联关系、日常经营性关联交易；③ 2018年和2019年年报虚增利润；④ 董事、监事和高级管理人员履职相关情况。基于上述事实，广东证监局决定，对广东榕泰责令改正、给予警告，处以300万元罚款；对实控人杨宝生给予警告，处以330万元罚款；对董事兼财务总监郑创佳给予警告，处以160万元罚款。公司多名董事、监事、高级管理人员（简称"董、监、高"）被处以20万～80万元不等的罚款。

2021年5月6日起被实施其他风险警示，5月14日，ST榕泰对收到的证监会广东监管局的《行政处罚决定书》发布公告。根据当事人违法行为的事实、性质、情节与社会危害程度，依据《证券法》第一百九十七条的规定，对广东榕泰责令改正，给予警告，并处以300万元罚款；对实控人杨宝生给予警告，并处以330万元罚款；对董事兼财务总监郑创佳给予警告，并处以160万元罚款；对公司的"董、监、高"等给予警告并分别处以20万～75万元不等的罚款。

广东榕泰是新《证券法》实施1年后，A股迎来的首家因涉嫌财务造假等被罚千万余元的上市公司。广东榕泰及其实控人、"董、监、高"在内的15人，合计被罚款1 070万元，其中个人合计被罚款770万元，所涉及人员涵盖了"董、监、高"全体成员，包括董事长兼总经理、财务总监、董事，特别是独立董事和职工监事。其2019年年报显示，当年公司全体"董、监、高"薪酬合计为375万元。本案处罚对象为信息披露违法行为，上市公司信息披露违规60万元的处罚上限被打破，违规成本的提高对其他上市公司也有一定的警示作用。

① 参见：《ST榕泰：广东榕泰：关于收到中国证券监督管理委员会广东监管局〈行政处罚决定书〉的公告》，搜狐证券，2021年5月15日。

请思考：

(1) 什么是信息披露违规？其主要危害是什么？

(2) 上市公司的上市条件有哪些？

(3) 对上市公司的监管主要从哪些方面着手？

(4) 在证券市场中如何保护投资者？

第一节 证券法律制度概述

一、证券的概念与种类

1. 证券的概念

证券是以证明或设定权利为目的所做成的一种书面凭证。证券有广义和狭义之分。广义的证券是证明持券人享有一定的经济权益的书面凭证，包括资本证券（如股票券、证券衍生品种等）、货币证券（如汇票、本票、支票等）、商品证券（如提单和仓单）。狭义的证券仅指资本证券，这也是证券法和本节所要介绍的证券。

2. 证券的种类

按照不同的标准，证券可以分为不同的种类。目前我国证券市场上发行和流通的证券主要有以下几类：

(1) 股票。股票是股份有限公司签发的，证明股东所持股份的凭证。我国证券市场上流通的股票有人民币普通股（A 股）和境内上市外资股（B 股）。另外，中国境内注册的公司还可以发行境外上市外资股，包括 H 股（香港上市）、N 股（纽约上市）、S 股（新加坡上市）等。

(2) 债券。债券是政府、金融机构、公司企业等单位依照法定程序发行的、约定在一定期限还本付息的有价证券。债券是一种债权凭证，是一种到期还本付息的有价证券，它具有风险性小和流通性强的特点。债券按发行主体不同可分为企业、公司债券（含可转换公司债券）、金融债券和政府债券。

(3) 存托凭证。存托凭证是指在一国证券市场流通的代表外国公司有价证券的可转让凭证，由存托人签发，以境外证券为基础在境内发行，代表境外基础证券权的证券。中国存托凭证（Chinese Depository Receipt，CDR）是指境外（包含中国香港）的上市公司将部分已发行上市的股票托管在当地保管银行，由中国境内的存托银行发行、在境内 A 股市场上市、以人民币交易结算、供国内投资者买卖的投资凭证。只有注册地在中国境外的公司才能在国内发行中国存托凭证，发行目的是进行内地融资，实现股票的异地买卖。

(4) 证券投资基金份额。证券投资基金份额是基金投资人持有基金单位的权利凭证。

(5) 资产支持证券。资产支持证券（Asset-Backed Security，ABS）是由受托机构发行的、代表特定目的信托的信托受益权份额。受托机构以信托财产为限向投资者承担支付资产支持证券收益的义务，其支付基本来源于支持证券的资产池产生的现金流。资产支持证券的基础资产最常见的是金融资产，如信贷资产。我国的资产支持证券多是由银行业金融机构作为发起机构，将信贷资产信托给受托机构，由受托机构发行的，以该财产所产生的现金支付其收益的收益证券。本质上，资产支持证券是一种债券性质的金融工具，其向投资者支付的本息来自基础资产池产生的现金流或剩余权，与股票和一般债券不同，资产支持证券不是对某一经营实体的利益要求权，而是对基础资产池所产生的现金流和剩余权益的要求权，是一种资产信用支持的证券。

(6) 资产管理产品。资产管理产品是指接受投资者委托，对受托投资者提供财产投资和管理服务的银行、信托、证券、基金、期货、保险资产管理机构、金融资产投资公司等金融机构发行的，由其担任资产管理人，由托管机构担任资产托管人，为资产委托人的利益运用委托财产进行投资的一种标准化金融产品。资产管理产品按照募集方式的不同，分为公募产品和私募产品；按照投资性质的不同，分为固定收益类产品、权益类产品、商品及金融衍生品类产品和混合类产品。

(7) 认股权证。认股权证是股份有限公司给予持证人的无限期或在一定期限内，以确定价格购买一定数量普通股份的权利凭证。认股权证是持证人认购公司股票的一种长期选择权，本身不是权利证明书，其持有人不具备股东资格，认股权证的收益主要来自其依法转让的收益。

(8) 期货。期货是一种跨越时间的交易方式。买卖双方通过签订标准化合约，同意按指定的时间、价格与其他交易条件，交收指定数量的现货。按照现货标的物的种类不同，期货可以分为商品期货与金融期货。

(9) 期权。期权是一种选择权，本质上是一种合约，该合约赋予持有人在某一特定日期或该日之前的任何时间以固定价格购进或售出一种资产的权利。期权可以分为看涨期权和看跌期权。

认股权证与期货、期权属于金融衍生产品，其中认股权证是证券型衍生产品，期权、期货属于契约型衍生产品，它们具有保值和投机双重功能。

二、证券市场

(一) 证券市场的概念

证券市场是指证券发行与交易的场所。只有在证券市场上的公开发行和公开交易行为适用《证券法》。证券发行市场一般被称为一级市场，证券交易市场也就相应被称为二级市场。发行市场的主要功能在于为企业提供融资渠道；交易市场的主要功能在于让企业实现证券流通价值的最大化。证券交易市场可以按照不同标准，再区分为不同的市场。场内交易市场与场外交易市场是一种传统的区分方式。场内交易市场，一般为证券交易所设立的交易场所，即所谓的交易所市场。场外交易市场则是泛指在交易所外进行的交易。两个市场的不同主要在于交易方式不同。场内市场的交易方式是集中交易的方式，多个买者和卖者之间进行价格磋商，体现价格发现机制；而场外交易市场则多采取一对一的交易磋商机制。因此，在每一时刻，场内交易市场往往只有一个最佳的价格，而场外交易市场则存在多个价格。

(二) 证券市场的构成

公开发行的证券，应当在依法设立的证券交易所上市交易或者在国务院批准的其他全国性证券交易场所交易。非公开发行的证券，可以在证券交易所、国务院批准的其他全国性证券交易场所、按照国务院规定设立的区域性股权市场转让。目前我国的交易所市场，主要由 2 个交易所(上海证券交易所和深圳证券交易所)、4 个板块(主板市场、创业板、科创板、全国中小企业股份转让系统)构成。

1. 主板市场

证券交易所、国务院批准的其他全国性证券交易场所可以根据证券品种、行业特点、公司规模等因素设立不同的市场层次。我国的场内市场,主要由两个交易所(上海证券交易所和深圳证券交易所)分别设立的板块共同构成。其中,上海证券交易所的主板和深圳证券交易所的主板(含中小企业板)被视为我国的主板市场。中小企业板是曾设立在深圳证券交易所的市场板块,在市场定位上属于主板市场的组成部分,2021 年 2 月,深圳证券交易所的主板和中小企业板合并。统一主板与中小企业板的业务规则,统一运行监管模式。板块合并后发行上市条件不变,投资者门槛不变,交易机制不变,证券代码及简称不变(称为“两个统一、四个不变”)。

2. 创业板

创业板设立在深圳证券交易所。与在市场定位上属于主板组成部分的中小企业板不同的是,创业板是不同于主板的场内市场板块,俗称“二板市场”。由于交易所主板市场的上市条件比较高,不利于中小企业特别是高新技术企业上市融资,因此,为了使中小企业能够顺利获得资金,有必要特别开设专门的股票交易市场,即二板市场。2009 年 9 月 21 日,第一批创业板公司公开发行,同年 10 月 30 日,第一批 28 家公司的股票在创业板上市交易。创业板采用了与主板市场不同的上市标准,主要表现为在具体盈利要求等方面有所放松。但由于创业板市场仍然属于交易所市场,在创业板挂牌交易仍然属于证券上市,因此,其仍然必须符合证券交易所对于上市条件的规定。

3. 科创板

根据中国证监会 2019 年 1 月 28 日发布的《关于在上海证券交易所设立科创板并试点注册制的实施意见》,我国上海证券交易所设立科创板并试点注册制。就发行审核程序而言,科创板是我国最先适用注册制的市场板块。科创板的首次公开发行申请报上海证券交易所审核并经证监会注册。

首先,上海证券交易所负责科创板发行上市审核。上海证券交易所受理企业公开发行股票并上市的申请,审核并判断企业是否符合发行条件、上市条件和信息披露要求。审核工作主要通过提出问题、回答问题方式展开,督促发行人完善信息披露内容。证监会对上海证券交易所审核工作进行监督。

其次,证监会负责科创板股票发行注册。上海证券交易所审核通过后,将审核意见及发行人注册申请文件报送证监会履行注册程序。注册工作不适用发行审核委员会审核程序,按证监会制定的程序进行,依照规定的发行条件和信息披露要求,在 20 个工作日内作出是否同意注册的决定。

就上市标准而言,科创板更加注重企业科技创新能力,允许符合科创板定位、尚未盈利或存在累计未弥补亏损的企业在科创板上市。综合考虑预计市值、收入、净利润、研发投入、现金流等因素,设置多元包容的上市条件。因此,相比主板的上市条件,科创板的上市条件更加精简优化。同时,对于现行发行条件中可以由投资者判断的事项,则逐步转化为更加严格,更加全面、深入、精准的信息披露要求制度体系。

2020 年 6 月 12 日,中国证监会发布了《创业板首次公开发行股票注册管理办法(试行)》《创业板上市公司证券发行注册管理办法(试行)》等部门规章,创业板开始进行注册制试点和改革。因此,目前科创板和创业板属于全面适用注册制的市场板块。

4. 全国中小企业股份转让系统

全国中小企业股份转让系统(以下简称“全国股转系统”),是经国务院批准,依据《证券法》设立的全国性证券交易场所。全国股转系统于 2012 年 9 月正式注册成立,俗称“新三板”,是继上海证券交易所、深圳证券交易所之后的第三家全国性证券交易场所。在场所性质和法律定位上,全国股转系统与上海、深圳证券交易所一样,都是多层次资本市场体系的重要组成部分。在场所性质和法律定位上,全国中小企业股份转让系与证券交易所是相同的,都是多层次资本市场体系的重要组成部分。在全国股转系统的公开发行和公开交易,适用《证券法》。

全国中小企业股份转让系统主要是为创新型、创业型、成长型中小微企业发展服务,这类企业普遍规模较小,尚未形成稳定的盈利模式。在准入条件上,不设财务门,申请挂牌的公司可以尚未盈利,只要股权结构清晰、经营合法规范、公司治理健全、业务明确的股份公司均可以经主办券商推荐申请在全国中小企业股份转让系统挂牌。但挂牌公司必须履行信息披露义务,所披露的信息应当真实、准确、完整。我国交易所市场的投资者结构以中小投资者为主,而全国中小企业股份转让系统实行了较为严格的投资者适当性制度,发展方向是一个以机构投资者为主的市场。全国中小企业股份转让系统是中小微企业与产业资本的服务媒介,主要是为企业发展、资本投入与退出服务,不是以交易为主要目的。

5. 区域性股权市场

按照国务院规定设立的区域性股权市场为非公开发行证券的发行、转让提供场所和设施,具体管理办法由国务院规定。“非公开证券的发行、转让”的功能定位,意味着区域性股权市场是私募市场,主要服务于所在省级行政区域内中小微企业的私募股权市场。作为私募股权市场,区域性股权市场的募集、转让行为主要由《公司法》、合同法律制度及相关法律规范调整,只有在构成公开发行或变相公开发行的情形下才适用《证券法》中的相关制度。

为规范交易场所名称,凡使用“交易所”字样的交易场所,除经国务院或国务院金融管理部门批准的外,必须报省级人民政府批准。未按上述规定批准设立或违反上述规定在名称中使用“交易所”字样的交易场所,工商部门不得为其办理工商登记。我国区域性股权市场主要表现为各地的产权交易所。产权交易所是伴随着企业兼并活动在中国的增多而产生的。1988 年 5 月,武汉市成立了我国第一家企业产权转让市场,并制定相应的交易规则。此后经过多次清理整顿,我国目前有产权交易所 300 多家,分布在全国各地。

区域性股权市场主要由所在地省级人民政府按规定实施监管,并承担相应风险处置责任。证监会要依法依规履职尽责,加强对省级人民政府开展区域性股权市场监管工作的指导、协调和监督。区域性股权市场的运营机构负责组织区域性股权市场的活动,对市场参与者进行自律管理,保障市场规范稳定运行。运营机构名单由省级人民政府实施管理并予以公告,同时向证监会备案。区域性股权市场的各项活动应遵守法律法规和证监会制定的业务及监管规则。

(三) 证券市场的主体

证券市场的主体是指参与证券市场的各类法律主体,包括证券发行人、投资者、中介机构、交易场所以及自律性组织和监管机构等。

(1) 证券发行人,是指证券市场上发行证券的单位,一般包括公司、企业、金融机构和政府部门等。

(2) 投资者，是指证券的买卖者，也是证券融资方式的资金供给者。投资者分为机构投资者和个人投资者。机构投资者是指有资格进行证券投资的法人单位，一般包括公司、企业、金融机构、基金组织和政府机构等；个人投资者可以直接参与证券的买卖，也可以通过证券经纪人买卖证券。

(3) 证券中介机构，是指为证券发行和交易提供服务的各种中介机构，一般包括证券登记结算机构、证券经营机构、财务顾问机构、资信评级机构、资产评估机构、会计师事务所、律师事务所等。

(4) 证券交易场所，是指为证券发行和交易提供场所和设施的服务机构，如上海证券交易所、深圳证券交易所等。

(5) 证券自律性组织，通常是指证券业行业协会，如证券业协会、交易所协会等。

(6) 证券监管机构，是指代表政府对证券市场进行监督管理的机构，在我国为中国证券监督管理委员会及其派出机构，需要说明的是，《证券法》中所指的“国务院证券监督管理机构”即为中国证券监督管理委员会(简称“中国证监会”)。

三、证券活动和证券监管原则

在证券发行、交易及监管中应当坚持以下原则：

1. 公开、公平、公正原则

公开、公平、公正原则是证券法的基本原则。公开原则是指市场信息要公开，在内容上，凡是影响投资者决策的信息都应当公开，如公司章程、招股说明书、有关财务会计资料等。公开的形式包括向社会公告，将有关信息刊登在报纸或刊物上，将有关资料置备于有关场所，供公众随时查阅等。公开的信息必须及时、准确、真实、完整。公平原则是指所有市场参与者都具有平等的地位，其合法权益都应受到公平的保护，在证券发行和交易中应当机会均等、待遇相同。公正原则是指在证券发行和交易的有关事务处理上，要在坚持客观事实的基础上，做到一视同仁，对所有证券市场参与者都要给予公正的待遇。

2. 自愿、有偿、诚实信用原则

自愿是指当事人有权按照自己的意愿参与证券发行与证券交易活动，其他人不得干涉，也不得采取欺骗、威吓或胁迫等手段影响当事人决策。在市场交易活动中，任何一方都不得把自己的意志强加给对方。有偿是指在证券发行和交易活动中，一方当事人不得无偿占有他方当事人的财产和劳动。诚实是指要客观真实，不欺人、不骗人；信用是指遵守承诺，并及时、全面地履行承诺。

3. 守法原则

《证券法》规定，证券的发行、交易活动，必须遵守法律、行政法规；禁止欺诈内幕交易和操纵证券市场的行为。遵守法律、法规是我们在一切社会活动中都必须遵守的原则。

4. 分业经营、分业管理原则

《证券法》规定，证券业和银行业、信托业、保险业实行分业经营、分业管理，证券公司与银行、信托、保险业务机构分别设立。国家另有规定的除外。

5. 保护投资者合法权益原则

“保护投资者的合法权益”是《证券法》的立法宗旨之一。证券市场的发展必须依靠社会公众的支持，投资者的热情和信心是证券市场稳健发展的重要保证。为了切实保护投资者的合法权益，《证券法》设专章规定了投资者保护制度，并作出了一系列的制度安排，包括投资者适当性管理制度、证券公司与普通投资者发生纠纷的自证清白制度、股东权利代为行使征集制度、上市公司现金分红制度、公司债券持有人会议制度与受托管理人制度、先行赔付的赔偿机制、普通投资者与证券公司纠纷的强制调解制度、代表人诉讼制度，等等。此外，国家设立证券投资者保护基金、投资者保护机构、中小投资者服务中心加强投资者保护。《证券法》中的一些具体规则，诸如发行保荐、控股股东、实际控制人、高级管理人员诚信义务与责任、关联融资、担保的限制、信息披露、禁止证券欺诈行为等，均贯彻了保护投资者的合法权益原则。

6. 监督管理与自律管理相结合原则

《证券法》规定，国务院证券监督管理机构依法对全国证券市场实行集中统一监督管理。国务院证券监督管理机构根据需要可以设立派出机构，按照授权履行监督管理职责。在国家对证券发行、交易活动实行集中统一监督管理的前提下，依法设立证券业协会，实行自律性管理。国家审计机关依法对证券交易所、证券公司、证券登记结算机构、证券监督管理机构进行审计监督。

四、证券法

1. 证券法的概念

证券法有广义和狭义之分。广义的证券法是指一切与证券有关的法律规范的总称。狭义的证券法专指《证券法》，它是规范证券发行、交易及监管过程中产生的各种法律关系的基本法，是证券市场各类行为主体必须遵守的行为规范。

2. 我国证券立法

1998 年 12 月 29 日，第九届全国人民代表大会常务委员会第六次会议通过了《证券法》，自 1999 年 7 月 1 日起施行。2004 年 8 月 28 日，第十届全国人民代表大会常务委员会第十一次会议对《证券法》进行第一次修正。2005 年 10 月 27 日，第十届全国人民代表大会常务委员会第十八次会议对《证券法》作了大幅修订后重新颁布，自 2006 年 1 月 1 日起施行。2013 年 6 月 29 日第十二届全国人民代表大会常务委员会第三次会议对《证券法》进行第二次修正。2014 年 8 月 31 日第十二届全国人民代表大会常务委员会第十次会议对《证券法》进行第三次修正。2019 年 12 月 28 日第十三届全国人民代表大会常务委员会第十五次会议对《证券法》进行第二次大幅度修订，新修订的《证券法》于 2020 年 3 月 1 日实施。

《证券法》共十四章二百二十六条，对我国证券的发行、交易、信息披露、投资者保护、中介机构和监督管理等内容作出了详细的规定。《证券法》以及其他法律中有关证券管理的规定、国务院和政府有关部门发布的有关证券方面的法规、规章以及规范性文件，构成了我国的证券法律体系。

《证券法》中的"证券"，目前主要可以分为股票、债券、混合型的可转换公司债券以及存托凭证。我国《证券法》的调整范围是指在中华人民共和国境内，股票、债券、混合型的可转换公司债券、存托凭证和国务院依法认定的其他证券的发行和交易行为，适用于法定的证券在证券市场上的公开发行和交易。政府债券、证券投资基金份额的上市交易，适用《证券法》，其他法律、行政法规有特别规定的，适用其规定。《证券法》未规定的，适用《公司法》和其他法律、行政法规的规定。资产支持证券、资产管理产品发行、交易的管理办法，由国务院依照《证券法》的原则规定。

此外，《证券法》实行有条件的域外管辖，在中华人民共和国境外的证券发行和交易活动，扰乱中华人民共和国境内市场秩序，损害境内投资者合法权益的，依照《证券法》有关规定处理并追究法律责任。

第二节 股票发行

证券发行和证券交易是证券市场的主要构成部分，两者相辅相成。证券发行是发行人、上市公司筹集资金的基本途径。依据发行的证券品种不同，证券发行可以分为股票发行、公司债券发行、存托凭证发行与投资基金份额发售。本部分主要介绍股票发行的条件和程序。

一、证券发行概述

1. 证券发行的概念

证券发行有广义和狭义之分。广义的证券发行，是指符合发行条件的商业组织或政府组织（发行人），以筹集资金为目的，依照法律规定的程序向公众投资者出售代表一定权利的资本证券的行为。狭义的证券发行，是指发行人在所需资金募集后，做成证券并交付投资人受领的单方行为。通常所说的证券发行，是指广义的证券发行。证券发行本质上是一种直接融资方式，与通过银行等金融机构进行的间接融资方式相对应。

2. 证券发行的分类

根据不同的标准，证券发行可以分为不同的类型。

(1) 公开发行和非公开发行。根据证券发行的对象不同，证券发行可以分为公开发行和非公开发行。

证券公开发行，是指发行人通过公开出售证券向不特定投资者募集资金的行为。公开发行又称公募发行，证券公开发行必须遵循《证券法》所规定的程序和步骤。非公开发行又称私募发行，是指向少数特定的投资者进行的证券发行。有两种情况可能构成公开发行：① 向不特定对象发行证券的。不特定对象是指对于证券的购买人没有任何资质要求，例如通过随机打电话的方式确定投资者。② 向特定对象发行证券累计超过200人，但依法实施员工持股计划的员工人数不计算在内。特定对象主要是指符合一定资质条件要求的投资者，主要是指那些具有获取发行人信息的能力、具有风险识别能力的投资者，即所谓的合格投资者。另外，对于特定对象还有人数限制，在证券为股票的情况下，表现为对公司股东人数的限制，即公司的股东人数如果超过200人，即使都是合格投资者，也构成了公开发行。另外，非公开发行证券，不得采用广告、公开劝诱和变相公开方式。反过来说，如果采用广告、公开劝诱等方式宣传证券发行活动，即可认定其构成了公开发行。

(2) 设立发行和增资发行。根据证券发行的目的不同，证券发行可以分为设立发行和增资发行。设立发行是为成立新的股份有限公司而发行股票；增资发行是为加已有公司的资本总额或改变其股本结构而发行新股。增发新股，既可以公开发行，也可以采取配股或赠股的形式。

(3) 直接发行和间接发行。根据证券发行的方式不同，证券发行可以分为直接发行和间接发行。直接发行是指证券发行人不通过证券承销机构，而自行承担证券发行风险，办理证券发行事宜的发行方式。间接发行是指证券发行人委托证券承销机构发行证券，并由证券承销机构办理证券发行事宜，承担证券发行风险的发行方式。

(4) 平价发行、溢价发行和折价发行。根据证券发行价格与证券票面金额之间的关系，证券发行可以分为平价发行、溢价发行和折价发行。平价发行，又称面值发行或等价发行，是指证券发行时的发行价格与票面金额相同的发行方式。溢价发行，是指证券发行时的发行价格超过票面金额的发行方式。折价发行，又称贴现发行，是指证券发行时的发行价格低于票面金额的发行方式。我国《公司法》规定："股票发行价格可以按票面金额，也可以超过票面金额，但不得低于票面金额。"可见，我国允许股票平价发行、溢价发行，但禁止折价发行，以保障公司资本的充足。《证券法》还规定："股票发行采取溢价发行的，其发行价格由发行人与承销的证券公司协商确定。"

3. 股票发行的类型

发行股票是发行人公司以出售股权换得投资者出资的一种募资方式，投资者在出资后获得发行人公司的股权。股票的发行可以区分为公开发行与非公开发行两种方式，后者习惯上被称为私募。依据发行主体、发行方式和发行的目的不同，证券法律制度对以下类型的股票发行进行了区分：

(1) 非公众公司非公开发行股票。这是指发行后发行人股东人数不超过 200 人，发行方式也没有采用公开发行方式的股票发行。此种股票发行不需经过《证券法》规定的注册程序，而由发行人自行决定，只需要遵守《公司法》，不承担《证券法》规定的强制信息披露义务。投资者的保护完全依据投资者与发行人之间的协议安排、公司章程和《公司法》的规定来执行。这种类型的发行即为私募发行，因不属于公开发行的范畴，不适用《证券法》第二章的规定。

(2) 非公众公司向特定对象发行股票，导致发行后股东超过 200 人的发行。这是指向特定对象发行证券累计超过 200 人，但依法实施员工持股计划的员工人数不计算在内的发行。因此，即使上述股票发行没有采用向社会公开的方式，只是针对特定对象，但只要发行结果导致股东总人数超过 200 人，就仍然构成了公开发行。依据《非上市公众公司监督管理办法》的规定，向特定对象发行股票后股东累计超过 200 人的公司，应当持申请文件向中国证监会申请核准。

(3) 非公众公司申请股票以公开方式向社会公众公开转让。本来股东转让股票并不构成股票发行行为，但为了防止有人利用股份转让规避公开发行监管，《国务院办公厅关于严厉打击非法发行股票和非法经营证券业务有关问题的通知》规定"公司股东自行或委托他人以公开方式向社会公众转让股票的行为"构成了变相公开发行股票。因此，如果公开转让后股东人数超过 200 人，则构成"公开发行"，根据《非上市公众公司监督管理办法》的规定，需要向中国证监会申请核准。

(4) 非上市公众公司的定向发行。非上市公众公司向特定对象定向发行股票，也需要经过中国证监会的核准。

(5) 非上市公众公司向不特定合格投资者的公开发行。在全国股转系统进行股票公开转让的非上市公众公司，可以向不特定合格投资者公开发行股票。

(6) 首次公开发行股票并上市。当发行人向社会公众公开发行股票，并且在发行完毕后拟去证券交易所上市的，需要符合法定条件，依法履行《证券法》规定的注册程序。发行上市后，发行人成为上市公司。

(7) 上市公司发行新股。上市公司无论是公开发行新股还是非公开发行新股，都属于公开发行的范畴，必须符合法定条件，依法履行《证券法》规定的注册程序。

上述第(1)种股票发行类型，由发行人依据《公司法》规定的公司设立或者公司新增资本的方式进行，属于私募范畴。第(2)～(5)种都涉及《证券法》规定的一种新公司类型——非上市公众公司。第(6)和第(7)种是股票市场最常见的股票发行类型。

二、非上市公众公司

1. 非上市公众公司的概念

非上市公众公司是指有下列情形之一且其股票未在证券交易所上市交易的股份有限公司：① 股票向特定对象发行或者转让，导致股东累计超过 200 人；② 股票公开转让。

2. 非上市公众公司的股票转让

中国证监会建立了全国股转系统，为公众公司提供股票发行和交易服务。公众公司公开转让股票应当在全国股转系统进行，公开转让的非上市公众公司股票应当在中国证券登记结算公司集中登记存管。

3. 非上市公众公司的定向发行

非上市公众公司定向发行，包括股份有限公司向特定对象发行股票导致股东累计超过 200 人，以及公众公司向特定对象发行股票两种情形。这两种情形都必须经过中国证监会的核准，而且发行对象必须只能是中国证监会规定的特定对象。发行过程中不得采取公开路演、询价等方式。

董事会、股东大会决议确定具体发行对象的，董事、股东参与认购或者与认购对象存在关联关系的，应当回避表决。出席董事会的无关联关系董事人数不足 3 人的，应将该事项提交公司股东大会审议。

公司应当按照中国证监会有关规定制作定向发行的申请文件，申请文件应当包括但不限于：定向发行说明书、律师事务所出具的法律意见书、符合《证券法》规定的会计师事务所出具的审计报告、证券公司出具的推荐文件。

向特定对象发行股票后股东累计超过 200 人的，公司应当持申请文件向中国证监会申请核准。股票公开转让的公众公司提交的申请文件，还应当包括全国股转系统的自律监管意见。

中国证监会受理申请文件后依法对公司治理和信息披露以及发行对象情况进行审核，在 20 个工作日内作出核准、中止审核、终止审核、不予核准的决定。

4. 非上市公众公司向不特定合格投资者的公开发行

股票在全国股转系统进行公开转让的公众公司可以向不特定合格投资者公开发行股票。不特定合格投资者应当符合投资者适当性管理规定。

公众公司申请公开发行，应当符合以下条件：① 具备健全且运行良好的组织机构；② 具有持续盈利能力，财务状况良好，最近 3 年财务会计文件无虚假记载；③ 依法规范经营，最近 3 年内，公司及其控股股东、实际控制人不存在贪污、贿赂、侵占财产、挪用财产或者破坏社会主义市场经济秩序的刑事犯罪，不存在欺诈发行、重大信息披露违法或者其他涉及国家安全、公共安全、生态安全、生产安全、公众健康安全等领域的重大违法行为，最近 12 个月内未受到中国证监会行政处罚。

公司董事会应当依法就本次股票发行的具体方案、本次募集资金使用的可行性及其他必须明确的事项作出决议，并提请股东大会批准。股东大会就公开发行股票事项作出决议必须经出席会议的股东所持表决权的 2/3 以上通过。公司股东人数超过 200 人的，应当对出席会议的持股比例在 10%以下的股东表决情况单独计票并予以披露。

公司应当持申请文件向中国证监会申请核准。中国证监会受理申请文件后，依法对公开发行条件、信息披露等进行审核，在20个工作日内作出核准、中止审核、终止审核、不予核准的决定。

公司通过网下询价方式确定股票发行价格和发行对象的，询价对象应当是经中国证券业协会注册的网下投资者。公司和主承销商可以根据全国股转系统和中国证券业协会相关自律规则的规定，设置网下投资者的具体条件，并在发行公告中预先披露。

5. 对非上市公众公司的监管

对非上市公众公司的监管要求主要有：股权明晰，合法规范经营，公司治理机制健全，履行信息披露义务。其中最重要的是履行信息披露义务。公众公司应当制定信息披露事务管理制度，并指定具有相关专业知识的人员负责信息披露事务。全国股转系统和中国证券业协会应当对非上市公众公司的股票发行和公开转让，发挥自律管理作用。

三、股票发行的审核制度

股票发行的审核制度分为两种体制：一是实行公开主义的注册制；二是实行准则主义的核准制。

1. 注册制

注册制是证券发行申请人依法将与证券发行有关的信息和资料公开，制成法律文件，送交监管机构审核，监管机构只负责审查发行申请人提供的信息和资料是否履行了信息披露义务的制度。注册制下，审核机构只负责对注册文件进行形式审查，不对证券发行行为及证券本身进行实质判断，申报文件提交后，经过法定期间，监管机构若无异议，即可发行证券。注册制对于发行人而言，是一种相对宽松的发行机制，只要发行人依法将有关信息与资料完全公开，监管机构就不得以发行人的财务状况未达到一定标准而拒绝其发行。

2. 核准制

核准制是指发行人发行证券，不仅要公开全部的，可以供投资人判断的信息与资料，还要符合证券发行的实质性条件，证券监管机构有权依照法律的规定，对发行人提出的申请以及有关材料，进行实质性审核，发行人得到批准以后，才可以发行证券。核准制度并不排除注册制所要求的形式审查，监管机构还要对将公开的信息与证券发行的实质性条件一一进行严格的审查，对确已具备发行条件的发行申请作出核准发行的决定。发行人没有核准发行的决定不得发行证券。

新《证券法》规定，公开发行证券，必须符合法律、行政法规规定的条件，并依法报经国务院证券监督管理机构或者国务院授权的部门注册。未经依法注册，任何单位和个人不得公开发行证券。证券发行注册制的具体范围、实施步骤，由国务院规定。新《证券法》的实施表明我国证券公开发行将全面推行注册制，结束证券发行的核准制。但是，授权国务院对证券发行注册制的具体范围、实施步骤进行规定，意味着证券发行的注册制将是全面推行、渐进落地。目前，我国公司债券、企业债券公开发行实行注册制，科创板与创业板公开股票发行实行注册制。科创板与创业板实行的股票发行注册制由证券交易所负责发行上市审核，证监会负责发行注册，证监会对证券交易所发行上市审核工作进行监督。

四、首次公开发行股票

（一）首次公开发行股票的一般条件

设立股份有限公司公开发行股票（以下简称“首次公开发行股票”），应当符合《证券法》

《公司法》规定的发行条件和经国务院批准的国务院证券监督管理机构规定的其他发行条件。

根据新《证券法》的规定，首次公开发行股票的基本条件包括：① 具备健全且运行良好的组织机构；② 具有持续经营能力；③ 最近3年财务会计报告被出具无保留意见审计报告；④ 发行人及其控股股东、实际控制人最近3年不存在贪污、贿赂、侵占财产挪用财产或者破坏社会主义市场经济秩序的刑事犯罪；⑤ 经国务院批准的国务院证券监督管理机构规定的其他条件。上市公司发行新股，应当符合经国务院批准的国务院证券监督管理机构规定的条件，具体管理办法由国务院证券监督管理机构规定。公开发行存托凭证的，应当符合首次公开发行新股的条件以及国务院证券监督管理机构规定的其他条件。上述基本条件是注册制下在主板、创业板、科创板上市的公司都应遵守的共性规则。

中国证监会于2006年5月17日公布的《首次公开发行股票并上市管理办法》（以下简称《首发管理办法》）就公司首次公开发行股票规定了相应的条件，并于2015年、2018年、2020年修订。《首发管理办法》适用于在主板市场首次公开发行并上市的公司。科创板和创业板则分别适用《科创板首次公开发行股票注册管理办法（试行）》和《创业板首次公开发行股票注册管理办法（试行）》，二者规定的首次公开发行股票条件类似。

（二）在主板上市的公司首次公开发行股票的条件

根据目前《首发管理办法》的规定，公司在主板上市，首次公开发行股票，应当符合如下条件：

（1）发行人应当是依法设立且合法存续一定期限的股份有限公司。发行人合法存续的期限条件符合下列情形之一即可：第一，该股份有限公司应自成立后，持续经营时间在3年以上；第二，有限责任公司按原账面净资产值折股整体变更为股份有限公司的，持续经营时间可以从有限责任公司成立之日起计算，并达3年以上（经国务院批准，有限责任公司在依法变更为股份有限公司时，可以采取募集设立方式公开发行股票）；第三，经国务院批准，可以不受上述时间的限制。

（2）发行人已合法并真实取得注册资本项下载明的资产。发行人的注册资本已足额缴纳，发起人或者股东用作出资的资产的财产权转移手续已经办理完毕，发行人的主要资产不存在重大权属纠纷。

（3）发行人的生产经营符合法律、行政法规和公司章程的规定，符合国家产业政策。

（4）发行人最近3年内主营业务和董事、高级管理人员没有发生重大变化，实际控制人没有发生变更。《首发管理办法》要求发行人最近3年内实际控制人没有发生变更，旨在以公司控制权的稳定为标准，判断公司是否具有持续发展、持续盈利的能力，以便投资者在对公司的持续发展和盈利能力拥有较为明确预期的情况下作出投资决策。在发行人存在多人共同拥有公司控制权的情况下，其中某个小股东变更，不构成公司控制权变更。但中国证监会明确此种情况下，“如果发行人最近3年内持有、实际支配公司股份表决权比例最高的人发生变化，且变化前后的股东不属于同一实际控制人，视为公司控制权发生变更”。

（5）发行人的股权清晰，控股股东和受控股股东、实际控制人支配的股东持有的发行人股份不存在重大权属纠纷。

（6）发行人具备健全且运行良好的组织机构。

（7）发行人具有持续盈利能力。根据《首发管理办法》的规定，发行人应当具有持续盈利能力，不得有下列影响持续盈利能力的情形：① 发行人的经营模式、产品或服务的品种结构已经或者将发生重大变化，并对发行人的持续盈利能力构成重大不利影响。② 发行人的行业地位或发行人所处行业的经营环境已经或者将发生重大变化，并对发行人的持续盈利能力构成重大不利影响。③ 发行人最近一个会计年度的营业收入或净利润对关联方或者存在重大不确定性的客户存在重大依赖。④ 发行人最近一个会计年度的净利润主要来自合并财务报表范围以外的投资收益。⑤发行人在用的商标、专利、专有技术以及特许经营权等重要资产或技术的取得或者使用存在重大不利变化的风险。⑥其他可能对发行人持续盈利能力构成重大不利影响的情形。

(8) 发行人的财务状况良好。① 财务管理规范。发行人的内部控制在所有重大方面应是有效的，并由注册会计师出具了无保留结论的内部控制鉴证报告。发行人的会计基础工作规范，财务报表的编制符合企业会计准则和相关会计制度的规定，在所有重大方面都公允地反映了发行人的财务状况、经营成果和现金流量，并由注册会计师出具了无保留意见的审计报告。发行人编制财务报表应以实际发生的交易或者事项为依据；在进行会计确认、计量和报告时应当保持应有的谨慎；对相同或者相似的经济业务，应选用一致的会计政策，不得随意变更。发行人完整披露关联方关系并按重要性原则恰当披露关联交易。关联交易价格公允，不存在通过关联交易操纵利润的情形。② 财务指标良好。根据《首发管理办法》的规定，发行人发行股票并上市的财务指标应当达到以下要求：第一，最近 3 个会计年度净利润均为正数且累计超过人民币 3 000 万元，净利润以扣除非经常性损益前后较低者为计算依据；第二，最近 3 个会计年度经营活动产生的现金流量净额累计超过人民币 5 000 万元；或者最近 3 个会计年度营业收入累计超过人民币 3 亿元；第三，发行前股本总额不少于人民币 3 000 万元；第四，最近一期期末无形资产（扣除土地使用权、水面养殖权和采矿权等后）占净资产的比例不高于 20%；第五，最近一期期末不存在未弥补亏损。中国证监会根据《发行股票或存托凭证试点意见》等规定认定的试点企业，可不适用前款第一、第五项财务指标要求。③ 依法纳税。发行人依法纳税，各项税收优惠符合相关法律法规的规定。发行人的经营成果对税收优惠不存在严重依赖。④ 发行人不存在重大偿债风险，不存在影响持续经营的担保、诉讼以及仲裁等重大或有事项。⑤ 财务资料真实完整。发行人披露的财务资料不得存在以下情形：第一，故意遗漏或虚构交易、事项或者其他重要信息；第二，滥用会计政策或者会计估计；第三，操纵、伪造或篡改编制财务报表所依据的会计记录或者相关凭证。

(9) 发行人不存在《首发管理办法》规定的违法行为。例如，最近 36 个月内未经《证券法》规定的程序，擅自公开或者变相公开发行过证券，或者有关违法行为虽然发生在 36 个月前，但目前仍处于持续状态；最近 36 个月内违反工商、税收、土地、环保、海关以及其他法律、行政法规，受到行政处罚，且情节严重；最近 36 个月内曾提出发行申请，但报送的发行申请文件有虚假记载、误导性陈述或重大遗漏；伪造、变造发行人或其董事、监事、高级管理人员的签字、盖章；本次报送的发行申请文件有虚假记载、误导性陈述或者重大遗漏；涉嫌犯罪被司法机关立案侦查，尚未有明确结论意见；严重损害投资者合法权益和社会公共利益的其他情形。

（三）科创板、创业板上市公司的首次公开发行条件

2019 年 3 月 1 日，中国证监会发布《科创板首次公开发行股票注册管理办法（试行）》。随着新《证券法》的实施，2020 年 6 月 12 日，中国证监会发布《创业板首次公开发行股票注

册管理办法(试行)》,申请人申请首次公开发行股票并在科创板、创业板上市,应当符合下列条件:

(1) 符合科创板、创业板定位。在科创板上市的发行人应当面向世界科技前沿、面向经济主战场、面向国家重大需求,符合国家战略,拥有关键核心技术,科技创新能力突出,主要依靠核心技术开展生产经营,具有稳定的商业模式,市场认可度高,社会形象良好,具有较强成长性。在创业板上市的发行人应当为成长型的创新创业企业,与新技术、新产业、新业态、新模式深度融合的传统企业。

(2) 组织机构健全,持续经营满 3 年。发行人应当是依法设立且持续经营 3 年以上的股份有限公司,具备健全且运行良好的组织机构,相关机构和人员能够依法履行职责。有限责任公司按原账面净资产值折股整体变更为股份有限公司的,持续经营时间可以从有限责任公司成立之日起计算。

(3) 会计基础工作规范,内控制度健全有效。发行人应当是会计基础工作规范,财务报表的编制和披露符合企业会计准则和相关信息披露规则的规定,在所有重大方面公允地反映了发行人的财务状况、经营成果和现金流量,并由注册会计师出具无保留意见的审计报告。发行人内部控制制度应当健全且被有效执行,能够合理保证公司运行效率、合法合规和财务报告的可靠性,并由注册会计师出具无保留结论的内部控制鉴证报告。

(4) 业务完整并具有直接面向市场独立持续经营的能力。

① 资产完整,业务及人员、财务、机构独立,与控股股东、实际控制人及其控制的其他企业间不存在对发行人构成重大不利影响的同业竞争,以及严重影响独立性或者显失公平的关联交易。

② 发行人主营业务、控制权、管理团队和核心技术人员稳定,最近 2 年内主营业务和董事、高级管理人员及核心技术人员均没有发生重大不利变化;控股股东和受控股股东、实际控制人支配的股东所持发行人的股份权属清晰,最近 2 年实际控制人没有发生变更,不存在导致控制权可能变更的重大权属纠纷。

③ 发行人不存在主要资产、核心技术、商标等的重大权属纠纷,重大偿债风险,重大担保、诉讼、仲裁等或有事项,经营环境已经或者将要发生的重大变化等对持续经营有重大不利影响的事项。

(5) 生产经营合法合规。发行人生产经营应当符合法律、行政法规的规定,符合国家产业政策。最近 3 年内,发行人及其控股股东、实际控制人不存在贪污、贿赂侵占财产、挪用财产或者破坏社会主义市场经济秩序的刑事犯罪,不存在欺诈发行、重大信息披露违法或者其他涉及国家安全、公共安全、生态安全、生产安全、公众健康安全等领域的重大违法行为。董事、监事和高级管理人员不存在最近 3 年内受到中国证监会行政处罚,或者因涉嫌犯罪被司法机关立案侦查或者涉嫌违法违规被中国证监会立案调查,尚未有明确结论意见等情形。

五、上市公司发行新股

我国《证券法》和《公司法》以及证监会发布的《上市公司证券发行管理办法》(2020 年修正,以下简称《发行管理办法》)对主板和中小企业板上市公司发行新股作了相应规定。科创板和创业板上市公司发行新股的条件和程序分别适用《科创板上市公司证券发行注册管理办法(试行)》和《创业板上市公司证券发行注册管理办法(试行)》。上市公司发行新股,可以向不特定对象公开发行,也可以向特定对象非公开发行。上市公司公开发行新股的,可以分为向原股东配售股份(即“配股”)和向不特定对象公开募集股份(即“增发”)。

（一）主板上市公司发行股票

1. 发行新股的一般条件

上市公司发行新股的一般条件是指上市公司采用不同方式发行新股都应当具备的条件,这些条件有:

(1) 组织机构健全,运行良好。上市公司的公司章程合法有效,股东大会、董事会、监事会和独立董事制度健全,能够依法有效履行职责;公司内部控制制度健全,能够有效保证公司运行的效率、合法合规性和财务报告的可靠性;内部控制制度的完整性、合理性和有效性不存在重大缺陷;现任董事、监事和高级管理人员具备任职资格,能够忠实和勤勉地履行职务,不存在违反《公司法》第一百四十七条、第一百四十八条规定的行为,且最近36个月内未受到过证监会的行政处罚、最近12个月内未受到过证券交易所的公开谴责;上市公司与控股股东或实际控制人的人员、资产、财务分开,机构、业务独立,能够自主经营管理;最近12个月内不存在违规对外提供担保的行为。

(2) 盈利能力应具有可持续性。上市公司最近3个会计年度连续盈利。扣除非经常性损益后的净利润与扣除前的净利润相比,以低者作为计算依据;业务和盈利来源相对稳定,不存在严重依赖于控股股东、实际控制人的情形;现有主营业务或投资方向能够可持续发展,经营模式和投资计划稳健,主要产品或服务的市场前景良好,行业经营环境和市场需求不存在现实或可预见的重大不利变化;高级管理人员和核心技术人员稳定,最近12个月内未发生重大不利变化;公司重要资产、核心技术或其他重大权益的取得合法,能够持续使用,不存在现实或可预见的重大不利变化;不存在可能严重影响公司持续经营的担保、诉讼、仲裁或其他重大事项;最近24个月内曾公开发行证券的,不存在发行当年营业利润比上年下降50%以上的情形。

(3) 财务状况良好。上市公司的会计基础工作规范,严格遵循国家统一会计制度的规定;最近3年及1期财务报表未被注册会计师出具保留意见、否定意见或无法表示意见的审计报告;被注册会计师出具带强调事项段的无保留意见审计报告的,所涉及的事项对发行人无重大不利影响或者在发行前重大不利影响已经消除;资产质量良好,不良资产不足以对公司财务状况造成重大不利影响;经营成果真实,现金流量正常,营业收入和成本费用的确认严格遵循国家有关企业会计准则的规定,最近3年资产减值准备计提充分合理,不存在操纵经营业绩的情形;最近3年以现金方式累计分配的利润不少于最近3年实现的年均可分配利润的30%。该决定同时规定,上市公司可以进行中期现金分红。

(4) 财务会计文件无虚假记载。上市公司不存在违反证券法律、行政法规或规章,受到证监会的行政处罚,或者受到刑事处罚的行为;不存在违反工商、税收、土地、环保、海关法律、行政法规或规章,受到行政处罚且情节严重,或者受到刑事处罚的行为;不存在违反国家其他法律、行政法规且情节严重的行为。

(5) 募集资金的数额和使用符合规定。上市公司募集资金数额不超过项目需要量;募集资金用途符合国家产业政策和有关环境保护、土地管理等法律和行政法规的规定;除金融类企业外,本次募集资金使用项目不得为持有交易性金融资产和可供出售的金融资产、借予他人、委托理财等财务性投资,不得直接或间接投资于以买卖有价证券为主要业务的公司;投资项目实施后,不会与控股股东或实际控制人产生同业竞争或影响公司生产经营的独立性;建立募集资金专项存储制度,募集资金必须存放于公司董事会决定的专项账户。

(6) 上市公司不存在下列行为:① 本次发行申请文件有虚假记载、误导性陈述或重大遗漏;② 擅自改变前次公开发行证券募集资金的用途而未作纠正;③ 上市公司最近12个月内受到过证券交易所的公开谴责;④ 上市公司及其控股股东或实际控制人最近12个月内存在未履行向投资者作出的公开承诺的行为;⑤ 上市公司或其现任董事、高级管理人员因涉嫌犯罪被司法机关立案侦查或涉嫌违法违规被证监会立案调查;⑥ 严重损害投资者的合法权益和社会公共利益的其他情形。

2. 主板上市公司配股的条件

上市公司配股,应当向股权登记日登记在册的股东配售,且配售比例应当相同。配股除了应当符合前述一般条件之外,还应当符合以下条件:

(1) 配售股份数量不超过本次配售股份前股本总额的30%。

(2) 控股股东应当在股东大会召开前公开承诺认配股份的数量。

(3) 用证券法规定的代销方式发行。控股股东不履行认配股份的承诺,或者代销期限届满,原股东认购股票的数量未达到拟配售数量70%的,发行人应当按照发行价并加算银行同期存款利息返还已经认购的股东。

3. 主板上市公司增发的条件

这是指向不特定对象公开募集股份的条件。增发除了符合前述一般条件之外,还应当符合下列条件:

(1) 最近3个会计年度加权平均净资产收益率平均不低于6%。扣除非经常性损益后的净利润与扣除前的净利润相比,以低者作为加权平均净资产收益率的计算依据。

(2) 除金融类企业外,最近1期末不存在持有金额较大的交易性金融资产和可供出售的金融资产、借予他人款项、委托理财等财务性投资的情形。

(3) 发行价格应不低于公告招股意向书前20个交易日公司股票均价或前1个交易日的均价。

(二) 科创板、创业板上市公司配股与增发的条件

1. 发行条件

依据2020年5月14日中国证监会发布的《科创板上市公司证券发行注册管理办法(试行)》、2020年6月12日中国证监会发布的《创业板上市公司证券发行注册管理办法(试行)》,科创板、创业板上市公司发行证券可以向不特定对象发行,也可以向特定对象发行。向不特定对象发行证券包括上市公司向原股东配股、向不特定对象增发和向不特定对象发行可转债。向特定对象发行证券包括上市公司向特定对象发行股票、向特定对象发行可转债,其中,科创板、创业板上市公司向不特定对象发行股票,应当符合下列规定:

(1) 具备健全且运行良好的组织机构。

(2) 现任董事、监事和高级管理人员符合法律、行政法规规定的任职要求。

(3) 具有完整的业务体系和直接面向市场独立经营的能力,不存在对持续经营有重大不利影响的情形。

(4) 会计基础工作规范,内部控制制度健全且有效执行,财务报表的编制和披露符合企业会计准则和相关信息披露规则的规定,在所有重大方面公允反映了上市公司的财务状况、经营成果和现金流量,最近3年财务会计报告被出具无保留意见审计报告。

(5) 除金融类企业外，最近 1 期末不存在金额较大的财务性投资。

创业板上市公司还应当符合盈利要求，即最近 2 年盈利，净利润以扣除非经常性损益前后孰低者为计算依据。

科创板、创业板上市公司公开发行股票所募集资金，必须按照招股说明书所列资金用途使用，改变资金用途，必须经股东大会作出决议。

2. 向不特定对象发行股票的发行障碍

科创板、创业板上市公司存在下列情形之一的，不得向不特定对象发行股票：

(1) 擅自改变前次募集资金用途未作纠正，或者未经股东大会认可。

(2) 上市公司及其现任董事、监事和高级管理人员最近 3 年受到中国证监会行政处罚，或者最近 1 年受到证券交易所公开谴责，或者因涉嫌犯罪正在被司法机关立案侦查或者涉嫌违法违规正在被中国证监会立案调查。

(3) 上市公司及其控股股东、实际控制人最近 1 年存在未履行向投资者作出的公开承诺的情形。

(4) 上市公司及其控股股东、实际控制人最近 3 年存在贪污、贿赂、侵占财产用财产或者破坏社会主义市场经济秩序的刑事犯罪，或者存在严重损害上市公司利益、投资者合法权益、社会公共利益的重大违法行为。

3. 向特定对象发行股票的发行障碍

科创板、创业板上市公司存在下列情形之一的，不得向特定对象发行股票：

(1) 擅自改变前次募集资金用途未作纠正，或者未经股东大会认可。

(2) 最近 1 年财务报表的编制和披露在重大方面不符合企业会计准则或者相关信息披露规则的规定；最近 1 年财务会计报告被出具否定意见或者无法表示意见的审计报告；最近 1 年财务会计报告被出具保留意见的审计报告，且保留意见所涉及事项对上市公司的重大不利影响尚未消除。本次发行涉及重大资产重组的除外。

(3) 现任董事、监事和高级管理人员最近 3 年受到中国证监会行政处罚，或者最近 1 年受到证券交易所公开谴责。

(4) 上市公司及其现任董事、监事和高级管理人员因涉嫌犯罪正在被司法机关立案侦查或者涉嫌违法违规正在被中国证监会立案调查。

(5) 控股股东、实际控制人最近 3 年存在严重损害上市公司利益或者投资者合法权益的重大违法行为。

(6) 最近 3 年存在严重损害投资者合法权益或者社会公共利益的重大违法行为。

4. 募集资金使用规定

科创板、创业板上市公司发行股票，募集资金使用应当符合下列规定：

(1) 符合国家产业政策和有关环境保护、土地管理等法律、行政法规规定。

(2) 募集资金项目实施后，不会与控股股东、实际控制人及其控制的其他企业新增构成重大不利影响的同业竞争、显失公平的关联交易，或者严重影响公司生产经营的独立性。

(3) 科创板上市公司募集资金应当投资于科技创新领域的业务；创业板上市公司除金融类企业外，本次募集资金使用不得为持有财务性投资，不得直接或者间接投资于以买卖有价证券为主要业务的公司。

六、股票发行的程序

由于证券发行种类、发行方式的不同，资本市场不同板块推行注册制的情况不同，不同板块证券的发行程序不尽一致。

（一）首次公开发行股票的程序

1. 主板首次公开发行股票的程序

目前，在我国主板首次公开发行股票仍然适用核准制，即董事会决议、股东大会决议之后，由保荐人保荐并向中国证监会申报。中国证监会受理、初审后，由发行审核委员会审核。中国证监会依照法定条件对发行人的发行申请作出予以核准或者不予核准的决定，并出具相关文件。自中国证监会核准发行之日起，发行人应在6个月内发行股票；超过6个月未发行的，核准文件失效，须重新经中国证监会核准后方可发行。发行申请核准后、股票发行结束前，发行人发生重大事项的，应当暂缓或者暂停发行，并及时报告中国证监会，同时履行信息披露义务。影响发行条件的，应当重新履行核准程序。股票发行申请未获核准的，自中国证监会作出不予核准决定之日起6个月后，发行人可再次提出股票发行申请。

2. 科创板和创业板首次公开发行股票的程序

在科创板和创业板首次公开发行股票适用注册制。以下以科创板为例，说明首次公开发行股票的注册程序。根据《科创板首次公开发行股票注册管理办法（试行）》的规定，科创板首次公开发行股票应履行注册程序：

（1）发行人董事会应当依法就本次股票发行的具体方案、本次募集资金使用的可行性及其他必须明确的事项作出决议，并提请股东大会批准。

（2）发行人股东大会就本次发行股票作出的决议，至少应当包括下列事项：本次公开发行股票的种类和数量；发行对象；定价方式；募集资金用途；发行前滚存利润的分配方案；决议的有效期；对董事会办理本次发行具体事宜的授权；其他必须明确的事项。

（3）发行人申请首次公开发行股票并在科创板上市，应当按照中国证监会有关规定制作注册申请文件，由保荐人保荐并向交易所申报。交易所收到注册申请文件后，5个工作日内作出是否受理的决定。自注册申请文件受理之日起，发行人及其控股股东、实际控制人、董事、监事、高级管理人员，以及与本次股票公开发行并上市相关的保荐人、证券服务机构及相关责任人员，即承担相应法律责任。注册申请文件受理后，未经中国证监会或者交易所同意，不得改动。发生重大事项的，发行人、保荐人、证券服务机构应当及时向交易所报告，并按要求更新注册申请文件和信息披露资料。根据上海证券交易所相关发行上市审核规则，在交易所受理发行上市申请文件当日，发行人应当在交易所网站预先披露招股说明书、发行保荐书、上市保荐书、审计报告和法律意见书等文件。交易所受理发行上市申请后至中国证监会作出注册决定前，发行人应当按照本规则的规定，对预先披露的招股说明书、发行保荐书、上市保荐书、审计报告和法律意见书等文件予以更新并披露。预先披露的招股说明书等文件不是发行人发行股票的正式文件，不能含有股票发行价格信息，发行人不得据此发行股票。

（4）交易所应当自受理注册申请文件之日起3个月内形成审核意见。发行人根据要求补充、修改注册申请文件，以及交易所按照规定对发行人实施现场检查，或者要求保荐人、证券服务机构对有关事项进行专项核查的时间不计算在内。交易所设立独立的审核部门，负责审核发行人公开发行并上市申请；设立科技创新咨询委员会，负责为科创板建设和发行上市审核提供专业咨询和政策建议;设立科创板股票上市委员会,负责对审核部门出具的审核报告和发行人的申请文件提出审议意见。交易所主要通过向发行人提出审核问询、发行人回答问题的方式开展审核工作,基于科创板定位,判断发行人是否符合发行条件、上市条件和信息披露要求。交易所按照规定的条件和程序,作出同意或者不同意发行人股票公开发行并上市的审核意见。同意发行人股票公开发行并上市的,将审核意见、发行人注册申请文件及相关审核资料报送中国证监会履行发行注册程序。不同意发行人股票公开发行并上市的,作出终止发行上市审核决定。

(5) 中国证监会收到交易所报送的审核意见、发行人注册申请文件及相关审核资料后,履行发行注册程序。发行注册主要关注交易所发行上市审核内容有无遗漏,审核程序是否符合规定,以及发行人在发行条件和信息披露要求的重大方面是否符合相关规定。中国证监会认为存在需要进一步说明或者落实事项的,可以要求交易所进一步问询。中国证监会在20个工作日内对发行人的注册申请作出同意注册或者不予注册的决定。发行人根据要求补充、修改注册申请文件,中国证监会要求交易所进一步问询,以及中国证监会要求保荐人、证券服务机构等对有关事项进行核查的时间不计算在内。中国证监会认为交易所对影响发行条件的重大事项未予关注或者交易所的审核意见依据明显不充分的,可以退回交易所补充审核。交易所补充审核后,同意发行人股票公开发行并上市的,重新向中国证监会报送审核意见及相关资料,20个工作日的注册期限重新计算。存在下列情形之一的,交易所或者中国证监会应当终止相应发行上市审核程序或者发行注册程序,并向发行人说明理由:① 发行人撤回注册申请文件或者保荐人撤销保荐;② 发行人未在要求的期限内对注册申请文件作出解释说明或者补充、修改;③ 注册申请文件存在虚假记载、误导性陈述或者重大遗漏;④ 发行人阻碍或者拒绝中国证监会、交易所依法对发行人实施检查、核查;⑤ 发行人及其关联方以不正当手段严重干扰发行上市审核或者发行注册工作;⑥ 发行人法人资格终止;⑦ 注册申请文件内容存在重大缺陷,严重影响投资者理解和发行上市审核或者发行注册工作;⑧ 发行人注册申请文件中记载的财务资料已过有效期且逾期3个月未更新;⑨ 发行人中止发行上市审核程序超过交易所规定的时限或者中止发行注册程序超过3个月仍未恢复;⑩ 交易所不同意发行人公开发行股票并上市;⑪ 中国证监会规定的其他情形。

(6) 中国证监会同意注册的决定自作出之日起1年内有效,发行人应当在注册决定有效期内发行股票,发行时点由发行人自主选择。

(7) 中国证监会作出注册决定后、发行人股票上市交易前,发行人应当及时更新信息披露文件内容,财务报表过期的,发行人应当补充财务会计报告等文件;保荐人及证券服务机构应当持续履行尽职调查职责;发生重大事项的,发行人、保荐人应当及时向交易所报告。交易所应当对上述事项及时处理,发现发行人存在重大事项影响发行条件、上市条件的,应当出具明确意见并及时向中国证监会报告。中国证监会作出注册决定后、发行人股票上市交易前,发现可能影响本次发行的重大事项的,中国证监会可以要求发行人暂缓或者暂停发行、上市;相关重大事项导致发行人不符合发行条件的,可以撤销注册。中国证监会撤销注册后,股票尚未发行的,发行人应当停止发行;股票已经发行尚未上市的,发行人应当按照发行价并加算银行同期存款利息返还股票持有人。

(8) 交易所因不同意发行人股票公开发行并上市,作出终止发行上市审核决定,或者中国证监会作出不予注册决定的,自决定作出之日起6个月后,发行人可以再次提出公开发行股票并上市申请。

科创板、创业板首次公开发行股票注册程序如图 7-1 所示。

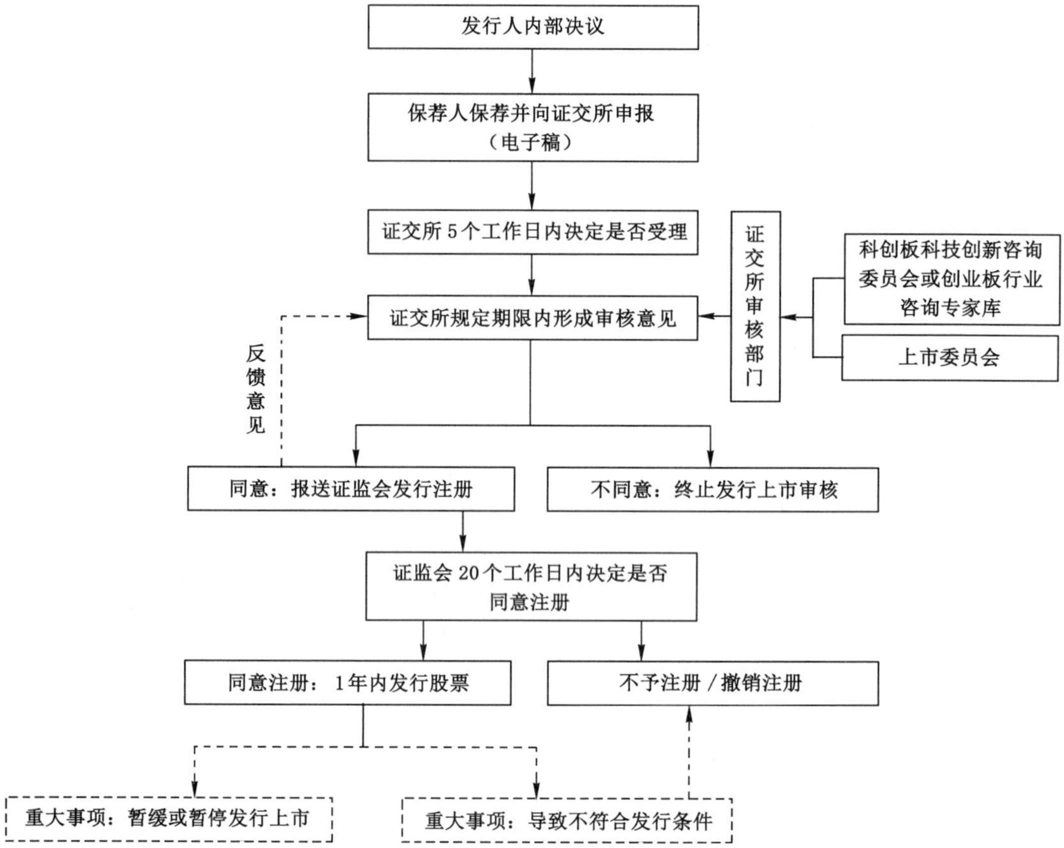

图 7-1 科创板、创业板首次公开发行股票注册程序图

（二）主板上市公司发行新股的程序

目前，主板上市公司发行新股仍然适用核准制，具体程序如下：

（1）董事会作出决议。上市公司申请发行证券，董事会应当依法就下列事项作出决议，并提请股东大会批准：① 本次证券发行的方案；② 本次募集资金使用的可行性报告；③ 前次募集资金使用的报告；④ 其他必须明确的事项。

（2）股东大会决议批准。股东大会就发行事项作出决议，必须经出席会议的股东所持表决权的 2/3 以上通过。向本公司特定的股东及其关联人发行的，股东大会就发行方案进行表决时，关联股东应当回避。上市公司就发行新股事项召开股东大会，应当提供网络或者其他方式为股东参加股东大会提供便利。应当回避表决的“特定的股东及其关联人”，是指董事会决议已确定为本次发行对象的股东及其关联人。

（3）保荐人保荐。上市公司申请公开发行证券或者非公开发行新股，应当由保荐人保荐，并向中国证监会申报。保荐人应当按照中国证监会的有关规定编制和报送发行申请文件。

（4）中国证监会在收到申请文件后，5 个工作日内决定是否受理，在受理后进行初审以及审核,作出核准或者不予核准的决定。

（5）发行股票。自中国证监会核准发行之日起,上市公司应在 12 个月内发行证券;超过 12 个月未发行的,核准文件失效,须重新经中国证监会核准后方可发行。上市公司发行证券前发生重大事项的,应暂缓发行,并及时报告中国证监会。该事项对本次发行条件构成重大影响的,发行证券的申请应重新经过中国证监会核准。

（6）承销。上市公司发行证券,应当由证券公司承销;非公开发行股票,发行对象均属于原前十名股东的,可以由上市公司自行销售。证券发行申请未获核准的上市公司,自中国证监会作出不予核准的决定之日起 6 个月后,可再次提出证券发行申请。

（三）科创板和创业板上市公司发行股票的程序

以下以科创板为例,说明科创板上市公司发行股票的注册程序:

（1）董事会作出决议。上市公司申请发行证券,董事会应当依法就下列事项作出决议,并提请股东大会批准:① 本次证券发行的方案;② 本次发行方案的论证分析报告;③ 本次募集资金使用的可行性报告;④ 其他必须明确的事项。上市公司董事会拟引入战略投资者的,应当将引入战略投资者的事项作为单独议案,就每名战略投资者单独审议,并提交股东大会批准。董事会依照前两款作出决议,董事会决议日与首次公开发行股票上市日的时间间隔不得少于 6 个月。

（2）股东大会决议批准。股东大会就发行证券事项作出决议,必须经出席会议的股东所持表决权的 2/3 以上通过,中小投资者表决情况应当单独计票。向本公司特定的股东及其关联人发行证券的,股东大会就发行方案进行表决时,关联股东应当回避。股东大会对引入战略投资者议案作出决议的,应当就每名战略投资者单独表决。上市公司就发行证券事项召开股东大会,应当提供网络投票方式,公司还可以通过其他方式为股东参加股东大会提供便利。上市公司年度股东大会可以根据公司章程的规定,授权董事会决定向特定对象发行融资总额不超过人民币 3 亿元且不超过最近 1 年末净资产 20%的股票,该项授权在下一年度股东大会召开日失效。上市公司年度股东大会给予董事会前款授权的,应当就《科创板上市公司证券发行注册管理办法(试行)》规定的事项通过相关决定。

（3）保荐人保荐。保荐人应当按照有关规定编制并向交易所报送发行申请文件。

（4）证券交易所依照有关程序受理并审核。交易所收到注册申请文件后,5 个工作日内作出是否受理的决定。交易所按照规定的条件和程序,形成上市公司是否符合发行条件和信息披露要求的审核意见,认为上市公司符合发行条件和信息披露要求的,将审核意见、上市公司注册申请文件及相关审核资料报中国证监会注册;认为上市公司不符合发行条件或者信息披露要求的,作出终止发行上市审核决定。

（5）中国证监会依法履行发行注册程序。

（6）发行人应当在注册决定有效期内发行股票。中国证监会的予以注册决定,自作出之日起 1 年内有效,上市公司应当在注册决定有效期内发行证券,发行时点由上市公司自主选择。交易所认为上市公司不符合发行条件或者信息披露要求,作出终止发行上市审核决定,或者中国证监会作出不予注册决定的,自决定作出之日起 6 个月后,上市公司可以再次提出证券发行申请。科创板上市公司证券发行上市审核或者注册程序的中止、终止等情形参照适用《科创板首次公开发行股票注册管理办法(试行)》的相关规定。

创业板上市公司发行新股的注册程序与以上类似,不再赘述。

七、股票承销

（1）股票承销的概念。股票承销是指证券公司依照协议包销或者代销发行人向社会公开发行股票的行为。股票承销分为代销和包销两种方式。股票代销是指证券公司代发行人发售股票，在承销期结束时，将未售出的股票全部退还给发行人的承销方式。股票包销分两种情况：一是证券公司将发行人的股票按照协议全部购入，然后再向投资者销售，当卖出价高于购入价时，其差价归证券公司所有；当卖出价低于购入价时，其损失由证券公司承担。二是证券公司在承销期结束后，将售后剩余股票全部自行购入。在这种承销方式下，证券公司要与发行人签订合同，在承销期内，是一种代销行为；在承销期满后，是一种包销行为。证券公司在代销、包销期内，对所代销、包销的证券应当保证先行出售给认购人，证券公司不得为本公司预留所代销的证券和预先购入并留存所包销的证券。

（2）承销股票。向不特定对象发行证券聘请承销团承销的，承销团应当由主承销和参与承销的证券公司组成。主承销可以由证券发行人按照公平竞争的原则，通过竞标的方式产生，也可以由证券公司之间协商确定。主承销一般要承担组建承销团、代表承销团与证券发行者签订承销合同和有关文件等事项。作为主承销的证券公司与参与承销的证券公司之间应签订承销团协议，就当事人的情况、承销股票的种类、数量、金额、发行价格、承销的具体方式、各承销成员承销的份额及报酬以及承销组织工作的分工、承销期及起止日期、承销付款的日期及方式等达成一致意见。

（3）承销期限。证券的代销、包销期限最长不得超过 90 日。

（4）股票发行失败。股票发行采用代销方式，代销期限届满，向投资者出售的股票数量未达到拟公开发行股票数量 70%的，为发行失败。发行人应当按照发行价并加算银行同期存款利息返还股票认购人。

（5）备案。公开发行股票，代销、包销期限届满，发行人应当在规定的期限内将股票发行情况报国务院证券监督管理机构备案。

（6）承销机构的勤勉尽责义务。证券公司承销证券，应当对公开发行募集文件的真实性、准确性、完整性进行核查；发现有虚假记载、误导性陈述或者重大遗漏的，不得进行销售活动；已经销售的，必须立即停止销售活动，并采取纠正措施。证券公司承销证券，不得有下列行为：① 进行虚假的或者误导投资者的广告宣传或者其他宣传推介活动；② 以不正当竞争手段招揽承销业务；③ 其他违反证券承销业务规定的行为。证券公司有前款所列行为，给其他证券承销机构或者投资者造成损失的，应当依法承担赔偿责任。

第三节　公司债券发行

一、公司债券的一般理论

（一）公司债券的概念

公司可以通过发行公司债券筹集资金，这是债权融资的一种形式。公司债券是指公司依照法定程序发行、约定在一定期限内还本付息的有价证券。它与股权融资方式相比，具有融资成本低、发行程序简单、不稀释公司股权（可转换公司债除外）等特点。但是这种融资形式在一定期限内需要还本付息，对公司现金流的要求较高，发行人存在一定的现金支付风险。

公司债券与公司股票相比，有不同的法律特征：

(1) 公司债券的持有人是公司的债权人，享有民法上规定的债权人的所有权利；而股票的持有人则是公司的股东，享有《公司法》所规定的股东权利。

(2) 公司债券的持有人，无论公司是否有盈利，享有按照约定给付利息的请求权；而股票持有人，则必须在公司有盈利时才能依法获得股利分配。

(3) 公司债券到了约定期限，公司必须偿还债券本金；而股票持有人仅在公司解散时方可请求分配剩余财产。

(4) 公司债券的持有人享有优先于股票持有人获得清偿的权利；而股票持有人必须在公司全部债务清偿之后，方可就公司剩余财产请求分配。

(5) 公司债券的利率一般是固定不变的，风险较小；而股票股利分配的高低，与公司经营好坏密切相关，故常有变动，风险较大。

(6) 对发行人的要求不同，公司债券则既可以由股份有限公司发行，也可以由有限责任公司发行；而股票只能由股份公司发行。

(二) 公司债券发行的种类

根据公司发行的债券种类不同，可分为一般的公司债券发行和可转换公司债券发行。一般公司债券发行也称为公司债券发行，这是指发行人依照法定程序，向投资者发行的约定在1年以上期限内还本付息的有价证券的行为。可转换公司债发行是指发行人依照法定程序，向投资者发行的在一定期间内依据约定的条件可以转换成股份的公司债券的行为。

记名公司债券和无记名公司债券。记名公司债券是指在公司债券上记载债权人姓名或者名称的债券；无记名公司债券是指在公司债券上不记载债权人姓名或者名称的债券。区分记名公司债券和无记名公司债券的法律意义在于两者转让的要求不同。发行记名公司债券的，应当在公司债券存根簿上载明下列事项：① 债券持有人的姓名或者名称及住所；② 债券持有人取得债券的日期及债券的编号；③ 债券总额、债券的票面金额、利率、还本付息的期限和方式；④ 债券的发行日期。发行无记名公司债券的，应当在公司债券存根簿上载明债券总额、利率、偿还期限和方式、发行日期及债券的编号。

上市的公司债和非上市的公司债。上市的公司债是指发行之后可以在依法设立的证券交易所挂牌交易的公司债券；非上市的公司债是指发行之后不在证券交易所挂牌交易的公司债券，但债券持有人也可以转让该债券，只是不能在证券交易所进行买卖。

公开发行的公司债券与非公开发行的公司债券。公开发行的公司债券是指符合规定条件的公司债券可以向公众投资者公开发行，也可以仅面向合格投资者公开发行。非公开发行的公司债券应当向合格投资者发行，并不得采用公告、公开劝诱和变相公开发行方式，每次发行对象不得超过200人。二者的交易场所也有所区别。

所谓合格投资者，应当具备相应的风险识别和承担能力，知悉并自行承担公司债券的投资风险，并符合下列资质条件：

(1) 经有关金融监管部门批准设立的金融机构，包括证券公司、基金管理公司及其子公司、期货公司、商业银行、保险公司和信托公司等，以及经中国证券投资基金业协会登记的私募基金管理人。

(2) 上述金融机构面向投资者发行的理财产品，包括但不限于证券公司资产管理产品、基金及基金子公司产品、期货公司资产管理产品、银行理财产品、保险产品、信托产品以及经中国证券投资基金业协会备案的私募基金。

(3) 净资产不低于人民币1 000万元的企事业单位法人、合伙企业。

(4) 合格境外机构投资者(QFI)、人民币合格境外机构投资者(RQFII)。

(5) 社会保障基金、企业年金等养老基金,慈善基金等社会公益基金。

(6) 名下金融资产不低于人民币300万元的个人投资者。

(7) 经中国证监会认可的其他合格投资者。

二、公司债券的发行

(一) 一般规定

(1) 股东大会决议。发行公司债券,发行人应当依照《公司法》或者公司章程规定对以下事项作出决议:发行券的数量;发行方式;债券期限;募集资金的用途;决议的有效期;其他按照法律法规及公司章程规定需要明确的事项。

(2) 发行方式。公司债券可以公开发行,也可以非公开发行。

(3) 公司债券的期限、面值和发行价格。公司债券的期限为1年以上,每张面值100元,发行价格由发行人与保荐人通过市场询价确定。

(二) 公司债券的公开发行

公开发行公司债券应当符合下列条件:① 具备健全且运行良好的组织机构;② 最近3年平均可分配利润足以支付公司债券1年的利息;③ 国务院规定的其他条件。

公开发行公司债券筹集的资金,不得用于弥补亏损和非生产性支出。公开发行公司债券筹集的资金,必须按照公司债券募集办法所列资金用途使用。改变资金用途,必须经证券持有人会议作出决议。非公开发行公司债券,募集资金应当用于约定的用途。除金融类企业外,募集资金不得转借他人。发行人应当指定专项账户、用于公司债券募集资金的接收、存储、划转与本息偿付。

有下列情形之一的,不得再次公开发行公司债券:① 对已公开发行的公司债券或者其他债务有违约或者延迟支付本息的事实,仍处于继续状态;② 违反《证券法》规定,改变公开发行公司债券所募集资金的用途。

公开发行公司债券,应当委托具有从事证券服务业务资格的资信评级机构进行信用评级。

(三) 公司债券的非公开发行

非公开发行的公司债券应当向合格投资者发行,不得采用广告、公开劝诱和变相公开方式,每次发行对象不得超过200人。发行人、承销机构应当按照中国证监会、证券自律组织规定的投资者适当性制度,了解和评估投资者对非公开发行公司债券的风险识别和承担能力,确认参与非公开发行公司债券认购的投资者为合格投资者,并充分揭示风险。非公开发行公司债券是否进行信用评级由发行人确定,并在债券募集说明书中披露。非公开发行公司债券,承销机构或依法自行销售的发行人应当在每次发行完成后5个工作日内向中国证券业协会备案。非公开发行公司债券,可以申请在证券交易所、全国股转系统、机构间私募产品报价与服务系统、证券公司柜台转让。非公开发行的公司债券仅限于在合格投资者范围内转让。转让后,持有同次发行债券的合格投资者合计不得超过200人。发行人的董事、监事、高级管理人员及持股比例超过5%的股东,可以参与本公司非公开发行公司债券的认购与转让,不受上述合格投资者资质条件的限制。

（四）信息披露

开发行公司债券的发行人应当按照规定及时披露债券募集说明书，并在债券存续期内披露中期报告和经具有从事证券服务业务资格的会计师事务所审计的年度报告。

非公开发行公司债券的发行人信息披露的时点、内容，应当按照募集说明书的约定履行，相关信息披露文件应当由受托管理人向中国证券业协会备案。

发行人全体董事、监事、高级管理人员应当在债券募集说明书上签字，承诺不存在虚假记载、误导性陈述或者重大遗漏，并承担相应的法律责任，但是能够证明自己没有过错的除外。

公司债券募集资金的用途应当在债券募集说明书中披露。

公开发行公司债券的发行人应当及时披露债券存续期内发生的可能影响其偿债能力或者证券价格的重大事项。

三、公司债券持有人的权益保护

为了有效地保护公司债券持有人的利益不受损害，《证券法》和《公司债券发行与交易管理办法》规定了相应的保护措施。

（一）信用评级

公开发行公司债券，应当委托具有从事证券服务业务资格的资信评级机构进行信用评级。

（二）公司债券的受托管理

公开发行公司债券的，发行人应当为债券持有人聘请债券受托管理人，并订立债券受托管理协议。受托管理人应当由本次发行的承销机构或者其他经国务院证券监督管理机构认可的机构担任，债券持有人会议可以决议变更债券受托管理人。债券发行人未能按期兑付债券本息的，债券受托管理人可以接受全部或者部分债券持有人的委托，以自己名义代表债券持有人提起、参加民事诉讼或者清算程序。

上市公司应该为债券持有人聘请债券受托管理人，并订立债券受托管理协议；债券受托管理人由本次发行的承销机构或其他经中国证监会认可的机构担任。为本次发行提供担保的机构不得担任本次债券发行的受托管理人。

债券受托管理人应当勤勉尽责，公正履行受托管理职责，不得损害债券持有人利益。

（三）债券持有人会议

公开发行公司债券的，应当设立债券持有人会议，并应当在募集说明书中说明债券持有人会议的召集程序、会议规则和其他重要事项。发行公司债券，应当在债券募集说明书中约定债券持有人会议规则。存在下列情形的，债券受托管理人应当召集债券持有人会议：

① 拟变更债券募集说明书的约定；

② 拟修改债券持有人会议规则；

③ 拟变更债券受托管理人或者受托管理协议的主要内容；

④ 发行人不能按期支付本息；

⑤ 发行人减资、合并、分立、解散或者申请破产；

⑥ 保证人、担保物或者其他偿债保障措施发生重大变化；

⑦ 发行人、单独或者合计持有本期债券总额 10％以上的债券持有人书面提议召开；

⑧ 发行人管理层不能正常履行职责，导致发行人债务清偿能力面临严重不确定性，需

要依法采取行动的；

⑨ 发行人提出债务重组方案的；

⑩ 发生其他对债券持有人权益有重大影响的事项。

（四）公司债券的担保

发行人可采取内外部增信机制、偿债保障措施，提高偿债能力，控制公司债券风险。内外部增信机制、偿债保障措施包括但不限于下列方式：

① 第三方担保；

② 商业保险；

③ 资产抵押、质押担保；

④ 限制发行人债务及对外担保规模；

⑤ 限制发行人对外投资规模；

⑥ 限制发行人向第三方出售或者抵押主要资产；

⑦ 设置债券回售条款。

四、可转换公司债券的发行

（一）主板上市公司公开发行可转换债券

上市公司发行可转换债券，除了应当符合发行新股的一般条件之外，还应当符合以下条件：① 最近 3 个会计年度加权平均净资产收益率平均不低于 6%，其中，扣除非经常性损益后的净利润与扣除前的净利润相比，以低者作为加权平均净资产收益率的计算依据；② 本次发行后累计公司债券余额不超过最近 1 期末净资产的 40%；③ 最近 3 个会计年度实现的年均可分配利润不少于公司债券 1 年的利息。

可转换公司债券的期限最短为 1 年，最长为 6 年，每张面值 100 元。

公开发行可转换公司债券应当委托具有资格的资信评级机构进行信用评级和跟踪评级。资信评级机构每年至少公告 1 次跟踪评级报告。公开发行的可转换公司债券应当约定保护债券持有人权利的办法，以及债券持有人会议的权利、程序和决议生效条件。可转换公司债券自发行结束之日起 6 个月后方可转换为公司股票。

公开发行可转换公司债券的程序与公开发行新股的程序相同，不同的是股东大会作出发行可转换公司债券的决议事项不同。公开发行可转换公司债券的信息披露的内容与公开发行新股的信息披露的内容基本相同，所不同的是募集说明书的相关内容。

（二）科创板和创业板上市公司发行可转换债券的特殊规定

科创板和创业板上市公司发行可转换债券，应当符合下列规定：① 具备健全且运行良好的组织机构；② 最近 3 年平均可分配利润足以支付公司债券 1 年的利息；③ 具有合理的资产负债结构和正常的现金流量。除了前述规定条件外，上市公司向不特定对象或特定对象发行可转换债券，还应当遵守上市公司向不特定对象或特定对象发行股票应符合的条件和情形。但是，按照公司债券募集办法，上市公司通过收购本公司股份的方式进行公司债券转换的除外。

与公开发行普通公司债券一样，如果上市公司司存在以下任一情形的，不得发行可转换债券：对已公开发行的公司债券或者其他债务有违约或者延迟支付本息的事实、仍处于继续状态，或违反《证券法》规定，改变公开发行公司债券所募资金用途。

（三）可转换公司债券转为股票

上市公司向不特定对象发行可转债的转股价格应当不低于募集说明书公告日前20个交易日发行人股票交易均价和前1个交易日均价，且不得向上修正。上市公司向特定对象发行可转债的转股价格应当不低于认购邀请书发出前20个交易日发行人股票交易均价和前1个交易日均价，且不得向下修正。

五、公司债券的交易

（一）公司债券的交易场所

公开发行的公司债券应当在证券交易所上市交易或者全国股转系统转让，但发行环节和交易环节的投资者适当性要求应当保持一致。非公开发行的公司债券可以申请在证券交易所、全国股转系统、机构间私募产品报价与服务系统、证券公司柜台转让，转让仅限于合格投资者范围内，转让后，持有同次发行债券的合格投资者合计不得超过200人。

发行人的董事、监事、高级管理人员及持股比例超过5%的股东，可以参与本公司非公开发行公司债券的认购与转让，不受前文所述非公开发行公司债券合格投资者资质条件的限制。

（二）公司债券上市交易

(1) 公司债券上市交易的条件。申请证券上市交易，应当向证券交易所提出申请，由证券交易所依法审核同意，并由双方签订上市协议，证券上市等公司债券的上市条件由证券交易所予以规定。

(2) 公司债券的终止上市。上市交易的证券不再符合上市条件的，或者有上市规则规定的其他情形的，由证券交易所按照业务规则终止其上市交易。证券交易所决定终止证券上市交易的，应当及时公告，并报国务院证券监督管理机构备案。

（三）可转换公司债券的交易

向不特定对象发行的可转换债券应当在依法设立的证券交易所上市交易或者在国务院批准的其他全国性证券交易场所交易。发行人向特定对象发行的可转债不得采用公开的集中交易方式转让，上市公司向特定对象发行的可转债转股的，所转换股票自可转债发行结束之日起18个月内不得转让。

第四节 股票交易

一、证券交易概述

（一）证券交易的概念

证券交易，主要指证券买卖，即证券持有人依照证券交易规则，将已依法发行的证券转让给其他证券投资者的行为。证券交易具有流动性、收益性和风险性等特征。证券交易的方式可以分为集中交易和非集中交易两种，分别适用于证券交易所和场外交易市场。

（二）证券交易的一般规定

(1) 证券交易的标的与主体必须合法。首先，交易的证券，必须是依法发行并交付的证券。非依法发行的证券，不得买卖。证券交易当事人买卖的证券，可以采用纸面形式，也可以采用国务院证券监督管理机构规定的其他形式。其次，依法发行的证券，法律对其转让期限有限制性规定的，在限定的期限内不得买卖。涉及该限制性规定的有：

① 发起人持有本公司的股份,自公司成立之日起 1 年内不得转让。公司公开发行股份前已发行的股份,自公司股票在证券交易所上市交易之日起 1 年内不得转让。

② 公司董事、监事、高级管理人员在任职期间每年转让的股份不得超过其所持有本公司股份总数的 25%,所持本公司股份自公司股票上市交易之日起 1 年内不得转让。上述人员离职后半年内,不得转让其所持有的本公司股份。

③ 证券交易场所、证券公司和证券登记结算机构的从业人员,证券监督管理机构的工作人员以及法律、行政法规规定禁止参与股票交易的其他人员,在任期或者法定限期内,不得直接或者以化名、借他人名义持有、买卖股票或者其他具有股权性质的证券,也不得收受他人赠送的股票或者其他具有股权性质的证券。任何人在成为上述所列人员时,其原已持有的股票或者其他具有股权性质的证券,必须依法转让。但是实施股权激励计划或者员工持股计划的证券公司的从业人员,可以按照国务院证券监督管理机构的规定持有、卖出本公司股票或者其他具有股权性质的证券。

④ 为证券发行出具审计报告或者法律意见书等文件的证券服务机构和人员,在该证券承销期内和期满后 6 个月内,不得买卖该证券。为发行人及其控股股东、实际控制人,或者收购人、重大资产交易方出具审计报告或者法律意见书等文件的证券服务机构和人员,自接受委托之日起至上述文件公开后 5 日内,不得买卖该证券。实际开展上述有关工作之日早于接受委托之日的,自实际开展上述有关工作之日起至上述文件公开后 5 日内,不得买卖该证券。

⑤ 上市公司、股票在国务院批准的其他全国性证券交易场所交易的公司持有 5%以上股份的股东、董事、监事、高级管理人员,将其持有的该公司的股票或者其他具有股权性质的证券在买入后 6 个月内卖出,或者在卖出后 6 个月内又买入,由此所得收益归该公司所有,公司董事会应当收回其所得收益。但是,证券公司因购入包销售后剩余股票而持有 5%以上股份,以及有国务院证券监督管理机构规定的其他情形的除外。上述董事、监事、高级管理人员、自然人股东持有的股票或者其他具有股权性质的证券,包括其配偶、父母、子女持有的及利用他人账户持有的股票或者其他具有股权性质的证券。公司董事会不按照上述规定执行的,股东有权要求董事会在 30 日内执行。公司董事会未在上述期限内执行的,股东有权为了公司的利益以自己的名义直接向人民法院提起诉讼。公司董事会不按照规定执行的,负有责任的董事依法承担连带责任。

⑥ 上市公司持有 5%以上股份的股东、实际控制人、董事、监事、高级管理人员以及其他持有发行人首次公开发行前发行的股份或者上市公司向特定对象发行的股份的股东,转让其持有的本公司股份的,不得违反法律、行政法规和国务院证券监督管理机构关于持有期限、卖出时间、卖出数量、卖出方式、信息披露等规定,并应当遵守证券交易所的业务规则。上市公司董事、监事和高级管理人员在下列期间不得买卖本公司股票:上市公司定期报告公告前 30 日内;上市公司业绩预告、业绩快报公告前 10 日内;自可能对本公司股票交易价格产生重大影响的重大事项发生之日或在决策过程中,至依法披露后 2 个交易日内;证券交易所规定的其他期间。

⑦ 通过证券交易所的证券交易,投资者持有或者通过协议、其他安排与他人共同持有一个上市公司已发行的有表决权股份达到 5%时,应当在该事实发生之日起 3 日内,向国务院证券监督管理机构、证券交易所作出书面报告,通知该上市公司,并予公告,在上述期限内

不得再行买卖该上市公司的股票，但国务院证券监督管理机构规定的情形除外。投资者持有或者通过协议、其他安排与他人共同持有一个上市公司已发行的有表决权股份达到5%后，其所持该上市公司已发行的有表决权股份比例每增加或者减少5%，应当依照前述规定进行报告和公告，在该事实发生之日起至公告后3日内，不得再行买卖该上市公司的股票，但国务院证券监督管理机构规定的情形除外。

(2) 在合法的证券交易场所交易。公开发行的证券，应当在依法设立的证券交易所上市交易或者在国务院批准的其他全国性证券交易场所交易。非公开发行的证券可以在证券交易所、国务院批准的其他全国性证券交易场所、按照国务院规定设立的区域性股权市场转让。

(3) 以合法方式交易。证券在证券交易所上市交易，应当采用公开的集中交易方式或者国务院证券监督管理机构批准的其他方式。

(4) 规范交易服务。首先，证券交易场所、证券公司、证券登记结算机构、证券服务机构及其工作人员应当依法为投资者的信息保密，不得非法买卖、提供或者公开投资者的信息。证券交易场所、证券公司、证券登记结算机构、证券服务机构及其工作人员不得泄露所知悉的商业秘密。其次，证券交易的收费必须合理，并公开收费项目、收费标准和管理办法。

(5) 规范程序化交易。通过计算机程序自动生成或者下达交易指令进行程序化交易的，应当符合国务院证券监督管理机构的规定，并向证券交易所报告，不得影响证券交易所系统安全或者正常交易秩序。

二、股票上市与退市

证券上市是公开发行的证券依法在证券交易所或其他依法设立的交易市场公开挂牌交易的过程。证券上市是连接证券发行市场和证券交易市场的桥梁。公开发行的股票，通常选择在证券交易所上市交易。申请证券上市交易，应当向证券交易所提出申请，由证券交易所依法审核同意，并由双方签订上市协议。政府债券上市由国务院授权的部门决定，证券交易所根据国务院授权部门的决定安排政府债券的上市交易。

(一) 股票上市条件

公开发行的股票，首当其冲通常选择在证券交易所上市交易。

申请证券上市交易，应当向证券交易所提出申请，由证券交易所依法审核同意，并由双方签订上市协议。申请股票上市交易，应当符合证券交易所上市规则规定的上市条件。证券交易所上市规则规定的上市条件，应当对发行人的经营年限、财务状况、最低公开发行比例和公司治理、诚信记录等提出要求。

我国上海、深圳证券交易所分别对主板、科创板和创业板的股票上市进行了不同的规定。发行人首次公开发行股票后申请其股票在主板上市，应当符合下列条件：① 股票经中国证监会核准已公开发行；② 具备健全且运行良好的组织机构；③ 具有持续经营能力；④ 公司股本总额不少于人民币5 000万元；⑤ 公开发行的股份达到公司股份总数的25%以上；公司股本总额超过人民币4亿元的，公开发行股份的比例为10%以上；⑥ 公司及其控股股东、实际控制人最近3年不存在贪污、贿赂、侵占财产、挪用财产或者破坏社会主义市场经济秩序的刑事犯罪；⑦ 最近3个会计年度财务会计报告均被出具无保留意见审计报告；⑧ 本所要求的其他条件。《科创板股票上市规则》和《创业板股票上市规则》则规定了与主板不同的上市条件，尤其是在市值及财务指标方面，既有明确的数量门槛标准，又更为多样化和包容化。

（二）股票终止上市

上市公司退市，是指公司股票在证券交易所终止上市交易。上市交易的证券，有证券交易所规定的终止上市情形的，由证券交易所按照业务规则终止其上市交易。证券交易所决定终止证券上市交易的，应当及时公告，并报国务院证券监督管理机构备案。

上市公司退市制度是资本市场重要的基础性制度。上市公司可以主动向证券交易所申请其股票终止交易。证券交易所可以依法强制上市公司股票退出市场交易。目前，我国的退市制度主要包括主动退市和强制退市。

1. 主动退市制度

如果上市公司通过对上市地位维持成本收益的理性分析，或者为充分利用不同证券交易场所的比较优势，或者为便捷、高效地对公司治理结构、股权结构、资产结构、人员结构等实施调整，或者为进一步实现公司股票的长期价值，可以依据《证券法》和证券交易所规则实现主动退市。

（1）主动退市的情形。主动退市可以采取 3 种模式：一是上市公司向证券交易所主动提出申请；二是由上市公司、上市公司股东或者其他收购人通过向所有股东发出收购全部股份或者部分股份的要约，导致公司股本总额、股权分布等发生变化不再具备上市条件；三是上市公司因新设或者吸收合并，不再具有独立主体资格并被注销，或者上市公司股东大会决议解散。

① 上市公司主动申请退市或者转市。上市公司拟决定其股票不再在交易所交易，或者转而申请在其他交易场所交易或者转让的，应当召开股东大会作出决议，须经出席会议的股东所持表决权的 2/3 以上通过，且经出席会议的除以下股东以外的其他股东所持表决权的 2/3 以上通过：上市公司的董事、监事、高级管理人员；单独或者合计持有上市公司 5%以上股份的股东。在召开股东大会前，上市公司应当充分披露主动终止上市方案退市原因及退市后的发展战略，包括并购重组安排、经营发展计划、重新上市安排、异议股东保护的专项说明等。独立董事应当针对上述事项是否有利于公司长远发展和全体股东利益充分征询中小股东意见，在此基础上发表独立意见，独立董事意见应当与股东大会通知一并公布。上市公司应当聘请财务顾问为主动退市提供专业服务、发表专业意见并予以披露。申请其股票退出市场交易，或者转而申请在其他交易场所交易或者转让的上市公司应当在股东大会作出终止上市决议后的 15 个交易日内，向证券交易所提交退市申请。退市申请至少应当包括股东大会决议、退市申请书、退市后去向安排的说明、异议股东保护的专项说明及证券交易所规定的其他材料。证券交易所应当自上市公司提交退市申请之日起 5 个交易日内，作出是否受理的决定并通知公司。交易所上市委员会应当重点从保护投资者特别是中小投资者权益的角度，在审查决策程序合规性的基础上，作出同意或者不同意其股票终止上市交易的决定。

② 通过要约收购实施的退市和通过合并、解散实施的退市。全面要约收购上市公司股份、实施以上市公司为对象的公司合并、上市公司全面回购股份以及上市公司自愿解散，应当按照上市公司收购、重组、回购等监管制度及公司法律制度严格履行实施程序。公司因回购、收购、公司合并以及自愿解散等情形引发主动终止上市的，应当按照相关规定，及时向交易所提交主动终止上市申请。公司应当在提出申请后，及时发布相关公告。因全面要约收

购上市公司股份、实施以上市公司为对象的公司合并、上市公司全面回购股份以及上市公司自愿解散，导致公司股票退出市场交易的，证券交易所应当在上市公司公告回购或者收购结果、完成合并交易、作出解散决议之日起 15 个交易日内，作出终止其股票上市的决定。

（2）主动退市的特殊性。相比强制退市，主动退市的特殊之处在于：① 主动退市公司的股票不进入退市整理期交易。交易所在公告公司股票终止上市决定之日后通常就可对主动退市公司予以摘牌，公司股票终止上市。② 主动退市公司并不一定要进入全国股转系统交易，而是可以选择在证券交易场所交易或转让其股票，或者依法作出其他安排。

2. 强制退市制度

（1）强制退市情形。强制退市分为重大违法类强制退市、交易类强制退市、财务类强制退市、规范类强制退市等情形。

① 重大违法行为强制退市。证券交易所对重大违法公司应当实施强制退市制度。上市公司构成欺诈发行、重大信息披露违法或者其他涉及国家安全、公共安全、生态安全、生产安全和公众健康安全等领域的重大违法行为的，证券交易所应当严格依法作出终止公司股票上市交易的决定。证券交易所应当制定上市公司因重大违法行为终止上市实施规则。重大违法强制退市包括下列情形：

第一，上市公司存在欺诈发行、重大信息披露违法或者其他严重损害证券市场秩序的重大违法行为，且严重影响上市地位，其股票应当被终止上市的情形。

第二，上市公司存在涉及国家安全、公共安全、生态安全、生产安全和公众健康安全等领域的违法行为，情节恶劣，严重损害国家利益、社会公共利益，或者严重影响上市地位，其股票应当被终止上市的情形。

② 因不能满足交易所规定的交易指标、财务指标或规范运作等要求发生的强制退市。当上市公司的各项交易指标或财务指标，或信息披露、规范运作等方面不能满足证券交易所的要求时，证券交易所出于维护公开交易股票的总体质量与市场信心的目的，也会依据规则要求交投不活跃、股权分布不合理、市值过低而不再适合公开交易或信息披露违规的股票终止交易。这种类型的退市即包括交易类强制退市、财务类强制退市、规范类强制退市。

（2）强制退市程序。

① 退市风险警示。退市风险警示即属于风险警示措施的一种。退市风险警示的法律目的主要在于：先期警示市场上的投资者某些公司财务情形恶化或出现了违法信息披露的情形，可能导致终止上市；督促上市公司消除财务恶化或其他违法情形。上市公司股票被实施退市风险警示的，在公司股票简称前冠以“*ST”字样。

上市公司可能触及重大违法类强制退市情形的，应当于知悉相关行政机关行政处罚事先告知书或者人民法院作出司法裁判当日，及时披露有关内容，并就其股票可能被实施重大违法类强制退市进行特别风险提示。公司股票及其衍生品种于公告披露日停牌 1 天，公告披露日为非交易日的，自披露日后的第一个交易日停牌 1 天。自复牌之日起，交易所对公司股票实施退市风险警示。

如果上市公司最近一个会计年度经审计的财务会计报告相关财务指标触及交易所规定的财务类强制退市情形的，交易所对其股票实施退市风险警示。

如果上市公司发生如下情形且未在法定期限或证监会规定期限或交易所要求的期限内改正或解决：在财务会计报告存在重大会计差错或者虚假记载，未在法定期限内披露半年度报告或者经审计的年度报告,因半数以上董事无法保证公司所披露半年度报告或年度报告的真实性、准确性和完整性,信息披露或者规范运作等方面存在重大缺陷,公司股本总额或股权分布发生变化;又或者上市公司可能被依法强制解散,法院依法受理公司重整、和解和破产清算申请,交易所对该上市公司股票实施退市风险警示。

② 交易所决定终止上市。被实施退市风险警示并不意味着当然退市,只有当*ST公司情况继续恶化或限期内仍未改正或消除,触及了《股票上市规则》规定的终止上市情形,交易所才对该公司股票启动终止上市程序。上市委员会对股票终止上市进行审议,作出独立的专业判断并形成审核意见。交易所根据上市委员会的意见,作出是否终止股票上市的决定。

③ 退市整理期。当证券交易所对股票作出终止上市决定之时,公司股票并非立即退出交易,通常退市公司在退市之前还有一个缓冲阶段——退市整理期。退市整理期的法律意义在于:给予退市公司一段时期的股票交易,既充分揭示风险,又为投资者在公司股票终止上市前提供必要的交易机会和退出渠道。进入退市整理期交易的股票在其简称前冠以"退市"标识。

退市整理期除了通常不适用于主动退市公司之外,上海证券交易所《股票上市规则》还规定,交易类强制退市公司股票也不进入退市整理期交易。

3. 退市后的去向和交易安排

强制退市公司应进入全国股转系统交易;而主动退市公司可以选择在证券交易场所交易或转让其股票,或者依法作出其他安排,即可依自身意愿或情形选择其他证券交易所"转换上市",也可选择进入全国股份转让系统进行交易,或是在股东意思自治的前提下作其他安排。

三、股票场内交易和结算

(一) 场内交易的一般规则

投资者委托证券公司进行证券交易,应当通过证券公司申请在证券登记结算机构开立证券账户。证券登记结算机构应当按照规定为投资者开立证券账户。投资者申请开立账户,应当持有证明中华人民共和国公民、法人、合伙企业身份的合法证件。国家另有规定的除外。

进入实行会员制的证券交易所参与集中交易的,必须是证券交易所的会员。证券交易所不得允许非会员直接参与股票的集中交易。投资者如欲参与证券市场交易,应当与证券公司签订证券交易委托协议,并在证券公司实名开立账户,以书面、电话、自助终端、网络等方式,委托该证券公司代其买卖证券。证券公司为投资者开立账户,应当按照规定对投资者提供的身份信息进行核对。证券公司不得将投资者的账户提供给他人使用。投资者应当使用实名开立的账户进行交易。

证券公司应当妥善保存客户开户资料、委托记录、交易记录和与内部管理、业务经营有关的各项资料,任何人不得隐匿、伪造、篡改或者毁损。上述资料的保存期限不得少于20年。

(二) 场内交易的方式

证券在证券交易所上市交易,应当采用公开的集中交易方式或者国务院证券监督管理机构批准的其他方式。证券交易可以区分为集中交易与非集中交易,二者的区别主要是价格形成机制不同。集中交易主要表现为集中竞价或集中报价撮合;非集中交易主要表现为协议转让,价格形成于非集中的、一对一的磋商。

1. 集中竞价的交易方式

目前我国 A 股市场上最主要的交易方式是集中竞价。证券集中竞价交易一般采用电脑集合竞价和连续竞价两种交易方式。集合竞价是指对一段时间内接受的买卖申报一次性集中撮合的竞价方式;连续竞价是指对买卖申报连续撮合的竞价方式。

证券交易按价格优先、时间优先的原则竞价撮合成交。成交时价格优先的原则为:较高价格买进申报优先于较低价格买进申报,较低价格卖出申报优先于较高价格卖出申报。成交时时间优先的原则为:买卖方向、价格相同的,先申报者优先于后申报者。先后顺序按交易主机接受申报的时间确定。

在我国证券交易市场中,集合竞价被用来产生每个交易日的开盘价格。上海证券市场开盘集合竞价过程为:从 9 点 15 分开始接收集合竞价订单,到 9 点 25 分结束,随即给出集合竞价的成交价格,也就是当天的开盘价。9 点 25 分到 9 点 30 分期间不接收任何订单。9 点 30 分开始重新接收订单,并开始连续竞价交易阶段。连续交易阶段上午从 9 点 30 分至 11 点 30 分,下午从 13 点至 15 点。每周一至周五为交易日。

2. 大宗交易

大宗交易,一般是指交易规模(包括交易的数量和金额)非常大,超过市场的平均交易规模,因而采用与通常交易方式不同的交易模式。为了改善对机构投资者的服务,提高对机构投资者的吸引力,解决大宗交易遇到的流动性问题,提高大宗交易的撮合效率,降低大宗交易的成本,减小大宗交易对市场稳定性的冲击,证券交易市场一般都建立了专门的大宗交易制度:以正常规模交易的交易制度为基础,对大宗交易的撮合方式、价格确定和信息披露等方面采取特殊处理。

我国上海和深圳两个证券交易所从 2002 年开始建立大宗交易制度。目前,深圳证券交易所的大宗交易分为协议大宗交易和盘后定价大宗交易两种方式。协议大宗交易,是指大宗交易双方互为指定交易对手方,协商确定交易价格及数量的交易方式;盘后定价大宗交易,是指证券交易收盘后按照时间优先的原则,以证券当日收盘价或证券当日成交量加权平均价格对大宗交易买卖申报逐笔连续撮合的交易方式。可见,协议大宗交易本质上属于协商交易,盘后定价大宗交易属于集中交易。

(三) 证券结算

证券结算包括清算和交收。清算,是指按照确定的规则计算证券和资金的应收应付数额的行为。清算结果确定了交易双方的履约责任。交收,是指根据确定的清算结果,通过转移证券和资金履行相关债权债务的行为,即卖方将其卖出的证券交付给买方,买方将其应付资金交付给卖方。清算交收属于一笔证券交易不可分割的部分,只有清算交收完成之后,一笔证券交易才算真正完成。

我国证券交易所实行资金的二级清算。证券登记结算机构承担清算交收责任的是证券公司。但是,由于证券登记结算公司直接为所有交易的投资者办理股票的过户手续,因此实际上目前只实现了资金的二级清算。证券登记结算机构按照业务规则收取的各类结算资金和证券,必须存放于专门的清算交收账户,只能按业务规则用于已成交的证券交易的清算交收,不得被强制执行。

（四）股票存管和过户

在证券交易所或者国务院批准的其他全国性证券交易场所交易的证券，应当全部存管在证券登记结算机构。证券登记结算采取全国集中统一的运营方式。目前，在中国主要为中国证券登记结算公司，下属上海和深圳两个分公司。上市股票，统一由证券登记结算公司办理过户事项。实践中均由中国证券登记结算公司的计算机自动、统一完成过户事项，委托人无须另办理过户手续。证券登记结算机构应当妥善保存登记、存管和结算的原始凭证及有关文件和资料，其保存期限不得少于20年。

（五）停牌、复牌、停市

停牌是指由于发生法律规定的事件，上市公司的股票暂停交易。复牌是指停牌的上市公司股票恢复交易。上市公司可以向证券交易所申请其上市交易股票的停牌或者复牌，但不得滥用停牌或者复牌损害投资者的合法权益。证券交易所可以按照业务规则的规定，决定上市交易股票的停牌或者复牌。此外，因不可抗力、意外事件、重大技术故障、重大人为差错等突发性事件而影响证券交易正常进行时，为维护证券交易正常秩序和市场公平，证券交易所可以按照业务规则采取技术性停牌、临时停市等处置措施，并应当及时向国务院证券监督管理机构报告并公告。因前款规定的突发性事件导致证券交易结果出现重大异常，按交易结果进行交收将对证券交易正常秩序和市场公平造成重大影响的，证券交易所按照业务规则可以采取取消交易、通知证券登记结算机构暂缓交收等措施，并应当及时向国务院证券监督管理机构报告并公告。证券交易所对其依照本条规定采取措施造成的损失，不承担民事赔偿责任，但存在重大过错的除外。

四、挂牌、转板和退板

（一）挂牌和退板

除了证券交易所，公开发行的证券还可在其他合法证券交易场所进行交易，例如，在全国股转系统挂牌交易。

股份有限公司申请股票在全国股转系统挂牌，应当符合下列条件：① 依法设立且存续满两年。有限责任公司按原账面净资产值折股整体变更为股份有限公司的，存续时间可以从有限责任公司成立之日起计算；② 业务明确，具有持续经营能力；③ 公司治理机制健全，合法规范经营；④ 股权明晰，股票发行和转让行为合法合规；⑤ 主办券商推荐并持续督导；⑥ 全国股转公司要求的其他条件。

对于股东人数未满200人的股份有限公司的挂牌申请，由全国股转系统接收申请材料并出具审查意见。全国股转系统审核同意后，即可签订挂牌协议，公司挂牌交易。股东人数超过200人的股份有限公司属于“公众公司”的范畴，其挂牌公开转让申请材料应向中国证监会提交，由证监会核准，并提交全国股转系统的自律监管意见。

退板，即在全国股转系统终止挂牌交易。全国股转系统的退板包括强制退板和申请退板两类情形。全国股转公司在作出股票终止挂牌决定后发布公告，报证监会备案；挂牌公司应当在收到股票终止挂牌决定后及时披露股票终止挂牌公告。

（二）转板

广义的转板，既包括升板、降板，还包括不同证券交易所之间的转换上市。狭义的转板，通常指升板，可能表现为同一交易场所高、低市场板块之间的升板，也可能表现为从门槛较低的一交易场所转至门槛较高的另一交易场所。

在全国股转系统挂牌的公司，达到股票上市条件的，可以直接向证券交易所申请上市交易。中国证监会于2020年6月3日公布了《关于全国中小企业股份转让系统挂牌公司转板上市的指导意见》(以下简称《转板指导意见》)，初步建立了我国的转板制度。根据《转板指导意见》，在新三板精选层连续挂牌1年以上精选层挂牌公司，可以申请转板至科创板或创业板上市。挂牌公司转板上市的，应当符合转入板块的上市条件。转板上市条件应当与首次公开发行并上市的条件保持基本一致，交易所可以根据监管需要提出差异化要求。转板上市属于股票交易场所的变更，不涉及股票公开发行，依法无须经中国证监会核准或注册，由上交所、深交所依据上市规则进行审核并作出决定。转板上市程序主要包括：① 企业履行内部决策程序后提出转板上市申请；② 交易所审核并作出是否同意上市的决定；③ 企业在新三板终止挂牌并在上交所或深交所上市交易。

五、禁止的证券交易行为

为了保证证券市场信息的真实性以及投资者获得信息的机会平等，《证券法》特别规定了几类证券欺诈行为的法律责任，这些禁止的证券交易行为主要包括：虚假陈述、内幕交易和操纵市场等。

（一）内幕交易行为

1. 内幕交易的概念

内幕交易行为是指证券交易内幕信息的知情人员利用内幕信息进行证券交易的行为。内幕交易的主体是内幕信息知情人员，行为特征是利用自己掌握的内幕信息买卖证券，或者建议他人买卖证券。内幕信息知情人员自己未买卖证券，也未建议他人买卖证券，但将内幕信息泄露给他人，接受内幕信息的人依此买卖证券的，也属于内幕交易行为。

内幕交易行为是一种违法行为，它不仅侵犯了广大投资者的利益，违反了证券发行与交易"公开、公平、公正"原则，而且还会扰乱证券市场。因此，《证券法》规定，禁止证券交易内幕信息的知情人和非法获取内幕信息的人利用内幕信息从事证券交易活动。

2. 内幕信息

在证券交易活动中，涉及发行人的经营、财务或者对该发行人证券的市场价格有重大影响的尚未公开的信息，为内幕信息。于股票而言，股票发行公司应报送临时报告涉及的重大事件属于内幕信息；于公司债券而言，应报送临时报告涉及的重大事件属于内幕信息。

内幕交易行为的认定首先需要确认存在内幕信息。内幕信息的范围已经由上文规定，内幕信息另外一个重要的因素是"尚未公开"。内幕交易只能发生在内幕信息产生至公开之间的这段时间内，这段时间被称为"内幕信息的敏感期"。"重大事件"的发生时间，"重大事件"中涉及的"计划""方案"等的形成时间，应当认定为内幕信息的形成之时。影响内幕信息形成的动议、筹划、决策或者执行人员，其动议、筹划、决策或者执行初始时间，应当认定为内幕信息的形成之时。内幕信息的公开，是指内幕信息在国务院证券、期货监督管理机构指定的报刊、网站等媒体披露。

3. 内幕信息知情人员

在内幕信息敏感期内，内幕信息的知情人员和非法获取内幕信息的人，不得买卖该公司的证券，或者泄露，或者建议他人买卖该证券，否则就构成了内幕交易。证券交易内幕信息的知情人包括：① 发行人及其董事、监事、高级管理人员；② 持有公司5%以上股份的股东及其董事、监事、高级管理人员，公司的实际控制人及其董事、监事、高级管理人员；③ 发行人控股或者实际控制的公司及其董事、监事、高级管理人员;④ 由于所任公司职务或者因与公司业务往来可以获取公司有关内幕信息的人员;⑤ 上市公司收购人或者重大资产交易方及其控股股东、实际控制人、董事、监事和高级管理人员;⑥ 因职务、工作可以获取内幕信息的证券交易场所、证券公司、证券登记结算机构、证券服务机构的有关人员;⑦ 因职责、工作可以获取内幕信息的证券监督管理机构工作人员;⑧ 因法定职责对证券的发行、交易或者对上市公司及其收购、重大资产交易进行管理可以获取内幕信息的有关主管部门、监管机构的工作人员;⑨ 国务院证券监督管理机构规定的可以获取内幕信息的其他人员。

非法获取证券内幕信息的人员包括:① 利用窃取、骗取、套取、窃听、利诱、刺探或者私下交易等手段获取内幕信息的;② 内幕信息知情人员的近亲属或者其他与内幕信息知情人员关系密切的人员,在内幕信息敏感期内,从事或者明示、暗示他人从事,或者泄露内幕信息导致他人从事与该内幕信息有关的证券、期货交易,相关交易行为明显异常,且无正当理由或者正当信息来源的;③ 在内幕信息敏感期内,与内幕信息知情人员联络、接触,从事或者明示、暗示他人从事,或者泄露内幕信息导致他人从事与该内幕信息有关的证券、期货交易,相关交易行为明显异常,且无正当理由或者正当信息来源的。

4. 责任推定

当事人属于上述内幕信息知情人员或者非法获取内幕信息的人员,又在内幕信息敏感期买卖证券的,大体可以推定其从事了内幕交易行为。当然,当事人可以通过举证推翻上述推定。因此,只要监管机构提供的证据能够证明以下情形之一,就可以确认内幕交易行为成立:① 内幕信息知情人进行了与该内幕信息有关的证券交易活动;② 内幕信息知情人的配偶、父母、子女以及其他有密切关系的人,其证券交易活动与该内幕信息基本吻合;③ 因履行工作职责知悉上述内幕信息并进行了与该信息有关的证券交易活动;④ 非法获取内幕信息,并进行了与该内幕信息有关的证券交易活动;⑤ 内幕信息公开前与内幕信息知情人或知晓该内幕信息的人联络、接触,其证券交易活动与内幕信息高度吻合。

当事人如果想否认内幕交易行为的存在,就必须负有举证责任:对其在内幕信息敏感期内从事的相关证券买卖行为作出合理说明或者提供证据排除其存在利用内幕信息从事相关证券交易活动的可能。

5. 短线交易

上市公司、股票在国务院批准的其他全国性证券交易场所交易的公司的董事、监事、高级管理人员、持有或者通过协议、其他安排与他人共同持有该公司股份5%以上的股东,将其持有的该公司的股票或者其他具有股权性质的证券在买入后6个月内卖出,或者在卖出后6个月内又买入,由此所得收益归该公司所有,公司董事会应当收回其所得收益。但是,证券公司因包销购入售后剩余股票而持有5%以上股份,以及有国务院证券监督管理机构规定的其他情形除外。这里所称董事、监事、高级管理人员、自然人股东持有的股票或者其他具有股权性质的证券,包括其配偶、父母、子女持有的及利用他人账户持有的股票或者其他具有股权性质的证券。公司董事会不按照这一规定执行的,股东有权要求董事会在30日内执行。公司董事会未在上述期限内执行的,股东有权为了公司的利益以自己的名义直接向人民法院提起诉讼。公司董事会不按照这一规定执行的,负有责任的董事依法承担连带责任。该规定的主要目的是限制公司的董事、监事、高级管理人员和大股东从事内幕交易,不论其是否知悉内幕信息,也不论其是否利用了内幕信息,一概将其在6个月内交易的收益收归公司所有。这被称为“短线交易归入权”,运用简洁的方法没收上述人员的短线交易利润,主要是因为发现内幕交易的成本太高。

“买入后6个月内卖出”是指最后一笔买入时点起算6个月内卖出的;“卖出后6个月内又买入”是指最后一笔卖出时点起算6个月内又买入的。例如,上述人员在2月1日、10日分别买入了本公司5万股和10万股股票,在8月2日全部卖出,则以2月10日最后一次买入的10万股作为起算时点,按照10万股来计算短线交易的利润。卖出也一样适用。

6. 利用未公开信息交易

禁止证券交易场所、证券公司、证券登记结算机构、证券服务机构和其他金融机构的从业人员、有关监管部门或者行业协会的工作人员,利用因职务便利获取的内幕信息以外的其他未公开的信息,违反规定,从事与该信息相关的证券交易活动,或者明示、暗示他人从事相关交易活动,这即是所谓“老鼠仓”行为。“老鼠仓”与内幕交易的区别在于:① 主体范围不同。“老鼠仓”行为主体特定,主要是证券交易场所、证券公司、证券登记结算机构、证券服务机构和其他金融机构的从业人员、有关监管部门或者行业协会的工作人员;而内幕交易主体虽然主要表现为“内部人”,但根据现行规定,只要其处于“内幕信息知情人”的位置,或其相关交易行为明显异常,且无正当理由或者正当信息来源的,都可能被推定为从事了内幕交易。② 所利用的信息不同。“老鼠仓”行为利用的是内幕信息以外的其他未公开的信息;而内幕交易利用的是内幕信息。

(二) 操纵证券市场行为

操纵证券市场行为是指单位或个人以获取利益或减少损失为目的,利用其资金、信息等优势影响证券市场价格,制造证券市场假象,诱导或者致使投资者在不了解事实真相的情况下作出买卖证券的决定,扰乱证券市场秩序的行为。我国《证券法》禁止任何操纵证券市场的行为。

操纵证券市场的行为主要有以下情形:① 单独或者通过合谋,集中资金优势、持股优势或者利用信息优势联合或者连续买卖;② 与他人串通,以事先约定的时间、价格和方式相互进行证券交易;③ 在自己实际控制的账户之间进行证券交易;④ 不以成交为目的,频繁或者大量申报并撤销申报;⑤ 利用虚假或者不确定的重大信息,诱导投资者进行证券交易;⑥ 对证券、发行人公开作出评价、预测或者投资建议,并进行反向证券交易;⑦ 利用在其他相关市场的活动操纵证券市场;⑧ 操纵证券市场的其他手段。操纵证券市场行为给投资者造成损失的,行为人应当依法承担赔偿责任。

(三) 虚假陈述行为

虚假陈述是《证券法》首要打击的欺诈活动。因为《证券法》以强制性信息披露作为监管的主要手段,如果缺乏对虚假陈述的禁止,不能保证信息披露的真实、准确和完整,则强制性信息披露的监管毫无意义。

1. 虚假陈述行为界定

虚假陈述行为是指行为人在提交和公布的信息文件中作出违背事实真相的虚假记载、误导性陈述或者发生重大遗漏的行为。包括:

(1) 发行人、上市公司和其他信息披露义务人在招股说明书、公司债券募集办法、上市公告书、公司定期报告、临时报告及其他文件中作出虚假陈述。

(2) 律师事务所、会计师事务所、资产评估机构等专业性证券服务机构在其出具的法律意见书、审计报告、资产评估报告及参与制作的其他文件中作出虚假陈述。

(3) 上述人等在向证券监管部门提交的各种文件、报告和说明中作出虚假陈述。

(4) 发行人、上市公司和其他信息披露义务人未按照规定披露信息,包括未按照规定的方式进行披露、未及时披露等。

(5) 在证券发行、交易及其相关活动中的其他虚假陈述。

虚假陈述行为的主体是指依法承担信息披露义务的人;虚假陈述包括虚假记载、误导性陈述和重大遗漏以及不正当披露。信息披露是证券法的核心,信息披露制度是证券市场公平、公正与投资者保障的基石,虚假陈述违背信息披露制度的基本要求,为《证券法》所禁止。为防止疏漏,新《证券法》禁止任何单位和个人编造、传播假信息或者误导性信息,扰乱证券市场;禁止证券交易场所、证券公司、证券登记结算机构、证券服务机构及其从业人员,证券业协会、证券监督管理机构及其工作人员,在证券交易活动中作出虚假陈述或者信息误导。各种传播媒介传播证券市场信息必须真实、客观,禁止误导;传播媒介及其从事证券市场信息报道的工作人员不得从事与其工作职责发生利益冲突的证券买卖。编造、传播虚假信息或者误导性信息,扰乱证券市场,给投资者造成损失的,应当依法承担赔偿责任。也就是说,信息披露义务人以外的机构和人员编造、传播假信息或者误导性信息,虚假陈述,误导投资者的行为,虽然不构成虚假陈述,但却同样是证券违法行为,依法也要承担民事赔偿责任。

2. 虚假陈述的法律责任

(1) 行政责任。

信息披露义务人未按照本法规定报送有关报告或者履行信息披露义务的,责令改正,给予警告,并处以50万元以上500万元以下的罚款;对直接负责的主管人员和其他直接责任人员给予警告,并处以20万元以上200万元以下的罚款。发行人的控股股东、实际控制人组织、指使从事上述违法行为,或者隐瞒相关事项导致发生上述情形的,处以50万元以上500万元以下的罚款;对直接负责的主管人员和其他直接责任人员,处以20万元以上200万元以下的罚款。

信息披露义务人报送的报告或者披露的信息有虚假记载、误导性陈述或者重大遗漏的,责令改正,给予警告,并处以100万元以上1 000万元以下的罚款;对直接负责的主管人员和其他直接责任人员给予警告,并处以50万元以上500万元以下的罚款。发行人的控股股东、实际控制人组织、指使从事上述违法行为,或者隐瞒相关事项导致发生上述情形的,处以100万元以上1 000万元以下的罚款;对直接负责的主管人员和其他直接责任人员,处以50万元以上500万元以下的罚款。

对于虚伪陈述中个人责任的认定,区分了两类不同主体:一类是发行人或者上市公司的董事、监事和高级管理人员。这些人依据法律规定,负有保证信息披露真实、准确、完整、及时和公平义务,应当视情形认定其为直接负责的主管人员或者其他直接责任人员承担行政责任,但其能够证明已尽忠实、勤勉义务,没有过错的除外。另一类是董事、监事、高级管理人员之外的其他人员。对于这些人,如果确有证据证明其行为与信息披露违法行为具有直接因果关系,包括实际承担或者履行董事、监事或者高级管理人员的职责,组织、参与、实施公司信息披露违法行为或者直接导致信息披露违法的,应当视情形认定其为直接负责的主管人员或者其他直接责任人员。

(2) 刑事责任。

《中华人民共和国刑法》分别针对发行时虚假陈述行为和上市公司的虚假陈述行为，规定了两种不同的罪名，欺诈发行股票、债券罪和违规披露、不披露重要信息罪。

(3) 民事责任。

虚假陈述行为导致发行人或者上市公司的信息披露虚假，投资者可能据此作出了错误的投资决策，造成了投资损失。追究虚假陈述的民事责任，不仅仅是对受害投资者的补偿，还是对虚假陈述行为人责任追究的一种方式，可以起到威慑违法行为的作用。

作为特殊的侵权责任，虚假陈述民事责任的构成要件包括：① 客观的侵权行为(虚假陈述的行为)；② 主观要件；③ 侵权行为与投资者交易行为之间的交易因果关系(信赖)，即因侵权人的虚假陈述行为，投资者才进行了相关证券的交易；④ 客观的损害后果，即投资者有客观损失；⑤ 损失因果关系或事实因果关系，即侵权行为与损害后果之间的因果关系。

信息披露义务人虚假陈述的民事责任：信息披露义务人未按照规定披露信息，或者公告的证券发行文件、定期报告、临时报告及其他信息披露资料存在虚假记载、误导性陈述或者重大遗漏，致使投资者在证券交易中遭受损失的，信息披露义务人应当承担赔偿责任；发行人的控股股东、实际控制人、董事、监事、高级管理人员和其他直接责任人员以及保荐人、承销的证券公司及其直接责任人员，应当与发行人承担连带赔偿责任，但是能够证明自己没有过错的除外。

证券服务机构虚假陈述的民事责任：证券服务机构为证券的发行、上市、交易等证券业务活动制作、出具审计报告及其他鉴证报告、资产评估报告、财务顾问报告、资信评级报告或者法律意见书等文件，应当勤勉尽责，对所制作、出具的文件内容的真实性、准确性、完整性进行核查和验证。其制作、出具的文件有虚假记载、误导性陈述或者重大遗漏，给他人造成损失的，应当与发行人、上市公司承担连带赔偿责任，但是能够证明自己没有过错的除外。

第五节　上市公司收购

一、上市公司收购概述

(一) 上市公司收购的概念

上市公司收购，是指收购人通过在证券交易所的股份转让活动，持有一个上市公司的已发行的表决权股份达到一定比例或通过证券交易所股份转让活动以外的其他合法方式控制一个上市公司的表决权股份达到一定程度，导致其获得或者可能获得对该公司的实际控制权的行为。

上市公司收购的对象是上市公司；收购的标的是上市公司的股份；收购的主体是收购人，包括投资者及其一致行动人；收购的目的是为了获得或者巩固对上市公司的控制权。不以达到对上市公司实际控制权而受让上市公司股票的行为，不能称为收购。这里所指的实际控制权是指：① 投资者为上市公司持股50%以上的控股股东；② 投资者可以实际支配上市公司股份表决权超过30%；③ 投资者通过实际支配上市公司股份表决权能够决定公司董事会半数以上成员选任；④ 投资者依其可实际支配的上市公司股份表决权足以对公司股东大会的决议产生重大影响；⑤ 国务院证券监督管理机构认定的其他情形。收购人可以通过取得股份的方式成为一个上市公司的控股股东，或通过投资关系、协议和其他安排的途径成为一个上市公司的实际控制人，也可以同时采取上述方式和途径取得上市公司控制权。

（二）上市公司收购人

收购人包括投资者及与其一致行动的他人。一致行动，是指投资者通过协议、其他安排，与其他投资者共同扩大其所能够支配的一个上市公司股份表决权数量的行为或者事实。在上市公司的收购及相关股份权益变动活动中有一致行动情形的投资者，互为一致行动人。如果没有相反证据，投资者有下列情形之一的，为一致行动人：① 投资者之间有股权控制关系；② 投资者受同一主体控制；③ 投资者的董事、监事或者高级管理人员中的主要成员，同时在另一个投资者担任董事、监事或者高级管理人员；④ 投资者参股另一投资者，可以对参股公司的重大决策产生重大影响；⑤ 银行以外的其他法人、其他组织和自然人为投资者取得相关股份提供融资安排；⑥ 投资者之间存在合伙、合作、联营等其他经济利益关系；⑦ 持有投资者 30%以上股份的自然人，与投资者持有同一上市公司股份；⑧ 在投资者任职的董事、监事及高级管理人员，与投资者持有同一上市公司股份；⑨ 持有投资者 30%以上股份的自然人和在投资者任职的董事、监事及高级管理人员，其父母、配偶、子女及其配偶、配偶的父母、兄弟姐妹及其配偶、配偶的兄弟姐妹及其配偶等亲属，与投资者持有同一上市公司股份；⑩ 在上市公司任职的董事、监事、高级管理人员及其前项所述亲属同时持有本公司股份的，或者与其自己或者其前项所述亲属直接或者间接控制的企业同时持有本公司股份；⑪ 上市公司董事、监事、高级管理人员和员工与其所控制或者委托的法人或者其他组织持有本公司股份；⑫ 投资者之间具有其他关联关系。一致行动人应当合并计算其所持有的股份；投资者计算其所持有的股份，应当包括登记在其名下的股份，也包括登记在其一致行动人名下的股份。投资者认为其与他人不应被视为一致行动人的，可以向中国证监会提供相反证据。

上市公司收购人应当具备一定实力，具有良好的信誉。为了防止收购人虚假收购或者恶意收购，利用上市公司的收购损害被收购公司及其股东的合法权益，《上市公司收购管理办法》规定，有下列情形之一的，不得收购上市公司：① 收购人负有数额较大债务，到期未清偿，且处于持续状态；② 收购人最近 3 年有重大违法行为或者涉嫌有重大违法行为；③ 收购人最近 3 年有严重的证券市场失信行为；④ 收购人为自然人的，存在《公司法》规定的依法不得担任公司董事、监事、高级管理人员的情形；⑤ 法律、行政法规规定以及国务院证券监督管理机构认定的不得收购上市公司的其他情形。

（三）上市公司收购中有关当事人的义务

（1）收购人的义务。一是公告义务。实施要约收购的收购人应当编制要约收购报告书，聘请财务顾问，通知被收购公司，同时对要约收购报告书摘要作出提示性公告。要约收购完成后，收购人应当在 15 日内将收购情况报告国务院证券监督管理机构和证券交易所，并予以公告。二是禁售义务。收购人在要约收购期内，不得卖出被收购公司的股票，也不得采取要约规定以外的形式和超出要约的条件买入被收购公司的股票。三是锁定义务。收购人持有的被收购的上市公司的股票，在收购行为完成后的 18 个月内不得转让。但是，收购人在被收购公司中拥有表决权的股份在同一实际控制人控制的不同主体之间进行转让不受前述 18 个月的限制，但应当遵守《上市公司收购管理办法》有关豁免申请的有关规定。同时，收购人还应当履行守约义务，平等对待被收购公司所有股东的义务等。

（2）被收购公司的控股股东、实际控制人的义务。被收购公司的控股股东或者实际控制人不得滥用股东权利，损害被收购公司或者其他股东的合法权益。

(3) 被收购公司的董事、监事和高级管理人员的义务。被收购公司的董事、监事和高级管理人员对公司负有忠实义务和勤勉义务，应当公平对待收购本公司的所有收购人。

(四) 上市公司收购的支付方式

收购人可以采用现金、依法可以转让的证券、现金与证券相结合等合法方式支付收购上市公司的价款。收购人为终止上市公司的上市地位而发出全面要约的，或者按照国务院证券监督管理机构的规定不能免除要约收购而发出全面要约的，应当以现金支付收购价款；以依法可以转让的证券支付收购价款的，应当同时提供现金方式供被收购公司股东选择。

二、上市公司收购的权益披露

权益披露是指投资者及其一致行动人对其拥有上市公司的股份权益及权益变动情况进行的披露。投资者收购上市公司，在持股达到一定限度时，要依法披露其在上市公司中拥有的权益，包括登记在其名下的股份和虽未登记在其名下但该投资者可以实际支配表决权的股份。投资者及其一致行动人在一个上市公司中拥有的权益应当合并计算。权益披露的义务人是投资者及其一致行动人。

(一) 进行权益披露的情形与时间

1. 场内交易受让股份

通过证券交易所的证券交易，投资者及其一致行动人拥有一个上市公司已发行的有表决权股份达到5%时，应当在该事实发生之日起3日内编制权益变动报告书，向国务院证券监督管理机构、证券交易所作出书面报告，通知该上市公司，并予公告，在上述期限内不得再行买卖该上市公司的股票，但国务院证券监督管理机构规定的情形除外。

投资者及其一致行动人拥有一个上市公司已发行的有表决权股份达到5%后，其所持该上市公司已发行的有表决权股份比例每增加或者减少5%，应当依照上述规定进行报告和公告，在该事实发生之日起至公告后3日内，不得再行买卖该上市公司的股票，但国务院证券监督管理机构规定的情形除外。投资者及其一致行动人拥有一个上市公司已发行的有表决权股份达到5%后，其所持该上市公司已发行的有表决权股份比例每增加或者减少1%，应当在该事实发生的次日通知该上市公司，并予公告。

违反上述规定买入上市公司有表决权的股份的，在买入后的36个月内，对该超过规定比例部分的股份不得行使表决权。

依照上述规定所做的持股权益变动公告应当包括下列内容：① 持股人的名称、住所；② 持有的股票的名称、数额；③ 持股达到法定比例或者持股增减变化达到法定比例的日期、增持股份的资金来源；④ 在上市公司中拥有有表决权的股份变动的时间及方式。

2. 协议转让受让股份

通过协议转让方式，投资者及其一致行动人在一个上市公司中拥有表决权的股份拟达到或者超过5%时，应当在该事实发生之日起3日内编制权益变动报告书，向国务院证券监督管理机构、证券交易所提交书面报告，通知该上市公司，并予公告。

投资者及其一致行动人拥有表决权的股份达到5%后，其拥有表决权的股份比例每增加或者减少达到或者超过5%的，应当依照上述规定履行报告、公告义务。投资者及其一致行动人在作出报告、公告前，不得再行买卖该上市公司的股票。

3. 被动受让股份

投资者及其一致行动人通过行政划转或者变更、执行法院裁定、继承、等方式拥有表决权的股份变动达到5%时，同样应当按照协议转让的规定履行报告、公告义务。

（二）权益变动的披露文件

（1）简式权益变动报告书。简式权益变动报告书是一种内容相对简化的权益披露文件，投资者及其一致行动人不是上市公司的第一大股东或者实际控制人，其拥有表决权的股份达到或者超过5%但未达到20%的，应当编制简式权益变动报告书。

（2）详式权益变动报告书。详式权益变动报告书是一种内容较为翔实的权益披露文件，投资者及其一致行动人是上市公司第一大股东或者实际控制人，或者拥有表决权的股份达到20%但未超过30%的，应当编制详式权益变动报告书。详式权益变动报告书除须披露简式权益变动报告书规定的信息外，还增加了部分披露内容。

三、要约收购

（一）要约收购的概念

要约收购是指通过证券交易所的证券交易，投资者持有或通过协议、其他安排与他人共同持有一个上市公司已发行的有表决权股份达到30%时，继续增持股份的，应当采取向被收购公司的股东发出收购要约的方式进行的收购。

投资者选择向被收公司的所有股东发出收购其所持有的全部股份要约的，称为全面要约；投资者选择向被收购公司所有股东发出收购其所持有的部分股份要约的称为部分要约。

（二）要约收购的适用条件

（1）持股比例达到30%。投资者通过证券交易所的证券交易，或者协议、其他安排持有或与他人共同持有一个上市公司的已发行的有表决权股份达到30%（含直接持有和间接持有）。

（2）继续增持股份。在前一个条件下，投资者继续持表决权股份时，即触发依法向上市公司所有股东发出收购上市公司全部或者部分股份的要约的义务。只有在上述两个条件同时具备时，才适用要约收购。

收购人应当公平对待被收购公司的所有股东。持有同一种类股份的股东应当得到同等对待。上市公司发行不同种类股份的，收购人可以针对不同种类股份提出不同的收购条件。

（三）收购要约的期限

收购要约约定的收购期限不得少于30日，并不得超过60日，但是出现竞争要约的除外。

（四）收购要约的撤销

在收购要约确定的承诺期限内，收购人不得撤销其收购要约。投资者持有或者通过协议、其他安排与他人共同持有该上市公司30%以上的表决权股份，其发出收购要约已经将收购的有关信息作了披露，这些经披露的信息对该上市公司的股票交易将发生重要影响。如果收购人撤销收购要约，会对该上市公司的股票交易产生新的影响有可能损害中小股东的利益。因此，《证券法》规定在收购要约确定的承诺期限内收购人不得撤销其收购要约。

（五）收购要约的变更

收购人需要变更收购要约的，应当及时公告，载明具体变更事项。收购要约的变更不得存在下列情形：① 降低收购价格；② 减少预定收购股份数额；③ 缩短收购期限；④ 国务院证券监督管理机构规定的其他情形。

收购要约期限届满前15日内，收购人不得变更收购要约，但是出现竞争要约的除外。

在要约收购期间，被收购公司董事不得辞职。

四、协议收购

协议收购是指收购人在证券交易所之外，通过与被收购公司的股东协商一致达成协议，受让其持有的上市公司的股份而进行的收购。以协议方式收购上市公司时，收购协议的各方应当获得相应的内部批准(如股东大会、董事会等)。收购协议达成后收购人必须在 3 日内将该收购协议向国务院证券监督管理机构及证券交易所作出书面报告，并予公告。在公告前不得履行收购协议。

采取协议收购方式的，协议双方可以临时委托证券登记结算机构保管协议转让的股票，并将资金存放于指定的银行。

采取协议收购方式的，收购人收购或者通过协议、其他安排与他人共同收购一个上市公司已发行的有表决权股份达到 30%时，继续进行收购的，应当依法向该上市公司所有股东发出收购上市公司全部或者部分股份的要约，转而进行要约收购。但是，按照国务院证券监督管理机构的规定免除发出要约的除外。如果收购人依照上述规定触发以要约方式收购上市公司股份，应当能够遵守前述有关要约收购的规定。

五、其他合法方式收购

其他合法收购方式是指要约收购与协议收购两种上市公司收购的基本方式之外的各种收购方式，如认购股份收购、集中竞价收购等。认购股份收购是指收购人经上市公司非关联股东批准，通过认购上市公司发行的新股使其在公司拥有的表决权的股份能够达到控制权的获得与巩固；集中价收购是指收购人在场内交易市场上，通过证券交易所集中竞价交易的方式对目标上市公司进行的收购。随着证券市场的不断成熟，上市公司收购方式不断完善，收购方式也不断创新。

依据《上市公司收购管理办法》的规定，其他合法方式还包括国有股权的行政划转或变更，执行法院裁定、继承、赠与等方式。需要说明的是，在国有股行政划转或变更、司法裁定等方式构成的上市公司收购中，收购人(即行政划转或变更的受让方和司法裁决的胜诉方)可能没有取得上市公司控制权的主观动机，但如果上述行为的结果使收购人获得了或可能获得上市公司的控制权，即是收购，收购人就应履行相关义务。

六、上市公司收购的法律后果

上市公司收购完成后，将产生一系列的法律后果。

(一) 终止上市与余额股东强制性出售权

收购期限届满，被收购公司股权分布不符合证券交易所规定的上市交易要求的，该上市公司的股票应当由证券交易所依法终止上市交易；其余仍持有被收购公司股票的股东，有权向收购人以收购要约的同等条件出售其股票，收购人应当收购。

(二) 变更企业形式

收购行为完成后，被收购公司不再具备股份有限公司条件的，应当依法变更企业形式。

(三) 限期禁止转让股份

在上市公司收购中，收购人持有的被收购的上市公司的股票，在收购行为完成后的 18 个月内不得转让。

(四) 更换股票

收购行为完成后，收购人与被收购公司合并，并将该公司解散的，被解散公司的原有股票由收购人依法更换。

收购行为完成后,收购人应当在 15 日内将收购情况报告国务院证券监管机构和证券交易所,并予以公告。

第六节 信息披露

信息披露也称信息公开,两种称谓本质上并无区别,在体现政府对证券市场的干预方面,“公开”一词更为贴切。信息披露制度包括强制性信息披露制度和自愿性信息披露制度,强制性信息披露制度是证券法强制性要求证券发行人和其他法定的相关负有信息公开义务的人在证券发行和交易过程中,按照法定要求以一定方式向社会公众公开与证券有关的一切信息,以便投资者能够获得真实信息而作出投资判断的法律制度;自愿性信息披露制度是对作为基本信息披露制度的强制性信息披露的补充与深化,是信息披露义务人在法定披露信息以外披露与投资者作出价值判断和投资决策有关的信息,这些信息对于提高公司信息披露质量,展现公司未来和真正价值具有重要意义。通常所说的信息披露制度,主要指强制性信息披露制度。按照信息披露阶段的不同,信息披露制度分为证券发行市场信息披露(首次信息披露)和证券交易市场信息披露(持续信息披露)。

信息披露是证券资本市场的“灵魂”,是建立公开、公平和公正证券市场的基石也是证券市场赖以存在和发展的前提。新《证券法》设专章对信息披露的义务人范围、信息披露的原则与要求、信息披露的内容、自愿信息披露、信息披露的责任、信息披露的监督管理等作出了系统规定。

一、信息披露的义务人

信息披露义务是一种法定义务,而非合同义务。信息披露义务人的范围由《证券法》规定,除发行人外,法律、行政法规和国务院证券监督管理机构规定的其他信息披露义务人,如发起人、控股股东等实际控制人、保荐人、证券承销商等,均应当及时依法履行信息披露义务。

二、信息披露的原则与要求

信息披露的对象是不特定的社会公众,信息披露义务人披露的信息,应当真实、准确、完整,简明清晰,通俗易懂,不得有虚假记载、误导性陈述或者重大遗漏。真实性要求披露信息应以客观事实或在事实基础上的分析判断为基础,以没有扭曲和不加粉饰的方式,再现和反映真实状态,对发布的信息不存在虚假陈述、不合理评价、夸张性描述或恭维性的评价;准确性要求披露信息时必须用精确不含糊的语言表达其含义,在内容与表达方式上不得使人误解;完整性要求披露信息时必须将所有可能影响投资者决策的信息全面、充分披露;简明清晰、通俗易懂要求披露的信息应当清晰明了,避免信息冗长、语言晦涩难懂,以投资者能理解、使用为宜。

信息披露义务人披露信息时还应贯彻一致性原则,包括时间一致性与内容一致性。时间一致性要求:① 证券同时在境内境外公开发行、交易的,信息披露义务人在境外披露的信息,应当在境内同时披露;② 除法律、行政法规另有规定的外,信息披露义务人披露的信息应当同时向所有投资者披露,不得提前向任何单位和个人泄露。任何单位和个人不得非法要求信息披露义务人提供依法需要披露但尚未披露的信息,任何单位和个人对于依法提前获知的信息,在依法披露前应当保密。内容一致性要求信息披露义务人在强制信息披露以外，自愿披露信息的，所披露的信息不得与依法披露的信息相冲突，不得误导投资者。

三、证券发行市场信息披露

证券发行市场信息披露是指证券公开发行时对发行人、拟发行的证券以及与发行证券有关的信息进行披露。证券发行市场信息披露制度是保证证券市场有序发展的基础。

（一）发行文件的预先披露制度

发行文件的预先披露制度是指发行人申请公开发行证券的，在依法向文件审核部门报送注册申请文件后，预先向社会公众披露有关注册申请文件，而不是等监管部门对发行注册之后再进行披露的制度。依据新《证券法》的规定，发行人申请首次公开发行股票的，在提交申请文件后，应当按照国务院证券监督管理机构的规定预先披露有关申请文件。

（二）证券发行信息披露制度

证券发行申请经注册后，发行人应当依照法律、行政法规的规定，在证券公开发行前公告公开发行募集文件，并将该文件置备于指定场所供公众查阅。发行证券的信息依法公开前，任何知情人不得公开或者泄露该信息。该类信息披露文件主要有招股说明书、公司债券募集办法、上市公告书等。

四、证券交易市场信息披露

证券交易市场信息披露是指证券进入交易市场依法进行交易期间，证券发行人定期或不定期地公开披露与其发行证券相关的影响证券交易的所有重要信息。该类信息披露文件主要有定期报告和临时报告。

（一）定期报告

定期报告是公司在一定时期内(某一会计核算期间)分别向证券监管机构、证券交易场所报送和向社会公众公布的反映上市公司等信息披露义务人某个会计期间的财务状况、经营情况、股本变动和股东的情况、募集资金的使用情况和公司重要事项的报告，其报告形式有年度报告、中期报告和季度报告。上市公司、公司债券上市交易的公司、股票在国务院批准的其他全国性证券交易场所交易的公司，应当按照国务院证券监督管理机构和证券交易场所规定的内容和格式制定期报告，并按照以下规定报送和公告：① 在每一会计年度结束之日起 4 个月内，报送并公告年度报告，其中的年度财务会计报告应当经符合证券法规定的会计师事务所审计；② 在每一会计年度的上半年结束之日起 2 个月内，报送并公告中期报告。

（二）临时报告

临时报告是指在定期报告之外临时发布的报告。凡发生可能对股票、上市交易公司债券交易价格产生较大影响的重大事件，投资者尚未得知时，公司应当立即提出临时报告，披露事件内容，说明事件的起因、目前的状态和可能产生的影响。上市公司、股票在国务院批准的其他全国性证券交易场所交易的公司、公司债券上市交易的公司负有通过临时报告披露信息的义务。

1. 股票发行公司发布临时报告的重大事件

发生可能对上市公司、股票在国务院批准的其他全国性证券交易场所交易的公司的股票交易价格产生较大影响的重大事件，投资者尚未得知时，公司应当立即将有关该重大事件的情况向国务院证券监督管理机构和证券交易场所报送临时报告，并予公告，说明事件的起因、目前的状态和可能产生的法律后果。这里的重大事件包括：① 公司的经营方针和经营范围的重大变化；② 公司的重大投资行为，公司在 1 年内购买、出售重大资产超过公司资产总额 30%或者公司营业用主要资产的抵押、质押、出售或者报废一次超过该资产的 30%；③ 公司订立重要合同、提供重大担保或者从事关联交易，可能对公司的资产、负债、权益和经营成果产生重要影响；④ 公司发生重大债务和未能清偿到期重大债务的违约情况；⑤ 公司发生重大亏损或者重大损失；⑥ 公司生产经营的外部条件发生的重大变化；⑦ 公司的董事、1/3 以上监事或者经理发生变动，董事长或者经理无法履行职责；⑧ 持有公司 5%以上股份的股东或者实际控制人持有股份或者控制公司的情况发生较大变化，公司的实际控制人及其控制的其他企业从事与公司相同或者相似业务的情况发生较大变化；⑨ 公司分配股利、增资的计划，公司股权结构的重要变化，公司减资、合并分立、解散及申请破产的决定，或者依法进入破产程序、被责令关闭；⑩ 涉及公司的重大诉讼、仲裁，股东大会、董事会决议被依法撤销或者宣告无效；⑪ 公司涉嫌犯罪被依法立案调，公司的控股股东、实际控制人、董事、监事、高级管理人员涉嫌犯罪被依法采取强制措施；⑫ 国务院证券监督管理机构规定的其他事项。公司的控股股东或者实际控制人对重大事件的发生、进展产生较大影响的，应当及时将其知悉的有关情况书面告知公司，并配合公司履行信息披露义务。

2. 公司债券上市交易公司发布临时报告的重大事件

发生可能对上市交易公司债券的交易价格产生较大影响的重大事件，投资者尚未得知时，公司应当立即将有关该重大事件的情况向国务院证券监督管理机构和证券交易场所报送临时报告，并予公告，说明事件的起因、目前的状态和可能产生的法律后果。这里的重大事件包括：① 公司股权结构或者生产经营状况发生重大变化；② 公司债券信用评级发生化；③ 公司重大资产抵押、质押、出售、转让、报废；④ 公司发生未能清偿到期债务的情况；⑤ 公司新增借款或者对外提供担保超过上年末净资产的 20%；⑥ 公司放弃债权或者财产超过上年末资产的 10%；⑦ 公司发生超过上年末净资产 10%的重大损失；⑧ 公司分配股利，作出减资、合并、分立、解散及申请破产的决定，或者依法进入破产程序、被责令关闭；⑨ 涉及公司的重大诉讼、仲裁；⑩ 公司涉嫌犯罪被依法立案调查，公司的控股股东、实际控制人、董事、监事、高级管理人员涉嫌犯罪被依法采取强制措施；⑪ 国务院证券监督管理机构规定的其他事项。

临时报告是证券市场持续信息披露制度的重要组成部分，可以有效弥补定期报告信息公开滞后的缺陷，将发生重大事件的信息迅速传递给投资人。及时披露是证券市场对临时报告的基本要求，公司应当在最先发生的以下任一时点，履行重大事件的信息披露义务：董事会或者监事会就该重大事件形成决议时；有关各方就该重大事件签署意向书或者协议时；董事、监事或者高级管理人员知悉该重大事件发生并报告时。这里说的及时是指自起算日起或者触及披露时点的两个交易日内。在上述规定的时点之前出现下列情形之一的，上市公司应当及时披露相关事项的现状、可能影响事件进展的风险因素：① 该重大事件难以保密；② 该重大事件已经泄露或者市场出现传闻；③ 公司证券及其衍生品种出现异常交易情况。公司披露重大事件后，已披露的重大事件出现可能对公司证券及其衍生品种交易价格产生较大影响的进展或者变化的，应当及时披露进展或者变化情况及可能产生的影响。公司控股子公司发生重大事件，可能对公司证券及其衍生品种交易价格产生较大影响的，公司应当履行信息披露义务。

五、董事、监事、高级管理人员的信息披露职责

发行人的董事、高级管理人员应当对证券发行文件和定期报告签署书面确认意见发行人的监事会应当对董事会编制的证券发行文件和定期报告进行审核并提出书面审核意见，监事应当签署书面确认意见。

发行人的董事、监事和高级管理人员应当保证发行人及时、公平地披露信息，所披露的信息真实、准确、完整。董事、监事和高级管理人员无法保证证券发行文件和定期报告内容的真实性、准确性、完整性或者有异议的，应当在书面确认意见中发表意见并陈述理由，发行人应当披露。发行人不予披露的，董事、监事和高级管理人员可以直接申请披露。

六、信息的发布与信息披露的监督

（一）信息的发布

证券发行信息的发布由发行人在发行前依法公告公开，并将发行募集文件置备于指定场所供公众查阅。涉及承销的，承销的证券公司对公开发行募集文件的真实性、准确性、完整性进行核查。交易期间信息的发布则是定期或不定期持续性进行的。

（1）定期报告的编制、审议和披露程序。负有定期报告披露义务的公司应当制定定期报告的编制、审议、披露程序。经理、财务负责人、董事会秘书等高级管理人员应当及时编制定期报告草案，提请董事会审议；董事会秘书负责送达董事审阅；董事长负责召集和主持董事会会议审议定期报告；监事会负责审核董事会编制的定期报告董事会秘书负责组织定期报告的披露工作。

（2）重大事件的报告、传递、审核和披露程序。负有定期报告披露义务的公司应当制定重大事件的报告、传递、审核、披露程序。董事、监事、高级管理人员知悉重大事件发生时，应当按照公司规定立即履行报告义务；董事长在接到报告后，应当立即向董事会报告，并敦促董事会秘书组织临时报告的披露工作。

依法披露的信息，应当在证券交易场所的网站和符合国务院证券监督管理机构规定条件的媒体发布，同时将其置备于公司住所、证券交易场所，供社会公众查阅。

（二）信息披露的监督管理

国务院证券监督管理机构对信息披露义务人的信息披露行为进行监督管理。证券交易场所应当对其组织交易证券的信息披露义务人的信息披露行为进行监督督促其依法及时、准确地披露信息。

七、信息披露的民事责任

发行人及其控股股东、实际控制人、董事、监事、高级管理人员等作出公开承诺的，其承诺属于强制披露内容，不履行承诺给投资者造成损失的，应当依法承担赔偿责任。

信息披露义务人未按照规定披露信息，或者公告的证券发行文件、定期报告、临时报告及其他信息披露资料存在虚假记载、误导性陈述或者重大遗漏，致使投资者在证券交易中遭受损失的，信息披露义务人应当承担赔偿责任；发行人的控股股东、实际控制人、董事、监事、高级管理人员和其他直接责任人员以及保荐人、承销的证券公司及其直接责任人员，应当与发行人承担连带赔偿责任，但是能够证明自己没有过错的除外。

第七节　投资者保护制度

投资者是证券市场最重要的主体，没有投资者就没有证券市场。保护投资者权益是证券法的核心宗旨之一，也是证券监管的目标之一。证券市场存在与发展的核心在于投资者信心的维持，而维持信心最基本的要求就是要建立各种有效机制，做好对于各类投资者的多重保护。《公司法》通过限制控股股东、保护少数股东、落实管理层诚信义务等机制进行投资者保护，《证券法》在强制性信息披露、发行保荐、禁止内幕交易等行为、投资者保护机构、投资者保护基金等一系列机制之外，增设专章规定投资者保护制度。

一、区分普通投资者与专业投资者

（一）普通投资者与专业投资者区分标准

根据财产状况、金融资产状况、投资知识和经验、专业能力等因素，投资者可以分为普通投资者和专业投资者。专业投资者的标准由国务院证券监督管理机构规定。专业投资者以外的人为普通投资者。

（二）证券公司的适当性义务

在证券公司与投资者的关系上，证券公司依法承担适当性管理义务。证券公司向投资者销售证券、提供服务时，应当按照规定充分了解投资者的基本情况、财产状况、金融资产状况、投资知识和经验、专业能力等相关信息；如实说明证券、服务的重要内容，充分揭示投资风险；销售、提供与投资者上述状况相匹配的证券、服务。投资者在购买证券或者接受服务时，应当按照证券公司明示的要求提供上述所列真实信息。拒绝提供或者未按照要求提供信息的，证券公司应当告知其后果，并按照规定拒绝向其销售证券、提供服务。证券公司违反适当性义务规定导致投资者损失的，应当承担相应的赔偿责任。

（三）对投资者的特殊保护

普通投资者与证券公司发生纠纷的，证券公司应当证明其行为符合法律、行政法规以及国务院证券监督管理机构的规定，不存在误导、欺诈等情形。证券公司不能证明的，应当承担相应的赔偿责任。这也称为证券公司与普通投资者纠纷的自证清白制度。

二、投资者保护机构

我国的投资者保护机构主要在表决权征集、证券纠纷调解、证券支持诉讼、股东派生诉讼、代表人诉讼等方面履行相应投资者保护的职能。

（一）股东权利代为行使征集制度

股权征集是指上市公司董事会、独立董事、持有 1%以上有表决权股份的股东，依照法律、行政法规或者国务院证券监督管理机构的规定设立的投资者保护机构（以下简称“投资者保护机构”），可以作为征集人，自行或者委托证券公司、证券服务机构，公开请求上市公司股东委托其代为出席股东大会，并代为行使提案权、表决权等股东权利。股权征集能够在同一时间实现零散股权的聚集，扩大中小股东的声音。依照规定征集股东权利的，征集人应当披露征集文件，上市公司应当予以配合。禁止以有偿或者变相有偿的方式公开征集股东权利。公开征集股东权利违反法律、行政法规或者国务院证券监督管理机构有关规定，导致上市公司或者其股东遭受损失的，应当依法承担赔偿责任。

（二）普通投资者与证券公司纠纷的强制调解制度

投资者与发行人、证券公司等发生纠纷的，双方可以向投资者保护机构申请调解。普通投资者与证券公司发生证券业务纠纷，普通投资者提出调解请求的，证券公司不得拒绝。

（三）证券支持诉讼

投资者保护机构对损害投资者利益的行为，可以依法支持投资者向人民法院提起诉讼。

(四) 投资者保护机构的代表诉讼

对于股东代表诉讼,《公司法》已有规定,但是,提起诉讼的主体限于持股达一定比例满足一定期限的股东。《公司法》股东代表诉讼不足以充分发挥对违法行为的抑制机能,新《证券法》确立了投资者保护机构的代表诉讼,发行人的董事、监事、高级管理人员执行公司职务时违反法律、行政法规或者公司章程的规定给公司造成损失,发行人的控股股东、实际控制人等侵犯公司合法权益给公司造成损失,投资者保护机构持有该公司股份的,可以为公司的利益以自己的名义向人民法院提起诉讼,持股比例和持股期限不受《公司法》规定的限制。

(五) 代表人诉讼

代表人诉讼是一种团体诉讼、共同诉讼,是在当事人一方人数众多,其诉讼标的是同一种类的情况下,由其中一人或数人代表全体相同权益人进行诉讼,法院判决效力及于全体相同权益人的诉讼。代表人诉讼分为投资者代表人诉讼和投资者保护机构的代表人诉讼。

投资者代表人诉讼是由依法推选出的投资者代表其他众多投资者进行的诉讼。投资者提起虚假陈述等证券民事赔偿诉讼时,诉讼标的是同一种类,且当事人一方人数众多的,可以依法推选代表人进行诉讼。对按照上述规定提起的诉讼,可能存在有相同诉讼请求的其他众多投资者的,人民法院可以发出公告,说明该诉讼请求的案件情况,通知投资者在一定期间向人民法院登记。人民法院作出的判决、裁定,对参加登记的投资者发生效力。

投资者保护机构的代表人诉讼是由投资者保护机构代表投资者进行的诉讼。投资者保护机构受 50 名以上投资者委托,可以作为代表人参加诉讼,并为经证券登记结算机构确认的权利人依照上述规定向人民法院登记,但投资者明确表示不愿意参加该诉讼的除外。即投资者保护机构作为诉讼代表人时,对受损害投资者实行"默示加入、明示退出"的规则。投资者保护机构的代表诉讼与投资者保护机构的代表人诉讼相结合,利于从源头上堵截证券市场的侵权违法行为,维护投资者的切实利益。

三、先行赔付的赔偿机制

没有救济就没有权利,对于证券欺诈行为等对投资者的侵害,相关责任人的先期赔付是对投资者最为有效的救助机制。新《证券法》确立了先行赔付制度,发行人因欺诈发行、虚假陈述或者其他重大违法行为给投资者造成损失的,发行人的控股股东、实际控制人、相关的证券公司可以委托投资者保护机构,就赔偿事宜与受到损失的投资者达成协议,予以先行赔付。先行赔付后,可以依法向发行人以及其他连带责任人追偿。

四、上市公司现金分红制度

上市公司应当在章程中明确分配现金股利的具体安排和决策程序,依法保障股东的资产收益权。上市公司当年税后利润,在弥补亏损及提取法定公积金后有盈余的,应当按照公司章程的规定分配现金股利。

课后案例分析题

2020 年 4 月,甲上市公司与乙有限责任公司达成合并意向。甲公司董事会初步拟定的合并及配套融资方案包括以下要点:

(1) 甲公司吸收合并乙公司,合并完成后,甲公司存续、承接乙公司全部资产和负债,乙公司注销,乙公司原股东获得现金补偿。

(2) 根据合并双方审计报告,截至 2019 年年底,乙公司资产总额占甲公司同期经审计资产总额的比例超过50%,但该年度公司营业收入占甲公司同期经审计营业收入的比例低于50%,故本次合并不构成甲公司重大资产重组。

(3) 出席股东大会并对合并方案投反对票的股东,享有异议股东股份回购请求权,有权要求甲公司以合理的价格回购其股票。

(4) 为筹集实施合并所需资金,甲公司拟向本公司控股股东A公司非公开发行股票,发行价格不低于定价基准日前20个交易日公司股票均价的80%。具体发行价格由董事会决议确定,并经股东大会批准,A公司认购的股份自发行结束之日起12个月内不得转让。甲公司董事会根据中介机构的意见,修订方案初稿后予以公告。

2020年6月1日,甲公司临时股东大会通过合并决议和非公开发行股票融资决议。同日,乙公司临时股东会也通过了合并决议。6月15日,中国证监会批准了甲公司的合并与配套融资方案。

B银行对甲公司享有一笔2021年6月底到期的借款债权,接到甲公司合并通知后,B银行于6月20日向甲公司提出偿债请求,甲公司以债务未到期为由,予以拒绝。

2020年6月22日,乙公司股东贾某以"股东会召集程序违反公司章程"为由提起诉讼,请求人民法院撤销乙公司股东会6月1日通过的合并决议。经查,乙公司章程规定,召开股东会应当以电子邮件方式通知股东,但乙公司并未向贾某发送电子邮件,而是以手机短信方式通知。贾某及其他股东均出席了6月1日的股东会会议并表决。人民法院认为乙公司股东会召集程序确有不符合公司章程之处,但仍然驳回了贾某的诉讼请求。甲公司股东周某反对甲、乙公司合并,于2020年5月底向甲公司董事会邮寄了书面反对意见,但周某并未出席甲公司6月1日召开的临时股东大会,也未委托他人表决。6月6日,周某向甲公司提出行使异议股东股份回购请求权。遭甲公司拒绝,拒绝理由是:只有出席股东大会并对合并事项投反对票的股东,才享有异议股东股份回购请求权。

2020年10月7日,中国证监会接到举报称,甲公司董事雷某涉嫌内幕交易。经查,雷某于2020年2月1日、2月10日、3月2日先后购入甲公司股票10万股、20万股、40万股,并于2020年8月25日全部卖出,获利100余万元。根据以上事实,中国证监会认定雷某的行为违反证券法律制度,构成短线交易。

根据上述内容,分别回答下列问题:

(1) 基于方案初稿所述情况,本次合并是否构成甲公司的重大资产重组?请说明理由。

(2) 方案初稿中关于非公开发行股票的内容,是否符合证券法律制度的规定?请说明理由。

(3) 甲公司拒绝B银行偿债请求的理由是否成立?请说明理由。

(4) 人民法院认为以公司股东会召集程序确有不符合公司章程之处,但仍然驳回甲某的诉讼请求,是否符合公司法律制度的规定?请说明理由。

(5) 甲公司拒绝周某异议股东股份回购请求的理由是否成立?请说明理由。

(6) 计算雷某因短线交易所获利润时,应当以多少股份数为基础?请说明理由。

(7) 雷某短线交易所获利润应当归谁所有?请说明理由。

第八章　企业破产法律制度

知识要点：

1. 了解破产法律制度适用范围，理解并掌握破产原因、破产申请提出、破产申请受理及效力和执行案件的移送破产审查。

2. 理解管理人的资格与指定，了解管理人的报酬，掌握管理人的职责与责任。

3. 掌握债务人财产的范围，理解债务人财产的收回。

4. 理解破产债权的范围，掌握债权人的撤销权、无效行为、取回权、破产抵销权，理解并掌握破产债权的申报与确认。

5. 了解债权人会议职权，理解并掌握债权人会议的决议方式，理解债权人委员会及其职权。

6. 理解重整与和解制度，理解并掌握破产宣告、别除权、破产财产的变价与分配，理解破产程序的终结。

案例导入①：

2021 年 7 月 19 日，广东省深圳市中级人民法院（简称"深圳中院"）将 2021 粤 03 破 230 号（个 1）之二号裁定送达当事人梁某某，全国首部个人破产案件正式生效。据悉，这是 2021 年 3 月 1 日正式施行《深圳经济特区个人破产条例》以来，深圳中院审结的第一宗破产案件，也是第一宗裁定批准个人重整计划的案件。

35 岁的梁某某于 2018 年选择蓝牙耳机市场开始创业，却一直无法获得稳定的客户资源，加上新冠肺炎疫情影响，银行债务越背越多，无力偿还全部债务。经营期间，梁某某分别向 13 家银行、网络贷款公司借贷以解决经营资金问题，债务总额累计 75 万余元。因无法清偿借款，今年 3 月 10 日，梁某某向深圳中院申请个人破产。法院裁定生效的重整计划显示，未来 3 年，梁某某夫妻除了每月用于基本生活的 7 700 元以及一些生活生产必需品作为豁免财产之外，其他收入均用于偿还债务。如果梁某某不能严格执行重整计划，债权人有权向法院申请对其进行破产清算。

为了引导市场主体有序退出，救济"诚实而不幸"的债务人（"诚实而不幸"是法院决定是否受理个人破产案件的前提，也是债务人进入破产程序后，法院裁定是否批准其减免债务申请的条件），《深圳经济特区个人破产条例》于 2021 年 3 月 1 日在深圳正式实施。《深圳经济特区个人破产条例》规定，在深圳经济特区居住，且参加深圳社会保险连续满 3 年的自然人，因生产经营、生活消费导致丧失清偿债务能力或者资产不足以清偿全部债务的，可以进行破产清算、重整或者和解。

请思考：

（1）个人破产制度和企业破产制度的目的是什么？

（2）你对个人破产制度有什么看法？

---

① 参见：《深圳中院裁定全国首宗个人破产案件重整》，中国法院网，2021 年 7 月 20 日。

(3) 个人破产和企业破产的主要区别是什么?

第一节 破产法律制度概述

一、破产与破产法的概念与特征

(一) 破产的概念与特征

破产是指对丧失清偿能力的债务人,经法院审理,强制清算其全部财产,公平、有序地清偿全体债权人的法律制度。破产一般是指破产清算程序,但在谈及破产法律制度时,通常是从广义理解,不仅包括破产清算制度,而且包括以挽救债务人、避免其破产为主要目的的重整、和解等法律制度。

破产清算是破产法的基本制度,它与民事执行制度相比,具有以下特征:

(1) 破产程序中的债务人已丧失清偿能力,不能对债权人履行全部清偿义务,故须以破产方式解决对全体债权人的公平、有序清偿以及企业规范退出市场的问题。而民事执行程序中的债务人通常具有清偿能力,因拒不履行义务而需要强制执行。当民事执行程序中的债务人丧失清偿能力时,就应当转入破产程序。在民事执行中,强调债务人自动履行义务、债权人主动行使权利。而在破产程序中,因债权人的单独执行或债务人对个别债权人的主动履行违背对全体债权人公平清偿的原则,反为法律所禁止。

(2) 就债务清偿而言,破产清算是为全体债权人的利益而进行,属于债权的集体清偿程序。民事执行是为申请执行的个别债权人的利益进行的,属于债权的个别清偿程序。后者的目的只为债的个别清偿,而前者则更强调清偿在债权人之间的公平,解决多数债权人之间因债务人财产不足清偿全部债权而发生的矛盾,以保证公平、有序的债务清偿。

(3) 破产是对债务人财产等法律关系的全面清算,破产宣告后,破产人为企业法人的,清算完成后将终结其民事主体资格。而民事执行的范围则仅限于与所执行债务相关的财产,不涉及民事主体资格消灭问题。此外,民事执行的对象范围广泛,既包括对财产的执行,也包括对行为的执行,而破产程序中执行的对象仅为财产。

另一方面,破产制度与民事执行制度又有着密切的关系。从程序意义上讲,两者都是依法进行的、以实现债权为目的的具有执行性质的程序,其最初产生原因主要是为了保护债权人的利益,在许多具体程序上两者也有相通之处。所以,《企业破产法》第四条规定:"破产案件审理程序,本法没有规定的,适用民事诉讼法的有关规定。"

(二) 破产法的概念与特征

破产法是规定在债务人丧失清偿能力时,法院强制对其全部财产进行清算分配,公平、有序清偿债权人,或通过债务人与债权人会议达成的和解协议清偿债务,或进行企业重整,避免债务人破产的法律规范的总称。破产法有广义和狭义之分。狭义的破产法特指破产法典,如我国于 2006 年 8 月 27 日通过的《企业破产法》;广义的破产法则还包括其他有关破产的法律、行政、法规规章、司法解释及散见于其他立法中的调整破产关系的法律规范,如《民法典》《中华人民共和国商业银行法》《中华人民共和国保险法》《公司法》《合伙企业法》《中华人民共和国农民专业合作社法》等立法中有关破产的规定。现代意义上的破产法均由破产清算制度与挽救债务人的和解、重整等制度两方面的法律构成。破产法是集实体与程序内容合一的综合性法律,主要调整债务人丧失清偿能力时对债务的公平、有序清偿即权利实现问题,以及对债务人的挽救更生问题,对当事人间的实体权利义务争议(如债务是否存在与数额多少等)则应在破产程序之外通过民事诉讼、仲裁等方式解决。

(三)我国破产立法概况

我国《企业破产法》自 2007 年 6 月 1 日起施行。1986 年 12 月 2 日,第六届全国人大常委会第十八次会议通过了《中华人民共和国企业破产法(试行)》(以下简称旧《破产法》),仅适用于全民所有制企业。1991 年 4 月 9 日,第七届全国人大第四次会议通过《中华人民共和国民事诉讼法》,其中规定了适用于非全民所有制的企业法人的“企业法人破产还债程序”。2006 年 8 月 27 日,第十届全国人大常委会第二十三次会议通过了《中华人民共和国企业破产法》,自 2007 年 6 月 1 日起施行。《企业破产法》颁布后,最高人民法院制定了关于管理人指定及报酬确定、新旧破产法衔接以及法律适用等方面的司法解释,以配合破产法的实施。在《企业破产法》实施之后,最高人民法院又制定了一系列有关破产法的司法解释与指导性文件,如 2011 年发布了《最高人民法院关于适用〈中华人民共和国企业破产法〉若干问题的规定(一)》(以下简称《破产法司法解释一》),2013 年发布了《最高人民法院关于适用〈中华人民共和国企业破产法〉若干问题的规定(二)》(以下简称《破产法司法解释二》),2018 年发布了《全国法院破产审判工作会议纪要》(以下简称《破产审判会议纪要》),2019 年 2 月发布了《最高人民法院关于适用〈中华人民共和国企业破产法〉若干问题的规定(三)》(以下简称《破产法司法解释三》),11 月发布了《全国法院民商事审判工作会议纪要》(以下简称《民商事审判会议纪要》),2020 年《民法典》出台后,12 月最高人民法院发布《最高人民法院关于适用〈中华人民共和国民法典〉有关担保制度的解释》等司法解释,对涉及破产问题的司法解释作出相应修改。需注意的是,上述提及的各项会议纪要不是司法解释,不能作为裁判依据进行援引。

二、破产法的适用范围

(一)主体适用范围

主体适用范围是所有的企业法人。同时,该法规定:其他法律规定企业法人以外的组织的清算,属于破产清算的,参照适用本法规定的程序适用。可以参照适用破产法的主体主要是合伙企业、农民专业合作社、资不抵债的民办学校的清算。个人独资企业在不能清偿到期债务,并且资产不足以清偿全部债务或者明显缺乏清偿能力的情况下,可以参照适用破产清算程序进行清算。

(二)地域适用范围

一国的破产立法自然适用于本国司法领域,《企业破产法》的地域适用范围主要是指破产法的域外效力问题,即一国的破产程序对位于其他国家的破产人财产是否有效。破产程序的域外效力发生于跨境破产的情况。跨境破产,是指同时涉及本国与外国因素的破产程序。通常,影响跨境破产形成的实质因素主要是债务人的财产位于两个以上的国家。

我国《企业破产法》采取有限制的普及主义原则,依照本法开始的破产程序,对债务人在中华人民共和国领域外的财产发生效力。对外国法院作出的发生法律效力的破产案件的判决、裁定,涉及债务人在中华人民共和国领域内的财产,申请或者请求人民法院承认和执行的,人民法院依照中华人民共和国缔结或者参加的国际条约,或者按照互惠原则进行审查,认为不违反中华人民共和国法律的基本原则,不损害国家主权、安全和社会公共利益,不损害中华人民共和国领域内债权人的合法权益的,裁定承认和执行。

第二节　破产申请与受理

一、破产原因

（一）破产原因概述

破产原因，也称破产界限，指认定债务人丧失清偿能力，当事人得以提出破产申请，法院据以启动破产程序的法律事实。破产原因也是和解与重整程序开始的原因，但重整程序开始的原因更为宽松，债务人在尚未发生破产原因但有明显丧失清偿能力可能时，也可以依法申请重整。

企业法人的破产原因是不能清偿到期债务，并且资产不足以清偿全部债务或者明显缺乏清偿能力。债务人不能清偿到期债务并且具有下列情形之一的，人民法院应当认定其具备破产原因：

① 企业不能清偿到期债务，并且资不抵债；

② 企业不能清偿到期债务，并且明显缺乏清偿能力。

第一种情形主要适用于债务人提出破产申请且其资不抵债情况通过对相关证据的形式审查即可判断的案件；第二种情形主要适用于债权人提出破产申请和债务人提出破产申请但其资不抵债状况通过形式审查不易判断的案件。

（二）破产原因的认定

1. 不能清偿到期债务的认定

下列情形同时存在的，人民法院应当认定债务人不能清偿到期债务：

① 债权债务关系依法成立；

② 债务履行期限已经届满；

③ 债务人未完全清偿债务。

2. 资不抵债的认定

债务人的资产负债表，或者审计报告、资产评估报告等显示其全部资产不足以偿付全部负债的，人民法院应当认定债务人资产不足以清偿全部债务，但有相反证据足以证明债务人资产能够偿付全部负债的除外。通常，判断企业资产与负债关系即资是否抵债的文件是其资产负债表，但如果由债务人自行编制的资产负债表未经过审计，其内容就有可能出现不及时、不真实、不准确的问题。因此，当利害关系人对债务人出具的资产负债表存在异议时，可以以中介机构出具的具有更高公信力与证明力的审计报告和资产评估报告作为判断债务人资产与负债状况的依据。

3. 明显缺乏清偿能力的认定

债务人账面资产虽大于负债，但存在下列情形之一的，人民法院应当认定其明显缺乏清偿能力：

① 因资金严重不足或者财产不能变现等原因，无法清偿债务；

② 法定代表人下落不明且无其他人员负责管理财产，无法清偿债务；

③ 经人民法院强制执行，无法清偿债务；

④ 长期亏损且经营扭亏困难，无法清偿债务；

⑤ 导致债务人丧失清偿能力的其他情形。

二、破产申请的提出

（一）提出破产申请的当事人

1. 债务人

债务人发生破产原因，可以向人民法院提出重整、和解或者破产清算申请。

2. 债权人

债务人不能清偿到期债务，债权人可以向人民法院提出对债务人进行重整或者破产清算的申请，但不能提出和解申请。

（1）没有物权担保的普通债权人享有破产申请权，对破产人的特定财产享有担保权的债权人同样享有破产申请权。

（2）税务机关和社会保险机构享有对债务人的破产清算申请权，不宜享有重整申请权，但可以参加重整程序受偿。因为目前按照现行法律法规规定，他们不能在重整程序中主动作出债权减免的让步，不能为重整作出实质贡献，赋予其重整申请权是没有意义的。

（3）破产企业的职工作为债权人可以申请债务人企业破产清算或者重整。但职工债权人一方面是企业的债权人，另一方面又是企业的雇员，申请企业破产可能实现申请职工的债权，但也可能因企业破产倒闭导致全部职工的失业，从而可能出现债权与就业权、申请职工与其他职工的利益矛盾。所以为慎重起见，职工提出破产申请应经职工代表大会或者全体职工（会议）多数决议通过。

3. 依法负有清算责任的人

企业法人已解散但未清算或者未清算完毕，资产不足以清偿债务的，依法负有清算责任的人应当向人民法院申请破产清算。

（1）清算组在清理公司财产、编制资产负债表和财产清单后，发现公司财产不足清偿债务的，应当依法向人民法院申请宣告破产。

（2）人民法院指定的清算组在清理公司财产、编制资产负债表和财产清单时，发现公司财产不足清偿债务的，可以与债权人协商制作有关债务清偿方案。债务清偿方案经全体债权人确认且不损害其他利害关系人利益的，人民法院可依清算组的申请裁定予以认可。清算组依据该清偿方案清偿债务后，应当向人民法院申请裁定终结清算程序。债权人对债务清偿方案不予确认或者人民法院不予认可的，清算组应当依法向人民法院申请宣告破产。

（3）企业法人已解散但未清算或者未在合理期限内清算完毕，债权人申请债务人破产清算的，除债务人在法定异议期限内举证证明其未出现破产原因外，人民法院应当受理。在企业已经发生解散原因的情况下，因清算义务人怠于履行义务，导致公司财产贬值、流失、毁损或者灭失，或者导致主要财产、账册、重要文件等灭失，无法进行破产清算时，债权人仍可以在破产程序终结后主张由清算义务人对公司债务承担连带清偿等法律责任。

要依法区分公司解散清算与破产清算的不同功能和不同适用条件。债务人同时符合破产清算条件和强制清算条件的，应当及时适用破产清算程序实现对债权人利益的公平保护。债权人对符合破产清算条件的债务人提起公司强制清算申请，经人民法院释明，债权人仍然坚持申请对债务人强制清算的，人民法院应当裁定不予受理。

4. 金融监督管理机构

商业银行、证券公司、保险公司等金融机构有出现破产原因的，国务院金融监督管理机构可以向人民法院提出对该金融机构进行重整或者破产清算的申请。

（二）破产案件的管辖

当事人的申请应向对破产案件有管辖权的人民法院提出。破产案件的地域管辖由债务人住所地人民法院管辖。债务人住所地指债务人的主要办事机构所在地。债务人主要办事机构所在地不明确、存在争议的，由其注册登记地人民法院管辖。纳入国家计划调整的国有企业破产案件即政策性破产，由中级人民法院管辖。金融机构、上市公司的破产与重整案件或者具有重大影响、法律关系复杂的破产案件，一般应由中级人民法院管辖。

（三）当事人提出破产申请时的举证责任

当事人向人民法院提出破产申请，应当提交破产申请书和有关证据。破产申请书应当载明下列事项：① 申请人、被申请人的基本情况；② 申请目的，即申请破产清算还是申请重整或和解；③ 申请的事实和理由；④ 人民法院认为应当载明的其他事项。

债权人提出破产申请时，应当提交债务人不能清偿到期债务的有关证据。债权人需要举证证明的实际上已经不再是债务人不能清偿到期债务的各项要件，而是“债权债务关系依法成立、债务履行期限已经届满、债务人未完全清偿债务”，其举证责任大为减轻且具有可行性。

债务人提出申请的，还应当向人民法院提交企业财产状况说明、债务清册、债权清册、有关财务会计报告、职工安置预案以及职工工资的支付和社会保险费用的缴纳情况等有关材料。

申请人申请债务人破产重整的，除提交上述材料外，还应当提交债务人具有重整可行性的报告。申请人申请上市公司破产重整的，应当提交关于上市公司具有重整可行性的报告、上市公司住所地省级人民政府向证券监督管理部门的通报情况材料以及证券监督管理部门的意见、上市公司住所地人民政府出具的维稳预案等。

破产申请提交后，在人民法院受理破产申请前，申请人可以请求撤回申请。

三、破产申请的受理

（一）债务人申请破产

1．债务人申请破产

（1）人民法院应当自收到破产申请之日起 15 日内裁定是否受理。有特殊情况需要延长受理案件期限的，经上一级人民法院批准，可以延长 15 日。

（2）人民法院裁定受理破产申请的，应当将裁定自作出之日起 5 日内送达债务人。

（3）人民法院裁定受理破产申请的，应当同时指定管理人，并在裁定受理破产申请之日起 25 日内通知已知债权人，并予以公告。

2．债权人申请债务人破产

（1）债务人对债权人提出的破产申请有异议的，应当自收到人民法院的通知之日起 7 日内向人民法院提出，人民法院应当自异议期满之日起 10 日内裁定是否受理。人民法院裁定受理破产申请前，提出破产申请的债权人的债权因清偿或者其他原因消灭的，因申请人不再具备申请资格，人民法院应当裁定不予受理。但该裁定不影响其他符合条件的主体再次提出破产申请。

（2）人民法院裁定受理破产申请的，应当自裁定作出之日起 5 日内送达债务人。债务人应当自裁定送达之日起 15 日内，向人民法院提交“财产状况说明、债务清册、债权清册、有关财务会计报告以及职工工资的支付和社会保险费用的缴纳情况”等有关材料。债务人拒不提交的，不影响人民法院对破产申请的受理和审理，人民法院可以对债务人的直接责任人员采取罚款等强制措施。

（3）人民法院裁定受理破产申请的，应当同时指定管理人，并在裁定受理破产申请之日起25日内通知已知债权人，并予以公告。

3. 上诉

在整个破产程序中，当事人可以提起上诉的仅限于“不予受理”和“驳回申请”两个裁定。当事人对人民法院的其他裁定（如宣告破产的裁定、对破产财产分配方案的裁定等）不服的，不能提起上诉。

（1）申请人对人民法院不予受理的裁定不服的，可以自裁定送达之日起10日内向上级人民法院提起上诉。

（2）申请人对人民法院驳回申请的裁定不服的，可以自裁定送达之日起10日内向上级人民法院提起上诉。

人民法院裁定受理破产申请，是对债务人具有破产原因的初步认可，破产申请受理后，申请人请求撤回破产申请的，人民法院不予准许。除非存在《企业破产法》第十二条第二款规定的情形，人民法院不得裁定驳回破产申请。为了更好地建设我国的营商环境，经最高人民法院批准，2019年起，在深圳、北京、上海、天津、广州、温州、杭州、重庆、济南、青岛、南京、厦门、苏州等地相继设立破产法庭。

4. 异议不成立的情形

（1）当债权人申请债务人破产时，债务人以其具有清偿能力或者资产超过负债为由提出异议，但又不能立即清偿债务或者与债权人达成和解的，其异议不能成立。

（2）当债权人申请债务人破产时，债务人对债权人享有债权的数额提出异议时，如果存在双方无争议的部分债权数额，且债务人对该数额的债务已经丧失清偿能力，则此项异议不能阻止法院受理破产申请。

（3）当债权人申请债务人破产时，债务人对债权人的债权是否存在担保等提出异议，因其不影响破产原因的成立，该异议不影响人民法院对破产申请的受理。

（4）人民法院受理破产申请后至破产宣告前，由于债务人财产的市场价值发生变化导致其在案件受理后资产超过负债乃至破产原因消失的，不影响破产案件的受理和继续审理，人民法院不得裁定驳回申请。债务人如不愿意进行破产清算，可以通过和解、重整等方式清偿债务、结束破产清算程序。

（5）破产案件的诉讼费用，应计入破产费用，由债务人财产随时清偿，无须预交。相关当事人以申请人未预先交纳诉讼费用为由，对破产申请提出异议的，人民法院不予支持。

（二）破产申请受理的效力

1. 基本规定

（1）人民法院受理破产申请的时间，是指人民法院裁定受理破产申请之日，而不是受理裁定送达债务人之日。

（2）自人民法院受理破产申请的裁定送达债务人之日起至破产程序终结之日，债务人的有关人员（指企业的法定代表人，经人民法院决定，可以包括企业的财务管理人员和其他经营管理人员）应承担下列义务：

① 妥善保管其占有和管理的财产、印章和账簿、文书等资料；

② 根据人民法院、管理人的要求进行工作，并如实回答询问；

③ 列席债权人会议并如实回答债权人的询问；

④ 未经人民法院许可，不得离开住所地；

⑤ 不得新任其他企业的董事、监事、高级管理人员。

2. 关于债务清偿的规定

(1) 人民法院受理破产申请后，债务人对个别债权人的债务清偿无效。但是，债务人以其财产向债权人提供物权担保的，其在担保物市场价值内向债权人所作的债务清偿，不受上述规定限制。

(2) 人民法院受理破产申请后，即破产程序开始后，债务人财产要公平地清偿全体债权人，因此，对无财产担保的债权人进行的个别清偿肯定无效。但其在担保物市场价值内向有财产担保的债权人进行的个别清偿，并不违反公平原则。

(3) 人民法院受理破产申请后，债务人的债务人或者财产持有人应当向管理人(而非债务人)清偿债务或者交付财产。

① 破产企业租用他人的设备，出租人通过管理人取回；

② 他人租用破产企业的设备，承租人应当向管理人交回。

(4) 如果当事人故意违反法律规定向债务人清偿债务或者交付财产，使债权人受到损失的，不免除其清偿债务或者交付财产的义务。所谓"不免除其清偿债务或者交付财产的义务"，是以债权人因此受到损失的范围为限。如果债务人的债务人或者财产持有人虽向债务人清偿了债务或者交付财产，但债务人将收到的清偿款项或者财产及时全部上交给管理人，债权人并未受到损失，则不必再承担民事责任。

3. 关于财产保全的规定

人民法院受理破产申请后，有关债务人财产的保全措施应当解除，执行程序应当中止。应当解除的保全措施包括下列几种：

(1) 民事诉讼保全措施。

(2) 在行政处罚程序中的保全措施(如海关、工商部门对债务人财产采取的查封、扣押措施)。

(3) 刑事诉讼中公安、检察机关等采取的相关措施。

要切实落实破产案件受理后相关保全措施应予解除、相关执行措施应当中止、债务人财产应当及时交付管理人等规定，充分运用信息化技术手段，通过信息共享与整合，维护债务人财产的完整性。相关人民法院拒不解除保全措施，或者拒不中止执行的，破产受理人民法院可以请求该法院的上级人民法院依法予以纠正。对债务人财产采取保全措施或者执行措施的人民法院未依法及时解除保全措施、移交处置权，或者中止执行程序并移交有关财产的，上级人民法院应当依法予以纠正。相关人员违反上述规定造成严重后果的，破产受理人民法院可以向人民法院纪检监察部门移送其违法审判责任线索。人民法院审理企业破产案件时，有关债务人财产被其他具有强制执行权力的国家行政机关，包括税务机关、公安机关、海关等采取保全措施或者执行程序的，人民法院应当积极与上述机关进行协调和沟通，取得有关机关的配合，参照上述具体操作规程，解除有关保全措施，中止有关执行程序，以便保障破产程序顺利进行。

4. 尚未审结的民事案件

人民法院受理破产申请后，已经开始而尚未终结的有关债务人的民事诉讼或者仲裁应当中止；在管理人接管债务人财产、掌握诉讼情况后能够继续进行时，该诉讼或者仲裁继续进行。

人民法院受理破产申请后，已经开始而尚未终结的有关债务人的民事诉讼，在管理人接管债务人财产和诉讼事务后继续进行。债权人已经对债务人提起的给付之诉，破产申请受理后，人民法院应当继续审理，但是在判定相关当事人实体权利义务时，应当注意与企业破产法及其司法解释的规定相协调。上述裁判作出并生效前，债权人可以同时向管理人申报债权，但其作为债权尚未确定的债权人，原则上不得行使表决权，除非人民法院临时确定其债权额。上述裁判生效后，债权人应当根据裁判认定的债权数额在破产程序中依法统一受偿，其对债务人享有的债权利息，应当按规定停止计算。人民法院受理破产申请后，债权人新提起的要求债务人清偿的民事诉讼，人民法院不予受理，同时告知债权人应当向管理人申报债权。债权人申报债权后，对管理人编制的债权登记表记载有异议的，可以根据规定，提起债权确认之诉。

5. 尚未履行完毕的合同

人民法院受理破产申请后，管理人对破产申请受理前成立而债务人和对方当事人均未履行完毕的合同有权决定解除或者继续履行，并通知对方当事人。

(1) 继续履行。

① 因管理人请求对方当事人履行双方均未履行完毕的合同所产生的债务，属于共益债务。

② 共益债务的清偿顺序优先于普通破产债权，因此，在第一次债权人会议召开前，管理人决定继续履行债务人和对方当事人均未履行完毕的合同，应当征得人民法院的许可。

③ 管理人对合同的选择履行权只能行使1次，不得反向再次行使或者多次行使，尤其是不得在决定履行合同后又决定解除合同。

(2) 解除合同。

① 管理人决定继续履行合同的，对方当事人应当履行；但是，对方当事人有权要求管理人提供担保。管理人不提供担保的，视为解除合同。

② 管理人自破产申请受理之日起2个月内未通知对方当事人，或者自收到对方当事人催告之日起30日内未答复的，视为解除合同。

③ 管理人依照《企业破产法》规定解除合同的，对方当事人以因合同解除产生的损害赔偿请求权申报债权。对方当事人申报的破产债权以实际损失为限，违约金不得作为破产债权申报。

④ 对于破产企业为他人提供担保的合同，管理人无权选择解除合同。

⑤ 对于破产企业对外出租不动产(如房屋)的合同，管理人不得解除合同，在变价财产时，房屋应当带租约出售，承租人在同等条件下享有优先购买权。

6. 基于债务人财产的诉讼

(1) 破产申请受理前，债权人就债务人财产提起下列诉讼，破产申请受理时案件尚未审结的，人民法院应当中止审理：

① 主张次债务人代替债务人直接向其偿还债务的；

② 主张债务人的出资人、发起人和负有监督股东履行出资义务的董事、高级管理人员，或者协助抽逃出资的其他股东、董事、高级管理人员、实际控制人等直接向其承担出资不实或者抽逃出资责任的；

③ 以债务人的股东与债务人法人人格严重混同为由，主张债务人的股东直接向其偿还债务人对其所负债务的；

④ 其他就债务人财产提起的个别清偿诉讼。

（2）破产申请受理后，债权人就债务人财产向人民法院提起上述诉讼的，人民法院不予受理。

四、执行案件的移送破产审查

执行案件移送破产审查，简称“执转破”，是实现执行程序与破产程序接的重要措施。

（1）执行案件移送破产审查，应同时符合以下条件：

① 被执行人为企业法人；

② 被执行人或者有关被执行人的任何一个执行案件的申请执行人书面同意将执行案件移送破产审查；

③ 被执行人不能清偿到期债务，并且资产不足以清偿全部债务或者明显缺乏清偿能力。

（2）执行案件移送破产审查的管辖。

① 在地域管辖上，执行案件移送破产审查，由被执行人住所地人民法院管辖。

② 在级别管辖上，实行以中级人民法院管辖为原则、基层人民法院管辖为例外的管辖制度。中级人民法院经高级人民法院批准，也可以将案件交由具备审理条件的基层人民法院审理。

（3）执行法院的征询、决定程序。

① 执行法院采取财产调查措施后，发现作为被执行人的企业法人符合破产条件的，应当及时询问申请执行人、被执行人是否同意将案件移送破产审查并释明法律后果。

② 执行部门应严格遵守执行案件移送破产审查的内部决定程序。承办人认为执行案件符合移送破产审查条件的，应提出审查意见，经合议庭评议同意后，由执行法院院长签署移送决定。

③ 为减少异地法院之间移送的随意性基层人民法院拟将执行案件移送异地中级人民法院进行破产审查的，在作出移送决定前，应先报请其所在地中级人民法院执行部门审核同意。

④ 执行法院作出移送决定后，应当于 5 日内送达申请执行人和被执行人。申请执行人或者被执行人对决定有异议的，可以在受移送法院破产审查期间提出，由受移送法院一并处理。

⑤ 执行法院作出移送决定后，应当书面通知所有已知执行法院，执行法院均应中止对被执行人的执行程序。但是，对被执行人的季节性商品、鲜活、易腐烂变质以及其他不宜长期保存的物品，执行法院应当及时变价处置，处置的价款不作分配。受移送法院裁定受理破产案件的，执行法院应当在收到裁定书之日起 7 日内，将该价款移交受理破产案件的法院。

⑥ 为确保对被执行人财产的查封、扣押、冻结措施的连续性，执行法院决定移送后、受移送法院裁定受理破产案件之前，对被执行人的查封、扣押、冻结措施不解除。查封、扣押、

冻结期限在破产审查期间届满的，申请执行人可以向执行法院申请延长期限，由执行法院负责办理。

（4）受移送法院破产审查与受理。

① 执行法院移送破产审查的材料，由受移送法院立案部门负责接收。受移送法院不得以材料不完备等为由拒绝接收。立案部门经审核认为移送材料完备的应登记立案，并及时将案件移送破产审判部门进行破产审查。受移送法院应当认真审核并及时反馈意见，不得无故不予接收或暂缓立案。

② 受移送法院的破产审判部门应当自收到移送的材料之日起30日内作出是否受理的裁定。受移送法院作出裁定后，应当在5日内送达申请执行人、被执行人，并送交执行法院。

③ 受移送法院裁定受理破产案件的在此前的执行程序中产生的评估费、公告费、保管费等执行费用，可以参照破产费用的规定，从债务人财产中随时清偿。

④ 执行法院收到破产受理裁定后，应当解除对债务人财产的查封、扣押、冻结措施，或者根据破产受理法院的要求，出具函件将查封、扣押、冻结财产的处置权交破产受理法院。破产受理法院可以持执行法院的移送处置函件进行续行查封、扣押、冻结，解除查封、扣押、冻结，或者予以处置。执行法院收到破产受理裁定拒不解除查封、扣押、冻结措施的，破产受理法院可以请求执行法院的上级法院依法予以纠正。

⑤ 执行法院收到受移送法院受理裁定后，应当于7日内将已经扣划到账的银行存款、实际扣押的动产、有价证券等被执行人财产移交给受理破产案件的法院或者管理人。

⑥ 执行法院收到受移送法院受理裁定时，已通过拍卖程序处置且成交裁定已送达买受人的拍卖财产，通过以物抵债偿还债务且抵债裁定已送达债权人的抵债财产，已完成转账、汇款、现金交付的执行款，因财产所有权已经发生变动，不属于被执行人的财产，不再移交。

（5）受移送法院不予受理或者驳回申请的处理。

① 受移送法院作出不予受理或者驳回申请裁定的，应当在裁定生效后7日内将接收的材料、被执行人的财产退回执行法院，执行法院应当恢复对被执行人的执行。

② 受移送法院作出不予受理或者驳回申请的裁定后，人民法院不得重复启动执行案件移送破产审查程序。申请执行人或者被执行人以有新证据足以证明被执行人已经具备了破产原因为由，再次要求将执行案件移送破产审的，人民法院不予支持。但是，申请执行人或者被执行人可以直接向具有管辖权的人民法院提出破产申请。

③ 受移送法院裁定宣告被执行人破产或者裁定终止和解程序、重整程序的，应当自裁定作出之日起5日内送交执行法院，执行法院应当裁定终结对被执行人的执行。

第三节　管理人制度

一、管理人制度一般理论

管理人是指破产案件受理后成立的，全面接管破产企业并负责破产财产的保管、清理、估价、处理和分配等破产清算事务的专门机构或人员。管理人概念有广义与狭义之分。狭义的管理人仅负责破产清算程序中的管理工作，所以又称破产管理人，如前述概念。广义的管理人则还在重整、和解程序中承担管理、监督工作。本章使用的是广义的管理人概念。作为债务人财产的管理人，必须具有独立的法律地位，在破产案件中与债权人、债务人等不存在可能影响其公正从事管理活动的利害关系，并具有相应的专业能力。

二、管理人的资格与指定

(1) 管理人的资格。

① 管理人可以由有关部门、机构的人员组成的清算组或者依法设立的律师事务所会计师事务所、破产清算事务所等社会中介机构担任。

② 对于事实清楚、债权债务关系简单、债务人财产相对集中的企业破产案件，人民法院可以指定管理人名册中的个人为管理人。个人担任管理人的，应当参加执业责任保险，可以聘任必要的工作人员。

(2) 不得担任管理人的情形：

① 因故意犯罪受过刑事处罚；

② 曾被吊销相关专业执业证书；

③ 与本案有利害关系；

④ 人民法院认为不宜担任管理人的其他情形。

(3) 管理人的指定、更换与辞去职务：

① 管理人由人民法院指定，债权人会议可以申请人民法院予以更换；

② 人民法院指定管理人主要有三种方式，分别为随机、竞争和接受推荐；

③ 管理人没有正当理由，不得辞去职务，管理人辞去职务应当经人民法院许可。

(4) 管理人与人民法院、债权人会议的关系：

① 管理人向人民法院报告工作，并接受债权人会议和债权人委员会的监督；

② 管理人应列席债权人会议，向债权人会议报告职务执行情况，并回答询问。

(5) 对"利害关系"的司法解释。

① 判断社会中介机构、清算组成员是否存在利害关系。

与债务人、债权人有未了结的债权债务关系；

在人民法院受理破产申请前 3 年内，曾为债务人提供相对固定的中介服务；

现在是或者在人民法院受理破产申请前 3 年内曾经是债务人、债权人的控股股东或者实际控制人；

现在担任或者在人民法院受理破产申请前 3 年内曾经担任债务人、债权人的财务顾问、法律顾问。

② 判断清算组成员的派出人员、社会中介机构的派出人员、个人管理人是否存在利害关系，包括以上 3 条，以及：

现在担任或者在人民法院受理破产申请前 3 年内曾经担任债务人、债权人的董事、监事、高级管理人员；

与债权人或者债务人的控股股东、董事、监事、高级管理人员存在夫妻、直系血亲、三代以内旁系血亲或者近姻亲关系。

三、管理人的报酬

(1) 管理人的报酬由人民法院确定。债权人会议对管理人的报酬有异议并且无法与管理人协商一致的，有权向人民法院提出具体的请求和理由，由人民法院决定是否调整，债权人会议无权直接调整管理人的报酬。

① 管理人获得的报酬是纯报酬，不包括其因执行职务、进行破产管理工作中需支付的

其他费用，如公告费用、变价财产费用等。

② 管理人报酬原则上应当根据破产案件审理进度和管理人履职情况分期支付。案情简单、耗时较短的破产案件，可以在破产程序终结后一次性向管理人支付报酬。

(2) 管理人经人民法院许可，可以聘用必要的工作人员。管理人执行职务的费用、报酬和聘用工作人员的费用均计入破产费用。

(3) 清算组中有关政府部门派出的工作人员参与工作的，不收取报酬。其他机构或人员的报酬根据其履行职责的情况确定。

(4) 为防止重复计酬，律师事务所、会计师事务所通过聘用本专业的其他社会中介机构或者人员协助履行管理人职责的，所需费用从其报酬中支付；破产清算事务所通过聘用其他社会中介机构或者人员协助履行管理人职责的，所需费用从其报酬中支付。

(5) 管理人经人民法院许可聘用企业经营管理人员，或者管理人确有必要聘请其他社会中介机构或者人员处理重大诉讼、仲裁、执行或者审计等专业性较强的工作，如所需费用需要列入破产费用的，应当经债权人会议同意。

(6) 人民法院应根据债务人最终清偿的财产价值总额，在司法解释规定的比例范围内，分段确定管理人报酬。

(7) 担保权人优先受偿的担保物价值，不计入债务人最终清偿的财产价值总额。但是，管理人对担保物的维护、变现、交付等管理工作付出合理劳动的，有权向担保权人收取适当的报酬。

(8) 对于债务人财产不足以支付破产费用或者对债权人没有财产可供清偿分配的案件，人民法院可以考虑根据管理人工作的时间等情况确定其相应报酬。

(9) 管理人发生更换的，人民法院应当分别确定更换前后的管理人报酬。

四、管理人的职责与责任

（一）管理人的职责

根据《企业破产法》的规定，管理人履行下列职责：

① 接管债务人的财产、印章和账簿文书等资料；

② 调查债务人财产状况，制作财产状况报告；

③ 决定债务人的内部管理事务；

④ 决定债务人的日常开支和其他必要开支；

⑤ 在第一次债权人会议召开之前，决定继续或者停止债务人的营业；

⑥ 管理和处分债务人的财产；

⑦ 代表债务人参加诉讼、仲裁或者其他法律程序；

⑧ 提议召开债权人会议；

⑨ 人民法院认为管理人应当履行的其他职责。

要合理区分人民法院和管理人在委托审计、评估等财产管理工作中的职责。破产程序中确实需要聘请中介机构对债务人财产进行审计、评估的，依据法律规定，经人民法院许可后，管理人可以自行公开聘请。但是应当对其聘请的中介机构的相关行为进行监督。上述中介机构因不当履行职责给债务人、债权人或者第三人造成损害的，应当承担赔偿责任。管理人在聘用过程中存在过错的，应当在其过错范围内承担相应的补充赔偿责任。

（二）管理人的责任

① 管理人应当依法管理和处分债务人财产，审慎决定债务人内部管理事务，不得将自己的职责全部或者部分转让给他人。

② 管理人未依法勤勉尽责，忠实执行职务的，人民法院可以依法处以罚款；给债权人、债务人或者第三人造成损失的，依法承担赔偿责任。

第四节　债务人财产

一、债务人财产的范围

（一）债务人财产

在债务人财产即破产财产的构成范围上，各国破产法采取的主要有固定主义与膨胀主义两种立法主义。固定主义以破产程序启动时债务人所有的财产包括已存在的在将来行使的财产请求权为破产财产。所谓固定，是指破产程序启动时破产财产的范围即已确定。膨胀主义是指破产财产不仅包括债务人在破产程序启动时所有的财产，而且包括其在破产程序终结前所新取得的财产，破产财产的范围在破产程序启动后仍有所膨胀扩大。我国立法采取的是膨胀主义。债务人财产包括破产申请受理时属于债务人的全部财产，以及破产申请受理后至破产程序终结前债务人取得的财产。债务人财产在破产宣告后称为破产财产。据此规定，确定债务人财产范围的界定时点是破产申请受理时，而不是破产宣告时。

除债务人所有的货币、实物外，债务人依法享有的可以用货币估价并可以依法转让的债权、股权、知识产权、用益物权等财产和财产权益，人民法院均应认定为债务人财产。债务人已依法设定担保物权的特定财产，人民法院应当认定为债务人财产。债务人对按份享有所有权的共有财产的相关份额，或者共同享有所有权的共有财产的相应财产权利，以及依法分割共有财产所得部分，人民法院均应认定为债务人财产。

（二）非债务人财产

下列财产不应认定为债务人财产：① 债务人基于仓储、保管、承揽、代销、借用、寄存、租赁等合同或者其他法律关系占有、使用的他人财产；② 债务人在所有权保留买卖中尚未取得所有权的财产；③ 所有权专属于国家且不得转让的财产；④ 其他依照法律、行政法规不属于债务人的财产。

（三）债务人的共有财产

债务人对按份享有所有权的共有财产的相关份额，或者共同享有所有权的共有财产的相应财产权利，以及依法分割共有财产所得部分，人民法院均应认定为债务人财产。人民法院宣告债务人破产清算，属于共有财产分割的法定事由。

基于重整或者和解的需要必须分割共有财产，管理人请求分割的，人民法院应准许。因分割共有财产导致其他共有人损害产生的债务，其他共有人请求作为共益债务清偿的，人民法院应予支持。

（四）债务人财产的收回

人民法院受理破产申请后，管理人的一项重要工作就是清理债务人财产，追收财产。

1. 出资人

（1）人民法院受理破产申请后，债务人的出资人尚未完全履行出资义务的，管理人应当要求该出资人缴纳所认缴的出资，而不受出资期限的限制。

(2) 管理人代表债务人提起诉讼，主张出资人向债务人依法缴付未履行的出资或者返还抽逃的出资本息，出资人以认缴出资尚未届至公司章程规定的缴纳期限或者违反出资义务已经超过诉讼时效为由抗辩的，人民法院不予支持。

(3) 管理人依据《公司法》的相关规定代表债务人提起诉讼，主张公司的发起人和负有监督股东履行出资义务的董事、高级管理人员，或者协助抽逃出资的其他股东、董事、高级管理人员、实际控制人等，对股东违反出资义务或者抽逃出资承担相应责任，并将财产归入债务人财产的，人民法院应予支持。

① 股东在公司设立时未履行或者未全面履行出资义务，发起人与被告股东承担连带责任。

② 股东在公司增资时未履行或者未全面履行出资义务，原告请求未尽忠实义务和勤勉义务而使出资未缴足的董事、高级管理人员承担相应责任的，人民法院应予支持。

③ 股东抽逃出资，公司债权人请求抽逃出资的股东在抽逃出资本息范围内对公司债务不能清偿的部分承担补充赔偿责任、协助抽选出资的其他股东、董事、高级管理人员或者实际控制人对此承担连带责任的，人民法院应予支持。

2. 董事、监事和高级管理人员

(1) 债务人的董事、监事和高级管理人员利用职权从企业获取的非正常收入和侵占的企业财产，管理人应当追回。

(2) 债务人出现破产原因时，债务人的董事、监事和高级管理人员利用职权获取的以下收入，人民法院应当认定为非正常收入：

① 绩效奖金；

② 普遍拖欠职工工资情况下获取的工资性收入；

③ 其他非正常收入。

3. 债权

(1) 债务人的董事、监事和高级管理人员因返还“绩效奖金”和“其他非正常收入”形成的债权，可以作为普通破产债权清偿。

(2) 因返还“普遍拖欠职工工资情况下获取的工资性收入”形成的债权，按照该企业职工平均工资计算的部分作为拖欠职工工资清偿；高出该企业职工平均工资计算的部分，可以作为普通破产债权清偿。

4. 取回质物、留置物

(1) 在人民法院受理破产申请后，管理人可以通过清偿债务或者提供为债权人接受的担保，取回质物、留置物。

(2) 管理人拟通过清偿债务取回质物、留置物的，应当及时报告债权人委员会。未设立债权人委员会的，管理人应当及时报告人民法院。

(3) 在清偿债务时，如果质物或者留置物的价值低于被担保的债权额，以该质物或者留置物当时的市场价值为限。

二、破产撤销权

(一) 破产撤销权的含义

破产撤销权是指管理人对债务人在破产案件受理前的法定期间内进行的欺诈逃债或损

害公平清偿的行为，有申请法院撤销，并追回财产的权利。

人民法院受理破产申请前1年内，涉及债务人财产的下列行为，管理人有权请求人民法院予以撤销：

（1）无偿转让财产的；

（2）以明显不合理的价格进行交易的；

（3）对没有财产担保的债务提供财产担保的；

（4）对未到期的债务提前清偿的；

（5）放弃债权的。

撤销权原则上应由管理人统一行使。债务人的上述5种行为，只要发生在法定期间内，即可撤销，至于该行为实施时债务人是否存在破产原因、债务人与第三人主观上恶意还是善意，原则上不影响撤销权的行使。

在破产清算程序终结后两年内，债权人可以行使破产撤销权或针对债务人的无效行为而追回财产。在此期间内追回的财产，应用于对全体债权人分配。在破产清算程序终结两年之后，债权人发现因无效行为而应追回的财产，或者可行使民法撤销权追回的财产时，仍可行使相应权利追回财产，但追回的财产一般不再按照破产法规定用于对全体债权人清偿，而是用于对追回财产的债权人个别清偿。

（二）对个别债权人的清偿

1. 破产程序开始后的个别清偿

人民法院受理破产申请后，债务人对个别债权人的债务清偿无效。但是，债务人以其财产向债权人提供物权担保的，其在担保物市场价值内向债权人所作的债务清偿，不受上述规定的限制。

2. 危机期间的个别清偿

（1）人民法院受理破产申请前6个月内，债务人不能清偿到期债务，并且资产不足以清偿全部债务或者明显缺乏清偿能力，仍对个别债权人进行清偿的，管理人有权请求人民法院予以撤销。但是，个别清偿使债务人财产受益的除外。

（2）债务人对以自有财产设定担保物权的债权进行的个别清偿，管理人请求撤销的，人民法院不予支持。但是，债务清偿时担保财产的价值低于债权额的除外。

（3）债务人经诉讼、仲裁、执行程序对债权人进行的个别清偿，管理人请求撤销的，人民法院不予支持。但是，债务人与债权人恶意串通损害其他债权人利益的除外。

（4）债务人对债权人进行的以下个别清偿，管理人请求撤销的，人民法院不予支持：

① 债务人为维系基本生产需要而支付水费、电费等的；

② 债务人支付劳动报酬、人身损害赔偿金的；

③ 使债务人财产受益的其他个别清偿。

3. 对未到期的债务提前清偿的行为

（1）破产申请受理前1年内债务人提前清偿的未到期债务，在破产申请受理前已经到期，管理人请求撤销该清偿行为的，人民法院不予支持。但是，该清偿行为发生在破产申请受理前6个月内且债务人有《企业破产法》第二条第一款规定情形（企业法人不能清偿到期债务，并且资产不足以清偿全部债务或者明显缺乏清偿能力的）的除外。

（2）破产申请受理前1年内债务人提前清偿的未到期债务：

① 清偿时尚未到期、破产申请受理前已经到期的，不能撤销；

② 清偿时尚未到期、破产申请受理时也未到期的，可以撤销。

（三）债权人的撤销权

（1）破产申请受理后，管理人未依据企业破产法的规定请求撤销债务人无偿转让财产、以明显不合理价格交易、放弃债权行为的，债权人依据《民法典》等规定提起诉讼，请求撤销债务人上述行为并将因此追回的财产归入债务人财产的，人民法院应予受理。

（2）相对人以债权人行使撤销权的范围超出债权人的债权抗辩的，人民法院不予支持。

（3）因债务人放弃其到期债权或者无偿转让财产，对债权人造成损害的，债权人可以请求人民法院撤销债务人的行为。债务人以明显不合理的低价转让财产，对债权人造成损害，并且受让人知道该情形的，债权人也可以请求人民法院撤销债务人的行为。撤销权的行使范围以债权人的债权为限。

（四）对外债权的诉讼时效

（1）债务人对外享有权的诉讼时效，自人民法院受理破产申请之日起中断。

（2）债务人无正当理由未对其到期债权及时行使权利，导致其对外债权在破产申请受理前1年内超过诉讼时效期间的，人民法院受理破产申请之日起重新计算上述债权的诉讼时效期间。

三、无效行为

（1）涉及债务人财产的下列行为无效：

① 为逃避债务而隐匿、转移财产的；

② 虚构债务或者承认不真实的债务的。

其中，为逃避债务而隐匿、转移财产，是指债务人的行为客观上构成逃避债务的后果，而不是要求债务人主观上必须具有逃避债务的目的。

（2）在破产清算程序终结后2年内，债权人可以行使破产撤销权或者针对债务人的无效行为而追回财产。在此期间追回的财产，应当按照破产财产分配方案，对全体债权人进行追加分配。破产清算程序终结2年后，追回的财产不再用于对全体债权人清偿，而是用于对追回财产的债权人个别清偿。

（3）管理人依法提起诉讼，主张被隐匿、转移财产的实际占有人返还债务人财产，或主张债务人虚构债务或者承认不真实债务的行为无效并返还债务人财产的，人民法院应予支持。

四、取回权

《破产法》上的取回权分为一般取回权与特别取回权。

（一）一般取回权

1. 一般取回权的含义

一般取回权是指人民法院受理破产申请后，债务人占有的不属于债务人的财产，该财产的权利人可以通过管理人取回，但《破产法》另有规定的除外。取回权的基础权利主要是物权，尤其是所有权，但也不完全排除依债权产生取回权的特殊情况。司法实践中，取回权主要表现为加工承揽人破产时，定作人取回定作物；承运人破产时，托运人取回托运货物；承租人破产时，出租人收回出租物；保管人破产时，寄存人或存货人取回寄存物或仓储物；受托人破产时，信托人取回信托财产等。

2. 一般取回权的行使

权利人行使取回权，应当在破产财产变价方案或者和解协议、重整计划草案提交权人会议表决前向管理人提出。权利人在上述期限后主张取回相关财产的，仍可行使取回权，但是应当承担迟延行使取回权增加的相关费用。权利人行使取回权时未依法向管理人支付相关的加工费、保管费、托运费、委托费、代销费等费用，管理人拒绝其取回相关财产的，人民法院应予支持。

对债务人占有的权属不清的鲜活易腐等不易保管的财产或者不及时变现价值将严重贬损的财产，管理人应当及时变价并提存变价款，有关权利人可以就该变价款行使取回权。

3. 取回权的异议与诉讼

(1) 权利人依法向管理人主张取回相关财产，管理人不予认可，权利人有权以债务人为被告向人民法院提起诉讼请求行使取回权。

(2) 权利人依据人民法院或者仲裁机关的相关生效法律文书向管理人主张取回所涉争议财产，管理人以生效法律文书错误为由拒绝其行使取回权的，人民法院不予支持。

4. 他人财产被违法转让的取回权行使

通常情况下，一般取回权的行使只限于取回原物。如原物被违法转让，便需要根据不同情况确定相应的处理方法。

(1) 债务人占有的他人财产被违法转让给第三人，依据《民法典》第三百一十一条的规定，第三人已善意取得财产所有权，原权利人无法取回该财产的，人民法院应当按照以下规定处理：

① 转让行为发生在破产申请受理前的，原权利人因财产损失形成的债权，作为普通破产债权清偿；

② 转让行为发生在破产申请受理后的，因管理人或者相关人员执行职务导致原权利人损害产生的债务，作为共益债务清偿。

(2) 债务人占有的他人财产被违法转让给第三人，第三人已向债务人支付了转让价款，但依据《民法典》第三百一十一条的规定未取得财产所有权，原权利人依法追回转让财产的，对因第三人已支付对价而产生的债务，人民法院应当按照以下规定处理：

① 转让行为发生在破产申请受理前的，作为普通破产债权清偿；

② 转让行为发生在破产申请受理后的，作为共益债务清偿。

(二) 代偿取回权

代偿取回权是指债务人占有的他人财产毁损、灭失，因此获得的保险金、赔偿金、代偿物尚未交付给债务人，或者代偿物虽已交付给债务人但能与债务人财产予以区分的，权利人有权主张取回就此获得的保险金、赔偿金、代偿物。

代偿取回权是对一般取回权制度的必要补充。代偿取回权行使的基本前提，是代偿物与债务人的其他财产能够加以区分。如果保险金、赔偿金等已经交付给债务人，且与债务人财产混同，不能相区分，人民法院应当按照以下规定处理：

(1) 财产毁损、灭失发生在破产申请受理前的，权利人因财产损失形成的债权，作为普通破产债权清偿。

(2) 财产毁损、灭失发生在破产申请受理后的，因管理人或者相关人员执行职务导致权利人损害产生的债务，作为共益债务清偿。

（三）在途标的物的取回权

出卖人取回权是指人民法院受理破产申请时，出卖人已将买卖标的物向作为买受人的债务人发运，债务人尚未收到且未付清全部价款的，出卖人可以取回在运途中的标的物。但是，管理人可以支付全部价款，请求出卖人交付标的物。

出卖人通过通知承运人或者实际占有人中止运输、返还货物、变更到达地，或者将货物交给其他收货人等方式，对在运途中标的物主张了取回权但未能实现，或者在货物未达管理人前已向管理人主张取回在运途中标的物，在买卖标的物到达管理人后，出卖人向管理人主张取回的，管理人应予准许。出卖人对在运途中标的物未及时行使取回权，在买卖标的物到达管理人后向管理人行使在运途中标的物取回权的，管理人不应准许。

（四）所有权保留买卖合同中的取回权

所有权保留买卖合同，是当事人约定买受人未履行支付价款或者其他义务，标的物的所有权属于出卖人的买卖合同。在所有权保留买卖合同的标的物所有权未依法转移给买受人前，一方当事人破产的，该买卖合同属于双方均未履行完毕的合同，管理人有权依法决定解除或者继续履行合同。

1. 出卖人破产时，其管理人决定继续履行合同的

（1）买受人应当按照原合同的约定支付价款或者履行其他义务。

（2）买受人未依约支付价款或者履行完毕其他义务，或者将标的物出卖、出质或者作出其他不当处分，给出卖人造成损害，出卖人管理人依法主张取回标的物的，人民法院应予支持。但是，买受人已经支付标的物总价款75%以上或者第三人善意取得标的物所有权或者其他物权的除外。

（3）因上述原因出卖人未能取回标的物，出卖人管理人依法主张买受人继续支付价款、履行完毕其他义务，以及承担相应赔偿责任的，人民法院应予支持。

2. 出卖人破产，其管理人决定解除合同的

（1）出卖人破产，其管理人决定解除所有权保留买卖合同的，有权依法要求买受人向其交付买卖标的物。买受人以其不存在未依约支付价款或者履行完毕其他义务，或者将标的物出卖、出质或者作出其他不当处分情形抗辩的，人民法院不予支持。

（2）买受人依法履行合同义务并将买卖标的物交付出卖人管理人后，买受人已支付价款损失形成的债权作为共益债务清偿。但是，买受人违反合同约定，出卖人管理人主张上述债权作为普通破产债权清偿的，人民法院应予支持。

3. 买受人破产，其管理人决定继续履行合同的

（1）买受人破产，其管理人决定继续履行所有权保留买卖合同的，原买卖合同中约定的买受人支付价款或者履行其他义务的期限在破产申请受理时视为到期，买受人管理人应当及时向出卖人支付价款或者履行其他义务。

（2）买受人管理人无正当理由未及时支付价款或者履行完毕其他义务，或者将标的物出卖、出质或者作出其他不当处分，给出卖人造成损害，出卖人主张取回标的物的，人民法院应予支持。但是，买受人已支付标的物总价款75%以上或者第三人善意取得标的物所有权或者其他物权的除外。

（3）因上述原因未能取回标的物，出卖人依法主张买受人继续支付价款、履行完毕其他义务，以及承担相应赔偿责任的，人民法院应予支持。对因买受人未支付价款或者未履行完

毕其他义务，以及买受人管理人将标的物出卖、出质或者作出其他不当处分导致出卖人损害产生的债务，出卖人主张作为共益债务清偿的，人民法院应予支持。

4. 买受人破产，其管理人决定解除合同的

(1) 买受人破产，其管理人决定解除所有权保留买卖合同的，出卖人有权主张取回买卖标的物。

(2) 出卖人取回买卖标的物的，买受人管理人有权主张出卖人返还已支付价款。取回的标的物价值明显减少给出卖人造成损失的，出卖人可从买受人已支付价款中优先予以抵扣，剩余部分返还给买受人；对买受人已支付价款不足以弥补出卖人标的物价值减损损失形成的债权，作为共益债务清偿。

五、破产抵销权

破产抵销权，是指债权人在破产申请受理前对债务人即破产人负有债务的，无论是否已到清偿期限、标的是否相同，均可在破产财产最终分配确定前向管理人主张相互抵销的权利。

(一) 破产抵销权的生效

(1) 管理人收到债权人提出的主张债务抵销的通知后，经审查无异议的，抵销自管理人收到通知之日起生效。

(2) 管理人对抵销主张有异议的，应当在约定的异议期限内或者自收到主张债务抵销的通知之日起 3 个月内向人民法院提起诉讼。人民法院判决驳回管理人提起的抵销无效诉讼请求的，该抵销自管理人收到主张债务抵销的通知之日起生效。

(二) 异议不成立的情形

管理人以下列理由提出异议的，人民法院不予支持：

① 破产申请受理时，债务人对债权人负有的债务尚未到期；

② 破产申请受理时，债权人对债务人负有的债务尚未到期；

③ 双方互负债务标的物种类、品质不同。

(三) 在破产程序中禁止抵销的几种情形

(1) 债务人的债务人在破产申请受理后取得他人对债务人的债权的。

(2) 债权人已知债务人有不能清偿到期债务或者破产申请的事实，对债务人负担债务的。

(3) 债务人的债务人已知债务人有不能清偿到期债务或者破产申请的事实，对债务人取得债权的；但是，债务人的债务人因为法律规定或者有破产申请 1 年前所发生的原因而取得债权的除外。

(四) 股东的特定债务禁止抵销

债务人的股东主张以下列债务与债务人对其负有的债务抵销，债务人的管理人提出异议的，人民法院应予支持：

① 债务人股东因欠缴债务人的出资或者抽逃出资对债务人所负的债务；

② 债务人股东用股东权利或者关联关系损害公司利益对债务人所负的债务。

六、破产费用与共益债务

(一) 破产费用

破产费用，是破产程序中为全体债权人共同利益，因程序进行而支付的各项费用的总

称。人民法院受理破产申请后发生的下列费用，为破产费用：

① 破产案件的诉讼费用；

② 管理、变价和分配债务人财产的费用；

③ 管理人执行职务的费用、报酬和聘用工作人员的费用。

人民法院裁定受理破产申请的，此前债务人尚未支付的公司强制清算费用、未终结的执行程序中产生的评估费、公告费、保管费等执行费用，可以参照《企业破产法》关于破产费用的规定，由债务人财产随时清偿。此前债务人尚未支付的案件受理费、执行申请费，可以作为破产债权清偿。

（二）共益债务

共益债务，是在破产程序中发生的应由债务人财产负担的债务的总称。人民法院受理破产申请后发生的下列债务，为共益债务：

① 因管理人或者债务人请求对方当事人行双方均未履行完毕的合同所产生的债务；

② 债务人财产受无因管理所产生的债务；

③ 因债务人不当得利所产生的债务；

④ 为债务人继续营业而应支付的劳动报酬和社会保险费用以及由此产生的其他债务；

⑤ 管理人或者相关人员执行职务致人损害所产生的债务；

⑥ 债务人财产致人损害所产生的债务。

破产申请受理后，经债权人会议决议通过，或者第一次债权人会议召开前经人民法院许可，管理人或者自行管理的债务人可以为债务人继续营业而借款。提供借款的债权人主张参照《企业破产法》第四十二条第四项的规定优先于普通破产债权清偿的，人民法院应予支持，但其主张优先于此前已就债务人特定财产享有担保的债权清偿的，人民法院不予支持。管理人或者自行管理的债务人可以为前述借款设定抵押担保，抵押物在破产申请受理前已为其他债权人设定抵押的，债权人主张按照《民法典》第四百一十四条规定的顺序清偿，人民法院应予支持。

（三）破产费用和共益债务的清偿

① 破产费用和共益债务由债务人财产随时清偿。

② 债务人财产不足以清偿所有破产费用和共益债务的，先行清偿破产费用。

③ 债务人财产不足以清偿所有破产费用或者共益债务的，按照比例清偿。

④ 债务人财产不足以清偿破产费用的管理人应当提请人民法院终结破产程序。

⑤ 在债权人或者债务人等提出破产清算申请时，人民法院即发现债务人财产可能不足以支付破产费用、无财产可供分配的，应当先受理破产案件，在对此情况审查确认后作出破产宣告，同时作出终结破产程序的裁定。

第五节　破产债权

一、破产债权申报的一般规则

（1）人民法院受理破产申请后，应当确定债权人申报债权的期限。债权申报期限自人民法院发布受理破产申请公告之日起计算，最短不得少于30日，最长不得超过3个月。法律规定的时间内，人民法院可以根据案件的具体情况确定申报债权的期限。

(2) 在人民法院确定的债权申报期限内债权人未申报债权的，可以在破产财产最后分配前补充申报；但是，此前已进行的分配，不再对其补充分配。为审查和确认补充申报债权的费用，由补充申报人承担。

(3) 职工债权无须申报。债务人所欠职工的工资和医疗、伤残补助、抚恤费用，所欠的应当划入职工个人账户的基本养老保险、基本医疗保险费用，以及法律、行政法规规定应当支付给职工的补偿金，不必申报，由管理人调查后列出清单并予以公示。职工对清单记载有异议的，可以要求管理人更正；管理人不予更正的，职工可以向人民法院提起诉讼。

(4) 未到期的债权，在破产申请受理时视为到期。附利息的债权自破产申请受理时起停止计息。无利息的债权，无论是否到期均以本金申报债权。附条件、附期限的债权和诉讼、仲裁未决的债权，债权人也可以申报。职工劳动债权计算到解除劳动合同时止。

人民法院受理债务人破产案件后，债权人请求担保人承担担保责任，担保人主张担保债务自人民法院受理破产申请之日起停止计息的，人民法院对担保人的主张应予以支持。债权人的债权到期前，债务人的债权或者与该债权有关的从权利存在诉讼时效期间即将届满或者未及时申报破产债权等情形，影响债权人的债权实现的，债权人可以代位向债务人的相对人请求其向债务人履行、向破产管理人申报或者作出其他必要的行为。

二、破产债权申报的特别规定

《企业破产法》对一些特殊破产债权的确认与申报作有特别规定。

(1) 连带债权人可以由其中一人代表全体连带债权人申报债权，也可以共同申报债权。

(2) 债务人的保证人或者其他连带债务人已经代替债务人清偿债务的，以其对债务人的求偿权申报债权；尚未代替债务人清偿债务的，以其对债务人的将来求偿权预先申报债权。

(3) 管理人解除双方均未履行完毕的合同，对方当事人以因合同解除所产生的损害赔偿请求权申报债权。对方当事人申报的破产债权以实际损失为限，违约金不得作为破产债权申报。

(4) 委托合同。

① 债务人是委托合同的委托人，其破产案件被人民法院受理，受托人不知该事实，继续处理委托事务的，受托人以由此产生的请求权申报破产债权。

② 如果受托人已知该事实，但为了债务人即全体债权人利益，在无法向管理人移交事务的紧急情况下应当继续处理委托事务。为此，《民法典》第九百三十五条规定："因委托人死亡或者被宣告破产、解散，致使委托合同终止将损害委托人利益的，在委托人的继承人、遗产管理人或者清算人承受委托事务之前，受托人应当继续处理委托事务。"受托人由此产生的请求权作为共益债务优先清偿。

③ 如果受托人已知委托人破产之事实，无必要的继续处理委托事务，以不当增加委托费用与报酬数额的，由此而产生的债权，不得作为破产债权受偿。为保障委托人的利益，《民法典》第九百三十六条还规定："因受托人死亡、丧失民事行为能力或者被宣告破产、解散，致使委托合同终止的，受托人的继承人、遗产管理人、法定代理人或者清算人应当及时通知委托人。因委托合同终止将损害委托人利益的，在委托人作出善后处理之前，受托人的继承人、遗产管理人、法定代理人或者清算人应当采取必要措施。"

(5) 债权人的债权到期前，债务人的债权或者与该债权有关的从权利存在诉讼时效期间即将届满或者未及时申报破产债权等情形，影响债权人的债权实现的，债权人可以代位向债务人的相对人请求其向债务人履行、向破产管理人申报或者作出其他必要的行为。

（6）债务人是票据的出票人，其破产案件被人民法院受理，该票据的付款人继续付款或者承兑的，付款人以由此产生的请求权申报债权。

（7）破产申请受理后，债务人欠缴款项产生的滞纳金，包括债务人未履行生效法律文书应当加倍支付的迟延利息和劳动保险金的滞纳金，债权人作为破产债权申报的，人民法院不予确认。

三、被保证人和保证人破产时破产债权申报

（一）被保证人破产

1. 有担保人的情况

（1）人民法院受理债务人破产案件，债权人在破产程序中申报债权后又向人民法院提起诉讼，请求担保人承担担保责任的，人民法院依法予以支持。担保人清偿债权人的全部债权后，可以代替债权人在破产程序中受偿；在债权人的债权未获全部清偿前，担保人不得代替债权人在破产程序中受偿，但是有权就债权人通过破产分配和实现担保债权等方式获得清偿总额中超出债权的部分，在其承担担保责任的范围内请求债权人返还。

债权人在债务人破产程序中未获全部清偿，请求担保人继续承担担保责任的，人民法院应予支持；担保人承担担保责任后，向和解协议或者重整计划执行完毕后的债务人追偿的，人民法院不予支持。

（2）债权人知道或者应当知道债务人破产，既未申报债权也未通知担保人，致使担保人不能预先行使追偿权的，担保人就该债权在破产程序中可能受偿的范围内免除担保责任，但是担保人因自身过错未行使追偿权的除外。

2. 一般保证

一般保证的保证人在主合同纠纷未经审判或者仲裁，并就债务人财产依法强制执行仍不能履行债务前，有权拒绝向债权人承担保证责任，即可享有先诉抗辩权。

但在人民法院受理债务人破产案件后，一般保证人不得行使先诉抗辩权。因此时债权人已不能通过对债务人财产的个别执行先行向债务人行使权利，所以可以直接向负补充责任的保证人追偿。

（二）保证人破产

（1）人民法院受理保证人破产案件的，保证人的保证责任不得因其破产而免除。保证债务已到期时，债权人可依保证合同的约定向保证人申报债权追偿。

（2）主债务未到期的，保证债权在保证人破产申请受理时视为到期。一般保证的保证人主张行使先诉抗辩权的，人民法院不予支持，但债权人在一般保证人破产程序中的分配额应予提存，待一般保证人应承担的保证责任确定后再按照破产清偿比例予以分配。保证人被确定应当承担保证责任的，保证人的管理人可以就保证人实际承担的清偿额向主债务人或其他债务人行使求偿权。

（3）债务人、保证人均被裁定进入破产程序的，债权人有权向债务人、保证人分别申报债权。债权人向债务人、保证人均申报全部债权的，从一方破产程序中获得清偿后，其对另一方的债权额不作调整，但债权人的受偿额不得超出其债权总额。保证人履行保证责任后不再享有求偿权。

四、破产债权的确认

债权人申报的债权须经审查确认后才能在破产程序中行使权力。管理人应当对所申报的债权进行登记造册，详尽记载申报人的姓名、单位、代理人、申报债权额、担保情况、证据、联系方式等事项，形成债权申报登记册，不允许以其认为申报债权超过诉讼时效或不能成立等为由拒绝编入债权申报登记册。管理人应当对债权的性质、数额、担保财产、是否超过诉讼时效期间、是否超过强制执行期间等情况进行审查、编制债权表并提交债权人会议核查。债权表、债权申报登记册及债权申报材料在破产期间由管理人保管，债权人、债务人、债务人职工及其他利害关系人有权查阅。

1. 债权审查的判断原则

（1）未经发生法律效力的法律文书所确定的债权均需审查确认。

（2）已经发生法律效力的法律文书所确认的债权，原则上不需审查确认。但确有证据证明该债权是虚构的、不真实的，或依据破产法应作特殊调整的除外。

2. 债权登记确认表

（1）管理人收到债权申报材料后，应当登记造册，对申报的债权进行审查，并编制债权登记表。管理人必须将申报的债权全部登记在债权登记表上，不允许以其认为申报债权超过诉讼时效或者不能成立等为由拒绝编入债权登记表。

（2）债权登记表和债权申报材料由管理人保存，供利害关系人查阅。

（3）管理人依法编制的债权登记表，应当提交第一次债权人会议核查：

① 经核查后，管理人、债务人、其他债权人等对债权无异议的，列入债权确认表中；

② 经核查后仍存在异议的债权，由人民法院裁定该异议债权是否列入债权确认表中。该项裁定不影响债权人等利害关系人提起债权确认诉讼的权利。

债务人、债权人对债权表记载的债权有异议的。应当说明理由和法律依据。经管理人解释和调整后，异议人仍然不服的，或者管理人不予解释和调整的，异议人应当在债权人会议核查结束后15日内向人民法院提起债权确认诉讼。当事人之间在破产申请受理前订立有仲裁条款或仲裁协议的，应当向选定的仲裁机构申请确认债权债务关系。

债务人对债权表记载的债权有异议向人民法院提起诉讼的，应当将被异议债权人列为被告。债权人对债权表记载的他人债权有异议的，应将被异议债权人列为被告；债权人对债权表记载的本人债权有异议的，应将债务人列为被告。对同一笔债权存在多个异议人，其他异议人申请参加诉讼的，应当列为共同原告。

第六节　债权人会议

一、债权人会议的组成

（一）债权人会议的概念

债权人会议，是由所有依法申报债权的债权人组成，以保障债权人共同利益为目的，为实现债权人的破产程序知情权、参与权，讨论决定有关破产事宜，表达债权人意志，协调债权人行为的破产议事机构。在破产程序中，债权人会议不是一个独立的民事权利主体，而只是具有自治性质的团体机构。债权人会议仅在破产程序中与法院、管理人、债务人或破产人等有关当事人进行交涉，负责处理涉及全体债权人共同利益的问题，协调债权人的法律行为，采用多数表决的方式在其职权范围内议决有关破产事宜。债权人会议不能与破产程序之外的主体发生法律关系。债权人会议依召集会议的方式进行活动，虽属于法定必设机关，但不是常设的机构，而是会议体机构。债权人会议仅为决议机关，虽享有法定职权，但本身无执行功能，其所作出的相关决议一般由管理人、债权人委员会负责执行。

（二）债权人会议的成员与权利

1. 债权人

依法申报债权的债权人为债权人会议的成员，有权参加债权人会议，享有表决权。凡是申报债权者均有权参加第一次债权人会议，有权参加对其债权的核查、确认活动，并可依法提出异议。对于在第一次会议上确认债权以后的债权人会议，只有债权得到确认者才有权行使表决权。债权尚未确定的债权人，除人民法院能够为其行使表决权而临时确定债权额者外，不得行使表决权。

对债务人的特定财产享有担保权的债权人，未放弃优先受偿权利的，对于通过和解协议与破产财产的分配方案的事项不享有表决权。对债务人的特定财产享有担保权的债权人也属于债权人会议成员，且享有法定的表决权。

债权人可以自己出席会议，也可以委托代理人出席债权人会议，行使表决权。代理人出席债权人会议，应当向人民法院或者债权人会议主席提交债权人的授权委托书。为维护企业职工的权益，立法规定债权人会议应当有债务人的职工和工会的代表参加，对有关事项发表意见。

每个债权人都享有在破产程序中的知情权。单个债权人有权查阅债务人财产状况报告、债权人会议决议、债权人委员会决议、管理人监督报告等参与破产程序所必需的债务人财务和经营信息资料。管理人无正当理由不予提供的，债权人可以请求人民法院作出决定；人民法院应当在5日内作出决定。上述信息资料涉及商业秘密的，债权人应当依法承担保密义务或者签署保密协议；涉及国家秘密的应当依照相关法律规定处理。

2. 职工和工会代表

一般情况下，债务人的职工和工会代表在债权人会议上没有表决权。因为破产企业中不一定都存在职工债权，即使存在职工债权，因其处于最优先的清偿地位，破产程序的进行与分配一般不影响其实际利益，故不享有表决权，以保证当事人的权利与义务对等。但如存在职工劳动债权不能从破产财产中获得全额、及时优先受偿，或是在重整程序中债权人会议决议通过可能影响其清偿、就业利益的重整计划草案等情况下，职工债权人应享有表决权，职工债权人的表决权可以通过职工代表行使。

3. 债权人会议主席

为保证债权人会议的顺利进行，我国立法规定，债权人会议设主席1人，由人民法院在有表决权的债权人中指定。由单位债权人出任债权人会议主席的，该单位应当指定一名常任代表履行主席职务，且一般情况下不得更换。债权人会议主席依法行使职权，负责债权人会议的召集、主持等工作。

4.其他列席人员

在债权人会议上除有权出席会议的债权人之外，还有其他列席人员。债权人会议的列席人员是指不属于会议正式成员，无表决权，为协助债权人会议顺利召开，因履行法定义务或职务义务而参加会议的人员。债务人的法定代表人有义务列席债权人会议。经人民法院决定，债务人企业的财务管理人员和其他经营管理人员也有义务列席债权人会议。管理人作为负有财产事务管理职责的人应当列席债权人会议。有义务列席债权人会议的债务人的有关人员，经人民法院传唤，无正当理由拒不列席债权人会议的，人民法院可以拘传，并依法处以罚款。债务人的有关人员违反法律规定，拒不陈述、回答，或者作虚假陈述、回答的，人民法院可以依法处以罚款。

二、债权人会议的召集与职权

（一）债权人会议的召集

债权人会议是依召集方式活动、依表决决议方式作出决策的议决机关。第一次债权人会议由人民法院召集，自债权申报期限届满之日起 15 日内召开。以后的债权人会议，在人民法院认为必要时，或者管理人、债权人委员会、占债权总额 1/4 以上的债权人向债权人会议主席提议时召开。这里的提议召开，应理解为有提议即应召开，债权人会议主席无权拒绝召开会议。召开债权人会议，管理人应当提前 15 日通知已知的债权人。

（二）债权人会议的职权

债权人会议行使下列职权：① 核查债权；② 申请人民法院更换管理人，审查管理人的费用和报酬；③ 监督管理人；④ 选任和更换债权人委员会成员；⑤ 决定继续或者停止债务人的营业；⑥ 通过重整计划；⑦ 通过和解协议；⑧ 通过债务人财产的管理方案；⑨ 通过破产财产的变价方案；⑩ 通过破产财产的分配方案；⑪ 人民法院认为应当由债权人会议行使的其他职权。债权人会议应当对所议事项的决议作成会议记录。

（三）债权人会议决议方式

债权人会议的决议，由出席会议的有表决权的债权人过半数通过，并且其所代表的债权额占无财产担保债权总额的 1/2 以上。但是，法律对债权人会议通过和解协议与重整计划草案的决议有更为严格的规定。和解协议由出席会议的有表决权的债权人过半数同意，并且其所代表的债权额占无财产担保债权总额的 2/3 以上。重整计划的分组表决由出席会议的同一表决组的债权人过半数同意，并且其所代表的债权额占该组债权总额的 2/3 以上。

债权人会议的决议可以采取现场表决或通信、网络投票等非现场方式进行表决。采取非现场方式进行表决的，管理人应当在债权人会议召开后的 3 日内，以信函、电子邮件、公告等方式将表决结果告知参与表决的债权人。

债权人认为债权人会议的决议违反法律规定，损害其利益的，可以自债权人会议作出决议之日起 15 日内，请求人民法院裁定撤销该决议，责令债权人会议依法重新作出决议。债权人会议的决议具有以下情形之一，损害债权人利益，债权人申请撤销的，人民法院应予支持：① 债权人会议的召开违反法定程序；② 债权人会议的表决违反法定程序；③ 债权人会议的决议内容违法；④ 债权人会议的决议超出债权人会议的职权范围。人民法院可以裁定撤销全部或者部分事项决议，责令债权人会议依法重新作出决议。债权人申请撤销债权人会议决议的，应当提出书面申请。债权人会议采取通信、网络投票等非现场方式进行表决的，债权人申请撤销的期限自债权人收到通知之日起算。

三、债权人委员会

（一）债权人委员会的概念与组成

债权人委员会是遵循债权人的共同意志，代表债权人会议监督管理人行为以及破产程序合法、公正进行，处理破产程序中的有关事项，维护债权人利益的常设监督机构。在破产程序中设立债权人委员会具有重要意义，有助于保护全体债权人的利益，保障债权人会议职能的有效执行，并在债权人会议闭会期间对破产程序进行日常必要的监督。债权人委员会为破产程序中的选任机关，由债权人会议根据案件具体情况决定是否设置。

债权人委员会中的债权人代表由债权人会议选任、罢免。此外，债权人委员会中还应当有一名债务人企业的职工代表或者工会代表。为便于决定事项、开展工作，债权人委员会的成员人数原则上应为奇数，最多不得超过 9 人。出任债权人委员会的成员应当经人民法院书面认可。

（二）债权人委员会的职权

债权人委员会行使下列职权：

① 监督债务人财产的管理和处分；

② 监督破产财产分配；

③ 提议召开债权人会议；

④ 债权人会议委托的其他职权。

（三）表决方式

债权人委员会决定所议事项应获得全体成员过半数通过，并做成议事记录。债权人委员会成员对所议事项的决议有不同意见的，应当在记录中载明。债权人委员会行使职权应当接受债权人会议的监督，以适当的方式向债权人会议及时汇报工作，并接受人民法院的指导。

管理人处分债务人重大财产的，应当事先制作财产管理或者变价方案，并提交债权人会议进行表决，债权人会议表决未通过的，管理人不得处分。管理人实施处分前，应当提前 10 日书面报告债权人委员会或者人民法院。债权人委员会可以要求管理人对处分行为作出相应说明，或者提供有关文件依据。债权人委员会认为管理人实施的处分行为不符合债权人会议通过的财产管理或变价方案的，有权要求管理人纠正。管理人拒绝纠正的，债权委员会可以请求人民法院作出决定。人民法院认为管理人实施的处分行为不符合债权人会议通过的财产管理和变价方案的，应当责令管理人停止处分行为。管理人应当予以纠正，或者提交债权人会议重新表决通过后实施。

第七节 重整程序与和解制度

一、重整程序

重整是指对已经或可能发生破产原因但又有挽救希望与价值的企业，通过对各方利害关系人的利益协调，借助法律强制进行股权、营业、资产重组与债务清理，以避免破产、获得更生的法律制度。我国重整制度的适用范围为企业法人，由于其程序复杂、费用高昂、耗时很长，故实践中主要适用于大中型企业，小型企业则往往采用更为简化的和解程序。

（一）重整申请

债务人或者债权人可以依法直接向人民法院申请对债务人进行重整。债权人申请对债务人进行破产清算的，在人民法院受理破产申请后、宣告债务人破产前，债务人或者出资额占债务人注册资本 1/10 以上的出资人，可以向人民法院申请重整。其他债权人也可以申请对债务人进行重整。国务院金融监督管理机构可以向人民法院提出对金融机构进行重整的申请。

对于债权债务关系复杂、债务规模较大，或者涉及上市公司重整的案件，人民法院在审查重整申请时，可以组织申请人、被申请人听证。债权人、出资人、重整投资人等利害关系人经人民法院准许，也可以参加听证。听证期间不计入重整申请审查期限。

人民法院应当建立对重整企业的识别审查机制与标准。破产重整的对象应当是具有挽救价值和可能的困境企业；对于僵尸企业，应通过破产清算，果断实现市场出清。人民法院在审查重整申请时，根据债务人的资产状况、技术工艺、生产销售、行业前景等因素，能够认定债务人明显不具备重整价值以及拯救可能性的，应裁定不予受理。

人民法院经审查认为重整申请符合法律规定的，应当裁定债务人重整，并予以公告。人民法院在审查重整申请时，要依法掌握受理标准：一方面，对符合法律规定的申请应当及时受理，不得拖延阻碍；另一方面，对不具有重整可能的申请应及时裁定不予受理，不能让重整制度变成债务人阻止债权人实现权利的手段，偏离其立法宗旨，不能使重整程序变成政府不正当行政干预企业市场化破产的避风港。

鉴于上市公司破产重整案件较为敏感，不仅涉及企业职工和二级市场众多投资者的利益安排，还涉及与地方政府和证券监管机构的沟通协调。因此，目前人民法院在裁定受理上市公司破产重整申请前，应当将相关材料逐级报送最高人民法院审查。对于股票仍在正常交易的上市公司，在上市公司破产重整申请相关信息披露前，上市公司及其债权人、出资人等利害关系人应当按照法律、行政法规、证券监管机构的部门规章及证券交易所上市规则做好信息保密工作。上市公司的债权人提出破产重整申请的，人民法院应当要求债权人提供其已就此告知上市公司的有关证据。上市公司应当按照相关规则及时履行信息披露义务。上市公司进入破产重整程序后，由管理人履行相关法律、行政法规、部门规章和公司章程规定的原上市公司董事会、董事和高级管理人员承担的职责和义务，上市公司自行管理财产和营业事务的除外。管理人在上市公司破产重整程序中存在信息披露违法违规行为的，应当依法承担相应的责任。

（二）重整期间

1. 重整期间概念

重整期间仅指重整申请受理至重整计划草案得到债权人会议分组表决通过和人民法院批准，或重整计划草案未能得到债权人会议分组表决通过或人民法院不予批准的期间，不包括重整计划得到批准后的执行期间。重整期间自人民法院裁定债务人重整之日起至重整程序终止。

2. 重整期间的相关事务

（1）在重整期间，债务人的财产管理和营业事务执行，可以由管理人或者债务人负责。

经债务人申请，人民法院批准，债务人可以在管理人的监督下自行管理财产和营业事务。重整期间，债务人同时符合下列条件的，经申请，人民法院可以批准债务人在管理人的监督下自行管理财产和营业事务：① 债务人的内部治理机制仍正常运转；② 债务人自行管理有利于债务人继续经营；③ 债务人不存在隐匿、转移财产的行为；④ 债务人不存在其他严重损害债权人利益的行为。债务人提出重整申请时，可以一并提出自行管理的申请。经人民法院批准，由债务人自行管理财产和营业事务的，管理人职权中有关财产管理和营业经营的职权应当由债务人行使。管理人应当对债务人的自行管理行为进行监督。管理人发现债务人存在严重损害债权人利益的行为，或者有其他不适宜自行管理情形的，可以申请人民法院作出终止债务人自行管理的决定。人民法院决定终止的，应当通知管理人接管债务人的财产和营业事务。债务人有上述行为而管理人未申请人民法院作出终止决定的，债权人等利害关系人可以向人民法院提出申请。重整案件受理后法院批准债务人自行管理的，管理人应当向债务人移交财产和营业事务，人民法院要督促管理人制定监督债务人的具体制度。管理人负责管理财产和营业事务的，可以聘任债务人的经营管理人员负责营业等事务。

(2) 在重整期间，对债务人的特定财产享有的担保权暂停行使。但是，对企业重整无保留必要的担保财产，经债务人或者管理人同意，担保权人可以行使担保权。

(3) 在重整期间，债务人或者管理人为继续营业而借款的，可以参照共益债务优先受偿，还可以以债务人财产为该借款设定担保。

(4) 在重整期间，债务人的出资人不得请求投资收益分配。债务人的董事、监事、高级管理人员不得向第三人转让其持有的债务人的股权，但是，经人民法院同意的除外。

(5) 债务人合法占有的他人财产，该财产的权利人在重整期间要求取回的，应当符合事先约定的条件。

(三) 重整计划的制订

1. 重整计划的制订主体

(1) 债务人。债务人企业在重整申请受理之后，债务人自行管理财产和营业事务的，由债务人制订重整计划草案。

(2) 管理人。债务人企业在重整申请受理之后，管理人负责管理财产和营业事务的，由管理人制订重整计划草案。

2. 重整计划的制订期限

(1) 债务人或者管理人应当自人民法院裁定债务人重整之日起 6 个月内，同时向人民法院和债权人会议提交重整计划草案。

(2) 期限届满，经债务人或者管理人请求，有正当理由的，人民法院可以裁定延期 3 个月。

(3) 债务人或者管理人未按期提出重整计划草案的，人民法院应当裁定终止重整程序，并宣告债务人破产。

3. 重整计划草案的表决

(1) 分组表决。

① 重整计划草案在债权人会议上进行分组表决。表决组的划分要充分体现当事人在重整计划中的差别利益。

②《企业破产法》规定，债权人参加讨论重整计划草案的债权人会议，依照下列债权分类，分组对重整计划草案进行表决：对债务人的特定财产享有担保权的债权；职工债权；债务人所欠税款；普通债权。

③ 重整计划不得规定减免纳入社会统筹账户的社会保险费用，该项费用的债权人不参加重整计划草案的表决。

为重整计划草案进行分组表决时，权益因重整计划草案受到调整或者影响的，债权人或者股东有权参加表决，权益未受到调整或者影响的，债权人和股东，不参加重整计划草案的表决。

(2) 分组表决的指导性。

①《企业破产法》规定的债权分组是指导性的，除列举的组别划分外，人民法院还可以根据案件具体情况，决定设置其他分组。

② 债务人的出资人代表可以列席讨论重整计划草案的债权人会议。重整计划草案涉及出资人权益调整事项的，应当单设出资人组，该组进行表决时，应按出资比例行使表决权，与人数无关。

③ 人民法院在必要时可以决定在普通债权组中设小额债权组对重整计划草案进行表决。

（四）重整计划的批准

1. 正常批准

出席会议的同一表决组的债权人过半数同意重整计划草案，并且其所代表的债权额占该组债权总额的2/3以上的，即为该组通过重整计划草案。各表决组均通过重整计划草案时，重整计划即为通过。

自重整计划通过之日起10日内，债务人或者管理人应当向人民法院提出批准重整计划的申请。企业的重整不仅是债务减免和财务调整，重整的重点是维持企业的营运价值。人民法院在审查重整计划时，除合法性审查外，重整计划中关于企业重新获得盈利能力经营方案具有可行性。

重整计划中关于企业重新获得盈利能力的经营方案具有可行性、表决程序合法、内容不损害各表决组中反对者的清偿利益的，人民法院应当自收到申请之日起30日内裁定批准，终止重整程序，并予以公告。

2. 强制批准

计划草案符合下列条件的，债务人或者管理人可以申请人民法院批准重整计划草案：

（1）按照重整计划草案，对债务人的特定财产享有担保权的债权就该特定财产将获得全额清偿，其因延期清偿所受的损失将得到公平补偿，并且其担保权未受到实质性损害，或者该表决组已经通过重整计划草案。

（2）按照重整计划草案，职工债权和债务人所欠税款将获得全额清偿，或者相应表决组已经通过重整计划草案。

（3）按照重整计划草案，普通债权所获得的清偿比例，不低于其在重整计划草案被提请批准时依照破产清算程序所能获得的清偿比例，或者该表决组已经通过重整计划草案。

（4）重整计划草案对出资人权益的调整公平、公正，或者出资人组已经通过重整计划草案。

（5）重整计划草案公平对待同一表决组的成员，并且所规定的债权清偿顺序不违反《企业破产法》的规定。

（6）债务人的经营方案具有可行性。人民法院经审查认为重整计划草案符合上述规定的，应当自收到申请之日起30日内裁定批准，终止重整程序，并予以公告。人民法院不得滥用强制批准权，确需强制批准重整计划草案的，重整计划草案除应当符合《企业破产法》的规定外，如债权人分多组的，还应当至少有1组已经通过重整计划草案，且各表决组中反对者能够获得的清偿利益不低于依照破产清算程序所能获得的利益。

重整程序因人民法院裁定批准重整计划草案而终止的，重整案件可作结案处理。重整计划执行完毕后，人民法院可以根据管理人等利害关系人申请，作出重整程序终结的裁定。

此部分内容为根据《全国法院民商事审判工作会议纪要》新增加的内容。

3．未批准

重整计划草案未获得债权人会议通过且未获得人民法院的强制批准，或者债权人会议通过的重整计划未获得人民法院批准的，人民法院应当裁定终止重整程序，并宣告债务人破产。

（五）重整计划的执行

重整计划经人民法院批准后由债务人执行。为此，在重整计划草案的制定、审查、表决过程中，必须考虑在重整计划草案中对债务人董事、监事、经理等高级管理人员中有违法行为者及不称职者进行更换，以免在债务人执行重整计划草案过程中因人员不当而发生问题。

（六）重整计划的监督

自人民法院裁定批准重整计划之日起，在重整计划规定的监督期内，由管理人监督重整计划的执行，债务人应当向管理人报告重整计划执行情况和债务人财产状况。在重整计划规定的监督期内，管理人应当代表债务人参加监督期开始前已经启动而尚未终结的诉讼、仲裁活动。

要依法确保重整计划的执行和有效监督重整计划的执行期间和监督期间原则上应当一致。二者不一致的，人民法院在确定和调整重整程序中的管理人报酬方案时，应当根据重整期间和重整计划监督期间管理人工作量的不同予以区别对待。其中，重整期间的管理人报酬应当根据管理人对重整发挥的实际作用等因素予以确定和支付；重整计划监督期间管理人报酬的支付比例和支付时间，应当根据管理人监督职责的履行情况，与债权人按照重整计划实际受偿比例和受偿时间相匹配。重整计划执行期间，因重整程序终止后新发生的事实或者事件引发的有关债务人的民事诉讼，不适用有关集中管辖的规定。除重整计划有明确约定外，上述纠纷引发的诉讼，不再由管理人代表债务人进行。

监督期届满时，管理人应当向人民法院提交监督报告。重整计划的利害关系人有权查阅该报告。经管理人申请，人民法院可以裁定延长重整计划执行的监督期限。

（七）重整计划的效力

（1）经人民法院裁定批准的重整计划，对债务人和全体债权人均有约束力，包括对债务人的特定财产享有担保权的债权人。

（2）债权人对债务人的保证人和其他连带债务人所享有的权利，不受重整计划的影响。

（3）债权人未依照法律规定申报债权的，可以继续申报债权，但在重整计划执行期间不得行使受偿权利；在重整计划执行完毕后，可以按照重整计划规定的同类债权的清偿条件行使权利。

（4）债务人不能执行或者不执行重整计划的，人民法院经管理人或者利害关系人请求，应当裁定终止重整计划的执行，并宣告债务人破产。

重整期间或者重整计划执行期间，债务人因法定事由被宣告破产的，人民法院不再另立新的案号，原重审程序的管理人原则上应当继续履行破产清算程序中的职责。原重整程序的管理人不能继续履行职责或者不适宜继续担任管理人的，人民法院应当依法重新指定管理人。

二、和解制度

（一）和解的特征与一般程序

1．和解的概念与特征

和解是预防债务人破产的法律制度之一，并具有简便快速清理债权债务关系的功能。

在发生破产原因时，债务人可以提出和解申请及和解协议草案，由债权人会议表决，如能获得通过，再经人民法院裁定认可后生效执行，可以避免企业被破产清算。因和解程序在债务人发生破产原因后才能提出申请，挽救企业的时机较晚，且不能约束对债务人的特定财产享有担保权的债权人，又没有强制批准程序，所以其挽救债务人的强制性效果不如重整程序，主要适用于没有重要财产设置物权担保的企业以及中小型企业，但其具有简单易行、成本低廉、时间快等优势。债务人根据《企业破产法》规定，直接提出和解申请，或者在破产申请受理后宣告破产前申请和解的，人民法院应当依法受理并及时作出是否批准的裁定。

2. 和解程序

债务人可以依法直接向人民法院申请和解，也可以在人民法院受理破产申请后、宣告破产前，向人民法院申请和解。债务人申请和解，应当提出和解协议草案。和解申请只能由债务人一方提出，这是与破产清算申请和重整申请还可由债权人等其他主体提出有所不同的。和解程序对就债务人特定财产享有担保权的权利人无约束力，该权利人自人民法院裁定和解之日即受理和解申请之日起，可以对担保物行使权利。债务人如要避免担保物被执行，需与担保债权人协商解决。

人民法院经审查认为和解申请符合法律规定的，应当受理其申请，裁定和解，予以公告，并召集债权人会议讨论表决和解协议草案。债权人会议通过和解协议的决议，由出席会议的有表决权的债权人过半数同意，并且其所代表的债权额占无财产担保债权总额的 2/3 以上。对债务人的特定财产享有担保权的债权人，对此事项无表决权，也不受和解协议的约束。

债权人会议通过和解协议的，由人民法院裁定认可，终止和解程序，并予以公告。管理人应当向债务人移交财产和营业事务，并向人民法院提交执行职务的报告。和解协议草案经债权人会议表决未获得通过，或者已经债权人会议通过的和解协议未获得人民法院认可的，人民法院应当裁定终止和解程序，并宣告债务人破产。

（二）和解协议的效力

1. 和解协议对债务人与和解债权人的效力

经人民法院裁定认可的和解协议，对债务人和全体和解债权人均有约束力。和解债权人是指人民法院受理破产申请时对债务人享有无物权担保债权的人。债务人应当按照和解协议规定的条件清偿债务。按照和解协议减免的债务，自和解协议执行完毕时起，债务人不再承担清偿责任。在和解程序中，债权人未依法申报债权的，在债务人向债权人会议提交的和解协议草案付诸表决后，可以继续申报债权，但在和解协议执行期间不得行使权利；在和解协议执行完毕后，可以按照和解协议规定的清偿条件行使权利。

2. 和解协议对债务人的保证人和其他连带债务人的效力

和解债权人对债务人的保证人和其他连带债务人所享有的权利，不受和解协议的影响。破产和解是强制和解，和解协议由法定多数表决即可通过，部分不同意的债权人也要受协议拘束。

3. 和解协议的终止

因债务人的欺诈或者其他违法行为而成立的和解协议，人民法院应当裁定无效，并宣告债务人破产。有上述情形的，和解债权人因执行和解协议所受的清偿，在其他债权人所受清偿同等比例的范围内，不需要返还，这是与一般合同无效时双方应完全返回财产不同的。债务人不能执行或者不执行和解协议的，人民法院经和解债权人请求，应当裁定终止和解协议的执行，并宣告债务人破产。人民法院裁定终止和解协议执行的，和解债权人在和解协议中作出的债权调整的承诺失去效力，但债务人方面为和解协议的执行提供的担保继续有效。和解债权人因执行和解协议所受的清偿仍然有效，不予退回，和解债权未受清偿的部分作为破产债权。上述债权人只有在其他债权人同其原债权所受的和解清偿达到同一比例时，才能继续接受破产分配。为尊重当事人的自主决定权，《企业破产法》还规定，人民法院受理破产申请后，债务人与全体债权人就债权债务的处理自行达成协议的，可以请求人民法院裁定认可，并终结破产程序。

第八节　破产清算程序

一、破产宣告

破产宣告是指法院依据当事人等的申请或法定职权裁定宣布债务人破产以清偿债务的活动。人民法院受理破产清算申请后，第一次债权人会议上无人提出重整或和解申请的，管理人应当在债权审核确认和必要的审计、资产评估后，及时向人民法院提出宣告破产的申请。相关主体向人民法院提出宣告破产申请的，人民法院应当自收到申请之日起 7 日内作出破产宣告裁定并进行公告。债务人被宣告破产后，不得再转入重整程序或和解程序。人民法院受理破产和解或重整申请后，债务人出现应当宣告破产的法定原因时，人民法院应当依法宣告债务人破产。人民法院依法宣告债务人破产，应当自裁定作出之日起 5 日内送达债务人和管理人，自裁定作出之日起 10 日内通知已知债权人，并予以公告。债务人被宣告破产后，在破产程序中的有关称谓也发生相应变化，债务人称为破产人，债务人财产称为破产财产，破产申请受理时对债务人享有的债权称为破产债权。

破产宣告前，有下列情形之一的，人民法院应当裁定终结破产程序，并予以公告：① 第三人为债务人提供足额担保或者为债务人清偿全部到期债务的；② 债务人已清偿全部到期债务的。所谓“第三人为债务人提供足额担保”，必须是为债权人所自愿接受的担保，从程序上讲，则应采取和解方式进行，也就是要由债务人向债权人会议提交包括第三人为债务人提供足额担保内容的和解协议草案，由其表决，依法定程序完成。

二、别除权

别除权是指债权人因其债权设有物权担保或享有法定特别优先权，而在破产程序中就债务人（即破产人）特定财产享有的优先受偿权利。别除权人行使优先受偿权不受破产清算与和解程序的限制，但在重整程序中受到一定限制。在破产清算和破产和解程序中，别除权人可以随时向管理人主张就该特定财产变价处置行使优先受偿权，管理人应及时变价处置，不得以须经债权人会议决议等为由拒绝。但因单独处置担保财产会降低其他破产财产的价值而应整体处置的除外。

别除权之债权属于破产债权，其担保物属于破产财产。据此，别除权人享有破产申请权，也应当申报债权，未依法申报债权者不得依照破产法规定的程序行使权利。

别除权人就破产人的特定财产享有优先受偿权利，即该项财产的变价款必须优先清偿别除权人的担保债权，只有在全部清偿其担保债权后仍有剩余时才能够用于对其他普通债权人的清偿。所以别除权人对破产人的特定财产处于最优先的清偿顺序，但法律另有规定的除外。

别除权人行使优先受偿权利未能完全受偿的，其未受偿的债权作为普通债权；别除权人放弃优先受偿权利的，其债权作为普通债权。但如破产人仅作为担保人为他人债务提供物权担保，担保债权人的债权虽然在破产程序中可以构成别除权，但因破产人不是主债务人，在担保物价款不足以清偿担保债额时，余债不得作为破产债权向破产人要求清偿，只能向原主债务人求偿。此时，别除权人如放弃优先受偿权利，其债权也不能转为对破产人的破产债权，因两人之间只有担保关系，无基础债务关系。

三、破产财产的变价和分配

（一）破产财产的变价

破产财产的分配以货币分配为基本方式。在破产宣告后，管理人应当及时拟订破产财产变价方案，提交债权人会议讨论。管理人应当按照债权人会议通过的或者人民法院依法裁定的破产财产变价方案，适时变价出售破产财产。

破产财产处置应当以价值最大化为原则，兼顾处置效率。变价出售破产财产原则上以拍卖方式进行，但债权人会议另有决议的除外。采用拍卖方式进行处置的，拍卖所得预计不足以支付评估拍卖费用，或者拍卖不成的，经债权人会议决议，可以采取作价变卖或实物分配方式。变卖或实物分配的方案经债权人会议两次表决仍未通过的，由人民法院裁定处理。破产财产的变价出售必须以价值最大化即债权人利益最大化为原则，不能与破产企业职工安置挂钩，职工安置是政府应负责解决的问题，不允许以低价向购买者出售破产财产的方式换取其对职工的就业安置，以损害债权人利益的方式解决政府的财政与工作问题。

破产企业可以以全部或者部分变价方式出售。企业变价出售时，可以将其中的无形资产和其他财产单独变价出售。按照国家规定不能拍卖或者限制转让的财产，应当按照国家规定的方式处理。

（二）破产财产的分配

破产分配是指将破产财产按照法律规定的债权清偿顺序和案件实际情况决定的受偿比例进行清偿的程序。破产财产的分配应当遵守法定的分配顺序和分配方法。对破产财产可以进行一次性分配，也可以进行多次分配，需视破产财产的多少、变价难易等情况而定。依照破产分配进行的时间不同，可分为中间分配、最后分配和追加分配。

(1) 破产财产的清偿顺序。

破产财产按照以下顺序清偿：

① 有财产担保的债权；

② 破产费用和共益债务；

③ 职工债权（破产人所欠职工的工资和医疗、伤残补助、抚恤费用，所欠的应当划入职工个人账户的基本养老保险、基本医疗保险费用，以及法律、行政法规规定应当支付给职工的补偿金）；

④ 破产人欠缴的除前项规定以外的社会保险费用和破产人所欠税款；

⑤ 普通破产债权。

破产财产不足以清偿同一顺序的清偿要求的，按照比例分配。破产企业的董事、监事和高级管理人员的工资按照该企业职工的平均工资计算。

对于法律没有明确规定清偿顺序的债权，人民法院可以按照人身损害赔偿债权优先于财产性债权、私法债权优先于公法债权、补偿性债权优先于惩罚性债权的原则合理确定清偿顺序。破产财产依照规定的顺序清偿后仍有剩余的，可依次用于清偿破产受理前产生的民事惩罚性赔偿金、行政罚款、刑事罚金等惩罚性债权。

（2）特殊规定。

① 债务人的董事、监事和高级管理人员因返还绩效奖金形成的债权，可以作为普通破产债权清偿；因返还普遍拖欠职工工资情况下获取的工资性收入形成的债权，按照该企业职工平均工资计算的部分作为拖欠职工工资清偿；高出该企业职工平均工资计算的部分，可以作为普通破产债权清偿。

② 在破产案件受理前因欠缴税款产生的滞纳金属于普通破产债权，不享有与欠缴税款相同的优先受偿地位；在破产案件受理后因欠缴税款产生的滞纳金，不属于破产债权，在破产程序中不予清偿。

③ 商业银行破产清算时，在支付清算费用、所欠职工工资和劳动保险费用后，应当优先支付个人储蓄存款的本金和利息。

④ 农民专业合作社破产清算时，在清偿破产费用和共益债务后，应当优先清偿破产前与农民成员已发生交易但尚未结清的款项。

（3）破产财产分配方案的实施。

管理人应当及时拟订破产财产分配方案，提交债权人会议讨论。破产财产分配方案应当载明下列事项：① 参加破产财产分配的债权人名称或者姓名、住所；② 参加破产财产分配的债权额；③ 可供分配的破产财产数额；④ 破产财产分配的顺序、比例及数额；⑤ 实施破产财产分配的方法。债权人会议表决通过破产财产分配方案后，由管理人将该方案提请人民法院裁定认可，经人民法院裁定认可后，由管理人执行。管理人按照破产财产分配方案实施多次分配的，应当公告本次分配的财产额和债权额。管理人实施最后分配的，应当在公告中指明，并载明法律规定的事项。

管理人实施分配，应当通知所有债权人。对债权人留有明确姓名或名称、地址、银行账户，无须债权人受领行为即可交付的，管理人应当在通知后直接将破产财产分配额交付债权人。无法通知且无法直接交付，或者经通知债权人未受领也无法直接交付的破产财产分配额，管理人应当提存。债权人自最后分配公告之日起满两个月仍不领取的，视为放弃受领分配的权利，管理人或者人民法院应当将提存的分配额分配给其他债权人。

对附生效条件或者解除条件的债权，管理人应当将其分配额提存。在最后分配公告日，生效条件未成就或者解除条件成就的，提存的分配额应当分配给其他债权人；在最后分配公告日，生效条件成就或者解除条件未成就的，提存的分配额应当交付给该债权人。

破产财产分配时，对于诉讼或者仲裁未决的债权，管理人应当依争议标的额将其分配额提存，按照诉讼或者仲裁结果处理。自破产程序终结之日起满两年仍不能受领分配的，人民法院应当将提存的分配额分配给其他债权人。

四、破产程序的终结

（一）破产终结程序

破产程序终结方式主要有 4 种：其一，因和解、重整程序顺利完成而终结；其二，因债务人以其他方式解决债务清偿问题（包括第三人代为清偿债务、自行和解）而终结；其三，因债务人的破产财产不足以支付破产费用而终结；其四，因破产财产分配完毕而终结。

人民法院终结破产清算程序应当以查明债务人财产状况、明确债务人财产的分配方案、确保破产债权获得依法清偿为基础。破产申请受理后，经管理人调查，债务人财产不足以清偿破产费用且无人代为清偿或垫付的，人民法院应当依管理人申请宣告破产并裁定终结破产清算程序。

破产人无财产可供分配的，管理人应当请求人民法院裁定终结破产程序。在破产人有财产可供分配的情况下，管理人在最后分配完结后，应当及时向人民法院提交破产财产分配报告，并提请人民法院裁定终结破产程序。人民法院应当自收到管理人终结破产程序的请求之日起 15 日内作出是否终结破产程序的裁定。裁定终结的，应当予以公告。

管理人应当自破产程序终结之日起 10 日内，持人民法院终结破产程序的裁定，向破产人的原登记机关办理注销登记。

（二）遗留事务的处理

通常情况下，管理人应于办理破产人注销登记完毕的次日终止执行职务。但是，破产案件中存在债权诉讼或者仲裁未决等情况时，管理人可以在破产程序终结后，继续办理破产案件的遗留事务。

在破产程序因债务人财产不足以支付破产费用而终结，或者因破产人无财产可供分配或破产财产分配完毕而终结时，自终结之日起两年内，有下列情形之一的，债权人可以请求人民法院按照破产财产分配方案进行追加分配：

① 发现在破产案件中有可撤销行为、无效行为或者债务人的董事、监事和高级管理人员利用职权从企业获取非正常收入和侵占企业财产的情况，应当追回财产的；

② 发现破产人有应当供分配的其他财产的。

有上述情形，但财产数量不足以支付分配费用的，不再进行追加分配，由人民法院将其上交国库。

（三）无法清算破产案件的审理与责任承担

清算义务人的清算义务是在公司出现解散事由时，于法定期限内启动清算程序并成立清算组织两项相关联的事项。清算义务人义务的实际产生以公司出现解散事由为前提。债务人发生破产原因，并不是《公司法》规定的解散事由。对未发生解散事由的债务人公司，股东等清算义务人是没有申请清算包括破产清算义务的。

企业法人已解散但未清算或者未清算完毕，资产不足以清偿债务的，依法负有清算责任的人应当向人民法院申请破产清算。在企业法人已解散但未清算的情况下，应当向人民法院申请破产清算的是清算义务人。在企业法人已解散但未清算完毕的情况下，因清算组已经成立，清算义务人的清算义务已经履行，所以应当向人民法院申请破产清算的是清算组即清算人，而不是清算义务人。在破产清算程序中，负有妥善保管并向管理人移交公司财产、账册、重要文件等资料义务者，是破产法规定的公司法定代表人以及财务管理人员和其他经营管理人员等配合清算义务人，而不是清算义务人。

人民法院在审理债务人相关人员下落不明或者财产状况不清的破产案件时，应当充分贯彻债权人利益保护原则，避免债务人通过破产程序不当损害债权人利益，同时也要避免不当突破股东有限责任原则。

判定债务人相关人员承担责任时，应当依照企业破产法的相关规定来确定相关主体的义务内容和责任范围。

上述破产清算案件被裁定终结后，相关主体以债务人主要财产、账册、重要文件等重新出现为由，申请对破产清算程序启动审判监督的，人民法院不予受理，但符合法律规定的，债权人可以请求人民法院追加分配。

课后案例分析题

2021 年 9 月 3 日，债务人甲公司出现不能清偿到期债务且明显缺乏清偿能力的情况。10 月 15 日，债权人乙公司向人民法院提出针对甲公司的破产申请。甲公司对破产申请提出异议，理由是：① 甲公司的账面资产大于负债，只是难以变现，不构成明显缺乏清偿能力；② 乙公司未预先缴纳诉讼费用，人民法院不应立案。

11 月 1 日，人民法院受理甲公司破产案件，并指定管理人。管理人调查甲公司财产状况时发现：当年 8 月，甲公司向丙公司购买起重机 5 台，总金额 50 万元，约定分两期付款，第二期付款为 2021 年 12 月 31 日；在甲公司付清价款前，丙公司保留起重机的所有权。至人民法院指定管理人之时，甲公司已经收到 5 台起重机并投入使用，甲公司已经支付价款总计 40 万元。11 月 3 日，管理人决定继续履行起重机买卖合同并通知丙公司，丙公司立即要求管理人支付剩余 10 万元起重机价款，管理人以第二期付款期限尚未届至为由拒绝。丙公司遂要求收回起重机。此外，当年 8 月，甲公司与丁公司签订购买原材料合同，约定交货时间为 11 月 30 日之前。10 月 20 日，丁公司发货，甲公司的管理人于 11 月 5 日收到货物。11 月 8 日，丁公司向甲公司催收货款时发现，甲公司破产案件已被人民法院受理，遂要求取回该批货物。

根据上述内容，分别回答下列问题：

(1) 甲公司关于其“账面资产大于负债只是难以变现，不构成明显缺乏清偿能力”的异议是否成立？请说明理由。

(2) 甲公司关于“乙公司未预先缴纳诉讼费用，人民法院不应立案”的异议是否成立？请说明理由。

(3) 管理人是否有权以付款期限尚未届至为由拒绝支付甲公司所欠丙公司剩余 10 万元起重机价款？请说明理由。

(4) 在管理人以第二期付款期限尚未届至为由拒绝付款的情况下，丙公司是否有权收回起重机？请说明理由。

(5) 丁公司是否有权要求取回已交付的原材料？请说明理由。

第九章 票据与支付结算法律制度

知识要点：

1. 了解票据的类型，理解票据的特征与功能。
2. 理解票据关系与非票据关系的内容。
3. 理解和掌握汇票行为，并理解汇票、本票和支票的特点及异同。
4. 理解电子支付的特点和程序。

案例导入：

天佑公司向华太公司借款人民币500万元，甲银行对该借款作担保并给华太公司出具了担保书。之后，华太公司签发了以浙江某服装厂为收款人，到期日为2018年8月底的500万元商业汇票一张，还同该厂签订了虚假的购销合同，将该汇票与合同一并提交给乙银行请求承兑，双方签订了委托承兑商业汇票协议。华太公司告知乙银行拟使用贴现的方式取得资金，并承诺把该汇票的贴现款项大部分汇回该行，由该行控制使用。其后，乙银行承兑了此汇票。而后收款人浙江某服装厂持票到建设银行浙江某分行贴现，并将贴现所得现款以退货款形式退回给华太公司，后者则按联营协议的约定，将此款项全部借给丰泰发展公司。汇票到期后乙银行以受华太公司等诈骗为理由拒绝付款给贴现行，而当华太公司要求丰泰发展公司及甲银行归还借款时，该行则以出借方签发汇票套取资金用于借贷不合法为由，拒绝承担保证人责任。

问题：

(1) 此案中哪些属于票据关系？

(2) 此案中有哪几种非票据关系？

(3) 乙银行和甲银行的理由能否成立？为什么？

第一节 票 据 概 述

一、票据的概念与特征

1. 概念

票据是出票人依法签发的，约定自己或者委托付款人在见票时或指定的日期向收款人或持票人无条件支付一定金额的有价证券。广义的票据，泛指商业活动中的一切票证，包括各种有价证券和凭证等，如股票、提货单、存款单、车票等；狭义的票据是指《中华人民共和国票据法》（以下简称《票据法》）规定的汇票、本票和支票。

2. 特征

(1) 票据是设权证券。设权证券是指证券上权利的存在、行使和移转，都与证券分不开。占有票据，就有票据上的权利，不占有票据，就不能主张票据权利。票据毁损灭失的，不可以其他凭证主张票据上的权利，必须经法定程序才能有效救济。

(2) 票据是要式证券。与其他有价证券相比，法律严格规定了票据的制作格式和记载事项，不按票据法及相关法规的规定进行票据事项的记载，就会影响票据的效力甚至会导致票据的无效。另外，在票据上的一切行为，如出票、背书、承兑保证等，也必须严格按照《票据法》规定的程序和方式进行。

(3) 票据是无因证券。无因证券是指证券效力与作成证券的原因完全分离，证券权利的存在和行使，不以作成证券的原因为要件的证券。票据权利人享有票据权利只以持有符合《票据法》规定的有效票据为必要。票据权利人在行使票据权利时，无须证明给付原因，票据债务人也不得以原因关系对抗善意第三人。

(4) 票据是流通证券。票据可以通过背书转让和交付予以流通。也正因如此，票据可以在许多人之间辗转，在更大范围内发挥票据的多种经济职能。

(5) 票据是文义证券。票据上的一切权利义务，必须严格依票据上所记载的文义来确定，文义之外的任何事项均不得作为根据。即使票据上记载的文义有误，也要以该文义为准，而不能以当事人的意思等来确定票据上的权利义务关系。

总之，票据的上述法律特点是票据必不可少的，是相互联系、相互影响的。当然，在不同国家或同一国家的不同时期，人们对票据特点的认识也会有变化。

二、票据的功能

(一) 汇兑功能

汇兑功能是票据的原始功能，即异地输送现金和兑换货币。在商业交易中，通常是汇款人将款项交给银行，银行作为出票人将汇票寄往异地或交持票人持往异地，持票人到异地银行兑换现金或凭此办理转账结算，既方便、安全，又节约费用。

(二) 支付功能

支付功能是票据的基本功能，指票据通过法定流通转让程序，代替现金在交易中进行支付。这既可以节省通货，也可以达到资金运转安全、迅速的目的。

(三) 结算功能

票据是银行结算的主要方式。结算功能指票据作为支付手段，可以用它在同城或异地的经济往来中，抵销不同当事人之间相互的收款、欠款或相互的支付关系。这样做手续简便、安全快捷。

(四) 融资功能

票据可作为信用工具，在商业和金融中发挥融资等作用。融资功能，即信用功能，主要体现在票据贴现业务上。票据贴现制度的存在使得持票人可以将商业信用进一步转化为银行信用。所谓票据贴现，就是持票人在资金不足时，将票据转让给银行，银行按票面金额扣除贴现利息后将余额支付给收款人，以加快资金周转，促进商品交易。

总之，票据的功能是多方面的，汇兑功能上票据的初始功能，支付结算功能是票据的基本功能，融资功能是票据新的重要功能。

三、票据的种类

我国票据分为汇票、本票和支票 3 种。

(一) 汇票

汇票是出票人签发的，委托付款人在见票时或者在指定日期无条件支付确定的金额给收款人或者持票人的票据。根据汇票签发人的不同，可将汇票分为银行汇票和商业汇票。

根据汇票制定的付款日期不同，可将汇票分为即期汇票与远期汇票。根据汇票当事人的身份是否有兼任，可将汇票分为一般汇票和变式汇票。

（二）本票（又叫期票）

本票是出票人签发的，承诺自己在见票时无条件支付确定的金额给收款人或者持票人的票据。根据出票人的标准不同，可将本票分为银行本票和商业本票。根据指定的到期日的方式不同，可将本票分为即期本票和远期本票。根据记载权利人的方式不同，可将本票分为记名本票、指示本票和无记名本票。按照我国《票据法》的相关规定，本票只有银行本票和即期本票，没有商业本票和远期本票。银行本票属于见票即付本票，本票必须记载收款人名称，即记名式本票。

（三）支票

支票是出票人签发的，委托办理支票存款业务的银行或者其他金融机构在见票时无条件支付确定的金额给收款人或者持票人的票据。依付款方式不同，可将支票分为现金支票和转账支票；依记载权利的方式不同，可将支票分为记名式支票、指示式支票和无记名式支票；依票据当事人是否兼任，可将支票分为一般支票和变式支票。

（四）汇票、本票和支票的关系

汇票、本票和支票三者相互联系又相互区别。三者都是票据的组成部分，都具有票据的共同特点，在不少具体规定上有相同点，本票与支票在不少方面沿用关于汇票的规定。三者的主要区别有：

(1) 汇票关系有 3 个基本当事人。所谓基本当事人，是指随出票行为而出现的当事人，是票据发行时的主体。这三方当事人是指出票人、付款人和收款人。其中，出票人和付款人为票据义务人，收款人为票据权利人。一般来说，汇票的出票人和付款人不是同一人，这与本票中的出票人与付款人是同一人不同。另外，汇票对付款人是不是金融机构没有特定的限制，但支票的付款人必须是能够办理支票存款业务的银行或其他金融机构，这是汇票区别于支票的重要特征之一。

(2) 汇票和支票是委托他人进行支付的票据。而本票属于自付证券。本票是由出票人自己对收款人支付并承担绝对付款责任的票据，这是本票区别于汇票、支票的根本所在。

(3) 本票和支票是见票即付的票据，没有即期与远期之分。汇票不以见票即付为限，远期汇票必须由付款人进行承兑。承兑是指付款人确认其愿意承担绝对的付款义务。在付款人未承兑时，汇票上所载的付款人并无绝对的付款义务。承兑是远期汇票独有的制度。

(4) 支票的无因性受到一定限制。出票人签发的支票金额超过其付款时在付款人处实有的存款金额的，为空头支票。禁止签发空头支票。

四、票据法的概念和特征

票据法是指调整票据关系以及与票据关系有关的其他社会关系的法律法规的总称。我国于 1995 年 5 月 10 日第八届全国人民代表大会常务委员会第十三次会议通过了《票据法》，从 1996 年 1 月 1 日起施行。2004 年 8 月第十届全国人民代表大会常务委员会第十一次会议予以修正。其特征主要有：

(1) 法制性。票据法虽然属于民法的特别法或部门法，但其对于民法中的任意规范采用较少，票据关系的设定、变更或消灭，均以法律的规定为行为准则，票据的内容由法律直接规定，不允许当事人加以变更。任何银行、单位和个人不得创设新的票据种类、格式等。

（2）专业性。票据法的规范更多考虑的是方便交易、繁荣市场的技术上的要求，而较少受不同国家、不同民族的思想文化传统和伦理道德的影响，许多规定是专业性的，是一种技术性规范，目的在于促进票据业务的专业化，从而促进票据安全流通。

（3）国际性。票据法虽然属于国内法，但却具有较强的国际统一性。各国的票据立法都尽可能地与国际票据规则接轨，使各国的票据法在内容上日渐趋同，票据法也因而成为国际统一化程度最高的法律。

第二节　票据法律关系

票据法律关系，是指当事人之间基于票据行为所发生的票据权利和义务关系，是票据法的调整对象，包括票据上的法律关系（简称票据关系）和票据法上的非票据关系（简称非票据关系）。

一、票据关系概述

所谓票据关系，是指基于票据行为而发生的、以请求支付票据金额为内容的债权债务关系。这种法律关系的内容，一方面是票据债权，一方面是票据债务。我国通常将票据债权称为票据权利，将票据债务称为票据义务或者票据责任。

（一）票据关系的主体

票据关系的主体是指票据关系的当事人。票据当事人是指在票据上签名、盖章并享受票据权利，承担票据责任的主体，既可能是个人，也可能是法人和国家。它包括出票人、收款人、持票人等。根据当事人是否随票据的出票行为而出现将其分为基本当事人和非基本当事人。基本当事人构成票据关系的必要主体，包括出票人、付款人和收款人。非基本当事人是不随票据出票行为出现，通过一定票据行为加入票据关系的当事人，如承兑人、背书人、保证人等。

（二）票据关系的客体

票据关系的客体是指票据关系主体享受权利、承担义务所共同指向的对象，即票据金额货币。

（三）票据关系的内容

这是根据主体因持有票据或者作出票据行为而产生的依法享有票据的权利和应承担的票据义务。

1. 票据权利

票据权利主要是持票人向债务人请求支付票据金额的权利，包括付款请求权和追索权。票据权利包括付款请求权和追索权。付款请求权一般是指持票人对主债务人的权利。追索权是指持票人的付款请求权没有获得满足或者有可能无法获得满足的情况下，在符合了法定的条件之后，可以向偿还义务人所主张的票据权利。

2. 票据义务

票据义务是指票据债务人向持票人支付票据金额的责任，包括付款义务和偿还义务。票据义务人，可以区分为主债务人和次债务人。票据上的主债务人，是指本票出票人、汇票承兑人。主债务人的义务，常被称为第一次义务或者主义务。票据上的次债务人，是指票据关系上除了主债务人之外的其他债务人。最后持票人并不可以首先对其请求付款，而只能在追索关系中对其主张追索权。次债务人如果因为被追索而偿还，通常还可以向前手再追索。次债务人的义务，常被称为第二次义务、次义务或者偿还义务。次债务人包括：① 汇票上的出票人、背书人、保证人；② 本票上的背书人、保证人；③ 支票上的出票人、背书人、保证人。

二、非票据关系

非票据关系，是指与票据有密切关系，又不是基于票据行为而产生的法律关系。它包括《票据法》上的非票据关系和民法上的非票据关系两大类，后者也称为票据关系的基础关系。

（一）票据法上的非票据关系

《票据法》上的非票据关系是指由《票据法》规定，与票据行为有联系，但不是票据行为本身所产生的法律关系。它主要包括：

（1）汇票回单签发关系。即持票人将汇票交给付款人时，有权要求付款人签发收到汇票的回单，以证明持票人因提示承兑而向付款人交付了票据。

（2）票据返还关系。它包括票据债务人履行票据义务后请求持票人返还票据，以消灭票据关系或据以行使追索权的权利义务关系；持票人因获得承兑或者不获承兑、不获付款后请求付款人退还票据的权利义务关系；正当权利人请求因恶意或重大过失而取得票据的人返还票据的权利义务关系。

（3）利益偿还关系。即持票人因未在票据权利时效之内主张权利或因手续的欠缺而使票据权利消失的，请求出票人或承兑人在其实际所受利益限度之内予以偿还的权利义务关系。

（4）损害赔偿关系。即票据当事人因违反《票据法》的规定致他人损失，受害人请求赔偿的权利义务关系。

（二）票据关系的基础关系

票据关系的基础关系，是指票据关系赖以产生的民事基础法律关系，不属于《票据法》规范的对象，但又基于产生和接收票据的原因或实质形成，也称为“票据实质关系”。票据关系的基础关系包括3种：票据的原因关系、票据的资金关系和票据的预约关系。

（1）票据的原因关系。它是指存在于票据直接当事人之间授受票据的理由。例如票据的出票人与收款人之间因购买货物而签发并交付票据，其原因关系即是买卖关系。

（2）票据的资金关系。它一般是指汇票或者支票的付款人与出票人或者其他资金义务人之间的委托付款法律关系。例如出票人在付款人处存有可由付款人处分的资金，双方订立委托付款的合同后，出票人就可以开具支票，付款人与出票人之间就产生了票据资金关系。

（3）票据的预约关系。它是指票据的直接当事人之间就授受票据的种类、金额、付款地等事项所达成的合意。票据预约不仅存在于票据的出票人与付款人之间，同样也存在于票据的背书人与被背书人之间。

票据关系与其基础关系之间，存在着既相互独立、互不牵连而又在一定情况下相互牵连的关系，以彼此分离、各自独立为原则，以特殊情况下的相互牵连为例外。例如票据权利人行使权利不必证明票据原因关系，债务人也不得以票据原因关系欠缺对抗持票人；票据关系中的权利义务内容只应按票载文义确定，而不能以票载文义之外的票据原因关系来改变等行为就是独立性的体现，而在授受票据的直接当事人之间，票据原因关系的有效性，直接影响着他们之间票据关系的效力；在汇票关系中，当持票人是出票人时，承兑人可以资金关系不存在为由对抗之等行为就是其相互牵连的表现。

一般情况下，当事人之间先有原因关系，再有票据预约，然后根据预约发出票据，才能发生票据关系。

三、票据权利的取得

（一）票据权利的取得原因概述

票据权利是依票据行为而发生的债权。票据行为是票据权利最主要的发生原因，此外还可以依法律规定而直接取得和善意取得。

1. 依票据行为而取得票据权利

票据行为是一种民事法律行为。依照票据行为而取得票据权利，也就是依当事人的意思而使票据权利发生。主要有4种情形：

（1）依出票行为而取得。出票行为是票据上的第一个票据行为，有效的出票可以使票据上第一次发生票据权利。

（2）依让与而取得。最主要的情形是让与背书，在例外情况下也可以是空白票据的单纯交付。善意取得是让与取得的特殊方式。

（3）依票据保证而取得。票据保证人提供了票据保证，票据权利人即可以向保证人行使票据权利。

（4）依票据质押而取得。票据质押行为（质押背书）虽然在严格意义上并未使得票据质权人取得票据权利，但是质权人可以像票据权利人一样直接行使票据权利。

2. 依法律规定而直接取得票据权利

在特定情形下，当事人并非基于他人的票据行为而取得票据权利，而是基于法律的规定而直接取得票据权利。具体可包括下列两类情形：

（1）依《票据法》上的规定而取得。其中最主要的是，被追索人（含票据保证人）向持票人偿还票据金额、利息费用后，可以取得票据权利。

（2）依其他法律规定而取得。其中比较重要的是，因为继承、法人合并或者分立、税收等原因而取得票据权利。

票据权利的善意取得，是指无处分权人处分他人之票据权利，受让人依照《票据法》所规定的票据转让方式取得票据，善意且无重大过失，则可以取得票据权利的法律制度。

3. 票据权利的善意取得

票据权利的善意取得，是指无处分权人处分他人之票据权利，受让人依照《票据法》所规定的票据转让方式取得票据，并且善意且无重大过失，则可以取得票据权利的法律制度。以欺诈、偷盗或者胁迫等手段取得票据的，或者明知有前列情形，出于恶意取得票据的，不得享有票据权利。持票人因重大过失取得不符合本法规定的票据的，也不得享有票据权利。

票据权利善意取得的要件有：① 转让人是形式上的票据权利人；② 转让人没有处分权；③ 受让人依照票据法规定的转让方式取得票据；④ 受让人善意且无重大过失；⑤ 受让人须付出相当对价。

票据权利善意取得如果符合上述要件，则有如下法律后果：① 受让人取得票据权利；② 原权利人丧失票据权利；③ 无权处分人的行为，导致原权利人的权利消灭，其应承担的法律责任须适用其他规定解决；④ 原权利人是否对票据权利人承担票据责任，需区分情况。

原权利人并未在票据上签章的，不承担票据责任；原权利人曾经在票据上签章的，原则上应当承担票据责任。

典型的票据权利善意取得虽如上述，但是，还有一些情形与此类似，应类推适用善意取得制度。票据权利善意取得制度的类推适用有：① 形式合法的但实质上无效的出票行为所记载的收款人，将其背书转让给他人；② 出票人完成记载后票据遗失或者被盗；③ 票据质权的善意取得。无权处分人如果并非将票据权利转让他人，而是为他人设定质权，也应适用善意取得制度。

（二）票据行为的概念与特征

票据行为，是票据法律行为的简称，是指能够发生票据权利和义务的法律行为。我国票据法上的票据行为包括出票、背书、承兑、保证 4 种，其中承兑为汇票所独有。

1. 票据行为的特点

和一般的民事法律行为相比，票据行为具有诸多的特点：① 票据行为是要式法律行为；② 票据行为的解释以文义解释为主；③ 票据行为是一种“格式”化的法律行为；④ 票据行为的独立性；⑤ 票据行为的无因性。

2. 票据行为的形式要件

票据行为的行为人，须以一定方式在票据上进行记载。票据行为的形式要件有：

(1) 票据凭证。票据凭证的格式和印制管理办法由中国人民银行规定。

(2) 特定事项的记载方式。如票据金额、日期、收款人名称不得更改，更改的票据无效。票据金额以中文大写和数码同时记载者必须一致，二者不一致的，票据无效。

(3) 签章方式。票据行为人必须在票据上签章。

(4) 一定的款式。票据行为的款式是指票据法对各种票据行为的记载事项所作的要求。

(5) 交付。票据行为首先表现为票据行为人在票据上进行记载。票据行为人还必须将进行了这种记载的票据交付给相对人，票据行为才成立。

3. 票据行为的实质要件

除上述形式要件外，票据行为还必须满足实质要件才能生效：

(1) 票据行为能力。无民事行为能力人或者限制民事行为能力人在票据上签章的，其签章无效，但是不影响其他签章的效力。

(2) 意思表示真实。以欺诈、胁迫手段取得票据的，不能取得票据权利。

(3) 如果票据行为由代理人进行，则代理权的欠缺也会影响票据行为的效力。

(4) 如果背书转让票据的背书人并不享有处分权，则背书行为无效。但如果符合善意取得的要件，则转让背书行为可以有效。

(5) 基础关系对票据行为效力的影响。基于票据行为的无因性，票据基础关系的瑕疵，不影响票据行为的效力。但是基于赠与等无偿的原因而授受票据的，持票人所取得的票据权利不得优于其前手。

四、票据伪造与编造

（一）票据伪造

1. 票据伪造的概念

票据伪造是指假冒或者虚构他人名义而为的票据行为。票据的伪造仅限于“签章”。如果票据行为人指明本人的存在并以代理人的身份在票据上签章，即使其欠缺代理权，也不构成票据伪造，而是无权代理。

2. 票据伪造的构成要件

票据伪造的构成要件有：① 伪造者的行为符合票据行为的形式要件；② 伪造者假冒或者虚构他人名义在票据上签章。

3. 票据伪造的法律后果

(1) 票据行为的法律效力。票据伪造的情形下，如果属于假冒他人名义，其法律效果应类似于无权代理。如果属于狭义无权代理的，则票据行为不生效力，但是如果其情形可以类推适用表见代理，则票据行为有效。如果票据伪造的情形属于虚构他人名义，票据行为应无效。如果伪造的票据行为无效，其他真实签章的效力不受影响。

(2) 对被伪造人的法律后果。在假冒他人名义的情形下，被伪造人不承担票据责任；在虚构他人名义的情形下，并不存在一个真正的被伪造人，因此不存在相应的法律后果承担问题。

(3) 对伪造人的法律后果。由于伪造人没有以自己的名义在票据上签章，因此不承担票据责任。但是，可能要承担刑事责任、行政责任、民事责任。

4. 票据变造

(1) 票据变造的概念。票据变造是指没有变更权限的人，变更票据上“签章”以外的其他记载事项的行为。票据金额、日期、收款人名称不得更改，更改的票据无效。对票据上的其他记载事项，原记载人可以更改，更改时应当由原记载人签章证明。

(2) 票据变造的构成要件。

① 有变更票据上“签章”以外记载事项的行为。

② 变更行为人没有变更权。

(3) 票据变造的法律后果。

① 变造前在票据上签章的票据行为人依照原记载事项负责；变造后在票据上签章的票据行为人，依照变造后的记载事项负责。

② 如果无法辨别签章发生在变造之前还是之后，视同在变造之前签章。如果变造人也是票据上的签章人，变造人应解释为在变造后票据行为人。

五、票据抗辩

(一) 票据抗辩的概念

票据抗辩，是指票据债务人，包括出票人、承兑人、转让背书和质押背书人、保证人，基于合法事由对持票人拒绝履行票据债务的行为。

(二) 物的抗辩(绝对的抗辩)

票据上的物的抗辩，是指票据所记载的债务人可以对任何持票人所主张的抗辩。其具体情形可以包括以下 3 类：

(1) 票据所记载的全部票据权利均不存在：① 出票行为因为法定形式要件的欠缺而无效；② 票据权利已经消灭。

(2) 票据上记载的特定债务人的债务不存在：① 签章人是无民事行为能力或者限制民事行为能力人的，票据行为无效，不承担票据责任；② 狭义无权代理情形下，本人不承担票据责任，或者仅对不超越代理权限的部分承担票据责任；③ 票据伪造的被伪造人，不承担票据责任;④ 票据被变造时,变造前在票据上签章的债务人,可以拒绝依照变造后的记载事项承担票据责任;⑤ 对特定债务人的票据时效期间经过,其票据债务消灭;⑥ 对特定票据债务人的追索权,因为持票人未进行票据权利的保全而丧失。

(3) 票据权利的行使不符合债的内容:① 票据权利人行使其权利的时间、地点、方式不符合票据记载或者法律规定;② 法院经公示催告后作出除权判决的,票据权利人持票据主张权利。

物的抗辩可以对"任何持票人"提出,但并非所有的票据债务人均有权提出对物抗辩,只有"享有抗辩权的人"才有权对"任何持票人"提出抗辩。

(三) 人的抗辩(相对的抗辩)

票据上的人的抗辩,是指票据债务人仅可以对特定的持票人主张的抗辩事由,此类情形下,票据所记载的债务人是真正的债务人。

(1) 票据债务人可以对不履行约定义务的与自己有直接债权债务关系的持票人,进行抗辩。

(2) 票据债务人不得以自己与出票人之间的抗辩事由对抗持票人,但持票人明知存在抗辩事由而取得票据的除外。

(3) 票据务人不得以自己与持票人的前手之间的抗辩事由对抗持票人,但持票人明知存在抗辩事由而取得票据的除外。

(4) 凡是善意的、已付对价的正当持票人可以向任何票据债务人请求付款,不受其前手权利瑕疵和前手相互间抗辩的影响。

(5) 持票人取得的票据是无对价或者不相当对价的,只要持票人取得票据时是善意的,仍然享有票据权利,但其享有的票据权利不能优于其前手的权利。因此,票据债务人可以以对抗持票人前手的抗辩事由对抗该持票人。

(6) 背书不连续,持票人又不能证明背书中断之处,乃是由于其他合法原因而发生票据权利转移的,持票人不能证明其享有票据权利。

(7) 背书人记载了"不得转让"字样的情形下,记载人对于其直接后手的后手不承担票据责任。

(四) 票据抗辩的切断

票据债务人原则上不得以自己与出票人或者与持票人的前手之间的抗辩事由对抗持票人,这一制度被称为票据抗辩的切断。这使得持票人的权利通常不受前手之间的基础关系的影响,使其权利的受保障程度大大提高,极大地增加了票据的流通性。

(1) 在持票人无偿取得票据的情况下,如果其前手的权利已经获得了抗辩切断的保护,那么持票人的权利也受到抗辩切断的保护。

(2) 需要注意的是抗辩切断与善意取得之间的关系。尽管它们的目的均在于保障持票人的利益,但二者是两个不同的制度。善意取得制度所处理的问题是善意受让人是否可以在无权处分的情形下取得票据权利,并同时导致原来的票据权利人丧失其权利。该制度并不直接涉及谁要承担票据责任,以及抗辩事由的问题。实际上,由于善意取得的构成要件包括了善意且无重大过失、给付相当的对价,善意受让人必然受到抗辩切断制度的保护,其取得的票据权利是无瑕疵的权利,前手之间的抗辩事由均不得对抗善意受让人。而在抗辩切断制度所涉及的问题之下,持票人的前手并非对其无权处分。

第三节　汇票的行为

一、汇票的出票

汇票的出票又称汇票的发票、汇票的签发。出票是指出票人签发票据并将其交付给收款人的票据行为。

出票是基本票据行为，又称主票据行为，是构成其他票据行为的基础。出票实际包括两个行为：一是出票人依照《票据法》的规定作成票据，即在原始票据上记载法定事项并签章；二是交付票据，即将作成的票据交付给他人占有。这两者相辅相成缺一不可。

（一）汇票出票的款式

汇票出票的款式，也称为汇票出票的格式，是指汇票的出票人按照《票据法》的规定，在汇票上应该记载的各种事项。具体分为：

（1）绝对必要记载事项。绝对必要记载事项是汇票签发时《票据法》明文规定必须记载的，如不记载，票据即为无效的事项。汇票必须记载的事项包括表明“汇票”字样、无条件支付的委托、确定的金额、付款人名称、收款人名称、出票日期、出票人签章等。

（2）相对必要记载事项。相对必要记载事项，是指出票人应当在汇票上记载，但是如果没有记载，也不影响汇票的效力，而是按照票据法的规定推定其内容的事项。它主要包括付款日期、付款地和出票地 3 项。汇票上未记载付款日期的，为见票即付；汇票上未记载付款地的，付款人的营业场所、住所或者经常居住地为付款地；汇票上未记载出票地的，出票人的营业场所、住所或者经常居住地为出票地。

（3）任意记载事项。任意记载事项又称可以记载事项，是指法律允许当事人自由选择记载，不记载并不影响汇票的效力，但一经记载，即发生《票据法》上的效力的事项。我国《票据法》主要规定了以下两项：禁止转让文句和有关汇票支付货币种类的约定条款。禁止转让文句是指如果出票人在汇票上记载“不得转让”字样的，汇票不得转让。

（4）禁止记载事项。禁止记载事项是指记载违反《票据法》的有关规定，导致汇票无效的事项。例如票据金额应该以中文大写和数码同时记载，二者必须一致，如果二者不一致的，票据无效。

（二）汇票出票的效力

汇票是以创设票据权利为目的的票据行为，一经签发即对汇票当事人产生票据的权利与义务，对出票人、付款人、收款人或持票人均会产生一定的效力。

（1）对出票人的效力。汇票的出票使出票人成为汇票上的义务人，其义务的内容是对其签发的汇票能够获得承兑和付款承担担保责任，当汇票不获承兑或者付款时则承担清偿责任。

（2）对收款人的效力。出票人作成汇票并将汇票实际交付给收款人后，收款人便取得了汇票上的权利，包括付款请求权和追索权。此外，除非汇票上记载有“不得转让”字样，否则收款人还是有权依法将汇票背书转让。

（3）对付款人的效力。即期汇票的出票，使付款人成为汇票的债务人，负有对票付款的义务。而在远期汇票，情况则大不相同。付款人仅因出票而取得一种地位或资格，即取得对汇票进行承兑和付款的资格。在付款人对汇票进行承兑之前，其并未真正成为汇票关系的当事人。付款人一旦承兑汇票后，则成为汇票的第一义务人，应当承担到期付款的责任。

二、汇票的背书

背书是指在票据背面或者粘单上记载有关事项并签章的票据行为。持票人背书是指以转让票据权利为目的，在汇票背面或粘单上记载有关事项并签章的附属票据行为。背书成立后，该持票人成为背书人，该第三人成为被背书人。

（一）背书的记载要件

汇票的背书有明确的记载要求主要包括：

（1）背书是一种要式行为，必须记载被背书人名称与背书人签章，否则背书无效。背书应当记载背书日期，未记载的视为在票据到期日前背书。

（2）以背书转让的汇票，背书应当连续。所谓连续是指在票据转让中，转让汇票的背书人与受让汇票的被背书人在汇票上的签章依次前后衔接。持票人以背书的连续，证明其汇票权利；非经背书转让，而以其他合法方式取得汇票的依法举证，证明其汇票权利。

（3）背书不得附有条件。背书时附有条件的，所附条件不具有汇票的效力。将汇票金额的一部分转让的背书或者将汇票金额分别转让给 2 人以上的背书无效。

（二）背书的种类

依照背书的目的，可以将背书分为转让背书与非转让背书。

（1）转让背书。转让背书是指持票人以转让汇票权利为目的而为的背书，是通常意义上的背书。转让背书中，依背书是否存在特殊性，可进一步分为一般转让背书与特殊转让背书；在一般转让背书中，依是否记载被背书人，可进一步分为完全背书与空白背书；在特殊转让背书中，依背书的特殊性不同，可进一步分为限制背书、回头背书和期后背书。我国不承认空白背书。

（2）非转让背书。非转让背书是指持票人非以转让汇票权利为目的，而是以予他人一定的汇票权利为目的的背书，是特殊意义上的背书。依背书目的的不同，可进一步分为委托收款背书与质押背书。

（三）背书的效力

（1）一般转让背书的效力。一般转让背书有效成立后，在票据法上产生权利转移、权利担保、权利证明及切断抗辩 4 个方面的效力。权利转移效力是指一般转让背书以票据权利转让为目的，当背书行为有效成立以后，即发生票据权利转移的效力，被背书人取得票据权利。权利担保效力是指背书人对其所有后手均承担担保承兑和担保付款的责任。当其后手所持汇票不获承兑或者不获付款时，背书人应根据其要求予以偿还。权利证明效力，是指持票人所持票据上的背书，只要具有形式上的连续性，法律就推定他为正当的票据权利人。切断抗辩的效力是指被背书人经背书受让汇票权利后，原则上不承受背书人在汇票权利上存在的瑕疵，这是由票据行为的独立性决定的。

（2）特殊转让背书的效力。背书人在背书时记载了“不得转让”字样，被背书人再次转让背书，转让有效，产生权利转移的效力，后一次转让的被背书人取得票据权利。但是在背书时记载了“不得转让”字样的背书人，对其被背书人的后手不承担保证承兑和付款的责任。

三、汇票的承兑

承兑是指汇票付款人承诺在汇票到期日支付汇票金额的票据行为。承兑是票据法特有的一种制度。承兑行为具有以下法律特征：承兑是一种附属的票据行为，承兑行为是远期汇票的付款人所为的票据行为，承兑行为是以无条件支付汇票金额的意思表示为内容的票据行为，承兑行为是一种要式行为。票据承兑前，付款人并不会因为出票人的委托而必须承担付款义务。票据承兑后，付款人成为票据的债务人，承担付款义务。

（一）承兑的程序

（1）承兑提示。承兑提示又称提示承兑，是指持票人向付款人出示汇票，并要求付款人承诺付款的行为。定日付款或者出票后定期付款的汇票，持票人应当在汇票到期日前向付款人提示承兑。见票后定期付款的汇票，持票人应当自出票日起1个月内向付款人提示承兑。汇票未按照规定期限提示承兑的，持票人丧失对其前手的追索权。

（2）承兑和拒绝承兑。付款人对向其提示承兑的汇票，应当自收到提示承兑的汇票之日起3日内承兑或者拒绝承兑。如果付款人应当自收到提示承兑的汇票之日起3日未作表示，视为拒绝承兑。对汇票承兑的，必须按《票据法》规定的款式进行记载，在汇票的正面记载“承兑”字样并签章。汇票承兑时，不得记载与汇票的性质相违背的事项。付款人承兑汇票，不得附有条件；承兑附有条件的，视为拒绝承兑。

（3）回单与交付。提示承兑时，汇票须临时交给付款人，付款人应当向持票人签发收到汇票的回单。回单上应当记明汇票提示承兑日期并签章。付款人在汇票正面记载完“承兑”字样后，应当在规定时间内将汇票交付给持票人。未在规定时间交付的，视为拒绝承兑。

（二）承兑的效力

汇票的付款人一经承兑，即由汇票的关系人变成汇票的债务人，而且是汇票上的第一债务人，承担汇票到期无条件付款的义务。对汇票的持票人来说，承兑具有确认和保全其票据权利的效力，使持票人所享有的票据权利由期待权转变为现实权。付款人一经承兑，出票人和背书人均免于受由于汇票被拒绝承兑而引起的期前追索。

四、汇票的保证

汇票的保证是指汇票债务人以外的第三人为担保特定汇票债务人履行债务，以负担同一内容的汇票债务为目的的附属票据行为。汇票的债务可以由保证人承担保证责任。保证人由汇票债务人以外的他人担当。法律对保证人的资格并无实质性限制，当然依法不能充当保证人的除外。被保证人是汇票的债务人，包括出票人、背书人和承兑人等。

（一）保证的记载要求

汇票保证是要式票据行为，汇票保证的款式，是《票据法》要求保证人在进行保证行为时，在汇票或粘单上的记载事项。我国《票据法》将保证的记载事项分为绝对应当记载的事项、相对应当记载的事项与记载不生票据法上效力的事项3种。

（1）绝对应当记载的事项。绝对应当记载的事项，是指保证人必须在汇票或者粘单上记载，否则保证行为无效的事项，包括“保证”字样、保证人签章两项内容。

（2）相对应当记载的事项。相对应当记载的事项，是指保证人应当在汇票或者粘单上记载，但如果没有记载也不会使保证行为无效，而是由法律进行推定的事项。它主要包括被保证人的名称、保证日期两项内容。

（3）记载不生票据法上效力的事项。记载不生票据法上效力的事项，是指保证人记载在汇票上不影响保证行为的效力，但也不产生票据法上效力的事项。这类事必须是票据法上没有禁止记载的事项，否则将会使记载无效或票据无效。

（二）保证的效力

保证行为一经合法成立即独立发生效力，不受被保证债务效力的影响。只有当被保证人的债务因汇票欠缺记载事项而无效时，保证人的责任才因此无效。保证行为本身并不能免除任何票据债务人的票据责任，因此，保证成立后，对汇票的被保证人及其前、后手的票据责任并无影响，保证人与被保证人对持票人承担连带责任。汇票到期后得不到付款的，持票人有权向保证人请求付款，保证人应当足额付款。当然，一旦保证人承担了保证责任，履行了付款或清偿义务，则被保证人的后手即可免责；而保证人因为承担了保证责任而取得了持票人的资格，对被保证人及其前手则享有追索权。

五、汇票的付款

汇票的付款是指汇票承兑人或付款人及其代理付款人无条件履行付款义务，消灭票据债权债务关系的票据行为。付款是消灭票据关系的行为，并且只以票据上记载的金额为限，一经付款，票据关系得以消灭。

（一）汇票付款的程序

（1）付款提示。付款提示是持票人行使付款请求权的必要前提。持票人应当在规定期限内提示付款。对于见票即付的汇票，自出票日起 1 个月内向付款人提示付款；而定日付款、出票后定期付款或者见票后定期付款的汇票，自到期日起 10 日内向承兑人提示付款。持票人未按前款规定期限提示付款的，在作出说明后，承兑人或者付款人仍应当继续对持票人承担付款责任。

（2）付款人审查。形式审查包括两方面：一是对票据进行形式审查，即从外观上审查票据格式是否合法，记载事项是否完备、有无伪造、变造情形等；二是对持票人进行形式审查，这主要是指审查汇票背书的连续性，只有连续背书的最后的被背书人才能成为形式上合法的持票人。

（3）付款人付款。持票人直接向付款人提示付款的，付款人必须在当日足额付款；对于商业承兑汇票的持票人通过委托收款银行以邮寄提示方式异地委托收款的，付款人的开户银行应通知付款人，付款人应在接到通知的当日通知银行付款；付款人在接到通知之日起 3 日内未通知银行付款，银行于第 4 日支付票款。

（4）交回汇票。持票人获得付款的，应当在汇票上签收，并将汇票交给付款人。持票人委托银行收款的，受委托的银行将代收的汇票金额转账收入持票人账户，视同签收。

（二）汇票付款的标的

汇票是一种金钱证券，付款的标的只能是票面金额。依我国法律的规定，付款人付款时，以支付人民币为原则，以支付外币为例外。付款人付款时必须是足额付款，即全部付款，不允许部分付款。

（三）汇票付款的效力

合法有效的付款行为主要发生以下两方面的效力：汇票法律关系消灭；付款人取得向出票人求偿的权利。

六、汇票的追索权

（一）汇票追索权的概念

所谓汇票追索权，是指汇票到期不获付款或期前不获承兑，或有其他法定原因出现时，持票人在依法履行了保全手续以后，向其前手请求偿还汇票、利息及其他法定款项的一种票据上的权利。

（二）汇票追索权的特点

（1）选择性。由于汇票上的所有债务人对持票人承担连带责任，所以，持票人可以向票据债务人中的一人或者数人进行追索，也可以同时向全体票据债务人进行追索。

（2）变更性。这是指持票人对于汇票债务人中的一人或者数人已经进行了追索的，对于其他尚未被追索的汇票债务人仍可以行使追索权。

（3）转移性。持票人行使追索权在获得相应清偿后，追索权移转给了被追索人。被追索人在清偿了追索债务后，即与持票人享有同一权利，可以继续进行追索。

（三）汇票追索权行使的原因

汇票到期被拒绝付款的，持票人可以对背书人、出票人以及汇票的其他债务人行使追索权。汇票到期日前，有下列情形之一的，持票人也可以行使追索权：① 汇票被拒绝承兑的；② 承兑人或者付款人死亡、逃匿的；③ 承兑人或者付款人被依法宣告破产的或者因违法被责令终止业务活动的。

（四）汇票追索权的行使程序

（1）拒绝事实的通知。持票人应当自收到被拒绝承兑或者被拒绝付款有关证明之日起3日内，将被拒绝的事由书面通知其前手；其前手应当自收到通知之日起3日内书面通知其再前手。

（2）确定追索对象。汇票的出票人、背书人、承兑人和保证人对持票人承担连带责任。持票人可以不按照汇票债务人的先后顺序，对其中任何一人、数人或者全体行使追索权。持票人对汇票债务人中的一人或者数人已经进行追索的，对其他汇票债务人仍可以行使追索权。被追索人清偿债务后，与持票人享有同一权利。汇票的持票人确定追索对象时，也要受到一定的限制。持票人为出票人的，对其前手无追索权。持票人为背书人的，对其后手无追索权。

（3）被追索人清偿。最初追索权的追索金额包括：被拒绝付款的汇票金额；汇票金额自到期日或者提示付款日起至清偿日止，按中国人民银行规定的利率计算的利息；取得有关拒绝证明和发出通知书的费用。被追索人清偿后，行使再追索权的追索金额包括：已清偿的全部金额；已清偿的全部金额自清偿日起至再追索清偿日止，按中国人民银行规定的利率计算的利息；发出通知书的费用。

（4）追索权人受领。追索权人在受领追索金额时，负有交出汇票、拒绝证明及出具收据的义务，这也是被追索人的一项权利。

（五）汇票追索权行使的效力

汇票追索权行使的效力，是指行使追索权对票据有关当事人所发生的法律后果。主要体现在两个方面：一方面，对追索权人而言，追索权人因行使追索权而受清偿后，其票据权利消灭。但汇票上的权利并不一定绝对消灭，而可能产生被追索人的代位权。另一方面、对被追索人而言，被追索人对追索人履行清偿义务后，其票据债务消灭，同时基于清偿取得汇票，与持票人享有同一权利，可以行使再追索权。

第四节 本票和支票行为的特殊规则

一、本票行为的特殊规则

本票的出票、背书、保证、付款行为和追索权的行使，适用汇票的有关规定。本票行为的特殊规则在于：

(一) 本票的出票

本票的出票与汇票一样，包括了作成票据和交付票据给收款人的两个基本票据行为。但汇票的出票是出票人委托付款人向收款人支付一定金额的票据行为，而本票的出票则是指出票人表示自己承担支付本票金额债务的票据行为。

根据《票据法》与《支付结算办法》的有关规定，我国本票的出票人只能是银行，银行必须具有支付本票金额的可靠资金来源，且必须为经中国人民银行当地分支银行批准办理银行本票业务的银行机构，除此之外，任何企业和个人都不能成为本票的出票人。

(二) 本票出票的款式

本票的绝对必要记载事项包括：① 表明“本票”的字样；② 无条件支付的承诺；③ 确定的金额；④ 收款人名称；⑤ 出票日期；⑥ 出票人签章。如果本票上未记载这些事项中的任何一项，则本票无效。就相对必要记载事项而言，《票据法》将本票的付款地和出票地确立为相对必要记载事项。如果本票上未记载付款地，则出票人的营业场所为付款地；如果本票上未记载出票地，则出票人的营业场所为出票地。

(三) 本票出票的效力

同汇票一样，本票的出票行为也会发生法律效力。

对于出票人来说，其必须承担对本票持票人的付款责任。出票人的这种付款责任是第一次的责任，即出票人是第一债务人。这种责任又是一种无条件的责任，即本票到期日届满出票人对持票人的付款不得附任何条件。这种责任还是一种绝对的责任，出票人的付款义务不因持票人对其权利的行使或保全手续的欠缺而免除。对于收款人来说，出票人签发本票之后，收款人或之后的持票人就取得本票上的权利，包括付款请求权和追索权。本票无承兑制度，所以一经出票，收款人或持票人取得的权利是一种现实的权利。

二、支票行为的特殊规则

根据法律规定，支票的出票、背书、付款行为和追索权的行使，均与汇票相同。其特殊性体现在：

(一) 禁止签发空头支票

在支票关系中，法律要求票据关系与基础关系中的资金关系不能相分离，这是票据无因性的特殊例外。支票是见票即付，没有承兑制度，持票人不可能知道所持支票能否兑付，因此要求出票人必须有得以处置的资金在付款人处。

(二) 支票出票的款式

支票的绝对必要记载事项包括：① 表明“支票”的字样；② 无条件支付的委托；③ 确定的金额；④ 付款人名称；⑤ 出票日期；⑥ 出票人签章。如果支票上未记载这些事项中的任何一项，支票无效。支票的付款地和出票地确立为相对必要记载事项。支票上未记载付款地的，付款人的营业场所为付款地；支票上未记载出票地的，出票人的营业场所、住所或者经常居住地为出票地。

（三）支票的付款

支票持票人在请求付款时，必须有付款提示。支票的持票人应当自出票日起10日内提示付款；异地使用的支票，其提示付款的期限由中国人民银行另行规定。超过提示付款期限的，付款人可以不予付款；付款人不付款的，出票人仍应当对持票人承担票据责任。

另外，付款人在支付金额时，应对支票上的签名或印鉴是否与预留签名和印鉴相符进行审查。因出票人签发空头支票或者签发与其预留本名的签名式样或印鉴不符的支票，给他人造成损失的，支票的出票人和背书人应当依法承担民事责任。

（四）支票出票的效力

支票出票人一经签发支票，就应承担担保支票付款的责任。出票人必须按照签发的支票金额承担保证向该持票人付款的责任。即使支票因超过提示付款期限等原因而不获付款，出票人仍应当对持票人承担票据责任。对于付款人来说，出票人签发的支票对付款人没有强制约束力，付款人是否接受出票人的委托向持票人付款，由付款人自己决定。出票人在付款人处的存款足以支付支票金额时，付款人应当在当日足额付款。这是《票据法》规定的义务，而汇票付款人则不受此约束。

对收款人来说，支票一经签发便取得向付款人请求付款的权利。但如前述分析持票人无法确定付款人是否会付款，因此收款人因出票行为享有的票据权利仅是一种期待权。

第五节　支付结算制度

一、支付结算的概念和特征

（一）支付结算的概念和方式

支付结算，是指单位、个人在社会经济活动中使用票据、银行卡、汇兑、托收承付、委托收款、信用证、电子支付等结算方式进行货币给付及资金清算的行为。

依其形式，货币结算可以分为现金结算和非现金结算：前者是指支付结算双方直接使用现金进行给付，后者是指双方通过开户银行将款项从付款人账户转移到收款人账户的货币给付及资金清算行为。我国实行现金管理制度，除按照国务院《现金管理暂行条例》可以使用现金结算的情形外，单位之间的货币结算都需要通过银行转账进行。

从支付结算方式的法律特征考虑，可将其分为票据结算方式和非票据结算方式。汇票、本票和支票等是票据结算方式，汇兑、托收承付、委托收款、国内信用证、银行卡、预付卡、电子支付等是非票据结算方式。

（二）支付结算的特征

从法律上看，支付结算主要有如下两个特征：

(1) 支付结算必须通过法律规定的中介机构进行。银行（包括农村信用合作社）是支付结算和资金清算的主要中介机构。未经中国人民银行批准的非银行金融机构和其他单位不得作为中介机构经营支付结算业务。

(2) 支付结算必须遵循法律规定的特定形式要求。支付结算行为具有要式性。单位、个人和银行办理支付结算，必须使用按中国人民银行统一规定印制的票据凭证和结算凭证。

二、支付结算的原则

支付结算工作的任务，是根据经济往来组织支付结算，准确、及时、安全办理支付结算，依法管理支付结算，保障支付结算活动的正常进行。为此，《支付结算办法》第十六条规定，单位、个人和银行在办理支付结算时，应当遵守下列原则：

① “守信用，履约付款”原则；

② “谁的钱进谁的账，由谁支配”原则；

③ “银行不垫款”原则。

三、银行结算账户

银行结算账户是指银行为存款人开立的办理资金收付结算的人民币活期存款账户。银行结算账户办理的是人民币业务，与外币账户不同；银行结算账户办理的是资金收付结算业务，与普通的储蓄账户不同；银行结算账户是活期存款账户，与定期存款账户不同。存款人可以自主选择银行开立银行结算账户。

（一）银行结算账户的种类

按存款人不同，银行结算账户可分为单位银行结算账户和个人银行结算账户。

1. 单位银行结算账户

存款人以单位名称开立的银行结算账户为单位银行结算账户。

境内依法设立的企业法人、非法人企业、个体工商户（以下统称企业）在银行办理基本存款账户、临时存款账户业务，由核准制改为备案制，人民银行不再核发开户许可证。银行为企业开立、变更、撤销基本存款账户、临时存款账户，要通过人民币银行结算账户管理系统向人民银行当地分支机构备案。机关、事业单位等其他单位办理银行账户业务，仍按原银行账户管理制度执行。机关实行预算管理的事业单位开立基本存款账户、临时存款账户和专用存款账户，应经财政部门批准并经人民银行核准，另有规定的除外。

2. 个人银行结算账户

存款人因投资、消费、结算等凭个人身份证件，以自然人名称开立的可办理支付结算的银行结算账户，为个人银行结算账户。

（二）基本存款账户

基本存款账户是指存款人因办理日常转账结算和现金收付需要而开立的银行账户，是其主办账户。取消企业银行账户许可后，银行完成企业基本存款账户信息备案后，账户管理系统生成基本存款账号编号，并在企业基本信息“经营范围”中标注“取消开户许可证核发”字样。银行应当通过账户管理系统打印《基本存款账户信息》和存款人查询密码，并交付企业。基本存款账户编号代替原基本存款账户核准号使用。企业申请开立一般存款账户、专用存款账户、临时存款账户的，应当向银行提供基本存款账户编号。

（三）一般存款账户

一般存款账户是指存款人在基本存款账户开户银行以外的银行营业机构开立的用于办理借款转存、借款归还和其他结算的银行结算账户。该账户可以办理现金缴存，但不得办理现金支取。开立基本存款账户的存款人都可以开立一般存款账户。

（四）专用存款账户

专用存款账户是指存款人按照法律、行政法规和规章，为对其特定资金进行专项管理和使用而开立的银行结算账户。存款人申请开立专用存款账户，应按规定向银行出具其开立基本存款账户所需的证明文件、基本存款账户开户许可证和法律规定的其他相关证明文件。

（五）临时存款账户

临时存款账户是指存款人因临时需要并在规定期限内使用而开立的银行结算账户。临时存款账户根据有关开户证明文件确定的期限或存款人的需要确定其有效期限。临时存款账户的有效期最长不得超过 2 年。

（六）个人银行结算账户

个人银行结算账户是自然人投资、消费、结算等而开立的可办理支付结算业务的存款账户。自然人可根据需要申请开立个人银行结算账户，也可以在已经开立的储蓄账户中选择并向开户银行申请确认为个人银行结算账户。个人银行账户分为Ⅰ类银行账户（以下简称“Ⅰ类户”）、Ⅱ类银行账户（以下简称“Ⅱ类户”）和Ⅲ类银行账户（以下简称“Ⅲ类户”）。银行可通过Ⅰ类户为存款人提供存款、购买投资理财产品等金融产品、转账、消费和缴费支付、支取现金等服务。银行可通过Ⅱ类户为存款人提供存款、购买投资理财产品等金融产品、限定金额的消费和缴费支付等服务。银行可通过Ⅲ类户为存款人提供限定金额的消费和缴费支付服务。银行不得通过Ⅱ类户和Ⅲ类户为存款人提供存取现金服务，不得为Ⅱ类户和Ⅲ类户发放实体介质。

（七）异地存款账户

存款人有下列情形之一的，可以在异地开立有关银行结算账户：

① 营业执照注册地与经营地不在同一行政区域，需要开立基本存款账户的；

② 办理异地借款和其他结算需要开立一般存款账户的；

③ 存款人因附属的非独立核算单位或派出机构发生的收入汇缴和业务支出需要开立专用存款账户的；

④ 异地临时经营活动需要开立临时存款账户的；

⑤ 自然人根据需要在异地开立个人银行结算账户的。

四、银行结算账户的撤销

银行结算账户的撤销是指存款人因开户资格或其他原因终止银行结算账户使用的行为。发生下列事由之一的，存款人应向开户银行提出撤销银行结算户的申请：

① 被撤并、解散、宣告破产或关闭的；

② 注销、被吊销营业执照的；

③ 因迁址需要变更开户银行的；

④ 其他原因需要撤销银行结算账户的。存款人因主体资格终止撤销银行结算账户的，应先撤销一般存款户、专用存款户、临时存款户，将账户资金转入基本存款账户后，方可办理基本存款账户的撤销。

五、电子支付

电子支付是非票据结算支付方式之一。

（一）电子支付概述

电子支付是指单位、个人直接或授权他人通过电子终端发出支付指令，实现货币支付与资金转移的行为。与传统支付方式相比，电子支付更加方便、高效，但同时也带来了风险，电子支付的安全问题一直是关注焦点。

我国的电子支付近年来持续保持迅速发展态势。为规范和引导电子支付的健康发展，保障当事人的合法权益,防范支付风险,确保银行和客户资金的安全,中国人民银行于2005年10月26日发布了《电子支付指引(第一号)》,以规范银行和客户之间的电子支付行为。2010年中国人民银行发布《非金融机构支付服务管理办法》及其实施细则,规范非金融机构的支付服务行为(包括网络支付)。2015年12月28日中国人民银行发布专门的《非银行支付机构网络支付业务管理办法》,规范非银行支付机构的网络支付业务。2017年12月25日,中国人民银行又发布《条码支付业务规范(试行)》,规范条码(二维码)支付业务(即银行业金融机构、非银行支付机构应用条码技术,实现收付款人之间货币资金转移的业务活动)。此外,《电子签名法》对于电子签名的法律效力问题进行了规范。

(二)电子支付的类型

电子支付的应用极为广泛,支付方式也不断创新。根据发起电子支付指令的电子终端不同,电子支付可以分为网上支付、电话支付、移动支付、销售点终端交易、自动柜员机交易和其他电子支付等类型。依托公共网络或专用网络在收付款人之间转移货币资金的支付方式,包括互联网支付(网上支付)、移动电话支付、固定电话支付、数字电视支付等,也被合称为网络支付。其中,使用最为广泛的是网上支付和移动支付。

网上支付是指通过互联网进行货币支付、现金流转、资金清算等行为,通常仍须以银行为中介。在典型的网上支付模式中,银行建立支付网关和网上支付系统,为客户提供网上支付服务。网上支付指令在银行后台处理,并通过传统支付系统完成跨行交易的清算与结算。与传统支付方式相比,在网上支付的过程中,客户成了支付系统的主动参与者。

移动支付是指依托移动互联网或专用网络,通过移动终端(通常是手机)实现收付款人之间货币资金转移的支付服务,包括但不限于近场支付(通过具有近距离无线通信技术的移动终端实现本地化通讯进行货币资金的转移)和远程支付(通过移动网络与后台支付系统建立连接,尤其是利用网银、第三方支付平台等互联网支付工具,实现各种转账、消费等)等业务。

2010年,中国人民银行网上支付跨行清算系统建成运行,可以处理网银贷记业务(付款人通过付款行向收款行主动发起的付款业务)、网银借记业务(收款人根据事先签订的协议,通过收款行向付款行发起的收款业务)、第三方贷记业务(第三方机构接受付款人或收款人委托,通过网上支付跨行清算系统通知付款行向收款行付款的业务)以及跨行账户信息查询等业务。

(三)电子支付的基本流程

电子支付的当事人一般包括发出电子支付指令的客户、接受电子支付指令的客户、提供电子支付网络环境服务或移动通信服务的经营商、银行、支付机构等。电子支付的基本流程是:

1. 电子支付指令的发起

即客户根据需要就货币支付和资金转移通过电子终端,根据其与发起行签订的协议,发出电子支付指令。接受客户委托发出电子支付指令的发起银行称为发起行。

2. 电子支付指令的确认

在客户发出电子支付指令前,发起行应建立必要的安全程序,在提示客户对指令的准确性和完整性进行确认的前提下,对客户身份和电子支付指令再次进行确认,并应能够向客户提供纸质或电子交易回单,同时形成日志文件等记录,保存至交易后5年。

3. 电子支付指令的执行

发起行在确认客户电子支付指令完整和准确后，通过安全程序执行电子支付指令。发起行执行该指令后，客户不得要求变更或撤销电子支付指令。如果银行自身提供了电子支付的网络环境，一般就不涉及提供该项服务的经营商；否则，银行只有与提供电子支付网络环境的经营商合作，才能完成电子支付行为。

4. 电子支付指令的接收

电子支付指令接收人的开户银行或接收人未在银行开立账户而电子支付指令确定的资金汇入银行称为接收行。接收行收到电子支付指令后，应按照协议，及时回复确认。

课后案例分析题

A公司为支付工程款，向B公司签发了一张以甲银行为承兑人、金额为50万元的银行承兑汇票。甲银行作为承兑人在票面上签章。B公司财务人员项某利用职务之便将汇票盗出，伪造B公司财务专用章和法定代表人签章，将汇票背书转让给与其合谋的C公司。C公司又将该汇票背书转让给D公司，用于偿付货款。D公司对于汇票伪造一事不知情。后D公司被E公司吸收合并，E公司于汇票到期日向甲银行提示付款；甲银行以E公司不是汇票上的被背书人为由拒付，E公司遂向B、C公司追索。B公司拒绝，理由是：票据转让背书系项某与C公司合谋伪造，C公司及其后手D公司均未取得票据权利。

根据上述内容，分别回答下列问题：

(1) C公司是否取得票据权利？请说明理由。

(2) D公司是否取得票据权利？请说明理由。

(3) B公司是否应当承担票据责任？请说明理由。

(4) C公司是否应当承担票据责任？请说明理由。

参考文献

[1] 财政部会计资格评价中心.经济法[M].北京:经济科学出版社,2020.
[2] 财政部会计资格评价中心.经济法基础[M].北京:经济科学出版社,2017.
[3] 蔡四青.经济法[M].成都:西南财经大学出版社,2018.
[4] 郭守杰.经济法(上册)[M].北京:北京科学技术出版社,2021.
[5] 中国注册会计师协会.经济法[M].北京:中国财政经济出版社,2020.
[6] 注册会计师考试编写组.经济法重难点点拨及通关训练[M].北京:中国财政经济出版社,2021.